口絵 1　18 世紀都市の雰囲気を残すスタンフォード（リンカンシャー）

（著者撮影：2013 年 9 月 11 日）

口絵 2　ノリッジ（サフォーク）の集会場

（著者撮影：2013 年 9 月 13 日）

口絵 3（上）・4（下）
ノリッジの集会場内部

（著者撮影：2013 年 9 月 13 日）

奥にロウズが見られ、手前に 18 〜 9 世紀の建物が見られる

2 階部分にロウズが見られる

口絵 5（上）・6（下）　現在のチェスター（チェシャー）

（著者撮影：2011 年 10 月 25 日）

口絵7(上)・8（下） ロウズの内部

（著者撮影：2011 年 10 月 25 日）

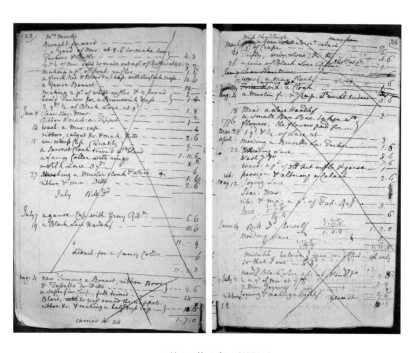

口絵 9　第 6 章で利用したメアリ・ホールの Day Book

出典：TNA, C106-126　（著者撮影・2003 年 1 月 16 日撮影）

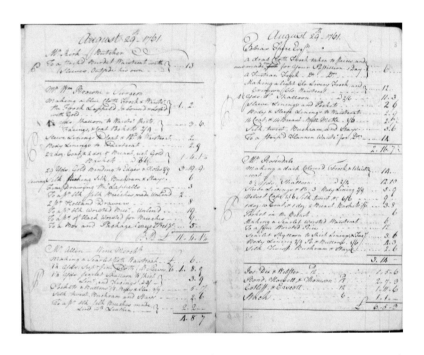

口絵 10　第 7 章で利用したマーク・セイヤーの Day Book

出典：TNA, C180-30　（著者撮影：2011 年 6 月 3 日）

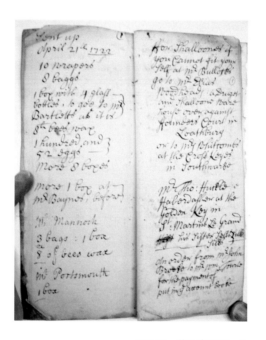

口絵 11　第 9 章で用いた
　　レベッカ・ハッチへの仕入指示書

出典：East Sussex Record Office, FRE530（著者撮影：2003 年 3 月 6 日）

Ichiro Michishige

Consumerism and Urbanized Society in 18th-century Britain:
A study of retailing industry and the role of fashion

イギリス消費社会 の生成

——18世紀の都市化とファッションの社会経済史

道重一郎

東洋大学出版会

はしがき

　イギリスは、世界最初の工業国家として工業化の先頭をきり、19 世紀には地球規模で勢力を拡大して、世界に広がる植民地帝国を建設した。20 世紀初頭にはアメリカやドイツなどの新興工業国の勢力が拡大していったとは言え、イギリスの政治的経済的な力はなお強力なものであった。明治維新以降の日本の近代化においても、第二次世界大戦後になるとアメリカの影響力が圧倒的になったが、それまでの時期、イギリスの影響はきわめて大きいものであった。その一端を示すように、ロンドン大学ユニバーシティ・カレッジの中庭には「長州ファイブ」の碑が建てられている。これは、幕末期に長州から留学してこの大学で学び、その後明治期の近代化に大きな足跡を残した若者達を記念するものである。そのなかには初代首相の伊藤博文や大蔵大臣などを歴任した井上馨がおり、また、工業技術の発展に尽くした山尾庸三、造幣局長を務めた遠藤謹助、鉄道建設の父と呼ばれた井上勝がおり、彼らがイギリスで学んだことは日本の近代化の様々な分野で生かされることになった。

　このように日本にも大きな影響を与えた 19 世紀イギリスの経済的な成功は、しばしば議会制民主主義の発展とセットで論じられ、理想化された形で語られることもあった。1970 年代までの日本における経済史研究では、イギリスにおける経済発展の軌跡を「正常」な発展とみなす見解が大きな影響力を保持していた。そこでは、市民革命をモデルにした政治的な近代化と組み合わされて、戦後日本が目指すべき成長モデルとして抽出された理念型・イギリス型発展が

措定されていた。しかし今日、イギリスをモデルとした発展を正常型とする議論は西欧中心史観であり、単線的経済発展論であるという批判にさらされている。また、今日のイギリス経済は近代的な経済成長の典型として仰ぎ見る存在とは言いがたいし、先進国をモデルにしてそれに合わせて成長を図るという形で歴史研究がおこなわれる時代でもない。しかし、自国の歴史的展開を相対化して、様々な人間社会の可能性を明らかにするという点で、比較の視点をもった外国史研究の意味は失われてはいない。

　一方、西欧社会の経済システムは、工業化によって生み出された生産力的な優位を背景に、覇権国家がイギリスからアメリカに移行しながら、グローバルな経済システムとしての範型をなしている。だが、このグローバルな経済のなかにあっても、全ての国がひとしらみに同じ構造をもつものではない。一国史的ではないグローバルな視点を重要視すべきという主張もなされているが、それぞれの国は善し悪しはともかく、多様で個性的な構成をもって現在に至っている。そのなかで、イギリスは最初の工業国家であるばかりではなく、工業化に先行して都市的な消費社会を形成し、商業的・サービス的な経済活動を先駆的に拡大させた社会でもあった。その意味でこの国がたどった軌跡は、きわめてユニークな形を取ったと言って良い。

　近年良く用いられるようになったイギリス史の大まかな歴史的区分では、1688年の名誉革命から1830年代の議会改革までの時代を「長い18世紀」と呼んでいる。この時代の、ことに前半の時期に、イギリスでは広範囲に消費財消費が拡大し、また消費財の内容も多様化し、社会全体がかなり高い消費レベルに到達していたと考えられる。本書ではこれを「消費社会」の生成と考えているが、この消費社会の生成には都市的な成長が大きく関わっていた。一般的には工業化が進展すると工業都市が各地に形成されて、工場で働く労働者が増え、農村から都市へと人口が移動し集中していくことから、都市化は工業化に続いて起こるとされる。ところがイギリスでは全国的な都市化が、商工業者を中心とする中流階層を基盤として、本格的な工業化が始まるよりも早く、「長い18世紀」の期間に急速に進行していた。首都ロンドンばかりでなく、地方の多くの都市が成長し、そのなかにはバースのようなリゾート都市と呼ばれるものも出現した。本書は、工業化に先行して起こった都市化の進展と豊かな消

費社会の生成という、イギリス社会により固有な、より個性的なプロセスに焦点をあてている。

18世紀イギリスの思想家であるD.ヒュームや経済学者A.スミスは、彼らの同時代を商業社会 commercial society と呼んだが、それは彼らが生きた時代のもつ都市的で商業・サービス的な経済活動の発展や消費社会の成長の側面を反映するものでもある。本書は18世紀イギリスという個性的な時代を対象とし、都市的発展のなかで生れたこの消費社会が具体的にどのようなものであったか、また都市的な発展のなかで大きな役割を果たした中流階層の消費者がどのような消費意識をもち、どのように行動したかを明らかにしようとするものである。

筆者はこれまで、イギリスの国内市場の分析を中心に研究を進めてきたが、その際に重要視したことは、生産された商品がどのように最終消費者へ届けられるかという点であった。今回、消費社会の展開と消費意識の分析をおこなうにあたっては、商品を消費者に直接提供する小売商の行動や戦略にかなり重点が置かれている。そこでは消費者と向き合いながら小売商が選択した経営手法、つまり、どのような商品やサービスの提供が消費者にとって最適であるかの選択から、逆に消費者の嗜好を探ろうとするものである。このために同時代の小売商が残した経営文書に直接触れて、その内容を解析する必要があったが、幸い二度にわたる在外研究の機会を得ることができ、そのたびに貴重な史料をロンドンの国立公文書館などにおいて見つけることができた。本書の内容でかなりの部分は、ロンドンで収集、分析をおこなった史料にもとづいている。

市場経済であっても、何らの媒介もなく商品が市場を通じて消費者に適切に到達するわけではない。消費者の求めるものを的確に把握し、消費者の要望に沿った商品を上手に届ける必要がある。このことは、市場情報を必要とする生産者にとっても重要であり、それを媒介するのが小売商を含む流通業者の役割であった。経済活動において生産物を作り出すことの意味は大きく、経済学においてもスミス以来、生産と市場への供給過程の分析が重要な要素であった。もちろん生産物を商品として購入する側、需要と消費の分析もこれに対応して重要であって、経済学の基本はこの両側面からの分析で構成されている。しかし、供給と需要とを結びつける過程、「流通」の部面の分析は、経済学の枠か

らははみ出しやすい。この点で今回の研究は、商品生産と生産者の視点からの分析、「生産」からではなく、また、需要や消費の側面だけではなく、生産と消費とを結びつける「流通」からの社会経済史も意図している。

　現代の社会は高度の生産力的な発展を基礎としつつも、商業的・サービス的活動がきわめて大きな役割を果たす時代である。一方、本書は、18世紀イギリスという個性的な時代を、消費社会の形成という側面から描こうとするものである。特に都市の消費文化が中心的に取り扱われているが、消費が拡大したこの時代を検討することは、消費志向の強い現代の日本社会にも通底する要素を探り出すことができるように思われる。流通業者は、消費者の見方、価値の置き方を生産者に伝え、生産動向を変化させる存在でもあり、消費者の消費意識を膨張させることも、またそれを修正することもこうした人々の役割である。本書における18世紀イギリスの都市における消費文化と社会の展開について検討することを通じて、現代社会と共通する問題を照射する一つの視点を提供できればと考えている。

2022 年 10 月

道重　一郎

目　次

【凡例】

(1) 通貨の表示について

　イギリスの通貨は、現在では 1 ポンド＝ 100 ペンスであるが、1971 年まで 1 ポンド＝ 20 シリング＝ 240 ペンスとなっていた。本書では、通貨の単位について煩雑さと重量ポンドとの混同を避けるため、ポンドを£、シリングを s、ペンスを d と表記する。

(2) 重量の単位について

　18 世紀のイギリスにおいて使用される重量単位は様々である。その内、本書では頻繁に登場する重量ポンド（約 450 g）を lb、オンス（約 30 g）を oz、ハンドレッドウェイト（112 重量ポンド＝約 50 kg）を cwt と略記号で表示する。

(3) 参考文献の表示について

　参考文献は、史料とともに巻末の参考文献一覧に一括して掲載した。2 次文献の参照注については、著者名と（　）で括った出版年という形で表示する。原史料は所蔵文書館と分類番号を基本とするが、繰り返し出てくる場合には所蔵文書館を省略している場合がある。同時代文献および刊行史料は、原則としてフルタイトル（部分的に一部を省略した形）で表示している。

(4)「イギリス」という用語法について

　本書では「イギリス」という言葉を、大ブリテン島あるいは連合王国全体を指すやや曖昧な語として用いている。本来であればイギリスではなく、ブリテンを用いるべきかもしれないが、この語は我が国ではそれほど一般的に用いられていないので、広くこの国を指す言葉として「イギリス」を用いることにした。一方でイングランドは、スコットランドやウェールズなどともにブリテン島の各地域をさす名称として用いている。

序章

消費社会の形成

1 | 消費財市場の拡大と消費社会の形成

　現代社会は、市場における商品交換によって社会の再生産が図られているという意味で市場経済にもとづく社会であり、人間に必要とされる財貨は基本的に市場で商品として売買されている。しかし、商品の購買者、ことに消費財の購買者である消費者が市場でおこなう購買活動は、単に生活に必要な財貨の購入にとどまるわけではない。生活をより豊かにし、充実したものとするためにこの購買活動はおこなわれるのであって、時には購買活動そのものが行動の目的とすらなっている。このような購買活動がおこなわれたとき初めて、買い物、ショッピングは余暇の活動という部分を含む消費行動となりうる。近代社会は、購買活動を消費行動へと成長させ、消費社会 consumer society を生み出した。その意味で現代の社会は、近代社会の創造した消費社会がきわめて発展した時代であり、消費者の行動が独自の社会的文化的な意義をもつ消費社会としての側面を強く帯びている。

　この消費社会の形成において、18世紀イギリスは独特の存在であった。本格的な工業化の時期とされる産業革命に先行する18世紀において、イギリスでは中流階層を核とする都市化が進行し、この都市化の進展が消費社会を形成させる機動力となったと考えられる。本書での主要なテーマは、工業化に先行する都市化の進展という18世紀イギリスの独特な環境において形成された、

消費社会の具体的な姿を明らかにすることである。その前提として本章では、18世紀初めのイングランドにおける消費財需要の全般的な傾向を明らかにしておくことにしたい。こうした全体状況の把握を踏まえて、本章の最後では、本書の具体的な課題と構成を改めて明らかにすることにする。

2 | 遺産目録に見られる消費財需要

2-1. 全般的動向

17世紀末から18世紀初頭におけるイングランドの消費動向を検討する素材となるのは、L.ウェザリルがおこなった遺産目録の分析である。[1] 彼女は、1675年から1725年までの期間にわたり、イングランド全域を含む約3,000件の遺産目録を分析している。彼女は分析に先立って、次のような二つの基準で遺産目録の整理をおこなっている。まず、この遺産目録が史料的に信頼できるものであり、そのなかでことに頻繁に記録されている財貨を選択すること。次に、人々の家計内での行動様式を代表しうるような財貨を選択することである。こうして選択された財貨には、テーブルやピューター製食器あるいは鍋といった日常生活にとって基本的に必要な家具や食器類がまず上げられ、次に新しい行動様式を示す磁器や鏡などがあげられる。さらに家族の文化的な関心を示す本や時計といった財貨が、遺産目録のなかから選択されている。繊維製品は記載量が少なく、また衣料品は信頼できる形で価値評価がおこなわれていないという理由から選択されていない。遺産目録はその性質上、所有者が死亡した時点で所有する財貨であり、その時点よりも幾分溯った数十年間に手に入れたものを最後の瞬間に記録したものであって、遺産目録作成時の状況を直接反映しているわけではない。したがって、以下で検討をおこなう材料は、上記のような基準であらかじめ整理されたものであり、また史料的な特徴をもつものである点に留意しておく必要がある。

このような前提のもとで、1675年から1725年までの時期を、10年刻みで整理し、当該時期における消費財の所有状況を示したものが0-1表である。この

		1675	1685	1695	1705	1715	1725	総計
	遺産目録数	520	520	497	520	455	390	2902
	消費財出現率 (%)							
第1類 従来から所有されているもの	テーブル	87	88	89	90	91	91	89
	鍋	66	68	69	71	74	76	70
	ピューター製品	94	93	93	93	95	91	93
	ピューター皿	39	46	44	47	56	55	48
	テーブルクロス	43	45	41	41	44	37	42
	書籍	18	18	18	19	21	22	19
	金銀器	23	21	24	23	29	21	23
第2類 消費が増加しているもの	陶器	27	27	34	36	47	57	37
	鏡	22	28	31	36	44	40	33
	ピュータープレート	9	18	21	34	42	45	25
	シチュー鍋	2	6	8	11	17	23	11
第3類 新規に登場したもの	時計	9	9	14	20	33	34	19
	絵画	7	8	9	14	24	21	13
	カーテン	7	10	11	12	19	21	13
	ナイフとフォーク	1	1	3	4	6	10	4
	磁器	0	1	2	4	8	9	4
	ホットドリンク容器	0	0	1	2	7	15	4

出典：L. Weatherill (1988), pp. 26-7 より作成

表では、当該する消費財が、検討した遺産目録全体のなかでどの程度の比率で出現したかを百分比で示している。ここに登場する消費財は、大きく分けて次の3グループに分類することができる。まず、この期間に所有状況がほとんど変わらなかったと考えられるグループがある。これは表の数値である遺産目録へ登場する比率、つまり消費財の出現率に、ほとんど変化のないグループであり、これを本章では第1類と呼ぶ。具体的には、テーブル、鍋、ピューター製食器などがこれにあたり、出現率が高くまたその数値がほとんど変動していない点から、すでにこの段階で一定の普及と定着を見ていると考えられるものである。第2のグループは、表の数値の上で見ると、当該時期の初期に若干登場するが、しだいにその出現率を上昇させているものであり、これを第2類と呼

ぽう。こうした消費財は17世紀末の段階で、きわめて珍しいとは言えないものの、この時期に普及率がかなり上昇したと考えられる消費財であり、ピューターのプレート、鏡、陶器などがこれにあたる。さらに第3のグループ（第3類）は、17世紀後半にはその存在すら一般に知られておらず、史料のなかでの出現率はきわめて低いが、18世紀に入るとしだいに目立って来るような消費財である。出現率が3倍になっている時計やカーテンはもちろん、18世紀に入ってようやく1割程度の出現率を見せるようになる磁器などもこのグループに入る。

　分析の対象となっているこの時期は、緩やかな経済成長は見られるとは言え、急激な経済的発展を見せてはいない[2]。しかし、消費財の一般的な普及の状況を0-1表から考えてみると、日常的に用いられる基本的な消費財の普及は一段落し、それ以前は珍しかったり、あるいは従来あまり見られなかった消費財が、生活様式の変化とともに家庭のなかに入っていく傾向が見られ、消費財消費がかなり拡大した時期と考えられる。

　例えば、ピューター製食器に注目してみよう。周知のように、ピューターは錫と鉛の合金であり、主として容器として用いられるものであるが、木製品に変わってイングランドで普及するのは17世紀である[3]。こうした種類の日常的な消費財については、この段階で地域を問わずかなり高い出現率を示している。したがって、分析されている遺産目録を遺した人々が生存していた17世紀の後半には、ピューターに代表される日常的な消費財の需要がかなり広範囲に存在していたと考えることができよう。しかし、さらにこの時期になると、容器だけではなく装飾用のプレートのような第2類に属すものにもピューターが用いられるようになる。ピューターは一般に銀器の代用品としての側面もあるから、木製のボールや皿がピューター製へと、金属製品の利用が拡大する傾向を確認できるであろう。また、木製食器の一部は陶器へと変化している傾向も見られ、日常的に利用される消費財である食器類の変化と多様化の傾向とを見ることができる。

　これに対して、第3類の消費財の普及率が徐々に上昇していく傾向を見せることは、新しい生活パターンがイギリス人の生活のなかに浸透していったことを示すものである。茶の飲用習慣は17世紀末からイングランドに普及し、こ

れとならんでコーヒー、チョコレートなどのホット・ドリンクも導入され、18世紀にはかなりの普及を見せることになる。[4]磁器などこのグループの消費財の出現率は、こうした「生活革命」の影響を示すものとして注目されよう。

イギリスの消費財需要の全体的な動向は、遺産目録から見る限り、17世紀末から18世紀初めにかけての時期、日常的な消費財がかなり広範囲にわたってすでに普及している状況を示している。同時にこの時期には、使用される消費財が一層多様化し日常生活を豊かにしているとともに、新たな生活習慣の導入の結果、新奇な商品に対する需要が増加するといった傾向をも示している。しかし、このような全体的な動向とは別に、地域や階層によって消費財の需要の動向もかなりの偏差をもつ。そこで、次に地域的に、どのような傾向が見られるかについて検討してみることにしよう。

2-2. 地域的な傾向

0-2表は、0-1表に示されたものと同様の消費財が、地域の相違によってどのような傾向をもつかを示したものである。地域的な区分は、遺産目録が集積された主教管区 diocese ごとに区分されており、通常の地理的区分とは必ずしも一致しないが、イングランドの各地域をおおよそ覆っている。

そこで、地域の特性をみると、ロンドンは全ての消費財について、史料への出現率が高いという点が特徴的である。特に、第2類、第3類のシチュー鍋、カーテン、磁器などについては、他の地域に比べて格段の高さを示している。ピューター製食器やピューター製の皿の出現率は他の地域とさほど変わらないが、これらの消費財が陶器や銀器の代替物であったことを考慮にいれれば理解できる。ケント東部の場合と同様に、ピューター皿の出現率は陶器や銀器の出現率の高さによって相殺されうるように思われる。ロンドンにおいて第2類や第3類の消費財、つまりどちらかと言えば高価で新しい消費財の所有傾向が高いことは、この地域における遺産目録を遺した人々が、専門職、富裕な商人、店舗主などであったことと関連がありそうである。ともあれ、ロンドンにおける新奇な商品についての需要が全国の他地域に先行している傾向は明らかであり、ロンドンが海外からの新しい習慣や商品をいち早く取り入れ、全国に先立って流行をリードしている傾向がすでに見られる。こうした傾向は18世紀後半に

0-2表　地域別の消費財出現率（1675-1725）

		ロンドン	ケント東部	ハンプシャー	ケンブリッジ	北西ミドランド	北西イングランド	北東イングランド	カンブリア
	遺産目録数	367	390	260	390	390	390	325	390
	消費財出現率 (%)								
第1類 従来から所有されているもの	テーブル	92	97	93	96	87	83	93	75
	鍋	80	89	73	86	62	57	76	43
	ピューター製品	91	95	97	93	94	92	95	88
	ピューター皿	59	59	50	72	42	17	77	11
	テーブルクロス	67	81	35	44	28	15	55	13
	書籍	30	26	24	12	15	20	10	17
	金銀器	44	41	27	15	8	13	24	10
第2類 消費が増加しているもの	陶器	41	58	13	32	17	75	26	23
	鏡	74	47	19	27	14	31	44	6
	ピュータープレート	53	39	20	33	21	11	37	4
	シチュー鍋	43	11	3	6	13	5	2	1
第3類 新規に登場したもの	時計	29	36	7	14	7	33	15	7
	絵画	37	16	3	9	4	9	25	3
	カーテン	40	19	7	9	3	8	14	1
	ナイフとフォーク	13	7	2	2	1	2	3	1
	磁器	12	3	0	3	0	1	10	2
	ホットドリンク容器	15	6	0	2	1	1	3	0

地域分けは、主教管区ごと。北東イングランド＝ダラム、ケント東部＝カンタベリー、ケンブリッジ＝イーリー、北西イングランド＝チェスター、ハンプシャー＝ウィンチェスター、北西ミドランド＝リッチフィールド、カンブリア＝カーライル

出典：L. Weatherill (1988), p. 44 より作成

なってウェッジウッドが商品販売戦略上、ロンドンにおける店舗の役割を極めて大きいものと考えていたことにも反映している。[5]

　ロンドンときわめて類似した傾向を示しているのがイングランド東南部のケントである。シチュー鍋、鏡、カーテンといた消費財については、ロンドンより出現率がかなり低い。しかし、他の地域に比べるとこれら消費財の出現率は

全般的にきわめて高く、陶器、テーブル・クロスのようにロンドンよりも高い
数字のものも存在しているが、全体的にロンドンの所有構造と近似している。
ケント東部における消費財の出現率の高さは、当該地域がロンドンに近接した、
ロンドンを市場とする近郊農村地帯であったため、ロンドンからの影響を受け
やすく、同時に純然たる農村地域ではなく、店舗や手工業者をかなり含む混合
的な職業構成をもつ地域で、全体として所得水準も高かったためであると考え
られる。

　ロンドンからかなり遠距離にあり、ケント東部とはかなり異なって一般的な
収入構造もそれほど高くないにもかかわらず、消費財の出現率が相対的に高く、
ロンドンと近似した傾向を示す地域が北東イングランドである。この地域は、
ニューカッスルを中心に、その背後に有力な炭田地帯をもち、ロンドンへ向け
て海路大量の石炭を送り出していた。ニューカッスルは石炭積み出し港として
かなり古くから非常に重要な役割を演じていた。また、塩坑やガラス製造業を
もニューカッスルはもっており、その多くは石炭とならんでロンドンへ積み出
されている。その戻り荷として、17世紀後半の例で見ると、穀物を始め、鉛、鋼、
羊毛、バター、石鹸など様々な物資が積まれており、その他に靴下、手袋、帽
子などの雑工業品も多数ニューカッスルへ向けて船積みされている[6]。北東イ
ングランド地域における消費財の出現率の高さは、ロンドンとの密接な商品流
通抜きには考えられない。ロンドンへの石炭をはじめとする工業物資の戻り荷
として、ロンドンにおける新奇な商品のこの地域への流入が促進されたものと
考えられる。

　これに対して、ケンブリッジや北西イングランドなどの地域はロンドンとの
近似性はそれほど強く見られない。これらの地域やカンブリアはロンドンを直
接市場とするような強い取引関係をもっていない。こうした点に、ロンドンと
の近似性が低い原因の一つを見ることができるであろう。一方、北西イングラ
ンドにおいて、陶器が極端に高い出現率を示していることに見られるように、
近接する地域の経済活動を視野に入れる必要がある。この地域に比較的近いス
タフォードシャーの陶器業は、18世紀初頭から旅商人の活動を媒介として北
西イングランドへも販売を展開していたのであり、陶器の出現率の高さは、安
定した大供給地を近接してもっていたからであると推定される。

消費財の需要動向はロンドンとのコミュニケーションや商品輸送の稠密さが大きく影響した一方で、北西イングランドのように近接する製品供給地の存在によって陶器の普及率が上昇する傾向など、その地域の地理的な特性にも影響されていたものと思われる。しかし社会的な要因として、特に都市的な要素や社会階層は消費財消費にとって重要な要素であったと考えられるので、次にその点に注目して検討してみたい。

3 ｜ 社会構造と 消費財需要

3-1. 都市と農村

　まず、都市的な要素と農村的な要素が、どのように消費財普及の構造に影響しているのかを検討したい。イングランドの都市は、修道院解散などの影響もあって 16 世紀に深刻な停滞を経験するが、17 世紀に入るとしだいに復興し、中世以来もっていた工業的性格を脱皮しながら、地域の裁判所の所在地などとして司法的なサービスの提供や商品流通の地域的な拠点としての機能を拡大させていくようになる。[7] このなかには、大貴族がロンドンに邸宅をもったのと同様に、農村地域の小ジェントリィが近隣の都市に住居を求めるという傾向をもみることができる。また、旧来の都市とはかなり性格を異にする都市もこの時期になると成長してくる。例えば、マンチェスターやハリファックスのような農村工業を基盤とする都市があり、またバースやスカーバラのような温泉地を背景にしたリゾート都市なども現れてくる。[8] こうした都市は、ジェントリィなどが多く来住することによって大きな需要が生み出され、同時に商品流通の拠点として、多くの商品の供給が可能であるという点で、消費財の普及が農村地域よりも大きくなる可能性が十分にある。

　しかし、この時期にはギルド的規制も弱まって、都市と農村の区分は、中世におけるほど厳格なものではなくなっており、都市は周辺の農村へ商品流通の拠点としての機能を積極的に果たすようになってきている。[9] その点からすれば、都市と農村とを対立的に捉えることはあまり好ましくないであろう。とは

0-3表　都市と農村での消費財出現率（1675-1725）

		ロンドン	大都市*	中小都市	農村	総計
	遺産目録数	367	217	291	2075	2902
	遺贈資産額の中位値（£）	153	97	135	126	128
	消費財出現率 (%)					
第1類 従来から所有 されているもの	テーブル	92	91	92	88	89
	鍋	81	72	70	69	70
	ピューター製品	92	93	94	93	93
	ピューター皿	58	67	56	43	48
	テーブルクロス	66	55	55	35	42
	書籍	31	21	23	17	19
	金銀器	46	44	37	16	23
第2類 消費が増加 しているもの	陶器	42	45	39	35	37
	鏡	77	58	50	21	33
	ピュータープレート	54	46	37	20	27
	シチュー鍋	46	11	10	5	11
第3類 新規に登場した もの	時計	29	18	20	17	19
	絵画	41	41	23	5	37
	カーテン	43	27	15	6	13
	ナイフとフォーク	14	6	4	2	4
	磁器	13	8	7	1	4
	ホットドリンク容器	16	6	3	2	4

*大都市はダラム、ニューカッスル、ビュイック、カーライル、サウザンプトン、ウィンチェスター、カンタベリー、シュルズベリー、リバプール、マンチェスター

出典：L. Weatherill (1988), p. 76 より作成

言え、全般的に都市のほうが農村に比べて、消費財が普及しやすい素地をもっていることは明らかである。

　0-3表は都市と農村との間に、消費財の出現率について、どのような相違があるかを示したものである。この表の都市は、人口500人以上の集落で居住人口の内で農業以外の職業と農業が混在しているか、もしくは非農業的職業が全てを占める場所である。ロンドンおよび10の大きな都市そしてその他の都市をも含めて、農村とは明白な相違が見られ、全ての項目について農村が都市よりも消費財の出現率が低くなっている。一方、大都市と中小の都市との間には、

0-4表　都市と農村での消費財出現率（地域別）（1675-1725）

		ロンドン		ケント東部		ハンプシャー	
		都市	農村	都市	農村	都市	農村
遺産目録数		326	41	70	320	54	206
消費財出現率（%）							
第1類 従来から所有 されているもの	テーブル	92	90	99	97	94	92
	鍋	81	78	91	89	67	74
	ピューター製品	91	90	93	96	98	96
	ピューター皿	68	71	67	57	48	50
	テーブルクロス	67	66	81	80	3	34
	書籍	31	17	40	23	19	26
	金銀器	47	27	50	39	35	24
第2類 消費が増加して いるもの	陶器	42	32	66	57	24	10
	鏡	77	51	71	42	93	14
	ピュータープレート	54	49	57	36	30	17
	シチュー鍋	46	15	20	8	7	2
第3類 新規に登場した もの	時計	30	27	33	37	7	7
	絵画	40	12	43	11	7	2
	カーテン	43	17	31	17	17	4
	ナイフとフォーク	14	5	10	6	2	1
	磁器	13	0	4	3	0	0
	ホットドリンク容器	16	7	9	6	0	0

　書籍や時計では中小都市の出現率が高いなど個々の商品についてばらつきがあり、一概に大都市の普及率が高いとは言えず、この区分はそれほど有効でない。予想されたように消費財の普及度は農村に比べて高いが、より詳細にみると、基本的生活用品であるテーブルや鍋などでは都市と農村との出現率にそれほど大きな差がないのに対して、都市においては絵画や時計などの非日常的な調度品の出現率が農村よりも高くなっている。

　以上のように都市と農村との区分を前提とした上で、これを再び地域区分のなかで検討してみよう。0-4表は各地域別に都市部と農村部に分けて、消費財の出現率を示したものである。基本的な生活用品については、それぞれの区分においてそれほど大きな変化はないので、特に18世紀以降新しく普及してき

ケンブリッジ		北西ミドランド		北西イングランド		北東イングランド		カンブリア	
都市	農村	都市	農村	都市	農村	都市	農村	都市	農村
51	339	42	348	48	342	193	132	43	349
94	96	86	87	88	82	94	92	77	75
75	88	60	63	62	56	72	83	58	41
86	94	98	94	90	92	94	96	98	87
53	75	48	41	35	14	80	72	30	8
53	43	36	28	29	13	64	42	37	10
16	11	36	12	27	19	14	5	21	16
31	12	24	6	29	11	46	15	37	6
37	31	26	16	63	74	34	14	39	22
57	23	38	11	63	27	56	25	23	4
43	32	31	20	32	8	49	20	12	3
22	3	19	12	13	4	3	81	2	0
6	15	10	6	33	33	21	7	12	7
25	6	17	2	31	6	37	7	23	1
27	6	12	1	15	8	21	5	5	1
8	1	2	1	6	1	5	2	5	1
2	3	2	0	2	1	15	3	7	1
4	2	2	1	4	1	5	1	2	0

出典：L. Weatherill (1988), p. 81 より作成

たと考えられる書籍、時計、絵画、カーテン、磁器などの商品についてみてみよう。これらの商品の出現率は、ロンドンを含めて農村部のほうが低い。しかし、ロンドン地域やケント東部については、農村部においてもこうした新奇な消費財がかなり普及している。これに対して、全体としてみるとロンドンとの類似性が認められた北東イングランドでは、都市部と農村部との間で著しい対照が見られる。つまり、ロンドンへの石炭移出の戻り荷としてのロンドンの影響は、ニューカッスルなどの都市部にとどまり、背後にある貧しい農村地帯へはそれほど及んでいないことが見受けられる。

　都市部の消費財の普及率が著しく高いことは、カンブリア地方についても同様に見られる。この地域は、全般的に消費財の普及度が低い地域であるが、そ

れでもなおこのように都市部と農村部とでは普及の程度が著しく異なっている。カーライルなどの港湾都市の住民とそれ以外の農村地域では、消費財購入の行動様式がきわめて大きく異なっていたと考えられる。

　これに対して、ケンブリッジ、北西イングランド、ハンプシャーなどは、ロンドンとの近似性はそれほど大きくはないけれども、農村と都市との相違もまた大きくない。時計についてみると、ケンブリッジでは農村のほうが都市を大幅に出現率で上回っているし、北西イングランド、ハンプシャーなどでは同じ比率である。おのおの地域差を反映してその出現率には多少の差異が見られるが、都市と農村とでは消費財の普及がそれほど大幅に異なってはいなかった状況を示している。

　以上のように、全般的に都市における消費財の普及は早かったが、地域によってその特徴はかなり異なり、都市と農村との相違もかなりの地域性を見せている。[10]

3-2. 社会的身分と消費財需要

　最後に、収入および社会的身分と消費財需要との関連について簡単に検討しておきたい。社会的身分を考える場合、遺産目録の分析対象には、上流階級である貴族層は含まれていないし、遺産目録を遺すことのなかった最下層の人々は含まれてはいない。また、遺産目録を遺しているといっても、農民層下層あるいは労働者層が遺産目録を遺すことは例外的であり、サンプル数も少ないために、必ずしも実態を反映しているとは限らないといった点に留意する必要がある。

　0-5 表は社会階層と消費財の出現率との関係を示したものである。テーブルやピューターといった日常的な生活必需品については、大きな違いは見られないが、新奇な商品については、社会階層が高いほど出現率も高い傾向が見られる。しかし、上層の商人、専門職と分類されているグループの方が、ジェントリィよりも消費財の所有比率では高い場合も見られる。これは、ジェントリィとされる階層自体が遺産額£5から£2,677というきわめて幅のある階層であって、ジェントリィというタイトルがそのまま経済的豊かさを示すものではないことを反映している。また、死亡時の遺産目録に付けられたジェントリィとい

0-5 表　社会階層別の消費財出現率（1675-1725）

	ジェントリィ	上層商人	中層商人	下層商人	ヨーマン	小農民	労働者	独身女性	職種不明商人	不明	総計
遺産目録数	122	156	344	435	952	332	28	217	56	264	2902
遺贈資産額の中位値£	320	193	157	92	165	32	16	82	115	62	128
遺贈資産額の平均値£	55	39	32	19	23	8	5	18	31	17	23
消費財出現率(%)											
第1類 従来から所有されているもの テーブル	93	97	93	92	91	83	79	77	98	83	89
鍋	84	75	77	74	69	57	79	66	82	70	70
ピューター製品	93	95	94	96	95	89	89	89	88	88	93
ピューター皿	55	54	62	56	41	33	57	47	55	48	48
テーブルクロス	60	63	58	50	35	16	18	46	61	40	42
書籍	39	45	24	17	18	4	4	18	32	17	19
金銀器	61	51	38	23	13	2	0	37	46	23	23
第2類 消費が増加しているもの 陶器	39	53	49	42	33	28	43	33	50	27	37
鏡	62	62	56	37	21	9	4	36	57	36	33
ピュータープレート	43	40	50	31	20	9	14	22	32	31	27
シチュー鍋	13	11	25	12	5	2	11	12	27	16	11
第3類 新規に登場したもの 絵画	33	35	29	15	4	0	4	12	32	18	13
時計	51	34	25	18	19	4	0	13	29	14	19
カーテン	26	21	29	12	5	2	4	17	38	16	13
ナイフとフォーク	11	7	11	3	1	0	0	4	9	5	4
磁器	6	11	9	3	1	0	4	4	11	5	4
ホットドリンク容器	7	7	10	4	1	1	0	2	13	6	4

出典：L. Weatherill (1988), p. 168 より作成

うタイトルも、死者の社会的身分を正しく反映しているとは限らないためでもある。[11] 一方、0-6 表は遺贈資産額の階層別に消費財の普及度を示したものであるが、この表に示されるように、ほとんど例外なくより富裕な階層によってより多くの消費財が所有されている。

　ジェントリィや上層商人などよりも下の階層になると、社会的地位に応じて消費財の普及率は減少するが、都市的な商工業者のほうが農村のヨーマンなど

遺贈資産額（£）		1~5	6~10	11~25	26~50	51~100	101~250	251~500	501~
遺産目録数		84	150	500	552	628	627	234	127
消費財出現率（％）									
第1類 従来から所有されているもの	テーブル	80	81	86	87	90	93	94	95
	鍋	52	67	67	64	69	78	81	85
	ピューター製品	76	86	89	93	93	97	97	98
	ピューター皿	50	50	48	47	43	49	53	50
	テーブルクロス	19	28	35	39	40	48	60	65
	書籍	6	7	11	12	19	26	33	46
	金銀器	0	5	11	19	21	31	44	67
第2類 消費が増加しているもの	陶器	17	28	31	34	39	43	42	44
	鏡	14	20	27	28	28	41	50	61
	ピュータープレート	20	17	22	23	24	34	38	45
	シチュー鍋	7	7	7	10	9	13	15	18
第3類 新規に登場したもの	時計	0	4	6	11	18	28	44	51
	絵画	5	9	9	12	11	14	23	39
	カーテン	0	6	8	10	11	17	21	29
	ナイフとフォーク	2	1	1	3	3	5	9	15
	磁器	1	3	2	3	3	6	7	9
	ホットドリンク容器	1	3	1	3	4	5	6	10

出典：L. Weatherill (1988), p. 107 より作成

よりも消費財を所有する程度は高い。これは社会的な地位というよりも、都市的な消費生活を反映するものと言えよう。このように社会的地位と消費財の普及度との関係は、基本的にはその社会的な上下関係にほぼ沿う形になっているが、消費財の所有と社会的地位との関係はそれほど明確ではなく、少なくとも経済的に豊かで、都市に居住する階層ほど新奇な商品を所有している傾向があるということを示している。

　さて、上述のような遺産目録の分析を前提としてウェザリルは、下層における広範な消費財の普及には懐疑的で、この社会層における消費財の普及を示したサースクやスパッフォードの見解を批判している。[12] 確かに、遺産目録からは下層階層への消費財の普及度は必ずしも高いものではなく、経済的富裕度が

消費財の普及度を反映していることは確かであるが、日常的な生活用品として
の消費財は階層を問わずかなり一般的に広く普及している点にも注意する必要
がある。さらに、サークスやスパッフォードが主に分析対象とした衣服、靴下
のような衣料品やガーターなどの小間物からなる雑工業製品などについて、
ウェザリルはそもそも最初から分析対象としていない。確かに、遺産目録で衣
料品は記録が少なく具体的な記述にかけていることも多く、大量の分析にはな
じまないものである。^[13]しかし、本書の今後の検討でも明らかなように、衣料
品は流行の要素も強く消費社会の拡大にとって重要な要素をもつものであっ
て、こうした消費財を除いた形で中下層階層の消費財消費の動向について一般
的な結論を導くことはできない。

4 ｜ 生活革命と
消費財需要

　さて、これまでの遺産目録に関する分析を整理することにしよう。まず、
ピューター製ポットなどの日常的な生活に用いられる消費財についてはその出
現率が全般的に高く、17世紀の末から18世紀の前半にかけての時期すでにか
なり普及しており、遅くとも17世紀後半の段階には、これらの消費財につい
て幅広い需要が存在していたと考えられる。これに対して、従来から所有され
てはいたがその比率が比較的低かった鏡や陶器などもこの時期に増加し始めて
おり、また、従来ほとんど所有されていなかった絵画や磁器などを所有する比
率が増大する傾向が見られる。

　次に地域別に消費財の普及の動向をみてみると、ロンドンの普及度がやはり
きわめて高く、イギリスの消費財の流行の最先端を走っていたことが分かる。
しかし他方、ロンドンの他の地域に対する影響は、池に石を落としてその波紋
が広がっていくように、均質で同心円的なものでは決してなかった。ケント東
部のようにロンドンに近接した地域がロンドンの影響を受けやすいのはもちろ
んであるが、ニューカッスルのような遠距離の地域でもロンドンとの密接な取
引関係を反映して、ロンドンと近似的な所有構造を示している。いわば「正統
的配給組織」と消費財の普及とが直接結びついているケースである。^[14]しかし、

ロンドンとそれほど密接な商品取引のない地域では、ロンドンの影響がそのまま反映しているとは言えない。むしろランカシャー南部を中心とする北西イングランドなどでは、陶器の主要な生産地であるスタフォードシャー北部との近接関係から陶器の出現率が高い点などに見られるように、ロンドンを媒介としない、地域相互間の密接な商品流通を反映した所有構造を示している。[15]

　さらに、都市部と農村部とで消費財の普及度を対比させてみると、全般的に都市部のほうが普及度は高い。これは、都市的な生活様式が消費財の普及を拡大させている面があると同時に、都市が商品流通の結接点として、多様な、また数多くの商品が供給される場所であったからでもある。しかし、すべての地域で同様に都市部のほうが消費財の普及率が高いというわけではない。ケント東部やケンブリッジのように、農業生産が拡大し、農村における経済発展が順調であるような地域においては、農村部も都市部とそれほど所有構造に相違が見られない。逆に、北東イングランドのような地域では都市部と農村部とでかなり所有構造に相違が見られるが、この地域においては、農村に比べて都市の著しい経済発展が大きな相違を生み出したと言えよう。その点で、経済的豊かさという要素が、消費財の普及に大きく影響したことは明らかであろう。農村部が豊かであれば、消費財流通の結接点としての都市から農村部へ、新しい消費財の流出する可能性が大きくなるのである。

　個別の遺産総額の大きさでみた経済的豊かさも、消費財の出現率とかなり相関している。確かに社会的身分と所有構造には一定の関係があると思われるが、社会的上層の身分に限らず、経済的な豊かさが新しい消費財の普及に貢献していたことは否定することはできない。このことは、18世紀中葉までの全般的な景気上昇と実質賃金の上昇が、国内市場の拡大に寄与していたことを示唆している。一方、農村においても経済発展が早い地域にあっては、都市と同様に消費財の普及度はかなり早いのであるから、農村経済の一定の発展が消費財需要を成長させる一要因であったことも十分に考えられる。経済的な豊かさと消費財消費とのこのような相関は、経済的な発展による実質的な所得上昇の恩恵を受けた都市および農村における中流階層の需要が消費財の普及に大きく貢献した点を示している。

　以上のような遺産目録の分析から明らかになることは、日常的な生活用品を

中心とし、一部は奢侈的なものも含む幅広い消費財に対する需要が、17世紀末までには顕著に増大し、濃淡はあるものの全国的にかなり広範囲に普及していたことである。その意味で、この時期のイギリス社会において、幅広い消費財需要にもとづく消費社会の成長を否定することはできない。また、消費社会の発展のなかで、消費財の普及度に見られるロンドンを含む都市的な要素の重要性が、そして消費需要の増加を担った社会層として中流階層の重要性が明らかとなったのである。

　都市化の進展は、一般的には、工業化にともなって人口が都市に集中して進行すると考えられる。しかし、この時代のイギリスでは、工業化が本格的に開始するよりも早く都市化が進行するというユニークな状況が出現し、すでに本章で見たように、この都市化が消費社会の展開を推進したと考えられる。そこで本書では、18世紀イギリスの消費拡大と都市化の進展とが密接に関連しているという観点から、この時期における消費社会の生成過程とその特徴を明らかにすること、これを課題としている。具体的には、都市化が進展した過程とその背後にあると思われる中流階層の役割について検討をおこなった上で、消費拡大に大きく影響したと考えられるファッションやそれへの批判[16]、また、消費拡大に関連した服飾製品や衣料品が小売商によってどのように販売されたかの検討をおこなう。こうした消費者と密接に関連する事柄の具体的な内容を明らかにすることを通じて、消費社会の主役と考えられる中流階層の消費に対する意識について分析をおこない、消費社会の形成が実際にどのようにおこなわれたかを描きたいと考えている。[17]

　以上のような課題を果たすために、本書の構成は次のようになっている。まず、本章で大まかに示したように、消費社会の展開を考えるにあたって、中流階層と都市の存在が重要な要素であったと考えられる。そこで、第1章では、中流階層の性格、また国内消費需要の構造と中流階層がどのような関連に立つものであったかについて、具体的な姿を明らかにしていきたい。第2章では「都市ルネサンス」という言葉をキーワードにして、消費社会形成のなかで果たした都市の役割を検討することにする。第3章では、都市化のなかで中流階層の果たした役割を市場施設の建設を中心に検討し、第4章では消費と女性とを結

びつけて批判する 18 世紀の思想状況を、いわば消費にまつわるジェンダー的な視点の存在について明らかにする。

　ここまでの序章から第 4 章までが、研究史の整理を中心に総括的な整理をおこなった部分である。第 5 章以降は、第 4 章までの内容を前提として、未公刊の手稿史料や公刊された文書史料あるいは同時代の文献などに即して、消費社会の実態を小売業者の経営を通じて明らかにする部分となる。その最初の部分である第 5 章と第 6 章では 18 世紀前半ロンドンの婦人向け小物商について、服飾小物商を中心に検討する。第 5 章では検討の中心となる服飾小物商メアリ・ホールの経営文書とその史料的な性格について、第 6 章では経営文書そのものからロンドンのファッショナブルな消費行動について、分析をおこなう[18]。第 7 章では紳士衣料の消費動向について、ロンドンの仕立商マーク・セイヤーの残した経営文書を中心に紳士向け衣料の消費を分析し、中流階層の消費に対する意識やロンドンと地方との関係を明らかにする。

　これに対して第 8 章から第 10 章は、18 世紀前半から中葉にかけて農村地域における消費社会の動向をイングランド南部、サセックスの農村部について、やはり小売商に関係する文書から解明する。第 8 章では、18 世紀前半のサセックス農村部で店舗を営業していたスティーブン・ハッチの経営文書の分析を通じて、地域経済のなかでの小売業経営を検討する。第 9 章では彼の経営のなかで、特にロンドンでの仕入活動から、どのような消費財が農村部へともたらされたのかを究明する。さらに、第 10 章では、18 世紀中葉の小売商トーマス・ターナーの日記を分析することを通じて、具体的な農村部における消費社会の状況と小売商の活動を明らかにする。

　第 4 章までの研究史を基礎とした分析と、第 5 章以下のロンドン及びサセックス農村部での史料的分析を前提に、終章においては 18 世紀イギリスにおける消費社会の展開状況を確認し、最後に改めてこの時代の消費社会と小売商業がどのような性格のものであったかを明らかにしていくことにしたい。

[1] L. Weatherill (1988). 本章での議論はウェザリルの分析を基礎としているが、同書か
　　　らの参照は煩瑣になるので省略する。詳細は道重一郎 (1991) を参照。
[2] P. Dean & W. A. Cole (1967), p. 80.
[3] 例えば、17 世紀初頭におけるエール・ハウスでは木製のポットが利用されていたが、
　　　しだいにピューター製のものに置き換えられていく。P. Clark (1983), p. 66.
[4] 角山栄 (1981), pp. 38-42。
[5] N. Mckendrick (1960), pp. 418-22.
[6] T. S. Willan (1967), pp. 115-6.
[7] P. Clark (1972), pp. 10-5. また、商品流通の拠点としての都市の機能としては、道重
　　　一郎 (1989), pp. 39-43。
[8] リゾート都市など様々な種類の都市については、P. Corfield (1982) を参照。
[9] P. Clark (1981), pp. 81-3.
[10] オバートンらは農村における時計の普及を例にあげて、ウェザリルの都市と農村を
　　　対照させる議論に批判的である。M. Overton et al. (2004), p 169.
[11] *Ibid.*, pp. 169-71. ジェントルマン概念の多義性については P. Corfield (1996) を参
　　　照。
[12] J. Thirsk (1988) では、17 世紀のイングランドにおいて各種の繊維製品や雑工業品
　　　の生産が展開し価格も多様化して、幅広い社会層に消費財が普及したことが指摘さ
　　　れている。本書第 1 章を参照。また、M. Spufford (1984) では、17 世紀後半におけ
　　　る衣料品の普及を、移動商人の分析とともに論証しようとしている。
[13] 衣料品の記載がある場合でも、リンカーンの市民の遺産目録では、「財布と衣服」
　　　purse and apparel が £10 などまとめられて記載されている。*Probate Inventories of
　　　Lincoln Citizens.* (1991) ed. by J. A. Johnston for Lincoln Record Society .
[14] 山下幸夫 (1968), pp. 54-69。
[15] 道重一郎 (1989), pp. 106-10。
[16] 「ファッション」という用語は多義的なものだが、本書の副題も含めて、ここでは
　　　単に衣服などの流行という意味だけでなく、新たな嗜好 taste や感覚にともなう先
　　　端的な消費動向の変化を指す言葉として用いている。なお、レミアはファッション
　　　に関する歴史的研究が男性中心の社会観から不当に軽視されてきていることを指摘
　　　しながら、ファッションにともなう嗜好の変化が経済行為に重要な結果をもたらす
　　　と主張している。B. Lemire (2010), p. 18.
[17] カナダやアメリカにおいて、当該時期のイギリスにおける消費者社会に関する異
　　　なった視角からの研究がおこなわれている。カナダの H. and L. Mui (1989) は小売
　　　店舗の展開と消費者社会の関連を検討したものである。また、アメリカの C.
　　　Shammas (1990) は、食料品を含む消費財消費の実体を、イギリスと北米植民地と
　　　の対比で検討している。一方、K. Haulman (2011) ではイギリスのファッションが、
　　　北米植民地ではイギリス本国とのつながりを示す政治的な意味をもっていたことを
　　　指摘している。ことに *Ibid.*, pp. 34-8. を参照。
[18] 本書では、現代日本の小売業における慣習的使い方にもとづいて、成人女性向け衣

料については婦人衣料、成人男性向け衣料については紳士衣料という表現を用いている。

序章　消費社会の形成

イギリス中流階層の形成と消費文化

1 | 消費社会の形成と社会層

　前章でみたように、18世紀のイギリスでは様々な消費財消費が拡大する一方で、国内市場における消費動向は、地域間、都市と農村、あるいは階層間において一定の相違を示していた。しかし、全体として国内の消費は着実に成長し、都市を中心に多様な消費財の普及とともに消費社会と言える状況が出現しつつあった。こうした消費社会の形成は都市化とともに進行したものであったが、そのなかで、中流階層の存在と役割は非常に重要なものであったと考えられる。そこで本章では、本格的な工業化よりも早い18世紀という時期に、独自の展開を示したイギリス消費社会の形成過程を、一つの社会層、中流階層の文化的な自己形成の側面から捉えていこうと考えている。

　しかし、18世紀イギリス社会にとって、中流階層という存在は決して自明なものではない。そこでこの中流階層がどのように位置づけられるか、また消費社会の形成のなかでその消費行動がどのような役割を果たしていたのかについて、研究史を整理しながら検討してみることにする。また、18世紀のイギリスにおける中流階層の自己形成が、同時に新しい消費社会の文化的な担い手をも生み出したという観点から、この社会層が産業革命後の19世紀以降になると産業社会の中核となっていく中産階級との連続性を含めて、検討することにしたい。

2 | 18 世紀イギリス社会と 社会層

2-1. 身分から階層へ

　自ら独自の社会階層としての意識をもった中流階層を、18 世紀イギリス社会のなかで想定することは必ずしも容易なことではない。一方、中流階層という存在が単に所得区分のうえで中位の位置を占める集団という意味に過ぎないならば、それはそれほど重要な意義をもつものではない。社会をいくつかの階層に分けても、それぞれの階層が何らかの社会的なまとまりと意識をもたないならば、たとえ上・中・下の三つに区分したとしてもほとんど意味をもたない。こうした区分にもとづく中流階層は、所得がたまたま社会諸階層の中位の位置にあった部分にすぎず、このような部分は歴史上つねに存在しえたのである。

　このような意味で 18 世紀以前の社会にあっては、恒常的な利害の対立にもとづく政治的対抗やそれにともなう集団的意識は存在しておらず、階級的な対立は存在しなかったという考え方もでてくることになる。例えば、ラスレットは、16 〜 17 世紀のイギリスにおける社会構造を「一階級社会」として把握しており、ジェントリィより下の社会層、つまり民衆の間には地位（ステイタス）の区分はあるとして、それらは主として職業に関わるものであり、彼らの社会的機能に対して与えられた名称に過ぎない。確かに「中位の人々」middling sort という用語がスチアート朝期には用いられ始めるとしても、それは所得の上で真ん中の層であり、中位の地位にある人々にすぎず、中産階級といった独自な社会階級ではないとするのである[1]。

　このような理解は、ジェントリィ層以上の支配的階層＝エリートと彼らよりも下の民衆との間の庇護—従属関係を基軸とする様々なつながりにおいて、社会構造を見ていこうとするものである。そこでは、中流階層は都市においても農村においてもほとんど政治的独立性を示しておらず、貴族ジェントリィ層に従属していたものと考えられている。

　これに対して、庇護—従属を基軸とする縦の関係だけで社会構造を把握するのは一面的であるとする考えも存在する。例えば、ライトソンは地位や生活ス

タイル、文化的特徴などの点で、同時代人から見てひとまとまりの社会層の存在が認識されているとしている。[2]もちろんこの社会層は、17世紀の段階においては、階級として一つの社会的なまとまりをもち、他の社会層に対して自覚的に対立と同盟の関係に入るような存在ではない。同時に、階層間には社会的な対流が存在し、また身分や職業の間に社会的な階梯があって、こうした階梯は当時の人々とっては社会層が成立する前提となっていることも確かである。だが、17世紀末から18世紀初頭の段階となると、多様な身分や職業がそのまま無限の社会的な階梯をなすのではなく、区別された社会的、文化的環境から構成されるあるまとまりが作り出され、相互に社会的な距離をもつような単純な階層へと解消されていくことになると考えられている。こうして多様な身分degreesは単純な階層sortsへと移行することになるのである。

　一方、階級概念を18世紀にまで拡大して適用しようとする考えも存在する。一般的に言えば、階級は19世紀の資本主義的な社会の形成にともなって生まれたものであり、産業革命以前においては直接的に範疇的に対立する階級は存在しないとされている。[3]しかし、E. P. トムソンは階級概念が理論的なものと言うよりもむしろ歴史的なものであり、階級を歴史分析的な範疇として利用する場合には、18世紀にも社会的に対立する階級の概念を適用することが可能であるとしている。[4]

　この場合、トムソンが考えている階級は支配的な地主・ジェントリィとこれに対抗する民衆であり、この両者の対抗のなかに階級間闘争を見ている。彼は、地主・ジェントリィの家父長的支配の構造とそのなかにある階級意識の未成熟な状態を垂直的な無階級社会――階級社会――と捉えるラスレットらの考えを批判して、階級闘争を支配階級に対する民衆の対抗文化の存在という形で捉えることを提示している。しかし、中流階層はこうした階級闘争のなかに位置づけられてはいない。成長しつつある専門職、製造業者などの「中産階級」middle classの大部分は、地主・ジェントリィに依存的であり、18世紀の最後の30年に至るまで、ロンドンを例外として階級的な自覚は存在していなかったとされるのである。一般的な中産階級は愛顧関係client relationshipのなかにあり、彼らの社会的上昇への熱意は、社会組織の変革に向かうよりも、既製の枠組みのなかでの社会的な移動、上昇によって実現が図られたと、トムソンは考えている。[5]

ライトソンやトムソンの主張に従えば、18世紀社会は単純な一階級社会ではなく、確かに職業、地位の外貌を取りながらも、生活スタイルや価値意識を大まかに共有する一定のまとまった階層の形成が進行した時期と考えられる。そこでは、貴族・ジェントリィ的な庇護―従属の関係にもとづく縦系列の社会編成と、同一の価値意識にもとづく横系列の社会編成とが並列して存在していたとされるのである。その一方で、こうした階層においては、自覚的な階級意識あるいは対立的な階級意識という形はなお現れていない。また、中流階層は庇護―服従の関係を通じて上層の貴族ジェントリィ層へ従属するものと考えられており、18世紀の中流階層の意識や利害は支配的なエリート階層へと吸収され中流階層の独自性を見ることはできないことになる。

2-2. 中流階層に含まれる人々

しかしながら、ライトソンに従えば18世紀のイングランド社会においては、何らかの意味で共通の要素をもつ、ある程度まで外見的に識別可能な社会階層がすでに存在していたと考えられる。少なくとも上層＝貴族・ジェントリィ層と下層＝庶民という二つの社会層とは別個に、上層階層に従属的であったとしても、両者の中間に独自性をもつ社会層として中流階層が位置づけられることになるだろう。そして、この社会層が何らかの意味で独自の存在意義をもつとすれば、彼らが彼ら自身の社会的意識をもち得たかどうかという点にかかっている。

社会的な意識をもち得たかどうかはさしあたり措くとして、中流階層が共通の要素や特徴をもっていたとするならば、彼らはどのような職業の人々であり、所得水準はいかなるものであったか、といった点を明らかにする必要がある。何人かの研究者は中流階層を様々な形で明確化しようとしているが、その一つの指標は、土地もしくは投資収入によって生活する支配的エリート階層と自らの手の労働による収入によって生活する社会的下層という二つの階層とは異なって、中流階層は資本からの利益もしくは他人を雇用することによって収入を得て生活するというダニエル・デフォーの指摘である。P. アールはこの指標を用いて、中流階層は主として商工業者 tradesmen の雇用主からなり、職人層 meckanics は含まれないとしている。しかし、アールはさらに「上品さ」

genteelness という文化的あり方を指標として導入し、官吏、法律家、医師等からなる専門職を中流階層のなかに包含している。[6]こうした中流階層のイメージには農業的な職業は含まれず、商工業利害、とくに商業、貨幣所有の利害が強く表れているように思われる。[7]

これに対して、中流階層に含まれる職業の筆頭に借地農や自由保有農を含む農業経営者 farmers をあげ、また所領管理人 estate manager を含ませているルールのような例もある。[8]こうした職業に続けて専門職があげられ、その中に法律家や医療関係者そして教育関係者なども含められている。貿易商人あるいは店舗主といった商人も当然中流階層のなかに含められているが、ルールの場合には工業関係の職種の取り扱いは決して大きくない。工業的な職業には小売と兼業の靴屋やカツラ製造業者などが中心であり、製造業者 manufacturers という語はごく簡単に触れられているに過ぎず、親方手工業者層にはまったく触れられていない。

同様にラングフォードも、借地農および自由保有農が、労働者や小屋住み農と区別されるという意味で、中流階層を構成するとみなしている。[9]都市においては、商工業者 businessmen, tradesmen、店舗主、そして場合によっては手工業者 craftsmen, 職人 artisans をも含めている。だが彼は、中流階層をこうした職業にもとづいて一つの範疇として明確に捉えようとすることは、地域差もあってなかなか困難であり、むしろ、家族の出自、財産、職業、社会的つながり、上品さ、育ちなどの多角的な側面から中流階層を捉えるべきであるとしている。一方、収入の面では少なくとも年収 £40 〜 50 で救貧税を支払っている階層であることを、同時代人の基準から考えて中流階層の下限と考えている。£40 〜 50 以上の年収があり、救貧税を支払っている商人、製造業者などの社会層という中流階層の規定は、少なくとも貧民層と区分する上での最低条件と考えることができる。その意味で、£40 〜 50 という所得水準は 18 世紀の中流階層の下限を考える上で重要な境界線をなしていたのである。

このようななかで、中流階層のより明確な理論的規定をおこなっているのはロジャースである。[10]彼によれば、諸階層 sorts という用語が初めて現れた 17 世紀には、中位階層の人々 middling sort of people という言葉は主として農業および工業の独立小生産者 the independent small producer に対して向けられて

いた。ところが、農業資本主義と農村工業の発達にともなって、小生産者の大部分はプロレタリア化し、その一方で市場のために生産をおこなう大規模な農業経営者と製造業者、また、様々な生産物の分配をコントロールする流通業者へと分極化していく。ロジャースは利潤のために資本を回転させるこうした人々が、18世紀中流階層の本質的部分であったと考えている。具体的には、商人、有力な店舗主、親方手工業者また借地農が含まれるが、これらとならんで、医師、法律家、教師などの専門職をも含んでいる。さらにロジャースの場合には上記の職業から上昇してジェントリィ化したものをも含んでいる。したがって、ロジャースの中流階層は、理論的には17世紀の階層分解の結果として形成されたいわば産業資本家層とも言える社会層を中流階層として位置付けているが、その上層部分は貴族・ジェントリィ層＝土地所有階層と分かちがたく結びついている。

　これらの論者による中流階層の位置づけにおいては、都市の商人、店舗主層および医師、法律家などの専門職に従事する人々は明らかに中流階層として認められている。だが、中流階層の性格をより都市的に見るアール、ポーター等に対して農村的な性格をも含めようとするルール、ラングフォードなどとの相違を見ることができよう。ロジャースに見られるような階層分解の結果として中流階層を見る姿勢は、必ずしも多数ではない。むしろ、所得階層によってこの社会層の下限を決め、労働者、貧民などと区別された中流階層という形で、この階層の明確化を図ろうとする傾向が強いように思われる。こうした傾向は、中流階層の特質の一つとしての消費行動の重視とも関連しているものと思われる。

　さて、以上のような様々な研究者による中流階層理解から、18世紀のイギリス中流階層のおおよその輪郭が浮かび上がってくる。貴族・ジェントリィ層が土地所有とそこからあがる地代収入に基礎をおいているのに対して、中流階層は土地所有ではなく、専門職を含むとは言え主として商工業にその基礎を置く階層であって、被雇用者としての職人や労働者とは明らかに区別される社会層であった。その点でラングフォードがこの階層の下限を年収£40に置きながらも、救貧税の支払いが可能であり、また社会的地位の維持が不可欠であるという点を付言していることは示唆的である。救貧税の受け手ではなくその担

い手であることは、中流階層が単に職業や収入のみならず、一つの社会層としてある程度共通の価値意識をもつ存在であったことを示すものと言えよう。

　このように中流階層が独立の社会層として存在するとすれば、その意識や消費行動において何らかの共通の意識をもつことが見いだされるはずである。だが同時にこの時期の中流階層がもつ意識や行動の不安定さのために、18世紀の中流階層を歴史家がしばしば軽視することになる要因も潜んでいると考えられる。そこで以下では、18世紀のイギリス社会における消費に関する意識を、中流階層の形成に関連させながら、検討していくことにしたい。

3 ｜ 消費需要の拡大と 「社会競争的模倣」論

3-1. 国内市場の拡大と「社会競争的模倣」論

　まず、18世紀イギリスにおける国内市場の拡大と中流階層の関わりとを簡単に見ておくことにしたい。イギリス産業革命の前提となる経済発展については、需要の増大といった市場的要因と生産技術の発展などの供給的要因のどちらの側面を重視するか、また、需要の側面についても、国内市場と植民地を含む海外市場とどちらが大きな意味をもったかなど、様々な角度から議論がなされてきている。[11] しかし、イギリスにおける経済成長においてこの時期の国内市場が重要であることは、かなり早くから指摘されている。研究史を少し遡ると、イギリスで国内市場のもつ重要性をいち早く指摘したのは、1930年代のE.W. ギルボイである。[12] 彼女の研究は、第二次世界大戦後のA.H. ジョンやD.E.C. エヴァースレィなどの研究に引き継がれている。これらの研究によると、18世紀前半までのイギリスにおける国内市場は、農業生産性の向上にもとづく穀物価格の下落と一人あたり実質賃金の上昇によって工業製品の需要が拡大し、順調な成長が認められているとされている。

　しかし、18世紀後半になると穀物価格は上昇に転じる。このため、ジョンはこの時期の需要は停滞していったと考えた。[13] これに対してエヴァースレィはジョンの議論を修正し、穀物価格上昇のペースが比較的緩慢であったのに対

して貨幣賃金は下方硬直的であって大きな下落が見られないと主張する。また、この時期におけるイギリス国内の生産拡大は、一部の特権的な消費者を潤すのではなく、イギリスの柔軟な社会構造のおかげで、中流階層の所得を増大させることになったことを指摘している。賃金が下落せず、中流階層の所得がこのように増大したことよって、多様な消費財に対する幅広い支出が増大し、「奢侈品と必需品の中間にある財貨」が労働者層上層の一部をも巻き込みながら、中流階層の人々に広く普及していくことになった。加えて、ゆっくりとした人口の増加は、中流階層を核とする国内市場をさらに拡大させたのであり、産業革命の基礎となる国内市場の拡大は、非常に富裕でもなく、また非常に貧しくもない人々のための、日常的な生活用品の国内販売にあったと結論づけている。[14]

　エヴァースレィは、賃金の上昇、生産性の増加、人口の増大といった数量的な指標を用いて、こうした点を論証しようとしている。とりわけ国内市場の中核となる社会階層の所得を、18世紀初めに活躍した政治算術家グレゴリィ・キングの算定などをもとにして、週給 £1、したがって年収約 £50 を下限とし、上限を £400 と想定している。所得の点では、中流階層と重なる社会階層を、国内における消費拡大の中心においているのである。

　しかし、18世紀後半における農産物価格の上昇は工業製品への需要を減退させるものであり、この場合、農業生産性の上昇による国内市場拡大への影響は低下する。また、所得自体には一定の増加が見られるものの農産物価格の上昇がこれを上回っており、階層間の所得分配の変化もそれほど明確ではないので、所得上昇などの経済的要因から国内消費の拡大を説明することは困難であるといった批判もなされている。このように、単純に所得の増加からだけでは消費の増大を全て説明することはできず、中流階層を中心とする需要拡大を消費財需要の増加に直接結びつけるわけにはいかない。[15] こうした批判から、今日ではマクロ経済的な諸指標から国内市場の拡大を説明しようとする立場は、そのままでは維持できなくなっている。そのため、消費財消費の具体的な内容の検討が求められることになった。

　国内市場の全般的動向に対する研究と平行して、需要の具体的な内容に関する検討をおこなったのが、J. サースク、R. ポーターや N. マケンドリックなど

である。このなかで、サースクは 16 世紀末から 17 世紀にかけての比較的早い
時期に、イングランドではかなり広範な消費財市場が形成されていると考えて
いる。彼女に従えば、従来さほど普及していなかった靴下やピンなどの繊維製
品や雑貨品が普及するようになり、また毛織物のような従来からあった消費財
についても新毛織物など新しい製品が導入されることによって、製品の多様化
と価格の低下が進行し、これとともに消費も拡大していった。同時に、国家や
都市によって推進された産業育成のための施策が、就業機会を増大させて有効
需要を生み出し、低価格商品を中心とする製品の多様化と全般的な商品価格の
低下とが相乗して、国内における消費財需要を増大させたとするのである。[16]
消費需要拡大に関するこのようなサースクの見解は、社会的分業の発展とその
結果としての消費社会の発展を具体的に明らかにしたものであるが、同時に中
流階層以下の社会層を中心とし、日常生活用品を主とする国内市場の展開のあ
り方を消費財供給の側から示したものであった。

　これに対してポーターは、18 世紀のイギリスにおいて、それ以前にはまっ
たく、あるいはそれほど普及していなかった幅広い消費財に対して旺盛な需要
が中流階層を中心に発生し、生活様式全体が変化したと考えた。新しい消費財
の登場や生活様式の変化を、「生活革命」あるいは「消費革命」などといった
呼び方で表現することがあるが、彼はその具体的な内容を次のように述べてい
る。「手工業者から専門職や農場主に至るまで、富裕な人々のなかで最も顕著
に見られるように、消費パターンの本質的な変化が進行していた。購買力の増
大が単なる必需品を超えた、より広範な商品に向けられた。そしてそれができ
たのはそうした商品が安くなったからである」[17]。つまり、穀物価格の下落にと
もなう実質賃金の上昇ばかりでなく、貿易の拡大による輸入食料品の価格低下、
サースクも指摘しているような工業製品の多様化と低価格化などによって、
様々な種類の商品の購入が幅広い消費者にとって可能となったと指摘してい
る。

　実際に消費された商品をみると、基本的な食料品で言えば従来あった主食の
黒パンが白パンへと変化し、飲料でもワインやエールなどのアルコール性の飲
み物しか存在していなかったところへ、温かい飲料である茶やコーヒーが登場
した。茶などの消費が拡大するにしたがって、添加される砂糖の消費も増大し

た。また茶の飲用は食器に陶磁器製の茶器の登場を促している。序章でも見たように、一般の食器類でも木製からピューター製へ、さらにこれに替わる陶磁器製の食器が登場し、木製スプーンなどに替わる金属製のナイフやフォークなどが現れた。一方、衣料品では捺染された綿布やモスリンといった新しい素材が使用されるようになり、さらにクッションつきの椅子、絨毯、絵画、新しい形の家具などもこの時期に登場している。

　様々な目新しい商品に対する消費の増大は、序章で見たように地域的な偏差や都市と農村との差異を含みながらも、一部の限られた社会層の奢侈的な需要ではなく、幅広い社会層を包含する消費活動の活発化の結果であった。とりわけ中間的な所得階層の消費が、ここでは全般的な消費拡大を実質的に担っていたものと考えられている。つまり、イギリスでは貴族層の数が大陸よりも少なく、貴族の奢侈的な需要だけでは国内市場の拡大を維持することは困難であった。フランスにおいては奢侈的な商品の生産が先行したが、これは貴族層など上層の社会階層がおこなう奢侈的な商品に対する消費が需要の大半を占めていたことを反映している。その一方で、幅広い消費財の購買に消極的な農民が人口の大部分を占めているという当時のフランスにおける社会構造は、国内市場を狭隘なものにしていたと考えられる。これに対してイギリスは、安価な消費財に対する需要の急速な創出が可能となるような社会構造になっていた。フランスに見られるような少数の貴族エリートによる奢侈的な高級品に対する需要のもつ市場の限界と、貧しい所得層の限られた購買力とに規定された国内市場の狭さを突破する力が、イギリスにおいては中流階層の消費拡大のなかに見られるとされているのである。

　しかし、これらの商品に対する需要が中流階層に拡大していったとしても、それを牽引する力が存在する必要がある。そのなかで、所得増大などとはことなった非経済的な消費拡大要因として、様々な階層の間で起こった上位者の模倣という消費行動が指摘されている。上位者の模倣という考え方は比較的早い時期から提示されていたが、とくにパーキンはかなり具体的に、白パンや茶、磁器製のカップなど新しい商品の消費が、「上流気取り」として非難されながらも、階層を越えて普及したことを指摘している。[18]

　上位者の消費行動を模倣する行動を、「消費革命」のなかにおける「社会競

争的模倣」social emulation という形で全面に打ち出して、強力に主張したのはマケンドリックであった。[19] 彼によれば、新しい商品が普及した背景には、自分自身よりも下の社会層と自らを差別化するために新しい商品を購入しようとするという動機が働いており、その結果逆に新たな商品がさらに下の社会層へ普及したとされている。階層間の競争にもとづく社会競争的模倣の連鎖が奢侈的消費を拡大させ、消費財の普及に大きく貢献したのである。ことにこの時期の中流階層は、新しい消費動向をリードしたエリート層の模倣に熱心となり、その模倣に他の社会層も合流することになった。この場合、とりわけ衣服を中心とする流行の役割が重視され、流行が18世紀における社会的模倣の主要因であると考えられている。衣服は社会的な階層性をもっとも良く示すものであったが、社会的に上の地位にある者の衣服を模倣することが、下位の者にとっては自らの地位を上昇させるように見せる手段となった（＝衒示的消費）。

　他方、上位の者は自らの社会的地位を示し、下位の者との差別化をおこなうために、より新しい流行を取り入れなければならなかった。この連鎖が消費を次々に拡大させ、幅広い消費市場を深化させたのであり、階層間の競争にもとづく社会的模倣によって人々は拍車をかけられ、新しい流行に夢中になる一種の催眠効果や、この時期に急激に発展した説得的な商業広告の興奮に振り回されることになったとされるのである。こうして、一旦はエリート層に賞賛されていた消費財が、社会的に下降して大衆へと広まっていくことになった。相互に密着したイギリスの諸社会階層の存在、また階層間の垂直的な社会的移動が比較的容易であったこと、そして社会的模倣といった階層間競争による流行の強制力などイギリス社会の諸特徴が、消費の拡大にもとづく未曾有の繁栄を作り出していったと主張されたのである。

　わが国においてマケンドリックの議論を受容し、独自の観点から発展させたのが川北稔の「生活革命」に関する議論である。川北は国内における消費財需要の成長を、生活水準の上昇を追求したイギリス人の消費行動に求めようとした。これは、一方では消費に対する身分制的な制約が解消するとともに、「消費のパターン」こそが人びとの社会的地位を決定するという「地主支配体制」の構造によって、大量の消費が可能になったと考えるのである。同時に労働者層を含む中・下層以下の人びとも、より高い生活水準を追求して、そのために

はあえて多くの労働をも厭わないという行動を取るようになったと考えられている。[20] この川北の議論は、デ・ヴリースの議論ともつながっている。デ・ヴリースは、それまでは家計内で生産、消費されていた消費財が市場で購入されることとなり、こうした支出に見合う貨幣収入の増加が必要とされたため、婦女子を含めて、家計から労働市場へと放出される労働力も増大し、国民経済の拡大が引き起こされたと主張しているのである。[21]

　したがって、川北は消費財の普及が上層の階層を捉え、マケンドリックのいう「社会競争的模倣」を梃にしながら、中流階層を中心とする国内市場が拡大すると考えている。この背景には、17世紀末からの「商業革命」によってイギリスの貿易構造が変わったことがある。商業革命は植民地物産の再輸出を促し、他方で海外からもたらされた新奇な商品を中心とする「生活革命」によって国内市場を拡大し、産業革命を準備する経済が成立したとされる。川北のこうした認識は、この経済構造が地主＝ジェントルマンおよび自らをジェントルマン化しようとする商人や専門職従事者といった疑似ジェントルマンによって支配されていたという18世紀イギリス社会への理解にもとづくものであった。[22]

　もちろん社会競争的模倣にもとづくこのような消費拡大に関する理解は、単に中流階層のみの現象とは限られてはいない。イギリス社会全般の消費行動が、この社会競争的模倣という概念を用いて説明され、そこから18世紀イギリスにおける国内市場の拡大と経済成長を導き出そうとするものであった。だが、こうした行動を最も典型的に示し、また国内市場の拡大に最も寄与したのが中流階層であると考えられていることもまた明らかである。

3-2.「社会競争的模倣」論への批判

　実質賃金などの経済要因を超える国内市場の拡大要因として主張された社会競争的模倣論では、流行を媒介としながら消費財の購入が社会階層の上層から下層へと浸透していくことを、消費拡大の中心的な動因と考えている。その点で、消費行動に関する意識において階層間に相違は存在しておらず、この考えは一つの社会のなかに利害の対立する階級が存在しないという一階級論の系論として位置付けることができる。つまり消費行動における社会的上位者の模倣

という考えは、各々の社会階層自体には独自の社会意識が存在しないということを意味し、中流階層の社会的上位者に対する従属的傾向を含意しているものと考えられる。

　これに対して1990年代以降になると、社会階層の違いによって消費に対する価値意識にも相違が存在するとして社会競争的模倣論への批判がおこなわれるようになった。つまり、社会競争的模倣論が主張するような社会の上層から下層へと流行の商品を消費する現象が滴り落ちる、いわば「滴下現象」によって財貨の消費が拡散していくという理解は認めがたいという批判である。

　18世紀のイギリスにおける消費革命のなかに近代的な消費行動の起源を求めようとしたコリン・キャンベルは、消費行為を正当化する価値意識が階層によって異なると考えている。彼に従えば、貴族層はエリート内の小さな社会における名誉に向けた競争にもとづいた、その意味で他人指向の価値意識をもっていた。他方、中流階層の場合には他人を指向することなく、自分自身の楽しみや美的な感情に忠実に行動するといった価値観が支配的であり、こうした価値観にもとづいて消費行動も取られることになった。例えば絵画、磁器、鏡などの新しい消費財の消費は、中流階層がもった彼ら自身の美的関心を反映したものであって、他者を意識した貴族的価値観と異なるものであると主張している[23]。また、オバートンらも消費は彼ら自身の自己認識を確認するために一定の消費活動をするのであって、他者のためにおこなうのではないと指摘している[24]。

　より具体的な消費行動についても、中流階層の衣服の着用における消費の動向に関して、プロテスタンティズムの倫理が影響しているという指摘もある。ここでは宗教的な意識に根ざした倫理的なレベルで、消費に関する考えが階層によって異なっている点が強調され、ことに上層エリートと中流階層との消費に対する意識の差異が問題とされている。例えば、専門職である牧師、医師、法律家などの服装では、黒や飾りのなさを基調とする衣服が見られるようになっていた。服装のこうした傾向は、ロンドンなどから離れた地方の社会経済生活における宮廷の影響が低下していることを反映しているとともに、労働についての肯定的な評価にもとづいた世俗文化が台頭してきていることの影響から、社会競争的模倣とはむしろ逆に中流階層から上層エリートへという方向性

をもって貴族層にも広まっていったとされている[25]。もっともポーターは、デフォーやフランクリンのように質素倹約を重視するピューリタン的性向がことに中流階層のなかに存在していたことを認めながらも、18世紀の消費動向を全般的に観察するならば、こうした方向は必ずしも多数派とは言えないと指摘している点にも留意する必要がある[26]。

　一方、実証的な研究の多くでも、それぞれの社会階層には独自の消費に対する感覚や消費様式が備わっており、単純に上位の階層から下位の階層へと流行が模倣されているわけではないと考える傾向が強くなっている。その意味で「社会競争的模倣論」の妥当性は、実証的なレベルから疑問視されているといって良い。例えばA.ヴィカリは、教会へ着ていく衣服や家族の行事のための食器などに関して、特に女性が特定の物に対して固有の意味づけをおこない、高い重要度を付与している事例をあげながら、顕示的な消費とは異なった最新流行に追随しない消費行動を析出している。そのうえで、社会競争的模倣論は一定の状況では妥当するものの、消費拡大の包括的な原因とすることには無理があると批判している[27]。

　衣料品消費について古着や既製服を中心に研究を進めているB.レミアも、流行の拡大の原因が社会的上層階級から下層への拡大にあるとみなすことに否定的である。彼女は、庶民による消費財の購入には将来の再販売を想定した貯蓄としての側面もあり、また性差などの個人的な状況、住んでいる地域にもとづく相違、あるいは社会階層による違いなどによって消費動向はかなり異なっており、エリートへの非エリートによる盲目的な追随は一般的ではないと指摘している[28]。また、ホレルらは、18世紀後半のロンドン刑事裁判所における盗難品の分析から、実質賃金の上昇や技術革新にもとづく商品価格の低下と言った要因に加えて、消費拡大に果たした流行や嗜好の変化の重要性を指摘している。そのうえで、流行は決して上層の模倣・滴下現象として拡大するのではなく、生活の快適化を目指すそれぞれの階層がもった独自性を強調している[29]。

　社会競争的模倣論に対する批判の多くは、消費行動を規定するものが階層間の競争意識ではなく、むしろ社会階層や地域性、あるいは性差に根ざした個々の消費者に独自の価値意識であるとする考えである。しかし、同時にファッションが消費を拡大する要因になったことは多くの論者が認めるところでもある。

問題はファッションがどのように拡大していったかであり、とりわけ18世紀における消費拡大にあっては、その中心に位置していた中流階層の消費拡大に流行がどのように関わったかが問題となる。マケンドリックの議論をやはり安易な説明として退ける M. バーグは、「洗練さ」、「教養の高さ」、「好みの良さ」といった規範意識が中流階層の消費を支えるものであったとしている。こうした意識は新奇でおしゃれな商品を適切に所有したり身に着けたりする消費行動をもたらし、特に都市においてその意識は洗練され、消費も拡大したのであると主張している。[30]

　例えば新奇でおしゃれな繊維製品のなかには、インド発祥の捺染キャリコなどが含まれる。軽量でカラフルなこの新しい素材は17世紀末以降になると多くの社会層へ急速に拡大して、伝統的な毛織物業者からの強い反発を招き、1721年には全面的な輸入禁止となってしまう。しかし、手間のかかる織り柄や刺繍と違って、多様な色彩とデザインをもった安価なこの新しい繊維製品の消費拡大は、一方で奢侈的商品の民主化につながるとともに、イギリス国内での代替産業の成長、そして産業革命の源流の一つともなっていったのである。[31]

　中流階層の消費感覚はファッショナブルで目新しい消費財へ強い関心を示すが、同時に新しい消費財をその人その人に相応しく所有・利用したり身に着けたりすることを求めるものであった。彼らがこのような消費行動を取ることを通じて新しいファッションを生み出し、消費の拡大を促進したとバーグは考えている。その一方で、ファッションは地域的に見ると、農村に比べて都市においてより大きな影響力をもち、またファッションの波及にはそれを媒介する店舗小売業が大きな役割を果たしたことも指摘している。彼女はこのように消費の拡大に流行の果たした役割は決して軽視できるものではなく、またその波及には店舗小売業の果たした役割が重要であったと考えているのである。[32]

　さらに、消費財の所有状況に関する全国的な検討からは、社会競争的模倣論が特定の社会的な状況を無視して、消費行動の動機や意味づけを仮定しているという批判がなされている。序章でみたように、18世紀前半のイングランド全体に関する遺産目録の分析によると、この時期に普及し始めた新しい種類の消費財、例えば陶磁器、置き時計、絵画などをどの程度の頻度で購入しているかを見ると、地域によって消費動向にはかなりのばらつきがあり、決して全国

一律に新しい消費財を所有しようとする動向が現れたのではなかった。ウェ[33]
ザリルは、さらに中流階層が消費財に対するはっきりとした意識をもち、財の
所有を通じて自らの独自の位置を明確化しようとしていたものと考えている。[34]
新しい財貨を所有しようとするとしても、それ自体は消費者自身の個々の目的
に沿った購入であり、大部分の中流階層は地主・ジェントリィになろうとした
わけではなかったのである。

　ロンドンにおいては新しい消費財がいち早く登場するが、序章で述べたよう
に、その影響は距離的な関係ばかりではなく、ロンドンからかなり離れたニュー
カッスルの場合に見られるように、ロンドンとの取引関係によっても大きく左
右されていた。また、農村と都市では全国的に消費財の所有状況に大きな違い
が見られ、新しい消費財の普及は圧倒的に都市において見いだされる現象で
あった。社会競争的模倣論に反して、農村のジェントリィ層よりも都市の商工
業者層で新しい消費財の所有比率が高い傾向が指摘されており、18世紀前半
には社会的に上位の者を下位の者が常に模倣するという一方通行的な関係では
なかった。このように、新しい消費動向を代表するような商品の所有は基本的
には都市的な現象であり、都市においては財貨の所有自体が社会的な地位の相
違を意味するものとみなされる傾向が存在していた。確かに、本書後半であら
ためて見るように、ロンドンのような中心都市から農村部へはかなり強い影響
が存在している。とは言え、新しいファッションに敏感な消費行動は都市中流
階層の特徴と考えるべきであろう。

　社会競争的模倣論に対する批判においても、歴史的な現象としての消費行動
の模倣そのものは否定されてはいない。だが、その一方で社会階層の価値意識
の相違にもとづいた消費行動のなかに、階層間の価値観の違いが存在する可能
性も示唆されている。階層の相違にもとづく消費性向を正確に測定することは
確かに困難であるとしても、様々な階層間に消費の嗜好や動向の相違が少なく
とも認められるとすれば、消費の拡大過程は社会的上層から下層への単なる滴
下現象としては把握できず、消費行動において一定の選択的プロセスが存在し
たと考えることができよう。その意味で、国内市場の拡大を担ったとされる都
市の中流社会層が社会的にいかなる階層であるか、伝統的な支配的上層である
地主・ジェントリィ層とも、また旧い共同体的な秩序のなかで生活していた農

民、あるいは都市の下層民衆とも異なる社会層として、いかなる意識をもつものであったかについて検討しなければならない。

4 | 「上品な」都市文化と中流階層

　序章で示したように、消費動向の全国的な検討のなかで、地域的な偏差や都市と農村との相違が明らかにされた点は、消費の社会的な意味を考える上で注目すべきものである。新しい商品を積極的に購入していこうとする消費行動はとりわけ都市の中流階層に色濃く見られるとするならば、こうした現象の背景に都市における中流階層を特徴づける文化構造が存在すると考えることができるのではなかろうか。

　18世紀の初頭においてイギリス都市は全国的に急激な発展を遂げた。ロンドンはなおイギリスのなかで圧倒的に巨大な存在であったが、ロンドン以外の都市における発展はロンドンの成長よりも急速であった。全人口に占めるロンドンの比率は18世紀を通じて約11パーセントであったが、ロンドン以外の都市の人口を合計するとこれらの都市の対人口比は18世紀半ばまでにはロンドンを上回るようになり、1801年にはロンドンのほぼ2倍の水準にまでなっている。こうした急激な地方都市の成長には、マンチェスターやバーミンガムのような新興の工業都市ばかりではなく、リバプールのような港湾都市やバースのようなリゾート都市などの多様な都市が含まれている。[35]

　18世紀におけるこのような都市の成長は、都市における独自な文化的な発展をともなうものでもあった。ボーゼイはこうした都市における文化的な展開を、イタリア・ルネサンスになぞらえて、「イギリス都市ルネサンス」と名付けている。[36]「都市ルネサンス」の具体的な内容は次章で取り上げるが、17世紀後半以降の多くのイギリス都市で見られた様々な文化的な側面を含むものであった。だが、この「都市ルネサンス」のなかで形成された都市文化を全体として支える価値意識は、ジェンティリティ "gentility" にあった。この語の本来の意味は「ジェントリィの生まれ」であったが、その内容は伝統的な土地所有者固有のものという側面をしだいに失っていき、ついには土地所有者であるこ

とを意味するものではなくなっていった。"gentility" の意味は 16 世紀終わりには穏やかな物腰という意味にも用いられ、17 世紀半ばには作法や行動、外見などで見栄えが良い状態を指すようにもなっていった。18 世紀後半には優雅さや上品さという意味にも用いられている。[37] 17 世紀末から 18 世紀半ばぐらいまでになると、"gentility" のもつ意味で問題となるのは「上品な」genteel 教育であり、物腰であり、知識となっていったのである。

　ところで、18 世紀イギリスの中流階層はこれまで自立した社会階層というよりも土地所有エリート、つまり土地所有者・貴族層に対して政治的、社会的に従属してきたとされている。社会競争的模倣論を含めて、この中流階層のもつ従属性が議論される場合、ジェントルマンらしさを中流階層自身が指向していたのだとしばしば指摘されている。ジェントルマンらしさを示す「洗練さ」politeness や「上品さ」genteel という用語や概念は、中流階層と上層エリートとの結びつきを示すために多く用いられてきている。しかし、「洗練さ」という概念はジェンティリティ、啓蒙、社交性などかなり包括的な要素からなってはいたが、実質的には血統などの伝統的な価値によらない物質的な財貨の所有と都市的な振る舞い、つまりマナー（作法）がその主要な内容であった。その点で、洗練されていることは習得可能であって、獲得するためのガイドブックの出版も見られる。[38] 同様に「上品な」genteel という言葉も「洗練さ」と同じような意味と内容を表現する用語として用いられた。こうした内容をもつこれらの用語は、実際には都市の商人を中心とする中流階層のもつ基本的な特質を示すものであり、中流階層の内容を規定するものであって、土地所有エリートを指す言葉ではなくなっていたのである。

　さて、「上品さ」の欠如は不作法、流行遅れの衣服やマナーなど様々な形態をとって現れるが、とりわけファッションに対しての態度が決定的であった。ここでファッションとされるものは衣服のみではなく、家具などを含む、いわば消費行動における流行への敏感さである。ドゥクルゼは、「上品な行為」を消費者主義 consumerism と置換可能な用語として用いている。[39] この考えに立てば、中流階層の基本的な特徴は、都市的な文化のなかで、「礼儀正しい」あるいは「上品さ」といった用語に示されるような消費行動であると考えることができよう。

ここで重要なことは、一見すると社会的な上位者に対するこの模倣的な消費行動が、注意して観察するならば貴族・ジェントリィとの同一化を必ずしも目指したものではなく、中流階層独自の価値意識に根ざした側面があることをむしろ見逃すべきではない。つまり「上品さ」あるいは「洗練さ」を指向する文化への帰属意識が、中流階層の社会的上位者に対する従属性を直ちに意味するとは言えないのである。すでに述べたように、ジェンティリティは伝統的な地主ジェントリィ的であるという意味内容をすでに失いつつあったが、この時期になるとさらに非土地所有的財産の意味が増大し、相続した資質ではなく、むしろ獲得したものの重要性が大きくなった。社会的地位に対する判定が本来の地主・ジェントリィという伝統的な血統によるものではなく、ジェンティリティが外見的な姿や形によって判断されるようになり、実力で獲得することができるものとなってきたとするならば、富裕な都市中流階層にとっては、そうした文化こそが自らの存在基盤と考えうるものであろう。自らの富を背景として獲得された教養と消費行動によって彼ら自身の地位が、上位層の模倣を通じてではなく、旧来の土地所有階層と肩を並べることになるのである。

　その一方で通説的に言われているような、都市の商人ことにロンドン商人の多くが土地所有ジェントリィ出身であり、また成功した多くの商人が土地所有ジェントリィ化していくということは、必ずしも多くなかった。18世紀前半の上層のロンドン商人がどのような社会層から供給されていたかを検討してみると、圧倒的多数のロンドン商人はロンドン出身者で占められていることが論証されている。[40] もちろん彼ら商人とジェントリィ層との間がまったく隔絶したものではなく、ジェントリィ層の娘とロンドンの上層商人との間の結婚はむしろ増加している。だが、これをもっても直ちにロンドン商人が土地所有ジェントリィへと上昇しようとしていたとみなすことはできない。こうした結婚は都市の社交シーズンの増大にともなったものであり、ある面ではジェントリィが都市文化に吸引されたことによって、このような結婚が成立した側面のあることに留意しなければならない。

　また、ロンドン商人の土地の購入についても同様な側面を見ることができる。ロンドンの商人が土地を購入したのは、自分の住居や営業用施設のためであったり、地代取得や開発利益を得るといった収益のための投資を目的としたもの

であって、土地所有そのものにともなう地位の獲得を目指したものだけではなかった。ロンドンの上層商人たちが郊外に邸宅としての土地を購入したとしても、それは「上品な」都市文化の一環としての庭園的な土地であり、いわば都市的な生活が部分的に郊外まで拡大されたものに過ぎない。そして、彼らはこうした邸宅からロンドンの仕事場へとかよって営業活動をおこなっていたのであり、決して農村の土地所有者 country gentleman としての生活を追求した者ばかりではなかった。

　中流階層文化のもう一つの特質は、より下の社会階層との関係である。「都市ルネサンス」においては、伝統的な民衆文化は粗野で野蛮なものとして排除された。例えば、キリスト教や風習にもとづいた伝統的な暦に従った祝祭的な娯楽は回避され、ダンスホールや音楽会など組織化された娯楽や、図書館などの識字性を要求される娯楽が重要なものとなっていった。余暇の娯楽が商業化され、経済的に余裕のない下層民衆を排除する商業的サービスとして提供されるようになったのである。ロンドンにおいても熊いじめなどの娯楽は動物愛護に反するものとして規制の対象となっていった例に示されるように、「礼儀正しい」世界に下層の民衆が参入しようとする事は阻止され、「上品な世界」の娯楽から民衆は排除された。[41] 民衆の共同体的な世界とは異なったところに、中流階層は独自の文化的な空間を建設しようとしたのであった。

　以上のような点からすれば、18世紀イギリス中流階層は、都市的な「上品な」文化を共通の基盤として成立した一定の社会層と考えることができるように思われる。そして、この社会階層の文化的な性格が、新たな消費行動を積極的に取り入れ、それを外見的に表示しようとすることにあったとすれば、これは決して社会競争的模倣による消費の滴下現象ではない。むしろ伝統的な土地所有層とは異なった価値意識の表現であり、同時に民衆文化とも一線を画そうとする中流階層としての独自の表現であったように思われる。

5 ｜ 中流階層と中産階級の 連続と非連続

　18世紀の中流階層が、都市的消費文化というかたちで共通の価値意識をもっ

た社会階層として形成されるとするならば、この社会層と19世紀の中産階級との関係はいかなるものと考えられるだろうか。社会階級として中産階級が成立する時期は、19世紀前半と考えることが支配的である。ブリッグスは、産業革命の前後から工業化の進展などによって社会的な緊張が拡大し、このなかから階級的な対立が形成され、一方で貴族的専制に反対する中産階級、他方で中産階級に対抗する労働者階級といった形で、19世紀に入って自覚的な階級が形成されたとしている。[42]

これに対して、ロンドンの中流階層の検討をおこなったアールは、18世紀に形成された中流階層文化が19世紀につながっていくものであると主張している。彼は18世紀前半の時期に少なくともロンドンにおいては、すでに中流階層の形成が明白であると主張し、消費文化を含めて様々な面で、ロンドンにおいてはかなり均一的な性格をもつ中流階層が形成され、その後の「中流階層」的なものとされる生活様式がこの時期にはおおむね姿を現したと考えている。[43]その上で、彼は中流階層のもつ生活スタイル、文化的特徴がヴィクトリア朝期の中産階級のそれと類似した面として次の2点を上げている。(1) 労働に対する高い価値の賦与と同時に余暇を指向する生活態度、(2) 魂の超越的な救済を希求する敬虔な考えと共存する現世主義、の二つである。確かにこの階層の担い手はまだ十分な経済的豊かさを全体として獲得しておらず、また十分な自己確信を生み出すには至らなかったにせよ、18世紀半ばまでに形成されたこの中流階層と19世紀ヴィクトリア朝期の中産階級との間に文化的な連続性が存在することが含意されていると言って良いであろう。

しかし、こうした中流階層文化の広がりは、工業化を担った広範な産業的企業家層へ直ちに拡大されていくものではなかった。例えば、アールと同様に18世紀前半における中流階層文化の形成を認めているロジャースは、その範囲をかなり限定的に考えている。彼はハノーバー朝期ロンドンの大商人を中心に、かなり明白に独自の社会層が形成されていた点を明らかにしている。だが、この文化の担い手はあくまでも商人であり、工場主ではなかった。ロジャースは、「工場主ではなく、大商人による（この文化の―引用者）受容がハノーバー朝の洗練されたpolite文化の柔軟性と限界とをはっきりと示している」と指摘している。[44]彼によれば、18世紀後半になると、中流階層に属する工場経営者

などの企業家層や弁護士などからなる専門職層から、国家や経済の運営に対する合理化の要求が引き起こされるようになる。このときロンドンの大商人たちはこうした社会層から批判される側に立っていたのである。その意味において、18世紀半ばまでの都市的中流階層文化と、18世紀末以降19世紀へとつながり、ヴィクトリア朝期の中産階級を形成していく部分との間には明確な断絶が存在しているとされる。

　これらのロンドンの中流階層に関する研究に対して、地方の、とくにイングランド北部の工業化の進展した地域において中産階級の起源と形成を問題とするいくつかの具体的な研究では、社会層としての中流階層の独自な存在を何らかの形で認めている。ダヴィドフとホールは、女性の役割に重点を置きながら、ミッドランド地方の鉄工業の中心地として産業革命の一翼を担った地方都市バーミンガムの中流階層の形成を、18世紀後半から19世紀にかけて検討している。彼らは18世紀の中流階層が地主・貴族との近親性をもちながらも、その価値意識の上で上層エリートと区別される側面があることを認めている。[45]だが、彼らの主たる関心は、こうした社会層が18世紀の末から19世紀の初頭にかけて自覚的な階級として形成されるプロセスにあった。その点で、社会階級として自立的な中産階級の形成は、やはりブリッグスと同様に19世紀にあると考えている。

　これに対してバーカーは、18世紀マンチェスターにおける小売商や製造業者などは中流階層としての一定の凝集性をもちながらも、上品な行動よりもむしろ宗教的な敬虔さにもとづく行動規範が大きな役割を占めていた点を強調している。[46]18世紀後半のマンチェスターでは、メソジスト派などの非国教徒がしだいに勢力を拡大していたが、彼女によれば国教会を含めて様々な教派に共通して、宗教的な恭順にもとづいた労働への献身や公正な取引が勧められていたとしている。彼女の対象とした小売業者、小規模製造業者などの中流階層では、上品な行動が否定されていたわけではないが、それ以上に宗教的な意識のもつ役割が強調されている。ブリッグスの示したヴィクトリア朝中産階級の規定のなかで言えば宗教的な敬虔さの側面であり、その意味では、18世紀から19世紀への連続性を示したものである。

　一方、ヨークシャー西部の繊維工業都市ブラッドフォードの企業家層を中心

に分析をおこなったコディチェックは、18 世紀の後半までに形成された中流階層の社会層としての意義を認めながらも、この階層が 19 世紀の中産階級と直接つながらない点をも強調している。18 世紀後半になってようやく成長を開始したこの社会層は、新興の工業都市において産業革命以前の工業的発展を担った階層であるが、コディチェックはこの階層をプロト資本家と規定し、非人格的な資本—賃労働という社会的関係のもとで彼らの経済活動が遂行されていたことを認めている。つまり、社会関係の上で資本主義の形成を認め、資本家層としての中産階級の出現をある程度想定しているのである。だが、このプロト資本家は企業経営の上でなお家父長的な色彩を残し、生活様式の面ではジェントルマン的なものを指向しており、本来の資本家的な非貴族的なイデオロギーを自ら作り出すことができなかったと考えている。その結果、資本主義的な社会における自立的な社会階級たりえず、19 世紀における新しい、本来の資本家階級＝中産階級の出現が必要となったのである。ある意味ではコディチェックの議論は、18 世紀以降のイギリスの経済発展において地主エリートであるジェントルマンの役割を強調するジェントルマン資本主義論に対する一定の批判を内包している。つまり、18 世紀後半に形成されたジェントルマン的な文化を指向した社会階層としての中流階層は、19 世紀の中産階層とは明確に断絶しているとする考え方である。だが、彼の議論においては、本章でこれまで議論してきたような 18 世紀中葉までのイギリス中流階層の展開、ことに都市文化的なものをブラッドフォードの企業家層がどのように継承したかという点は明確ではなく、ジェントルマンの生活様式というものの内容についてもこの関連では明らかではない。

　同じようにヨークシャー西部にある伝統的な繊維工業都市ハリファックスにおける 18 世紀中葉の企業家層をスメイルは検討しているが、この都市では明らかな凝集性をもつ社会階層として独自の文化的特徴を備えた中流階層が、この時期までに形成されていたことを明らかにしている。ハリファックスという農村工業の発展のなかから成長したこの工業都市においては、18 世紀の半ばに、17 世紀のピューリタン的な伝統をもつ中流階層とは異なる新しい企業家層を中心とする社会層が形成され、彼らは地方のジェントリィよりも富裕で、教区の活動や救貧税行政など地方政治に対する影響力もかなり大きいもので

あったとしている。[48] そしてスメイルは、この社会層と19世紀ヴィクトリア朝期の中産階級との間に連続性が存在することを認めているのである。

　ハリファックスにおける新しいタイプの中流社会層は、ロンドンから発信される新しい消費文化を積極的に受容した。これは一方で上層エリートのもつ新しい所有物を購入することによって、新しい社会的な価値を表示しようとする意欲の表れではあっても、上層エリートの価値に盲目的に従属するという意味で奴隷的な模倣とは異なるものであった。他方、「上品な行動」を共通の行動規範とすることによって、中流階層は下層民衆との間に明確な一線を画そうとしていた。その意味で、スメイルの研究はハリファックスにおいて都市的な中流階層文化が18世紀半ばまでに受容されて、一つの社会層としての新たな中流階層が形成されていたことが示されている。このようなハリファックスの中流階層文化が19世紀の中産階級にそのまま引き継がれていくのであり、18世紀半ばにロンドンなどの影響下に形成された都市的な文化を基盤とする中流階層文化と、19世紀ヴィクトリア朝期の中産階級との間では断絶性はほとんど問題とされず、むしろ連続的なものとして捉えられているのである。

6 ｜ 都市的中流階層の消費文化

　19世紀における中産階級の形成とそれ以前の中流階層の連続性には不明確な部分も多い。しかし、18世紀中葉までに相対的に独自の文化的意識をもつ社会階層としての中流階層の形成を、これまでの検討から確認することができるように思われる。確かに明確な階級的な利害対立にもとづいた階級意識をもつものではなかったにせよ、中流階層は独自の文化的価値を共通の基盤として成立し得たのである。そして、中流社会層の消費文化は、この時期のイギリス国内市場の拡大にも大きく寄与したと考えられる。

　独自性をもつ社会層として形成された中流階層は、新しい都市的な文化である「都市ルネサンス」をその基盤としてもち、中流階層を核とする消費文化も都市的な文化を基礎に形成された。旧来の支配層である地主エリートとは異なって、積極的に新しい食料品を受容し、新しい衣料や調度品を購入すること

によって、中流階層は新たな社会的な地位を外面的に表示しようとした。そして、新奇な商品の購入は、行動様式の新しい流れを作り出した。「上品」であることは、単に支配的土地所有エリートを模倣することではなく、世襲的な土地や身分とは異なった種類の、その意味で自分の力によって獲得できる新しい価値を重視する独自の判断規範にもとづくものであり、文化的従属性とは別個の中流階層としての新しい文化意識の産物であった。同時にこのことは、単に上層エリートと自らとを区分するだけでなく、伝統的な民衆文化とも異なる意識を育てていった。民衆文化を粗野で野蛮なものとして退けながら、「上品」な振る舞いと消費行動を取ることによって、中流階層は自らの新しい世界を作り上げていったのである。

　このように形成された都市的な中流階層文化は、直ちにそれが産業的な企業家層と共有されたわけではない。ロンドンを中心とする中流階層文化からすれば、ハリファックスなど地方の製造業者を中心とする新興の工業的中流階層はむしろその枠外の存在であったかもしれない。しかし、新たに勃興してきた企業家層にとって、すでに存在している都市的な中流階層文化こそが自己形成のモデルとなったと考えられる。一方で地主エリート層の文化意識に自己同一化するのではなく、他方で伝統的な民衆文化と一線を画するために、都市的な消費文化というモデルは産業的中流階層にとって不可欠な存在であった。こうして文化的に独自の社会層としての意識が企業家層のなかで生じ、産業革命期の経済発展を主体的かつ自覚的に担った社会層を生み出していったのである。

[1]　ラスレットは17世紀イギリス社会を、意識的な階級対立が存在しないという意味で、無階級社会と考えている。P. Laslett (1965) を参照。

[2]　K. Wrightson (1986). pp. 190-2.

[3]　A. Briggs (1983) を参照。

[4]　E. P. Thompson (1978), pp. 148-50.

[5]　*Ibid.*, p. 143.

[6]　P. Earle (1994), pp. 142-5.

[7]　同様な見方として、R. Porter (1982), pp. 83-99 も参照。

[8]　J. Rule (1992), Chapter 3 を参照。

[9]　P. Langford (1989), p. 61.

[10]　N. Rogers (1994), pp. 160-1.

[11]　W. A. Cole (1981) などを参照。

[12]　E. W. Gilboy (1938).

[13]　A. H. John (1962), pp. 20-1.

[14]　D. E. C. Eversley (1967), pp. 256-9.

[15]　P. K. O'Brien (1985) および P. Hudson (1992), pp. 88-9.

[16]　J. Thirsk (1988) を参照。

[17]　R. Porter (1982), p. 235. 訳文は同訳書 (1996), p. 316 を参照したが、一部改訳した。

[18]　H. Perkin (1969), pp. 85-97.

[19]　N. McKendrick (1982), pp. 52-6.

[20]　川北 稔 (1983), pp. 354-5。

[21]　J. de Vries (1993), pp. 85-132.

[22]　川北稔 (1983) 第11章を参照。

[23]　C. Campbell (1993), pp. 49-54.

[24]　M. Overton et al. (2004), p. 8.

[25]　B. Fine & E. Leopold (1990), p. 172.

[26]　R. Porter (1982), p. 97.

[27]　A. Vickery (1993), pp. 274-94. また、A.Vickery (1998), p. 194 などをも参照。

[28]　B. Lemire (2005), pp. 98-113. 彼女は、当初、古着を通じた流行の拡大を社会競争的模倣論にもとづいて議論していたが、その後、批判的な見方に転じている。

[29]　S. Horrell et al. (2015), p. 854. ことに盗品の中に見られる羽毛ベットなどの家具については、室内の快適さの重要性が表れているとされる。また スウィートは18世紀後半からの古物研究の進展のなかで、家庭内の快適さの重要性が意識されるようになった点を指摘している。R. Sweet (2019), p. 159.

[30]　M. Berg (2005), pp. 203-11.

[31]　B. Lemire (2011), pp. 56-60.

[32]　これらの批判の他にも、社会学的観点からの理論的批判を含めて、エントウィスルはマケンドリックに対する批判をまとめている。J. Entwistle (2000) を参照。また、19世紀の大衆消費社会との相違に関しては、J. Styles (1993), p. 529. を参照。

[33] L. Weatherill (1988), pp. 71-84.
[34] L. Weatherill (1993), pp. 207-8.
[35] P. Corfield (1982), pp. 7-11.
[36] P. Borsay (1989), p. viii. なお、本書とは異なった角度からではあるが、都市文化と
      ジェントリィおよび中流階層を取り扱ったものとして、渡辺有二（1997）がある。
[37] SOD (2007) vol. 1, p. 1093.
[38] R. Sweet (2002), p. 372. また、ラングフォードも「上品さ」が、エリートのもつ血
      統など伝統的な権威とは異なって、獲得可能であることを強調している。P. Lang-
      ford (2002), p. 316.
[39] S. D'Cruze (1994), p. 199.
[40] N. Rogers (1979), p. 443. なお、ロンドン商人とジェントリィの関係については、堀
      元子 (1993) がある。
[41] P. Earle (1989), p. 336.
[42] A. Briggs (1983), p. 17.
[43] P. Earle (1989), pp. 332-6.
[44] N. Rogers (1979), p. 453.
[45] L. Davidoff & C. Hall (1987), p. 18.
[46] H. Barker (2019), pp. 138-52.
[47] T. Koditschek (1990), pp. 63-4.
[48] J. Smail (1994), p. 12. ハリファックスの中流階層については、岩間俊彦 (2008) をも
      参照。

都市化と消費空間の形成
——消費空間、社交空間と小売商業——

1 | 都市化と
　　　消費文化

　第1章では、18世紀イギリスにおける消費社会形成にとって重要な役割を
果たした中流階層の性格と、その消費行動について検討をおこなった。続く本
章では、中流階層の消費文化と結びつきながら、大きな意味をもった都市化の
進展を取り上げることにする。その際に問題となるのは、「上品さ」genteel「洗
練」polite といった用語に象徴される18世紀イギリスの都市文化であり、消
費者による嗜好のあり方である。とりわけ、新たな消費空間として重要性を増
した都市のなかで、家庭や女性が消費のなかで果たした役割、あるいは小売店
舗商業という買い物空間のもつ意味などを検討することにしたい。

　都市は、消費拡大の主役となった中流階層が重要な役割を担い、また、消費
の舞台となった場所でもあった。そこで、都市を舞台として形成された消費空
間とはどのようなものであるかを、「都市ルネサンス」を出発点として検討を
始めることにする。さらに、都市における消費の拡大と都市の中流階層との関
連を、中流社会層の家庭における消費の性格を検討するなかで分析する。これ
らの検討を踏まえて、「都市ルネサンス」による都市環境の変化と一体のもの
として進行した18世紀都市の店舗小売業を、消費空間＝買い物空間の創出と
いう観点から検討していきたい。最終的にこうした検討のなかから、18世紀
の消費社会と19世紀後半以降に形成される大衆消費社会との継続性と差異と

を明らかにすることとする。

2 ┃ 消費空間としての 家庭の役割

2-1. 都市ルネサンス

　都市と農村の間に消費財の所有傾向にかなり大きな差異があることを考えると、この時期の消費意識や消費者の動向に起こった変化の背景には、都市の成長と発展が重要な要素となっていることは明らかである。[1] 都市的な発展の一つの側面は、ボーゼイが「都市ルネサンス」と名付けて以来良く知られるようになった、多くのイギリス都市のその外観が大きく変貌したことである。[2] ボーゼイは、イングランド都市の多くに見られた都市景観の変化に注目し、都市全体が改造されて街路や小公園が整備され、新古典主義風やジョージ王朝風のファサードをもつ新しい建物が建ち、街区全体の調和が取れるように建設し直されていくなかに、イギリス社会の変化を見いだしたのである。新古典主義風の建物はコリント様式に代表される装飾性の高い柱頭をもつ柱を建物の正面（ファサード）にもつことに特徴があり、これらの建物はギリシアやローマ時代の様式を模倣したもので、建物の壮観さを示そうとするものであった（口絵1を参照）。また、個々の建物だけでなく、この時期には街路の整備、スクエアと呼ばれる小公園の建設が進み、建物の構造や正面装飾などと合わせて、街区全体に調和の取れた外観を作り出すよう、意図的に設計され建設されるようになったとされる。

「都市ルネサンス」のなかでは集会場や遊歩道なども新たに建設されたが、これらは都市空間に集まった人びとが余暇を過ごすための施設であった。郊外のジェントリィや都市に住んでいた中流階層の人びとが音楽会や講演会に集まり、ダンスや会話をする社交の場として都市空間が機能するようになったのである。これら新しい都市的な要素の拡大は、地方の主要都市においても進行していった。[3] 例えば、イングランド東部ノフォークの中心都市ノリッジでは1754年にアセンブリルーム（集会場）が建てられており、ジョージ王朝風の

この集会場は現在、修復されてイベント会場として利用され残っている。（口絵 2 はノリッジの集会場の外観、口絵 3、4 はその内部）。余暇需要の成長にともなって、アセンブリルームのほかにも劇場、図書館などの余暇施設の建設も促進された。さらに、公共の遊歩道（プロムナード）やプレジャーガーデンのような庭園も建設され、これらも余暇施設の一部を構成した。競馬場も各都市に余暇施設として建設されていった。

このような都市景観の変化を引き起こした背景には、周辺地域の地主ジェントリィを吸引して、都市における余暇消費を拡大しようとする意図が考えられる。ジェントリィがもたらした都市での余暇に対する需要に応えて、様々な娯楽サービスの提供がおこなわれるようになり、そのなかには演劇や舞踏会、コンサート、あるいは競馬などの屋外スポーツが含まれていた。都市的な娯楽サービスの成長は、バースやタンブリッジウェルなどの保養地として新たに成長してきたリゾート都市で、特に集中的に現れるようになった。さらに都市ルネサンスの指す内容のなかには、都市に集う人々への様々な奢侈的消費財の供給などを含んでおり、かなり広範囲な内容のものであった。

ボーゼイの議論においては、都市ルネサンスの推進者はジェントリィであり、中流階層はこうした動きを下支えするものであっても原動力ではなかったとされている。確かに、地主ジェントリの需要に合わせて、また彼らを吸引するための積極的な投資が、劇場などの余暇施設に対しておこなわれている。しかし、都市の余暇施設に集まった人々は決して上層の地主層に限定されていたのではない。都市の中流階層のなかで形成された politeness という語に示される、洗練された優雅さを基本とする価値意識にもとづいて、中流階層の社交空間が都市の余暇施設を舞台として形成された点も無視できない。都市当局が中心になって建設したアセンブリルームで開催される集会、舞踏会などへの参加は、入場券を購入するなり、年会費を支払うなりの金銭的な負担だけで誰でも可能であり、一定の所得をもっていた中流階層にはその出自を問わず広く開かれていたのである。[4]

一方で、民衆的な娯楽は、都市ルネサンスのなかでは排除される傾向にあり、伝統的な熊いじめなどの娯楽は動物愛護に反するものとして規制の対象となった。同時に、ヨークで開催された競馬場に入るためには 1 ギニー（£1, 1 s）

という比較的高額の入場料が必要であったし、ハリファックスにおける図書館の設立に際して、その利用のために必要な申込金は £5 であった。[5] このように一定以上の入場料を取る場合は、所得による下層階層の排除機能をある程度もっており、支払能力という障壁を設けることによってより下層民衆との差別化を図るものではあった。しかし、商業施設でもあったこれらの施設は、収益性から入場料さえ支払えれば、参加者を身分的に限定することは逆にできなかった。そのなかで、中流階層など都市の余暇施設に集う者同士は、衣裳やその立ち居振る舞いがお互いの鑑賞や批判の対象となり、場合によっては結婚相手を探す場所としても機能したのである。[6]

　18 世紀の後半になると、工業化の進行に応じて発展した新興の工業的な都市にも都市景観の変化は及んでいくことになる。マンチェスターやリーズ、シェフィールドなど、イングランド中部から北部の工業化を牽引した地域の諸都市についてみると、施設や街路整備などの発展を推進する原動力となっていたのは、これらの都市に住む中流階層が抱いた自分たちの都市へのプライドであった。[7] さらに製造業者を中心とする中流階層が都市改良への影響力を増大していく傾向は、ブラッドフォードやハリファックスなどマンチェスターなどに次ぐクラスの多くの工業都市においても広く見られる現象であった。[8] これら新興の工業都市においても、上下水道や街路照明などの公共的な施設の改善や拡充、また小売施設を拡充したいという要望が生まれた。しかし、これらの都市がおこなった都市環境の改善や新しい施設の建設は、周辺の地主エリートを吸引するためのというよりも、工業化が進展していくなかで成長した製造業を基盤とする中流階層からの要望を反映したものであった。都市改良が新興の工業都市へと拡大していった状況は、中流階層のなかで製造業者の割合が増加してその内部構成に変化が生じていることを反映しているが、都市改良を求める彼らの姿勢は、18 世紀前半ロンドンの中流階層とそれほど大きく隔絶しているものではない。むしろ、地方都市の中流社会層がロンドンなどの都市文化の影響を受けながら、地元意識にもとづいた、その土地にあった形の中流階層文化を形成していったものと考えられる。

2-2. 家庭と女性の役割

　第1章で取り上げたポーターも述べているように、18世紀の生活は格段と快適になっていった。[9] 都市の中流階層の生活を中心に、衣料、食料ばかりでなく室内の家具や装飾においても豊かさを求めるようになり、椅子にはクッションが付けられ、壁には絵画がかけられ、室内の生活も快適なものとなった。ベッド周りの繊維製品にも、安価だが軽量でデザイン性に富んだファスチアンなど綿製品が幅広い階層で導入されるようになり、快適さの増大に寄与していた。[10] 新しい財貨を取り入れて生活をより快適にするこうした変化は、都市においてより明瞭に現れる現象であった。序章で扱ったウェザリルの分析でも、消費財所有の傾向を都市と農村とで比較すると、両者の間でかなり明白な特徴的な差異を見て取ることができる。2-1図のグラフに示したように、テーブルや鍋あるいはピューター製の日常的な食器などについてはほとんど差がない。しかし、2-1図で丸く影で囲んだ部分にある時計、絵画あるいはカーテンなどを都市部の住民はかなり多くの比率で所有しており、新しい消費財の所有拡大は都市的な特徴とみなすことができる。[11] 序章では時計やカーテンなどの消費財を第3類に分類したが、この相対的に新しく装飾性の高い消費財の普及が、農村部に比べて都市において早くから進んだことが明らかである。他人の目に触れることを前提にした装飾性の高い消費財が都市で普及したことは、都市の中流階層による消費が社会的に共通の規範として承認された、あるいはコード化された優雅で洗練されたものを外見的に表示して、自らの社会的な位置を確認しようとするものであったことを反映している。

　ここに登場する装飾的な消費財は、室内に置かれながらも家族以外の人々の目に触れることを最初から期待されているものであり、いわば表舞台 front stage の消費財と考えることができる。[12] これに対して、日常的に使用される鍋、ピューター製の食器などは舞台裏 back stage の消費財と考えられるのであって、まったく私的な領域に属する、他人の目に触れることのないものである。他方、同じ食器類であっても茶を飲むための器、あるいはティーテーブルなどの家具は来客を前提とした財貨であり、ことに女性が茶を淹れて訪問客とともに飲むことは、コーヒーハウスなど男性同士の社交の場に現れるコーヒーの場

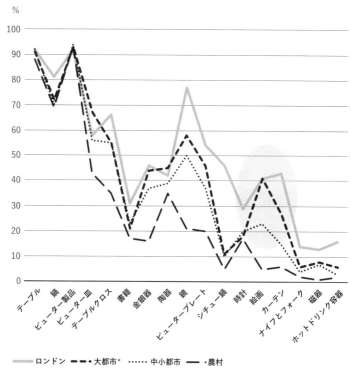

2-1図　都市と農村での消費財所有率（％）

出典：序章 0-3 表より作成

*大都市には、ダラム、ニューカッスル、ビュイック、サウザンプトン、ウィンチェスター、カーライル、カンタベリー、シュルズベリー、リバプール、マンチェスターが含まれる。

———— ロンドン　━ ━ ━ 大都市*　‥‥‥ 中小都市　━ ・ 農村

合とはやや異なって、社交上の一種の儀式的な行為、パフォーマンスでもあったと考えられている。[13] その意味で、消費財はその種類によって、表舞台の公的空間に向けられた消費財と、舞台裏の私的空間で用いられる消費財とに分かれると捉えることができる。そのなかで、ティーテーブルや茶の飲用に用いる財貨は私的な飲食のための消費財でありながら、来訪客との社交を前提とする点で半ば公的な空間に属する消費財であり、特に後で述べるように女性の社会的な役割を考える上で重要な意味をもつものである。

　邸宅内の居室に置かれた消費財の配置を見ても、訪問客に対して食事を提供

する食堂 dining room では大きな公式の会食用テーブルやダイニングセットが重要な役割を果たしたし、また応接間 drawing room は家のなかでも「すべての優美さを集めたもの」とされ、最上の家具が配置されて訪問客に対する敬意を表していた。[14] 応接間といった空間において家具類を適切に配置することは、家庭の外から訪れる人々に対して驚きと娯楽を提供することであるとともに、同時にその家の主人のもつ優雅で洗練された感覚や個性を表すものでもあった。舞台裏の消費財とは異なって、表舞台の消費財は家庭内という私的な領域に属しながらも公的空間を形成しており、来訪客の目にさらされることを前提に所有者の優雅さや洗練された生活環境を表示しながら、社会的な交流を実現する社交的な空間を作り出し、これを演出する重要な役割を果たしたのである。

　例えば、農村部のなかでも比較的都市的な要素が強いシュロップシャーの市場町ウェリントンにおける、1661 年から 1746 年までの遺産目録 127 件を見てみよう。[15] この地域は A. ダービーが高炉製鉄法を発明したことで知られるコールブルックスデールに近いシュロップシャー東部の炭鉱業と農業中心の地域であるが、一連の遺産目録には富裕な万屋的小売商の業務用資産などが含まれており、この町が地域の流通の小規模なセンターとなっていたことを物語っている。17 世紀後半から 18 世紀前半の遺産目録のなかで、半数近い 60 件では居間 parlour もしくはホール hall が他の部屋とは区別されている。[16] 一方、食堂を備えているものは 3 件、応接間が 1 件とわずかであった。遺産目録の記述は遺産鑑定人に依存しているとともに、富裕度の違いによる住居規模によっても差があるので、史料に現れた数量からこうした施設、居室の増減傾向を時間経過のなかで推定することはできない。とは言え、少なくともこれら遺産目録において、居間やホールを備えている住宅のなかでの全般的に見られる特徴は、鏡、置き時計、絵画、地図などの日常的な生活とは異なった、表舞台の消費財の存在が 18 世紀に入るに従って増大していることである。地図、絵画などの消費財は、室内に置かれながらも家族以外の人々の目に触れることを最初から期待されているものであり、社交空間のために備え付けられている消費財である。招かれた訪問客は、茶などの提供を受けるとともに、居間などに備えられている時計や食器棚などの調度、絵画などからその住宅の主人の嗜好を感じ取ることになるのである。

ここで、社交的空間のなかで果たした女性の役割を見てみよう。18世紀の後半以降になると女性が公的な領域から排除され始め、公的な世界はもっぱら男性の専有物となり、女性は家庭内の私的な領域にその活動が限定されていくという主張もなされている。[17] 中流階層においては家父長的な家族構造のもとで、女性はビジネスの世界を含めて公的な領域から締め出されていくとされているのである。[18] しかし、男女が公私の二つの領域に完全に分離されてしまうという考えには批判も多い。[19] 少なくとも女性の営業活動に関してみると、第5章でも見るように女性の排除は、法的にも現実的には必ずしも厳格なものではなかった。[20] 確かに、この時代の人々には、女性は家事を第一にすべきであるという考えが強かったとは言え、18世紀の都市改良のなかで形成された集会場やコンサート会場、あるいは遊歩道などの社交的な空間ばかりではなく、裁判法廷などをも含む広い範囲の公共施設に女性が出入りすることは排除されておらず、実際に多くの女性が家庭から外の公共施設へ出かけていくことができた。[21]

家庭内で訪問客とともに茶を飲む際の中心となったのは女性であったが、この家庭に消費財を取り込むための商品購入には、女性の役割が男性よりも大きかったと考えられる。社会とつながった家庭内の半公的な空間形成に、女性は重要な役割を果たしたのである。家具のように金額が大きく特別な商品の場合には男性の承認が必要であったとしても、一般的な消費財の購入や管理は女性の役割であった。[22] この時期のイギリス法では基本法であるコモンロー上、既婚の女性は財産権をもたなかったが、他方で財貨の購入については、「必要品の法理」the Law of Necessities によって女性はその地位にふさわしい必要物を夫の名において購入することができるとされていた。[23] この法理に従うならば、元々財産権のある未婚女性や寡婦だけでなく、既婚女性を含めた多くの女性たちにとって日常的な買い物はかなり自由におこなうことができたはずである。ことに中流階層の女性にとって、買い物に対する法的あるいは社会的な規制はきわめて希薄であったと考えられる。

もっとも、男性も外部からの訪問者を前提に、家庭のなかに組み込まれた上品さのなかに自己実現の場を見いだしている場合もある。家庭の存在は、コーヒーハウスやクラブと同様に男性にとっても家族以外の人々との人間関係を生

み出す半ば公共性のある重要な半公的な空間であったのであり、女性のみが家庭のなかで社会的な存在であったわけではない。[24] このように家庭は完全に私的な領域ではなく、表舞台の居室を中心に外部に開かれた空間であり、来訪者との交わりを通じて社交の場、公共の空間の一部を構成したのである。確かに純然たる公的な領域としての法廷や官職保有によって媒介される社交とは異なっているとしても、家庭はクラブのような社交の場との連続性をもち、一種の半公共的空間を作り出していた。この半公共的な領域のなかで、女性は男性とともに主要なアクターとなっていたのである。

　一方、居住する室内を快適に過ごせるものとするために中流階層が気を配るようになった理由には、18世紀イギリス社会で洗練さ politeness を求める文化が、この階層を中心に支配的になっていた点も見逃せない。中流階層ばかりでなく、その下の社会層である一般の庶民層のなかでもこざっぱりとしてきちんとした服装が求められており、[25] 中流階層においては一層洗練された生活態度が行動規範として必要とされるようになっていた。[26] 洗練された優雅な行動には、最新のファッションを適切に使いこなす消費行動も含まれており、消費財の購入も宮廷やサロンの規範にもとづいて地位を顕示するといったものでは決してなく、都市的な生活のなかでは流行を巧みに取り入れて上手にそれを利用することが求められた。消費者としての中流階層は、自らの嗜好をより優雅なものにすべく多様な消費財のなかから適切に選択する必要があったのである。

　都市において中流階層の人々を中心に、家庭の外に出て、集会場や劇場、あるいは遊歩道のような公共的な施設へ出かけることは、そこに集まっている人々を見る、同時に見られることを通じて社交的な空間のなかに身を置くことと同じであった。公共的な施設は同時に余暇的な施設であり、これらの施設の拡大は都市ルネサンス以降のイギリス都市のなかで広く見られるものである。他方、消費財を提供する商人や小売商は、商品情報や在庫量の多さ、サービスの豊富さを積極的に表示することを通じて、顧客の関心を引くことに努める必要があった。[27] この時期に進行した小売店舗の量的な拡大と店舗構造の変化は、買い物行動自体を単なる財貨の購入から余暇の一部、余暇としてのショッピングへと変化させることになっていった。

3 ┃ 消費空間としての
都市と小売商業

3-1. 都市空間のなかでの小売店舗

　都市のなかでアセンブリルームや遊歩道などの余暇施設が増加すると、そこに集う人々にとって流行、とりわけ外見を装う衣裳が重要な要素となっていった[28]。都市生活のなかにある社交的部分に欠かせない衣裳などを提供することも、ファッショナブルな店舗小売業の果たす大切な役割であったが、外出着のような非日常的な消費財を購入すること、そして買い物それ自体が余暇の一部でもあったのであり、買い物のための空間を提供する店舗は同時に余暇施設でもあった。このことから店舗が立地する場としての都市の街路と店舗との一体的な消費空間が形成された。都市の小売店舗は、ファッショナブルで快適な社交性のある生活のために必要な消費財を提供するだけでなく、そのための情報を共有する場を提供し、社会的な関係が取り結ばれる空間を作り出していったと考えられる[29]。

　18世紀のイギリスでは週市や歳市あるいは行商人などによる伝統的な商品取引が重要性をまったく失ったわけではないが、都市の店舗小売業は中流階層を中心に新たに生まれてきた消費文化に対応し、伝統的な販売チャネルを質量ともに凌駕していった。18世紀の初頭以来ロンドンでは、比較的富裕層の多いロンドン西側への都市拡大にともなって、オックスフォード・ストリートやストランドといったファッショナブルな商店街が形成されていった。ロンドンのウエスト・エンドと呼ばれるようになるこれらの街区では、家具や衣料品といった耐久消費財や半耐久消費財を販売する店舗小売店が立ち並び、通りに面した店舗の正面には業種名や店舗主の名前を示す看板や吊り下げ看板を掲げ、通りを行く人たちの関心を引こうとするようになった【2-2図】。18世紀後半に吊り下げ看板が安全上の理由から規制されると、商品展示のために張り出しガラス窓 bow window の設置が増加し、営業活動や商品に関する情報を分かりやすく提示し、買い物客の目を引くようになっていった。

　一方、店舗の宣伝のために広く用いられた手法が、トレードカードの発行で

2-2 図　18 世紀半ばのロンドン（ストランド街）
出典：John Bowles による 1752 年ごろの銅版画

あった。トレードカードは、17 世紀の後半、特に 1720 年代以降、18 世紀を通じて広く用いられた広告手段である。もともとは、店舗の名称や住所、商標、職種などを描いた請求書の表題広告（ビルヘッド）で、その一部が発展したものがトレードカードである。ロンドンのギルドホール図書館には、2001 年の段階で 17 世紀後半から 20 世紀に至る約 3,000 枚のトレードカードやビルヘッドが残されており、18 世紀の多くの小売商の宣伝用トレードカードが存在している。[30]トレードカードを見ると、しだいに店舗風景や営業内容を示す凝った図柄のトレードカードが現れ、発行年代は一般的に明示されないので正確な年代を確定することは困難ではあるものの、18 世紀の店舗営業の内容を推定するための重要な史料となっている。[31]

　2-3 図と 2-4 図は、18 世紀のロンドン商人たちのビルヘッドとトレードカードであるが、店舗の外観を示しているトレードカードの画像からは、この時代の店舗が大きなガラス窓をもち、商品展示をおこなっている様子を知ることができる。例えば 2-3 図は、1780 年代初めの日付のあるローブ製造業者プリチャードのビルヘッドである。ここに描かれた店舗の外観をみると、中央に両

2-3図　プリチャードのビルヘッド

出典：London Guild Hall Library, Trade Card Box 22,
Pritchard

開きのドアがあり、その上部にはロイヤル・アームを戴いて女王御用達である
ことを示した堂々たる店構えを見せている。入り口の両側はガラスがはめ込ま
れたショーウィンドウになっている。一方、2-4図は、毛織物商で仕立商と絹
織物商を兼業していたやや小規模な商人スコットの18世紀半ばのものと思わ
れるトレードカードで、ここでは向かって左側に片開きのドアがあり、その上
部フリーズの部分に毛織物商など三つの業種名が大きく表示されている。ドア
の右側に張り出しのガラス窓があって商品が展示されたことが分かる。店舗の
規模はともあれ、街路を通行する人々はショーウィンドウで展示されている商
品を見て、業者の取り扱う商品や種類、技量を確認したうえで、店に入って買
い物をすることが十分に可能であった。顧客を惹きつけ、店舗内へと誘導する
手段としての商品展示がすでに一般化していたのである。金細工商や絹織物商
人など高級品を取り扱う小売店舗では、富裕層の邸宅や劇場の建物をまねた

2-4 図　毛織物商スコットのトレードカード
出典：London Guild Hall Library, Trade Card
Box 23, Scott

ファッショナブルで豪華なファサードをもつ建物が建設されるようにもなった。[32]

　小売店舗の経営者は、店舗の設備を利用して顧客に居心地の良い空間を提供しながら、最新流行の消費財を提供しようとした。消費者は家族や友人とともに店舗に出向き、商品を見るとともに新しい知識を獲得していった。買い物は社交の場であり知識獲得の場でもあり、経営者にとって適切な空間と情報の提供をおこなうことが成功の鍵となったのである。[33]流行の提供者として小売店舗の役割は無視できないものであったが、特に衣料品の場合には小売店による流行の提示は重要なものであり、とりわけ服飾品をいかに適切に組み合わせるかが大きな課題であった。

　18世紀において小売店舗が消費財の供給においてしだいに重要性を拡大していくなかで、その活動がもっとも際立っていたのはもちろん首都ロンドンで

あった。しかし、ロンドンだけが孤立していたわけではなく、地方の都市においても規模は異なるものの、ある程度同じような店舗小売業の展開を見て取ることができる[34]。店舗空間を舞台にして展開される社会的な関係は、決してロンドンだけにとどまるものではなく、地方の都市においても都市における基本的な設備、街路整備などの都市改良と一体となって、同じように展開されている。

こうした地方都市における都市改良と小売店舗の展開の関係を、チェスターにおける興味深い事例で見てみよう。イングランド北西部チェシャーの州都市であるチェスターにおいては、18世紀には都市基盤の整備が進行し、この世紀後半になるとダンスやカードゲームのための専用の集会場が建設され、劇場や図書館も同時に建設されて、都市景観が都市ルネサンス的な状況のなかで大きく変化した。余暇施設の建設と並行して高級な商品を取り扱う小売店が市内の特定の場所に集まるようになり、ロンドンに見られるような店舗正面に豪華なファサードをもった新しい店舗が建設されて一種のショッピングセンターが形成されることになった。チェスター中心部の主要な通りであるイーストゲイト・ストリートなどに毛織物商や絹織物商、金細工商などが集中して都市のメインストリートを形成し、全体として上質な買い物空間を作り上げていった[35]。

さらにこの町では、表通りに面して屋根のついたロウズ the Rows と呼ばれる2階建ての歩道が設置されており、歩道に面して2階にはファッショナブルな店舗がまた1階には食料品店などが入り、晴雨にかかわらず気持ち良く買い物ができるショッピングアーケードが形成された[36]。余暇施設と近接した店舗の集中は、余暇としての買い物の存在意義を高め、また社交空間を店舗が果たすことになったのである。店舗が集中した地域においては、道路舗装の改善や街路照明の設置が同時に進行し、また家畜市場が高級小売店舗の集中する街区にはふさわしくないものとして移転させられたり、19世紀初頭になると街路商人をマーケットホールに集中させて排除するなどの措置が取られることになった[37]。

その一方で、チェスターでは都市の伝統を重視する都市当局と店舗小売商との対立が見られる。中世以来の独特の歩道ロウズは店舗正面の大幅な改良を阻んでもいた。店舗の前面に張り出した歩道部分（廊下）は一種の都市における

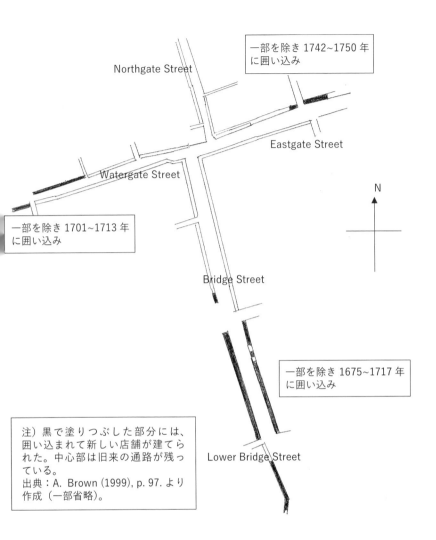

注）黒で塗りつぶした部分には、囲い込まれて新しい店舗が建てられた。中心部は旧来の通路が残っている。
出典：A. Brown (1999), p. 97. より作成（一部省略）。

一部を除き 1742~1750 年に囲い込み

一部を除き 1701~1713 年に囲い込み

一部を除き 1675~1717 年に囲い込み

Northgate Street

Eastgate Street

Watergate Street

Bridge Street

Lower Bridge Street

N

2-5図　チェスターにおける新しい店舗と伝統的街区

共有の公共的な部分とみなされ、この部分を囲い込んで店舗の改装をおこなうことは都市の共有財産に対する侵害とみなされた[38]。2-5図の街路に面した細い長い部分がロウズであり、黒く塗られた細い部分は私的に囲い込まれたことを

示している。都市当局は、ロウズのような伝統的な建物を破壊して店舗を流行の新古典主義へと改装することに対して強く抵抗したのであり、2-5図はこの対立をも示している。交差点からやや離れた場所に黒く塗られた囲い込まれた部分が集中しており、ここに新しい店舗が建設される一方で、都市中心部の白いままの細い部分には伝統的なロウズが残されている。このため、保存されたロウズは現代までその中世的な雰囲気を残すことができたのであるが、それでも店舗小売商はしばしばロウズの歩道部分を囲い込んで、これを壊して店舗を作りなおそうとしている。

　口絵5と6の写真は、現在のチェスター市街の様子を撮影したものである。ロウズはその後、観光資源として見直されて一部は再建されているので、写真のロウズもかなり整備されており実際に古くからあるものであるかどうかは分からない。しかし、口絵5の写真で右手の白い建物はジョージ王朝風のサッシ窓でその右側にある茶色の建物はネオゴシック風の建物であり、少なくとも18世紀以降の建設と考えられる。同様に口絵6の写真ではおそらく再建されたロウズが正面にあり、奥のレンガ造りの建物は18世紀以降のものであろう。ロウズの内部は、口絵7、8の写真で示したように建物2階部分でアーケード状の歩道になっており、現在はその奥に店舗があるが、この構造は当時のものを基本的に保存していると思われる。

　18世紀における都市改良期の状況は、18世紀に流行した新古典主義やジョージ王朝風の建物が、中世風のロウズを蚕食して拡大していったものと考えられる。現在でもチェスターでは、18世紀の都市ルネサンスにおける都市景観の変化と伝統的な町並みとの混在が見られる。この町では店舗小売商が新しい建物を積極的に建設しようとする動きと、伝統的な街の雰囲気を保持しようとする都市当局との対立があらわになっていた。しかし、確かに対立はあったにせよ、地方の多くの都市においても新しい建物が建設され、ある程度ロンドンと同じように主要な街区に店舗が地理的に集中するようになっていた。ファッショナブルな商店の集まる街区—都市空間の形成がおこなわれる傾向は明らかであり、これら街区の存在は余暇活動としての買い物を一層促進することになったのである。

3-2. 消費空間としての小売店舗

　余暇としての買い物が発展するにつれて、消費の場であり、また顧客と店舗主あるいは顧客同士が交流する社交空間でもあった店舗の役割は一層大きなものとなっていった。だが、店舗が消費空間として独自の役割を担った点に関して、これまで消費革命論では必ずしも明確に意識されてはいなかった。18世紀後半にウェッジウッドがロンドンでショールームを作り、新しい作品を顧客にアピールしようとしたといった新しいスタイルの営業活動は良く知られており、社会競争的模倣論の観点からも指摘されてきた。しかし、18世紀前半の段階ですでに、ウェッジウッドのような特定の例外的な存在ばかりではなく、多くの小売業者が商品の多様な情報や様々なサービスを顧客に提供していた点が指摘されるようになった。

　店舗の構造においても、すでに述べたように商品の多様性や在庫量の多さを示すためにガラスを用いた張り出し窓が広範囲に用いられ、通行人や一般の顧客の関心を引こうとする目的で利用されていた。大量の商品を張り出し窓という形の展示スペースに陳列して、その在庫量を誇示するというこの時期の展示手法は20世紀初頭までイギリスでは支配的であった。照明を工夫したりマネキン人形を使用したりしてドラマ仕立てに商品をショーウィンドウに展示する新しい方法が、20世紀初頭にアメリカからイギリスへ導入されて初めて、商品展示の方法に変化が見られるようになるのである。[39]

　次に小売店舗の内部構造の具体的な姿を見てみよう。2-6図は1730年ごろのものと思われるフロックコート業者メアリ・ホガースとアン・ホガースのトレードカードで、店舗の内部が比較的詳細に描かれている。この絵は風刺画家として著名なウィリアム・ホガースが若い時期に親族のために描いたものであるが、店舗内部の構造を良く示している。画面左手に女の子の手を引いた父[40]親とその妻が立っており、中央の男の子が上着を着せてもらっている。右手の二人の女性は店員かあるいはこの店の経営者であるメアリとアンであろう。さらにその右手にカウンターがあり、カウンターの上には出したばかりの商品が積んである。カウンター横の壁面の衣裳掛けには上着が吊るしてあり、画面の背後には支柱のついた棚が並んでいる。天井からは燭台が吊るしてあり、夜間

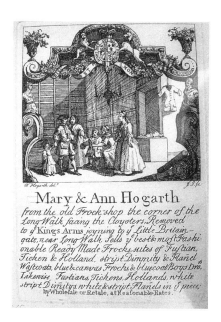

2-6 図　Mary & Ann Hogarth のトレード
カード
出典：London Guild Hall Library, Trade Card
Box 14, Mary and Ann Hogarth

の営業も可能であったことを示している。この図に示されるように、壁面に商
品を吊り下げて展示したり、壁面に引出しを数多く設置して商品をすぐに取り
出せるようにするなどの工夫は、いつでも顧客の要望に対応できるような仕組
みであった。様々な商品を顧客に提示することができる能力は、顧客の選択で
きる幅がきわめて広いことを印象付け、小売店舗にとって顧客を誘引する有力
な販売戦略となっていた。

　店舗の内部は、時にはさらに豪華なカーテンやスクリーン、アーチなどで区
切りが設けられて空間的に分割され、街路に面した販売スペースの部分と、よ
り親密な会話が可能な奥の客間という具合に二手に分かれているものもあっ
た。アーチの奥、一般の顧客用とは別の空間＝客間では、椅子やテーブルある
いは洒落た椅子や調度、絵画などが設置されて家庭的で落ち着いた雰囲気が醸

2-7 図　店舗内のスクリーン
出典：C. Walsh（1995），p. 165

し出されていて、親しい顧客との親密な取引空間を作り出していた。顧客に合わせて、接客する場所や方法を変化させていたものと思われる【2-7 図】。またランプや燭台による照明も用意され、夜には一緒に置かれた鏡による反射の効果もあって豪華な雰囲気を醸し出していた。こうした空間は、家庭内の応接間が店舗内へと延長されたものであって、私的な消費財購入の場に社交的な空間、半公共的な空間が作り出されていく。薄暗い店舗内で商品を十分に吟味させないという、デパート以前の店舗に関する認識は決して正確なものとは言えないのである。

　19 世紀のデパートを近代的な消費空間の完成した姿であり到達点と考えると、こうした 18 世紀イギリスの小売店舗はその先駆的な形態として位置づけることができる。確かにイギリスではデパートの発展がフランスやアメリカに比べて遅かったが、[41]この時代にすでに近代的な販売形態が小売店舗の発展とともに、また消費者の新しい行動様式と一体のものとして進行していたと考え

られる。18 世紀の都市ルネサンス、あるいは都市改良にともなう街路整備などと連動した店舗の内外装の変化は、余暇としての消費を活発におこなおうとする消費者への受動的対応であるとともに、さらに消費者の購買意欲を高めるという積極的な側面をもち、両者が相乗的な効果を生みだしたと考えられる。[42] 18 世紀のイギリス都市における建物の変化や街路の整備は、店舗と消費者が一体となった消費空間を形成することになったのであり、この時代の小売店舗は近代的な消費空間を形成した点において、近代的な消費社会の象徴としてのデパートとの連続性を想定することができる。

　一方、18 世紀の買い物空間である小売店舗のなかで、顧客と店舗主、顧客間の人間関係を規定したものは洗練された行動や立ち居振る舞いであり、都市的な文化のなかで形成された中流階層に特有な価値意識を反映しながら、こうした洗練された行動をもとにして顧客と店舗主との関係が作り出された。[43] この過程は販売する側からすれば、顧客の関心を引き付け商品の販売につなげるとともに、顧客の金銭的な信用状況などを把握し、信用販売のリスクを推定しながら最終的な商品の販売へとつなげていくことになる重要な部分であった。他方で、顧客の側では販売員からの接待を受けながら、自分にとって必要な商品を的確に獲得する能力を、信用力も含めて必要としたのである。デフォーの小説『モル・フランダース』の主人公はこの過程で万引きと間違えられたし、『サミュエル・ジョンソン伝』の著者であるボズウェルは店舗主を信用させることに成功して、掛け買いで刀剣を購入することができた。[44] 同時に顧客は複数の小売店を見て歩き商品購入における経験を積んで、商品への鑑識眼のある目利きである必要もあった。[45] つまり、買い物空間は小売商と顧客の知性が試される場でもあったのである。18 世紀の店舗小売業は豪華な店舗を通じて、奢侈的な商品を中流階層にも手が届くところで提供したという点では「奢侈の民主化」をもたらし、19 世紀のデパートへつながる要素をもっているが、他方で18 世紀の小売商業のもつ個人的な結びつきや信頼関係、つまりよりパーソナルな関係の重要性はきわめて大きかった点に留意しなければならない。[46]

3-3. 営業する女性たちと社交空間の提供

　顧客と小売店との間に個人的な結びつきが重要な要素を占めていたとするな

らば、ファッショナブルな婦人向け衣料品の販売にあたって、女性の店舗経営者の役割は少なからず重要なものであったと思われる。すでに述べたように、公的な領域と私的な領域を架橋する役割をもっていた家庭のなかで女性の役割は大きかったし、その際、女性のもつ洗練された消費行動が家庭という社交空間において重要な役割を果たしていた。デパートがファッショナブルな小売業の中心的な役割を果たすようになるまでは、多くの衣料品店において販売は男性の役割であったが、女性を中心とする顧客と女性の店舗経営者あるいは販売員の役割を無視することはできない。

　女性の営業活動がこれまで必ずしも十分に注目されてこなかった理由として、18世紀イギリスにおいて女性の営業活動は、法的にそれほどたやすいことではなかったという認識が一般的であったからでもある。19世紀半ばまでのイギリス社会において女性、ことに既婚女性の社会的地位は低く、法律上は財産権を認められず、既婚女性が店舗経営など経済活動をおこなうことにも当然大きな困難がともなった。イギリスの基本的法体系であるコモンロー Common Law において、結婚した女性は夫の庇護下にあるため私法上の権利をほとんどもたず、女性は動産に対する所有権を喪失し財産は夫に移ったからである。財産権のない女性は債務に充当すべき資産をもち得なかったから、契約の主体として契約関係を結ぶこともできず、女性の経済活動にとって大きな障害になったとされてきたのである。[47]

　しかし、もともと未婚の女性や寡婦は財産権を維持しており、事業経営をおこなうことも可能であった。さらに、18世紀に入るとイギリスの今一つの法体系である衡平法 Equity Law は女性の権利を一部回復し、またロンドンなど都市の慣習は一定の状況のもとで既婚の女性でも「独身女性」として取り扱われることを可能とし、財産の所有や小売業の経営あるいは市裁判所における訴願も認められた。[48] また、信託の利用によって女性は結婚以前に継承的財産設定をおこない、受託団に対してあらかじめ預託することによって財産の保全が可能となった。普通法裁判所においてすら、夫の事前の同意や夫の不在などを理由として既婚女性の営業活動を認める場合があった。[49] したがって、コモンロー上の困難は依然として存在したとしても、18世紀において女性が営業活動をおこなうことが、従来考えられていたよりもはるかに一般的であったと考

えられるようになってきた。少なくともロンドンや多くの都市において、主として小売商業において女性の営業活動は十分に可能であったのである。[50]

一方、小売商業のなかで女性向けの衣料品販売は、特に女性に適していたと考えられていた。18世紀半ばに、これから社会に出ようとする子供をもつ親のためにロンドンの多数の職業についてその内容を説明したリチャード・キャンベルは、服飾小物商 Milliner を始め、胴着製造業者 Bodice-Maker、子供服製造業者 Child's Coat Maker、そして婦人服製造業者 Mantua-Maker などを女性向けの職業として紹介しているが、このなかでも服飾小物商と婦人服製造業者は利益の上がる仕事とされている。[51] これらの女性に関する服飾関係の小売商業は社会的な地位も比較的高く女性の職業としてかなり確立したものであって、女性が自立的に経営をおこなうことのできる数少ない職業であった。[52]

女性向きとされる職業について、18世紀後半のロンドンで婦人向けに服飾小物商を営んでいたメアリ・ホールを素材に少し見てみよう。この女性の営業活動については第5章及び第6章で改めて詳しく検討するが、ロンドンの西郊ストランドで服飾小物商を営んでいたメアリ・ホールは、その経営内容の詳細を示す数少ない史料を残している。[53] 彼女の顧客はロンドンを中心とする中流階層の女性たちであり、在庫していた商品内容は決して高級な商品とは言えなかったが、彼女の店舗でも顧客に合わせた形の接客が可能になるような店舗空間をもっていた。1778年にメアリ・ホールが破産した時に作られた店舗の備品目録から店舗構造について見ると、販売スペースと客間とが仕切られており、その空間構成はすでに指摘した他の店舗と同じような形になっていた。ここでも店舗は単に商品販売と購入の場ばかりではなく、顧客と店舗主との、あるいは親しい顧客同士の交流あるいは社交の場を形作ったのであり、店舗主はできるだけ居心地の良い消費と余暇のための空間形成に努めていたと考えられる。

また、彼女の経営にとっても、製品の販売と合わせて、顧客の必要に応じた様々なサービスを提供することがきわめて重要なものであった。ホールは彼女の店を頻繁に利用する顧客の女性たちと親密な関係を維持するために、客間に招き入れて懇切な接客に努めようとしたことは容易に想像することができる。しかし同時に、彼女は一般の顧客を取り込むために店の外観を維持して街路を行き来する人々を誘導するためにかなりの費用を投じ、店舗内外に好ましい雰

囲気を作ろうとしていた。

　顧客との信頼関係を維持し積極的に顧客と関わることは、もちろん女性経営者に限られるものではない。18世紀の小売商業の性格自体が、信用での販売を含めて顧客との親密な関係を前提としたものであった。しかし、顧客女性の要望に適応しながら、ファッショナブルな衣料品を洗練され流行に適した形で顧客に提供することは、女性の経営者にふさわしいものであり、同時代のキャンベルも服飾小物商の性格について、時には「馬鹿げたものであったとしても女性の美しさを引き出す」職業であると指摘している。[54]キャンベルの述べている18世紀の小売商業のもつ店舗主と顧客との親密な関係をホールの営業活動は端的に物語っていると言えよう。

4 ｜ 消費社会の形成と18世紀小売商業 ——その近代性と断絶性——

　これまで述べてきたように、18世紀イギリスにおける都市は旧来の伝統的な法人格をもった都市に加えて、新たに勃興してきた工業都市やリゾート都市などが登場し、多彩な展開を見せていた。都市内部では建物の改築や新たな公共施設の建設が進行し余暇空間を作り出すとともにその景観も大きく変化したが、そのなかで小売店舗が増大しその外観も一新されていった。こうした小売店舗の発展は、都市における新しい消費需要の拡大に並行するものであり、農村部に比べて都市居住者の消費行動は、新しい奢侈的な商品、いわゆる表舞台の消費財の消費においてより先進的であった。絵画や置時計などが訪問客を前提とする表舞台の居室に設置されて、家庭は外部に開かれた半ば公的な空間へと変貌する。家庭内の消費財は、半ば公的な一種の社交的な空間を演出する舞台装置であり、男性はもちろん女性もそうした空間のなかで、自らの消費性向が洗練されたものであることを表示することが必要であった。家庭の内部における消費も都市における新たな社交空間を形成し、都市ルネサンスと連動して展開していったのである。

　一方、この時期の都市ルネサンスとともに、経営手法を革新していった18世紀のイギリス小売商業は、行商人や公開市場を中心とする伝統的な経営手法

から抜け出し、店舗を拠点として新しい商品を提示しながら顧客をひきつけ、流行の動向を的確に把握して顧客の要望に柔軟に対応するものになっていた。小売店舗経営のもつ革新は、18世紀イギリスの都市改造と並行した店舗の外部や内装での変化を含むものであり、そのファッション性も高く、顧客を日常的な空間とは異なる世界にいざなう要素は十分にあった。店舗のファサードに登場したガラスを用いた張り出し窓がショーウィンドウの役割を果たし、そこに展示される商品によって顧客の関心を引こうとすることも珍しいことではなく、展示された商品を見て歩く買い物の楽しみ方も一般化していたと考えられる。また店舗内部の構造は販売用の店舗とは別に客間を設け、顧客に居心地の良い快適な空間を演出することによって社交的な場を作り出していた。店舗という消費空間のなかで買い物は、必需品の購入から余暇活動へと拡大したのであり、店舗は顧客と商店主、あるいは顧客同士の社交の空間として一種の公共的領域を形成し、女性はそのなかで重要な役割を担った。

　ところで、19世紀の後半に登場するデパートは定価制や正札制あるいは自由入場制といった新しい小売販売の手法を取り入れ、ショーウィンドウに華々しく商品を展示するようになり、近代的な小売商業における大きな革新とみなされる[55]。しかし、デパートは販売手法や商品展示における新しさばかりではなく、それ自体が消費の殿堂として、より広範囲の人々の消費意欲を刺激する空間を作り出し、社会的に大きなインパクトをもたらす存在でもあった。一方、18世紀のイギリス、特にロンドンではすでに娯楽としてのショッピングが盛んになり、余暇としての買い物に対応して店舗小売業が発展するようになっていた[56]。工業化よりも前の段階で、余暇としての消費が発展し、店舗小売業がそのなかで大きな役割を果たすようになっていたのである。魅力ある在庫構成と店舗構造によって消費者を吸引し、顧客にサービスと娯楽を提供したという意味で、18世紀小売商業は消費の殿堂としてのデパートの先行形態に他ならない。18世紀における店舗小売業の主要な購買層であった中流階層に向けて、日常性を離れた独特の消費空間を形成したという点で、この時代の店舗小売商業と19世紀のデパートとは連続しており、この観点からすれば18世紀に中流階層を中心に形成された消費社会の延長上に、19世紀のデパートが存在すると捉えられることになる[57]。イギリスにおいては、都市的な社交空間のなかで

中流階層を顧客として発展した店舗を軸に、19 世紀につながる消費社会が始まったと考えられるのである。

　しかしその一方で、18 世紀小売商業のもっていた顧客と店舗経営者との間にあるきわめて個人的で親密な関係の側面と、19 世紀のデパートのもつ幅広い大衆への非人格的な大量販売の側面とを対比させるならば、デパートの現代性と 18 世紀店舗小売業との断絶性が明らかとなる。女主人ばかりではなく女性奉公人を含む熟練した買い物主体としての女性が重要な役割を演じ、また買い物という余暇空間で顧客同士が交流し、また顧客と店舗主とが出会って密接な関係が形成されたことは、店舗自体もそれにふさわしい雰囲気を醸し出す装置となる必要があった。[58] このように小売店舗の構造においてはきわめて個人的で親密な店舗空間を演出することが経営の基本であったのであり、売り手と買い手との非個人的な売買空間、標準化された大量生産と大量消費を前提とする 19 世紀末以降の大衆消費社会の形成は、個人的な信頼関係にもとづいて構成された 18 世紀の消費社会とは異なるものである。したがって、18 世紀の店舗小売業は、大量生産にもとづく標準化された商品を、匿名性の高い大衆に大量に販売することを前提としたデパートによって開かれた大衆消費社会とは、明らかに異なった性格をもっている。デパートにおける基本的な営業政策が、自由入場制に代表される匿名性をもつ顧客対応にあるとするならば、18 世紀の店舗小売業とデパートとの間には大きな断絶が存在していることは明らかである。

　18 世紀イギリスの店舗小売業は、洗練された優雅さを基調とした中流階層を基盤とするこの時代の都市化の進展と連動して成長した。中流階層の旺盛な消費需要とカラフルで多様な衣料品あるいは植民地物産をはじめとする新奇で豊富な商品供給とに支えられて、店舗小売業は、この時代における消費社会形成の主たる構成要素となった。また、店舗が提供する買い物空間は、都市ルネサンスのなかで登場した多くの公共施設と同様に、消費空間として機能したのである。その点では、週市や歳市などの公開市場や行商人の活動にもとづく伝統的な商品販売手法とは、明らかに異なる段階に到達したと考えられる。しかし、他方で 19 世紀末以降になってしだいに形成されてくる大衆消費社会へと直ちに接続させることはできないものであると言えよう。

[1] 近世都市の発展に関する研究史の整理は、P. Clark (2000/2008) を参照。

[2] P. Borsay (1989) における都市ルネサンスの議論では、その機動力をジェントリィとしている。しかし、本書では中流階層により重点を置いて議論をしている。

[3] イングランド東部の港湾都市キングズ・リンに関しては、小西恵美 (2015) を参照。

[4] J. M. Ellis (2001) 同訳書 (2008), pp. 112-3.

[5] 5 J. Smail (1994), p. 144.

[6] P, Clark & R. A. Houston (2000/2008), pp. 584-5.

[7] H. Barker (2004), pp. 175-90.

[8] ブラッドフォードについては T. Koditschek (1990) , pp. 63-4. またハリファックスについては J. Smail (1994), p. 144. を参照。

[9] R. Porter (1982), p 235, 同訳書 (1996), p. 316.

[10] B. Lemire (2010), p. 74.

[11] L. Weatherill (1988), pp. 81-3. なお、死亡時に遺された動産の財産目録であり、故人のライフサイクル上の位置にも配慮が必要である。

[12] L. Weatherill (1993), p. 214.

[13] E. Kowalekie-Wallace (1997), p. 226.

[14] C. Edwards (2005), pp. 95-103.

[15] *Yeoman and Colliers in Telford*. (1980) ed, by B. Trinder & J. Cox, pp. 249-400. に所収の遺産目録を利用した。

[16] この時期には居室の専門化の高まりも指摘されており、洗濯可能な綿製のキルトをベッドカバーとする快適さを追求したベッドが置かれた部屋も見いだされている。B. Lemire (2010), p. 108.

[17] L. Davidoff & C. Hall, (1987), p. 31.

[18] E. Kowalekie-Wallace (1997), pp. 109-28.

[19] 例えば、M. Hunt (1996), pp. 145-6.

[20] 第 5 章を参照。また、C. Muldrew (1998)、N. Phillips (2006) や H. Barker (2007) なども参照。

[21] A. Vickery (1998), pp. 287-9.

[22] *Ibid*., pp. 164-7.

[23] M. Finn (1996), p. 709. 妻の買い物によって生じた負債を、その夫が既婚女性の法的無能力によって回避することは、この法理によって否定される。

[24] D. Hussey (2008), pp. 50-1.

[25] J. Styles (2007) を参照。

[26] M. Berg (2005), pp. 41-2

[27] 第 6 章を参照。また、M. Berg (2005), pp. 86-7.

[28] P. Borsay (1989), pp. 237-41.

[29] J. Stobart (1998), pp. 5-6.

[30] 本章で対象とするトレードカードは、2001 年段階でロンドン、ギルドホール図書館に所蔵され、業者名ごとに 30 の箱に収納されていた。同図書館所蔵のトレード

カードはロンドン市内およびウェストミンスターの小売商を中心としたものであ
り、時代も 17 世紀から現代に及んでいる。なお、同図書館所蔵の史料は現在、ロ
ンドン首都史料館 London Metropolitan Archives（LMA）へ移動されている。これ
以外にも、オックスフォード大学ボードリアン図書館などにもトレードカードコレ
クションがあり、これらのコレクションについては、M. Berg & H. Clifford (2007),
pp. 152-4 を参照。また、消費空間を媒介したエリートと中流層の融合を 18 世紀消
費社会の特徴として位置づけようとしているストバートらの研究では、トレード
カードが仮想消費空間として機能したとしている。J. Stobart et al. (2007) Ch. 7 を参
照。

[31] A. Heal (1968), pp. 2-13. なお、18 世紀のイングランドおよびフランスにおける広
告とトレードカードの意義については、M. Berg & H. Clifford (2007) を参照。また、
トレードカードのような画像広告の役割について、N. Cox & K. Dannehl (2007)
Ch. 4 を参照。

[32] C. Walsh (1995), pp. 160-2. 彼女は、店舗の外観をドラマチックで豪華に見せること
は、18 世紀ロンドンの高級品を取り扱う小売商が、幅広く顧客を集めようとする
というよりも、特定の社会層の顧客を吸引しようとしたことの表れであると考えて
いる。また、N. Cox (2000) をも参照。

[33] M. Berg (2005), pp. 266-7. また、H. Berry (2002) では顧客の買い物行動の重要性
が指摘されている。

[34] しかし、前掲注 29 のストバートとは、異なる見解を示しているものもある。建築
史的に店舗構造に関して通史的な検討を行ったモリソンは、19 世紀よりも前の段
階では、ロンドンを除けば店舗構造がそれほど充実したものではないと指摘し、地
方都市における店舗建築の発展には否定的である。K. A. Morrison (2003), p. 34.

[35] J. Stobart (1998), pp. 12-5.

[36] J. Stobart & A. Hann (2004), p. 179. しかし、すぐ見るように、このアーケードは紛
争の種にもなっていた。

[37] J. Stobart (1998), pp. 11-21.

[38] A. Brown (ed.) (1999), pp. 95-113.

[39] S. Lomax (2006), pp. 267-73.

[40] A. Heal (1968), p.13 および A. Heal (1947), p. 81, 136 を参照。

[41] イギリスにおけるデパートの先駆的存在は、1860 年代のホワイトリィによるもの
とされる。B. Lancaster (1995), pp. 20-1.

[42] P. D. Glennie & N. J. Thrift (1996), pp. 28-1

[43] 第 1 章を参照。

[44] H. Berry (2002), pp. 384-8.

[45] K. Smith (2012), pp. 4-5. などを参照。彼女は買い物の際における触感など、見た目
だけでない品質の評価の重要性も指摘している。また、S. Dyer (2014) も参照。

[46] H. Berry (2002), p. 394.

[47] K. Wrightson (2000), pp. 42-3.

[48] 女性の法的権利については、M. ハント (1999) および N. Phillips, (2006), "Part I,
Law" を参照。既婚女性の訴訟参加は、ロンドンではかなり見られるが、キングズ・

リンのような地方都市裁判所ではほとんど見られず、この点ではロンドンの特異性が見られる。ロンドンについては、C. Muldrew (1998), p. 234、キングズ・リンについては *Ibid.*, p. 246 を参照。

[49]　N. Phillip (2006), "Part I, Law" を参照。しかし、女性による経営はその営業継続期間が比較的短いことが指摘されている。H. Barker (2007), pp. 128-33 を参照。

[50]　M. Hunt, (1996), Ch. 5 を参照。

[51]　R. Campbell (1747), pp.206-13 および pp. 226-32. キャンベルは、服飾小物商に雇用される若い女性にとってはこの仕事は、低賃金でなおかつ男性からの誘惑の多い、危ないものとしている。しかし、服飾小物商の社会的地位はかなり高く、服飾小物商自身もまたその徒弟に対してもその評判を維持しようとしていたのであって、こうした見解は誤解であるとされている。A. L. Erickson (2011), pp. 163-4. また、第 6 章を参照。

[52]　服飾小物商の社会的地位の高さとロンドンのリバリィ・カンパニーとの関係については、A. L. Erickson (2011) および J. Collins (2013) を参照。

[53]　イギリス国立文書館（TNA）C105-30 および C106-126。メアリ・ホール文書の成り立ちや性格については第 5 章で、メアリ・ホールの経営に関する詳細については第 6 章で詳述する。

[54]　R. Campbell (1747), p. 207.

[55]　G. Crossick & S. Janmain (1999), pp. 12-3.

[56]　A. Adburgham (1979), p. 18.

[57]　C. Walsh (1999), pp. 46-69.

[58]　C. Walsh (2008), pp. 13-26.

都市の中流階層と伝統的市場の改良
——都市ルイスの市場建設——

1 │ 伝統的な市場と
　　　小売商業

　18 世紀イギリスの中流階層と都市化の進展を、ここまで消費社会形成の要因として取り上げ、その特質を検討してきたが、中流階層は都市ルネサンスといわれる都市的な発展のなかで、都市整備や改良に対しても積極的な役割を果たしていた。第 3 章では改良の対象となった都市の設備のなかで、「市場」に注目したい。この時代、伝統的な公開市場 open market である週市や歳市などの市場は、その役割を徐々に低下させながらも、固定店舗とともに依然として主要な取引場所としての機能を果たし、商品取引の重要な要素であった。公開市場での取引と固定店舗での取引とは原理的に対立する要素が存在したが、本章では市場と店舗がどのような関係にあったのかについて検討することにしたい。また、都市改良のなかで市場設備が対象となり、マーケット・ホールといった建物に整備されていった過程において、地方都市の中流階層が果たした役割について明らかにしていくことにする。

　さて、21 世紀初めに至っても、イギリスの首都ロンドンには 42 ヶ所の「マーケット」が存在していると言われている。BBC London が 2002 年に作成したマーケット・ガイドには、このうち 29 ヶ所が掲載されているが[1]、そのなかには、元々の青果市場としての機能をすでに失い、ショッピングアーケードとなっているコベントガーデンや、ロンドンを訪れる観光客にも良く知られているポー

トベローの骨董市、あるいは若者向けのキャムデンタウンのマーケットなどがある。その一方で、ロンドン最大の食肉卸売市場であるスミスフィールドも含まれている。ダニエル・デフォーの時代にロンドンの市場の数は38箇所とされているから、数だけで言えば現代までほとんど変わっていない[2]。もちろんマーケット・ガイドが対象としている地域は、シティよりもかなり広いので単純に比較することはできないが、ロンドンでは多様な性格をもつ市場が、今日でも依然として日常生活のなかに溶け込んでいる[3]。

こうした市場はイギリスの地方都市においても広く見られ、町の中心部には屋根付きの立派な公設の市場を各地に見る事ができる。例えばグリニッジのようなロンドンに程近い小都市においても、1831年に建てられた施設が今なお市場としての機能を果たしている。一般的に見れば、確かにイギリスの公開市場は17世紀後半から18世紀には機能を縮小していくと言われていたが、決して衰退していったわけではない。むしろ、18世紀後半から19世紀にかけて、小売市場のための施設が各地で建設されている。グリニッジの建物も19世紀の前半の施設である。もう一つ例をあげると、ロンドン郊外のキングストンでは1700年ごろ存在していた木造の市場施設が、1800年ごろには石造りの建物へと改良される。さらにこの建物は1840年ごろには堂々とした公会堂 Town Hall へとその姿を変えている[4]。もっともこの公会堂は現在、旅行案内所になっており、土曜の市はその周りの屋台店でおこなわれている。

このように公共空間で開催される市場の存在は、工業化の過程で商品売買の場としての機能をまったく失い衰退していったのではなく、その性格を少しずつ変化させながら現在まで存続している[5]。市場が存続した背景には、18世紀イギリス都市のなかで、市場設備の改善や改良に果たした中流階層の役割があり、その貢献は無視できないものである。彼らは公開市場の伝統を変化させながらも、都市のなかで市場としての機能を維持していくうえで中心的な役割を担っていた。本書では、主に店舗小売商を中心に消費社会の展開を議論していくことになるが、店舗小売業に関する具体的な検討をおこなう前に、消費財が最終消費者へ届くもう一つの重要なルートとしての公開市場と中流階層の関与について、この章で検討していくことにしたい。そこでまず、17世紀までの公開市場の意義を確認したうえで、18世紀におけるその変質の過程を検討し、

イングランド南部の地方都市ルイスを対象に、中流階層を中心とする都市住民の対応が19世紀の市場施設へとつながっていく過程を明らかにしていきたい。

2 近世イギリスにおける市場取引
——公開市場 open market の意義——

　17世紀ごろまで、商品取引の拠点は都市や市場町の定期市であった。[6] 消費者に食料品などを直接供給する小売取引は週市 weekly market でおこなわれ、卸売りが主な内容であった歳市 fair に比べて市場での取引に関する規制はより厳しかった。例えば、マンチェスターにおいて、17世紀半ばから18世紀半ばまでにおこなわれた市場規制について見ると、販売された商品の品質に関する規制、不法な計量器の使用など販売方法に関する規制、あるいは規定時間外販売の禁止といった市場取引に関する規制がおこなわれていた。[7]
　これらの規制は、商品の購買者である消費者の直接的保護を目的としたものと、間接的な保護を目的としたものに分かれる。直接的保護のための規制では、販売商品の品質に関する規制、つまりビールやエールなどの飲料、またパンや肉などの食料品について、質の悪い商品を排除するための不良品取り締まりが

3-1表　マンチェスターにおける市場規制件数

摘発の種類	違反摘発項目	1651 ～ 87 年		1731 ～ 56 年	
商品の品質規制	エール・ビール	3380	61.7%	7	0.6%
	パン	779	14.2%	0	0.0%
	食肉	183	3.3%	379	48.7%
	革製品	107	2.0%	12	1.5%
取引方法の規制	不良な計量器	889	16.2%	95	12.2%
	量目違反	26	0.5%	144	18.5%
	その他の不良品	10	0.20%	13	1.7%
市場取引の強制	同日の販売	68	1.2%	57	7.3%
	先買い	21	0.4%	32	4.1%
	時間外販売	19	0.3%	40	5.1%
総計		5482	100%	779	100%

出典：道重一郎（1989）p. 60（一部変更）

おこなわれ、また、販売される商品の量目不足などの取り締まりもおこなわれ
ていた。これに対して、間接的な消費者保護を目指した市場取引に関する規制
には、特定の場所＝市場広場 market place において特定の時間内に商品取引を
おこなうようにする市場強制や、同一日内の再販売や販売開始時間以前の先買
いなどの禁止が含まれている。販売場所や販売時間の規制は、一方で市場税
market toll の徴収を容易にするものであるが、同時に市場で販売される商品に
対する品質規制を容易にし、市場への安定的な商品供給を強制して価格を引き
下げようとしたものであり、消費者の利益を考えた規制であった。

　歳市や週市のように、公開の場で開かれた形で商品取引がおこなわれる公開
市場は、衆人環視の環境のなかで取引をおこなうことによって、取引の公正さ
を担保しようとしたものであった。[8]市場での規制は公衆の利益のために、ま
た公衆の承認のもとでおこなわれる必要があった。したがって、公開市場は市
場広場という公共空間における公式の制度であった。ところが、こうした空間
を基礎に非公式の社会関係が形成されてくるという議論が、最近おこなわれる
ようになった。16、17世紀イングランド中部の都市レスターを素材とした川
名洋の論考によると、公開市場の取引のなかには「取引相手に関する情報不足
から生じるリスクを減らす公権力に頼らず、自発的に形成された継続的社会関
係を基礎におこなわれていたものもあった」として、口約束上の信用取引をそ
の例としてあげている。[9]その一方で、川名は市場広場以外のインや街路、市
門などにおいても商品の取引がおこなわれ、これらの取引も非公式の社会的な
結合を作り出す場として機能したとしている。ここで公式と非公式とを隔てる
基準は、市庁舎に表象される都市支配層という特定の社会層の創出した権威が
確認された空間と、そうしたものに含まれない多様な社会層を包摂する空間で
あるかどうかにかかっている。その点で、市場広場は街路やインなどと並んで
都市支配層から排除された市外の住民をも含む多様な人々の「非公式の」社会
的結合の接点とされている。

　一般的に見るならば公開市場を通さない取引は私的な取引であり、公開市場
の概念とは対抗的な関係にある。公開市場を介さない商品取引は市場規制を形
骸化し、市場そのものの衰退を招くと考えられている。[10]例えば、インで穀物
取引がおこなわれることは、公開性、透明性を阻害し、不当な買占めや価格の

吊り上げの温床となると考えられたため、こうした私的取引は強く排撃された[11]。しかし、その一方で17世紀を通じて商品取引量が拡大し、空間的にも狭く、規制の強い不便な公開市場を嫌って私的な空間へと取引を移動させ、さらに見本品などを利用して現物の取引すら回避して、商品取引の一層の円滑化を図る動きが加速していった[12]。このため公開市場のもつ商品流通規制の機能は著しく弱体化して、事実上自由な商品取引が拡大していったのである。

これに対して川名の議論は公開市場そのものが、レスターの上層市民、つまり支配的市民層の形作る公式の社会関係とは異なった、開かれた社会関係の基礎を形成するものであると指摘している。そのうえで、街路やイン、店舗などにおける私的取引も公開市場での社会関係との連続性のなかで考えられており、公開市場の存在と私的取引とは対抗的な関係ではなく、市民、非市民の区別なく、多様な社会層の人々が社会的な関係を取り結ぶ基礎的な空間として位置付けられている。

このように川名の議論は、法人格を付与された自治都市における市民＝フリーメンとこれを基礎とする都市支配層による公式の都市空間と、これに対して非市民を含む多様な社会層からなる非公式の空間とを対比させている。したがって、都市当局の権威にもとづく商品流通規制に裏打ちされている公開市場のもつ取引の公正さ、もしくはそうしたものへの民衆の信頼や依存といった側面を欠落するものであることは否めない。本来、公開市場の存在は伝統的な地域の商品流通機構を支え、その核となるものであった。つまり、日常生活品の取引はできる限り近接した市場でおこなわれるべきであり、公開市場での取引は民衆のモラル・エコノミーに裏打ちされた商品取引であって、市場外での取引は地域経済の秩序を乱すものとして攻撃の対象となったのである[13]。川名がopen marketを「公設市場」と翻訳していることは、こうした点から公的権威にもとづいた市場のもつ公開性の側面を消し去ってしまっている。

だが、その一方で公開市場がその内部にもつ非公式性、あるいは多様な社会層に開かれた公共空間であった側面を川名が強調している点は、公開市場、特に週市が、店舗小売業の展開によって衰退していくといった想定を遙かに超えて、強靭な持続力をもって今日まで存続していることに光を当てるものでもある。日常生活品、特に生鮮食料品を中心とする消費財の小売市場としての週市

の機能が、取引規制をともなう公開市場という形態を失った後にあっても依然として存続し続けたことは、この市場のもつ役割が伝統的な公開市場の公開性のみにもとづくものではなかったことを示している。とりわけ市場の機能が衰退するとされる 18 世紀後半以降、多くの都市や市場町において建物の拡張や改善が進行していったことはこれを反映している。都市における市場設備改善の流れは、19 世紀に入って最終的に屋根付きの公設小売市場の建設に進んでいくことになるのであるが、公開市場がその公開性を失って、公設市場へこのように変化していく背景には、多様な社会層に開かれた「非公式」の結びつきを実現する空間としての市場の存在を考えることができるように思われる。

　伝統的な公開市場は取引の公開性にもとづいて市場管理者によって規制され公正性を確保しようとした市場であるが、公設市場は都市など公的な組織が運営する安定的な設備としての市場である。そこで次に、近世から近代にかけて、公開市場が公設市場へと移行していく具体的な過程の検討が必要であるが、本章ではこの過程を検討する前に、公開市場と私的な取引との関係を、店舗小売業者との関わりのなかで明らかにしておくことにしたい。

3 ｜ 小売商業のなかの 公開市場

　イギリスでは 17 世紀までの小売商業において、中心的な役割を果たしたのは週市での屋台店 stall であったが、しっかりとした建物をもつ固定店舗 fixed shop による小売販売も都市を中心にその重要性をしだいに増していく[14]。また、市場で商品を仕入れて周辺の農村地帯に行商して歩くペドラー pedlar やチャップマン chapmen と呼ばれた行商人 = 移動商人 itinerant trader の役割も無視できないものがある[15]。また、都市内で呼び売りをするホーカー hawker は、市場税を払って取引をおこなっている市内の商人にとっては許しがたい存在であって、この両者の対立は激しいものであった[16]。しかし、第 2 章でも述べたように、ロンドンを中心とする主要都市においては、18 世紀の半ばまでに現代の商店街を彷彿とさせる固定店舗が連なるショッピング街が形成されて、消費活動のうえで固定店舗の果たす役割は紛れもないものとなっていた[17]。

固定店舗における商品取引は、公開の市場ではなく、店舗内の閉鎖された空間でおこなわれたために、一種の私的な取引としての性格を帯びた。その意味では、公開市場での取引と対立する側面をもっているが、その利便性から固定店舗は一部ではしだいに公開市場に取って代わることになる。しかし、17世紀末から18世紀にかけての時期においては、公開市場の取引と固定店舗の小売業とはしばしば補完的な関係にあった点をも見逃すべきではない。そこで[18]固定店舗と公開市場との関係が、具体的にどのようなものであったかを簡単に見ておくことにしたい。

　まず、都市や市場町に居住し、町のなかで営業活動をおこなっていた二人の小売商について見てみよう。最初に取り上げるのは、イングランド北部の都市ランカスターで17世紀末から18世紀初めにかけて活動した金物商ウィリアム・スタウトの例である。スタウトはランカシャー北部の伝統的な自治都市ランカスターの郊外で生まれ、市内で徒弟修業を終えたのち、1687年23歳の時に小売店を開業している。彼は金物商 Ironmonger と自称して釘など金物の販売を中心に販売していたが、これ以外にも食料品やタバコ、あるいは雑貨類を扱う小売業者として約40年間ランカスターで営業を続けた。

　スタウトはキリスト教プロテスタントの一派、クエーカー派に入信し、比較的詳細な自叙伝を残しているが、このなかで公開市場との関係に言及している。[19]徒弟時代には「平日はほとんど店舗で過ごし、週市のための商品を……準備した」と述べており、徒弟奉公先の金物商にとって週市が重要な販売機会であると認識されていたことが分かる〔Stout, p.79〕。自立して彼自身による営業を始めた後も、シェフィールドへ仕入れに向かった際に、「我々の市場にいるために……家に戻った」と記している〔Stout, p.96〕。スタウトは短期間ランカスターを留守にしてシェフィールドやリバプールへ出かけることがあったが、市場開催日である土曜日には、彼自身ができるだけ店舗にいられるように配慮したものと思われる。彼が店に戻れない場合には、彼の姉妹であるエレンに店番を依頼したことがうかがわれ、店舗での営業をあきらめたわけではない。スタウトの営業活動が拡大して、徒弟を抱えるようになっても市場開催日にはエレンの応援を得て店舗での販売をおこなっている〔Stout, p. 150〕。これら自叙伝の記述はランカスター市内で開業しているスタウトにとって、公開市場の

集客力がかなり大きかったことを示しており、市場開催日が重要な販売機会であったことは疑いない。店舗による小売販売にとっても公開市場のもつ意味は大きかったのである。

　次にランカスターよりもさらに北にあるウェストモーランドの市場町カービィ・スティーブンで、18世紀半ばに食料品や衣料品を手広く商い、編物業の経営にも携わったエイブラハム・デントの場合を見てみよう[20]。彼の仕入台帳によれば、衣料品が営業の基礎になっており絹の上着（クローク）などが見られる他に、靴下、手袋、ハンカチなどの服飾品も扱っている。同時に様々な雑貨品、例えば石鹸やワックス、ロウソクなどを販売しているが、さらにかなり多数の多様な食料品が仕入品のなかに含まれている。食料品の中心は茶、砂糖、小麦粉であるが、その他にも米、豆、プラム、レーズンなども含まれている。しかし、バター、チーズ、卵などを含めて生鮮食料品は販売されていない[21]。

　カービィ・スティーブンはランカスターに比べてかなり小さい市場町であって、この時期の人口は1,000人強、店舗も12軒ほどであったから、デントの店舗はスタウトの店よりもはるかに万屋的な性格をもっていたと考えられる。しかし、デントの仕入商品には多様な食料品や雑貨品を含みながらも、生鮮食料品を一切含んでいない。このことから卵や野菜などの近郊の農村部で生産される農産物は、直接市場へもち込まれたものと考えられる。同時に、市場での販売のために訪れる農村の住民は、デントの店舗における顧客となったものと思われる。一般的に言って、果実や野菜の流通はきわめて地域的であって、ほとんどが地域内で消費された。ただし、18世紀のマンチェスターのように、周辺農村部から中間商人が卵などを買い集めて都市の市場にもち込む場合もあった[22]。

　スタウトが重視した市場開催日の営業は、周辺農村部から都市の公開市場へ立ち現れる人々を対象とするものだったのであり、市場で小売販売される商品と店舗小売商の販売する物とは重複しなかった。少なくともスタウトやデントの営業活動からみると、店舗小売業と公開市場との関係は対抗的というよりもむしろ相互補完的なものであった。

　それでは市場町以外の農村部において、店舗を基盤として営業する小売商人

と市場町の公開市場との関係はどのようなものであったのだろうか。公開市場のような市場拠点をもたない農村部では、自給できないあるいは地域内で手に入らない消費財の購入は、巡回してくる行商人に依存するか、地元の万屋的な小売店舗で購入するかのいずれかの方法が取られた。[23] 18世紀後半、イングランド北部の都市リーズの地方新聞リーズ・マーキュリー紙の記事によると、「市場から遠い所では必要なものを（地元の―引用者）店舗で購入しなければならないが、こうした店舗は市場町の店舗より価格も高く、重さもごまかす」と述べて、治安判事による効果的な統制の必要性を強調しながら、農村部の店舗のあり方を批判している。[24] 確かに中心的な市場町に日常的に接近できない場合には、行商人やこうした地元の小売店舗の役割が大きかったと考えられる。とは言え、この記事の裏側には商品取引に対する公的な規制、特に品質や価格への規制に対する好意的な認識が存在することは否定できない。

　では、市場町から離れた農村部に立地した小売商人の場合、公開市場とどのような関係をもったのだろうか。農村の小売商人の一人であるトマス・ターナーが遺した日記を手がかりにして、農村部の商人と公開市場との関係を見ていくことにしたい。彼の日記の内容について、その詳細は第10章で改めて取り上げるが、ターナーはイングランド南部サセックスのイースト・ホースレィ村で18世紀の半ばに小売商を約40年間営んでおり、そのうち若い時期の約10年間について日記を残している。[25] 彼はチーズ、バター、砂糖のような食料品から布地、衣料品に亘る多様な商品を取り扱っており、農村部の典型的な万屋的小売店舗の経営者であった。

　ターナーは商品の仕入れに際して、ロンドンの商人あるいは近傍の都市ルイスの商人と取引をおこなっており、また近隣の有力な市場町であるメイドストーンの歳市において、ターナーの住んでいた地域で集めたぼろ布を、紙の原料として販売するなどの活動をおこなっている。定期市に関する叙述は、このメイドストーンやバトルの歳市での仕入れなどに関して多少の言及はあるものの、最も近いルイスを含めて歳市での活動に関しての記述はほとんどない。第9章で詳述するように、サセックスの農村における小売商がロンドンで仕入れをおこなうことは18世紀の初めにも見られ、決して珍しいものではない。[26] しかし、仕入れの場としてロンドン以外の都市における歳市など定期市は、これ

らの小売商人にとってはあまり必要とされていない。ロンドンでの仕入れも商品それぞれに専門化した商人が中心であって、定期市について述べられることは少ない。ただし、これらの小売商がイングランド南部の、ロンドンに比較的近い地域に住んでおり、商品配給の拠点であるロンドンへ比較的容易に訪問できるという側面に留意する必要がある。彼らよりもさらに遠隔の小売商にとっては、スタウトがシェフィールドやリバプールへ仕入れに向かったように、地域内の流通拠点としての都市の重要性がロンドンと同様に重要であることは間違いない。

　では、ルイスの週市とターナーの関係はどうなっていただろうか。イースト・ホースレィ村からルイスまでは9マイル程度の距離にあり、日常的に週市の利用が可能であったはずである。ターナーの日記にはルイスへしばしば出かけ、インを利用して商談をおこなった記述は登場するものの、週市に関するものは現れていない。生鮮食料品の入手に関しては、イースト・ホースレィ村近隣の住民から購入したり交換したとする記述が大半を占めている。その意味で、ターナーにとってルイスの公開市場は、仕入れあるいは日常生活品の購入という点から、ほとんど必要とされていない。

　一方で、日常的な商品の購入機会として、週市を中心とする都市や市場町の公開市場は確かに重要な意味をもっていた。少なくともスタウトやデントなど町のなかに居住し、そこに店舗をもっていた小売商人にとって市場の開催日は大きな営業機会であった。しかし、他方で農村に居住し、そこで営業活動をおこなっていたターナーのような小売商にとって、都市の公開市場はそれほどの重要性をもたなかった。確かに、周辺部の農村にとって週市は、彼らの農産物の販売市場であり、そこでの販売で得られた収入は都市や市場町の小売店舗で販売される消費財への需要を創り出していたものと思われる。だが、都市の市場はまず都市内、もしくは都市に近接する住民への、主として生鮮食料品を中心とする販売の場として機能したのである。したがって、都市当局は都市内の多様な住民に対する厚生的な観点から、市場の整備をおこなう必然性が存在したのである。

4 | 市場施設の改善
——近代的公設市場への途——

　多くの場合、公開市場は中心的街路の一角を拡張して作られた市場広場で開催されたが、この広場には市場会館 market hall などの建築物が建てられることも多く、その内部に屋台店を設置するための空間をもつ場合もあった。[28] 18世紀に入るとこうした市場広場の施設を改善する努力がはらわれるようになった。[29] そこで、市場施設の改善がどのような過程でおこなわれたかを、ルイスを例にとって検討してみよう。

　ルイスはイングランド南部サセックスの中心的市場町であった。地理的に見ると、サセックスの海岸地帯サウスダウンとサセックス東部からケントに広がるウィールド Weald の森との結節点にあたり、またイギリス海峡からウーズ Ouse 川で5マイルほど遡ったところという立地条件に恵まれていた。この町は、ウィールドから続く高地の上に築かれ、中心には現在でも城砦の跡が残っている。城砦下の高台に沿ってほぼ東西にハイストリートが伸びていて、西側で高台が尽きるあたりを下るとウーズ川に突き当たる。この町はウーズ川を介してイギリス海峡へと続く水運の港としても機能していたのである。13世紀後半、イギリス議会制度の歴史で有名なレスター伯シモン・ド・モンフォールが、国王ヘンリー3世と戦って勝利したルイスの戦いは、この高台の下でおこなわれた。

　中世以来の伝統をもつこの町は、法人格をもたない領主都市ではあったが、住民が町の世話役であるヘッドバラ Headborough 2名と治安取締役であるコンスタブル Constable 2名を選出して、彼らを中心に都市行政が営まれており、下院議員2名をこの都市から選出する権利ももっていた。[30] ルイスは、中心的な市場町として地域の商品取引の中心であったので、穀物、羊毛、家畜などのため各種の市場も開催されていた。しかしこれらの市場は決して順調に維持されたわけではなく、例えば1714年から始まった土曜日の穀物市場はインでの私的取引の拡大のために衰退し、18世紀末には姿を消している。[31] 羊毛や家畜の市に関しても同様の傾向を見せている。ところがルイスの『町の記録』 Town Book によれば、18世紀末に市場施設の移転と拡張が、都市内の中流階

層の人々を中心に企図されたことが明らかになる。

　ルイスは法人格を得た自治都市ではないが、すでに述べたように、都市内に住居をもっている住民によって市政の中心になるヘッドバラやコンスタブルが選出され、その他の役職者の任命がおこなわれていた。こうした役職者の任命や市財政の基本的な事柄を記した記録が『町の記録』であり、1542 年から1837 年までについては史料が残っており活字化されて刊行されている[32]。16 世紀から 17 世紀にかけての記録は、ほとんどが役職者の氏名と住民から徴収された町の収入と支出が記載されているだけであるが、18 世紀の後半になると叙述内容がしだいに詳細となって増大する。

　この『町の記録』から、ルイスという都市が公開市場、また市場の設備とどのように関わったかを見ていくことにしよう。市場に関する最初の記述は1564 年の市場会館建設に関わるものである。この年、ホルターという人物の未亡人がその遺産 £10 を、遺産執行人を通じてコンスタブルへ、市内に市場会館 market house を建設するために遺贈した。しかし、会館建設のためには金額が不足なので、コンスタブルやルイスの聖職者である大執事 Archdeacon の代理人ら 15 名からさらに £10 を集めて、7 年以内に建設するとしたものである〔Vol. 48, p. 15〕。実際には 1574 年に建設されたこの市場会館は、再建のためのものではなく、おそらくこの町で初めて建設された施設である。市場会館の詳細は不明だが、この時期にルイスでは町の有力者によって、初めて市場会館が建設されたのである。

　続く 1578 年の役職者リストには、皮革市場の書記 2 名、生肉市場、鮮魚市場、穀物市場の書記が各 1 名記載されているので、これらの商品に関する市場が開催されたものと思われる〔Vol. 48, p. 25.〕。16 世紀後半にはルイスでの商品取引が活発化し、より多くの市場のための施設が必要となると共に、様々な形で公開市場が運営され、都市当局がそれに積極的に関わっていたものと思われる。しかし、これらの市場と上述の会館との関係は明らかではない。また、市場関係の役職者の氏名が『町の記録』に掲載されるのは、コンスタブルなどとは異なって恒常的なものではなく、むしろ例外的であった。

　17 世紀半ばまで、『町の記録』にはしばらく市場に関する記録が登場しない。次に現れるのは 1648 年の内乱期である。『町の記録』に記載されている内容は、

ルイスの領主であるドーセット伯から市民に宛てて送られた手紙の写しで、ドーセット伯とルイスとの間に穀物市場の開催地をめぐって紛争が生じたが、伯が従来どおりに市場の開催を認めたものである〔Vol. 48, p. 72〕。この年にはまた、1574年に建てられた古い市場会館を取り壊して、新しい会館が建設されたことが記されている。しかし、新しい会館の建設に関わる詳細は残されていない。17世紀最後の市場に関する記載は、1698年のものである。この記載では、ルイスの都市行政の内容を網羅的に、また整理した形で記録しているが、そのなかで年£10を、公共的な施設である橋や教会の補修のために支出することが記載されている。この£10の支出のなかに市場会館の維持費用も含まれており、ルイスの町として他にいくつかの市場があったにせよ、市場会館の維持および管理は行政上の重要なものであったことを示している〔Vol.48, p. 122.〕。

　18世紀に入るとしばらくの間、市場に関する記録は現れない。再び記録が登場するのは1789年から91年にかけて、新しい市場施設を開設するために取られた都市の活動に関するものである。この記録はそれまでのものに比べてかなり詳細なものとなっている。一連の市場建設に関する活動のなかで最初に現れる記録は、1789年6月1日「市場を開設するのに適当な場所を選定する」委員会の設置と、建設費用の見積もりに関する住民集会 general meeting の議決である。この議決にもとづいて21人の委員が選任され、実際の市場会館の建設にあたることになった〔Vol. 69, p. 76.〕。

　市場会館の建設は、従来の会館があった場所に規模を大きくしておこなわれた。拡張のために近隣の二筆の土地が買収もしくは借り上げられ、そのなかで買収された土地の購入額は£60とされている。建設される建物は長さ108フィート（約32.4メートル）、幅50フィート（約15メートル）であった〔Vol. 69, p. 78〕。8月に入って、この町の大工ジョン・マックスフィールドによって建築費の見積もりがおこなわれる。建物には給水設備が備えられ、また時計と鐘を設置するものとして、建設のための費用総額は£450が必要であるとされた〔Vol. 69, p. 79〕。それまで建てられていた会館と比較することはできないが、建物の規模を拡張するとともに、以前には別の場所に置かれていた時計と鐘を備えるための塔をもつ、この町を象徴するランドマーク的な建築物の建設が意

図されたことが分かる。

　この会館の建設は議会に請願して地方立法 local act を獲得し、この制定法にもとづいておこなわれる形を取った。そのため法律の草案作成に必要な準備がおこなわれ、翌 90 年 3 月に生牛販売のための施設を設けるなどを追加した法案ができ上がり、事務弁護士が雇い入れられ、同時に資金を集めるための募金も開始された〔Vol.69, pp. 82-3.〕。その一方で、都市領主と新しい市場設備の運営に関して合意が図られることになった。このためにおこなわれた領主に対する申し入れは、

　第 1 条　荘園領主らは、現在受け取っている比率に等しいと考えられる年額
　　　　　£5 を受け取るべく市場の書記を指名することに関する、古来の権
　　　　　利を執行し続けるべきである。
　第 2 条　委員らは上述の市場税を徴収し受け取る役職者を指名する権限をも
　　　　　つべきである。

というものであった〔Vol.69, p. 85〕。9 月におこなわれたこの申し入れは、10 月

3-2 表　市場会館建設のための寄付者

寄付金額（合計）			人数	寄付金額（一人あたり）			備考（タイトルなど）
£	s	d		£	s	d	
200			2	100			市選出議員
42			2	21			アバーバヴェニィ伯、前議員 1 名
21			5	10	10		准男爵 1 名、Esq. 2 名、Mr. 1 名
73	10		14	5	5		ナイト 1 名、Mr.12 名、牧師 1 名
3	3		1	3	3		Mr.1 名
16	16		8	2	2		外科医 1 名、パートナーシップ 1 社
19	19		19	1	1		全てタイトルなし
12	1	6	23		10	6	牧師 1 名、他はタイトルなし
3			12		5		全てタイトルなし
	10		4		2	6	全てタイトルなし
総計	423	9	6	90			

出典：*The Town Book of Lewes, 1702-1837*. pp. 89-90 より作成

に入って領主側に受諾された。この合意は18世紀末にいたっても、年額£5という市場税を領主が徴する権限を依然としてもち、かなり名目的になっているとは言え、領主の市場に対する権利が存在していたことを示している。

　領主の合意を得て、議会に提出された新しい市場会館の建設のための法案は1791年に成立した。この法律の具体的な内容は、市選出の下院議員ウィリアム・プラマー宛に寄付を求める手紙から推量できる。『町の記録』に残された手紙の写しによれば、法律は「市内において肉、家禽その他の販売のために開かれる日々の市場を設立するための」ものであった〔Vol.69, p.86〕。したがって、この市場が、精肉類を中心に生鮮食料品を日常的に取り扱う小売市場であったことが理解される。市場会館に通じる入口には時計と鐘を備えた塔が設けられ、19世紀に入るとこの塔の下の部分が、1年10ギニーの地代で店舗として貸し出されている〔Vol.69, pp. 168-9, p. 180〕。

　以上のようなルイスにおける市場会館の建設は、16世紀末に初めて建てられた会館の再建、延長のように見ることもできる。だが、建設の主体や手順はかなり大きく変化している。まず、その費用を担った人々の広がりが大きく異なっている。最初に建設された市場会館の場合は、住民の一人から遺贈を受け、都市行政の主に担うような人々が中心になって建設したものであった。ルイスでは、前述のようにコンスタブルとヘッドバラが市行政の中心であったが、コンスタブル経験者で「富裕で思慮深い」とされる人々から構成される「12人委員会」the Twelve が存在し、役職者の任命に大きな影響力を行使していた〔Vol.48, p. 122〕。彼らは自治都市のフリーメン同様に、いわばルイスの支配的な市民層と考えられる。1564年の募金に応じたのは15名で一人あたり10sないし20sを寄付しているが、聖職者である大執事の代理人1名を除き、全てがコンスタブルの経験者であり、「12人委員会」と重なり合う社会層に属していた。

　これに対して1789年の場合には、きわめて多数で多様な人々が市場会館の建設に携わっている。3-2表に示したように、市場会館建設のための寄付者の総数は90名にのぼり、上は貴族、下院議員を含み、彼らの寄付額は当然大きいものの、他方で2ギニー（1ギニー＝£1, 1s）、1ギニー、半ギニーあるいはそれ以下の金額を、ミスター Mr. の肩書きすらもたない人々が負担している。

これは 16 〜 17 世紀には都市の行政に関わることのなかった人々が、自分たちにとって直接的利害のある市場会館の建設に積極的に関わりあったことを示している。また、建設のための手続きも大きく変化している。1574 年とは異なって、1789 年の場合には住民集会を通じて市場建設のための委員会を設け、そこで具体的な計画を練っている。さらにこの委員会が中心になって地方立法を獲得し、領主との合意にあるように施設の完成後はその管理権をも掌握している。

　都市のインフラ整備などについて、ルイスがおこなったように特定の地方立法にもとづく法定委員会を用いた地方の自治的な活動が、自治都市における伝統的な市参事会などを迂回しておこなわれる例は他の都市でも見られることであった。ことに議会に請願して議会制定法を獲得することは複数の利害を調整する意味でも必要な措置であり、18 世紀後半のイギリス都市では決して珍しいことではなかった。[33] 第 2 章で街路の変化をめぐって都市当局と店舗主との対立について取り上げたチェスターでは、1725 年に街灯の整備を議会に請願したうえで 28 年から実施している。さらに、1762 年には市内の全般的な改善のために地方立法を獲得して、この法律にもとづく改良委員会を設けている。[34] こうした市内の改善は中流階層が自らの社会的な役割を自覚して、より洗練された都市環境を整備しようと主体的に行動した結果である。[35] ルイスにおける市場に関しての活動も、これと同様な都市改善のための努力の一環であるとみなすことができる。

　一方で自治権をもって領主から自立した都市と違って、都市に対する領主権が残った場合、領主と都市の間の関係は、ルイスのように常に良好であったわけではない。例えばマンチェスターでは、18 世紀後半にいたって人口が増大し、既存の市場設備の改善や新規開設が大きな課題となった。マンチェスターもルイスと同様に領主都市であり、市場の利用、特に市場税をめぐって市民による委員会が設けられ、領主側と交渉にあたることになった。ルイスの領主は名目的な市場税収入の権利を確保することで満足したが、マンチェスターでは領主モズレー家が既得権を頑強に固守しようとして、市民の望む改善の方向はなかなか実現しなかった。18 世紀末になると領主側もしだいに市民と歩み寄るようになるが、市場に関する問題の解決は、最終的には 1838 年に領主権を解消して自治都市化するまでもち越されることになった。[36]

他方、特に市場施設のような公的な空間での建築物は、単に居住する地域の環境改善あるいは都市全般の環境整備にとどまるものではなかった。市民的なアイデンティティを確保するために公共空間が利用され、市場会館や市庁舎の建設が図られる側面もあった。例えば、20世紀に入ってからストーク・オン・トレント市を構成することになる6つの陶器業都市のひとつバースレムでは周辺の都市との競合のなかで、自らの町の格式を高め周辺都市との差別化を図るために、都市エリート層を中心に£500の費用で1760年にやはり市場会館を建設している。[37]

18世紀後半のルイスについて見ると、ここまで見てきたような市場施設の改善の具体的な過程は、チェスターやマンチェスターなど他の都市でも同様におこなわれており、この時期に成長を見せた都市に全般的に見られる都市環境の改良運動と明らかに共通の性格をもつものである。18世紀に入って一つの社会階層としての自覚を高めていった中流階層は、第2章で取り上げた「都市ルネサンス」のなかで都市的な文化の発展のなかで中心的な役割を担った。[38]中流階層によって担われた18世紀イギリスの都市文化においては、粗野で野蛮なものを排除し上品なgenteel生活様式が求められていった。こうした動きのなかでは、自らの居住する都市空間をより快適で洗練されたものにすると共に、より衛生的な公共空間を創出することも重要な要素であった。市場会館の建設もこのような流れに掉さすものであった。ルイスの市場会館における給水設備の設置は、より衛生的な市場を実現しようとする願いの表れであり、洗練された都市空間の実現を目指すものであった。同時に都市のステイタスを確保し、都市住民の市民としての自覚を確認するために、新たに建設された建物は、いわば都市の顔としてそれにふさわしい威厳を求められもした。[39]ルイスの市場会館における時計と鐘のための塔は都市にとってのプライドを高めようとする要求をも満たすものであった。

5 | 公的な市場施設建設の意味

中世から近世にかけてのイギリスにおける公開市場の展開を見ると、公開市

場の意義は取引の公開性にもとづいて不正を防止し、地域住民に対して安定的で安心できる消費財の供給を保証する制度として機能した点にあった。その点では、市場を通さない私的な取引は、公開市場と原理的に対立するものとして厳しい規制の対象となった。しかし、商品取引量の増大は、店舗による小売商業を含めて、私的な取引の発展を促した。他方で、公開市場におけるものも含めて私的な取引は、都市の市民、非市民を問わず多様な社会層が結び合う社会関係を形成する基礎となったと考えられる。

　店舗小売業は、閉ざされた空間でおこなわれる私的な取引の側面をもっているため、公開市場における取引と店舗小売業とは対立する側面が存在した。しかしこの両者の関係においても、少なくとも18世紀初めには対立的というよりも、むしろ補完的な関係をかなり明瞭に見ることができる。スタウトやデントの経営に見られるように、公開市場では生鮮食料品が販売され、店舗は市場の開催日に集まる人々を重要な顧客として考えていた。都市に集まる多様な社会層に対して、都市は商品の提供を含む幅広い社会的サービスを提供していく場として機能することになっていった。他方、小売市場としての都市の市場は、都市内に居住するか、都市に近接する地域の住民に向けられた小売サービスを提供する場であった。

　18世紀後半になると、都市は成長してきた中流階層の人々の市民としての意識を反映して、都市内の諸施設の改善に向かうことになった。都市住民に基本的な消費財を提供する市場もその一部として位置付けられた。限られた一部の都市支配層のみならず、都市に在住する多様な社会層のための公共性をもつ社会的施設として市場の整備が、18世紀の後半になると進められたのである。こうした市場は17世紀までの公開市場とは異なって、必ずしも強固な市場強制をともなうものではない。むしろ社会的サービスのための施設として都市内の生活環境を改善し、また都市住民の市民としてのアイデンティティを高め、都市としての尊厳を示す建物であることが求められた。18世紀イギリスで成長していった多くの都市は、旧来の都市行政とは異なって、より柔軟な法定委員会などの組織を通じて、都市環境の改善を図った。市場もまた市民によって組織された法定委員会によって、都市によって運営される基盤的な都市の施設として公設市場が建設されたのであり、18世紀末、ルイスの市場会館建設は

こうした事情を物語るものである。

　今日のイギリス各地に残るマーケット・ホールはその多くが 19 世紀後半の建設であり、その一方でルイスの市場会館は現在その姿を止めてはいない。しかし、18 世紀から 19 世紀の時期には継続的に公設市場の整備がおこなわれ続けたのであり、そのなかで建築技術の変化が建物の構造を変化させていくことになった。19 世紀前半、ことに 1820 年代から 30 年代には石造で屋根付きの市場会館が建設されるようになった。ロンドンのコベントガーデンにあった生鮮食料品のための市場施設は 1828 年から 30 年にかけて建てられているし、ニューカッスルのグレンジャー Grainger 市場は、1835 年に都市中心部の再開発を目的として建設されている。冒頭に述べたキングストンの市場設備も 19 世紀前半には登場している。さらにヴィクトリア朝期も 19 世紀後半に入ると、新しい工業技術を利用して鉄材やガラスなどを多用する建物が登場する。[40]

　他方、19 世紀に入ると都市環境の改善は法定委員会のような権限の弱い組織による方法ではしだいに困難となり、とりわけ 1835 年以降になると新しい自治体法のもとで法人化を求める動きが強くなってくる。[41] そのなかで、より強力な都市行政の主体が登場することになるのである。したがって都市行政の段階的な変化に応じて、19 世紀に現れる新たに建設された市場施設は、18 世紀に建設されたものとはその前提条件がやや異なっている。その意味で 19 世紀の新たな市場は、中流階層 middling sorts of people から中産階級 middle class へと 19 世紀に入って変質しつつあった市民層と、彼らを基盤とする都市自治体によって積極的に建設が推進されたものであり、新しい「公設市場」の創出であった。

　だが、中流階層主体で建設されたルイスでの市場会館の建設は、こうした流れのなかでみると、洗練された都市空間実現の試みであり、19 世紀に登場する本格的な屋根付きの小売市場の先駆的な存在としての側面がある点も見逃すべきではない。19 世紀から今日に至るまで市場施設の建設は、18 世紀から始まった都市が運営する基盤的施設としての公設市場の理念へとつながっているのである。

[1] BBC London (ed.) (2002) このパンフレットには各マーケットの簡単な開設とアクセスが記されている。

[2] D. Defoe (1724-26), p. 354. なお、中世から近世に至る市場の形成や展開については、道重一郎 (2010) を参照。ただし、同稿では近代以降について、週市などの衰退が強調されているが、この点は修正が必要である。

[3] ロンドンの市場が見せる 19 世紀にかけての建物など物理的な発展は、17 世紀末以降の延長線上にあったと言われる。C. Smith (2002), pp. 37-8.

[4] J. Pink (1996), p. 21, 33.

[5] 友松憲彦 (1997), p. 76。

[6] 週市や歳市などの定期市は国王特許状にもとづくものであるが、実際には市場を管理する都市や領主支配のもとにある市場町で開催された。道重一郎 (1989), p. 34.

[7] 道重一郎 (1989), p. 60。この時期のマンチェスターは法人化された都市ではなかったが、領主刑事裁判所 Court Leet によって市場規制が実施されていた。都市としての特許状を得ていないが市場を開催しているマンチェスターのような町＝市場町も、本書では広い意味で都市として取り扱っている。

[8] V. A. Mund (1948) 同訳書 (1987), p. 33。

[9] 川名洋 (2003), p. 9。

[10] J. A. Chartres (1973), pp. 67-9.

[11] 例えば、1619 年の国王布告を見よ。*Stuart Royal Proclamations*, pp. 416-8.

[12] R. Peren (1989), pp. 239-41.

[13] E. P. Thompson (1971), pp. 100-2.

[14] 固定店舗小売業の展開については、N. Cox (2000) を参照。

[15] 移動商人に関しては M. Spufford (1984) を参照。

[16] C. Smith (2002), p. 40. 18 世紀前半まではロンドンではホーカーへの規制がおこなわれたが、この世紀後半になるとしだいに規制はおこなわれなくなる。

[17] London に関しては A. Adburgham (1981) を参照。また地方都市のショッピング街に関しては、I. Mitchel (1984), p. 270.

[18] *Ibid*., pp. 265-6.

[19] *The Autobiography of William Stout of Lancaster*. (1967) ed. by J. D. Marshall. 以下 Stout と略記し参照個所は本文中の〔　〕内に記載する。なお、道重一郎 (1989) の第 4 章も参照。

[20] デントについては、T.S. Willan (1970) を参照。

[21] *Ibid*., pp. 11-4.

[22] R. Peren (1989), pp. 214-6.

[23] J. Blackman (1967), pp. 110-1.

[24] Leeds Mercury, 17th August, 1777, quoted by H. & L. Mui, (1989), p. 149.

[25] *The Diary of Thomas Turner*, 1754-65. ターナーについては、第 10 章で詳述する。

[26] 第 9 章で改めて細かく分析をおこなうが、18 世紀初頭のサセックス、ノーシャム村の小売商スティーブン・ハッチは、1723 年に妻レベッカが仕入れのためのロン

ドンへ行った際に、仕入れに関する詳細な指示書を残している。

[27] デフォーがロンドンに関して言及している市場の大部分も、石炭を除くと食肉、魚、野菜などの生鮮食料品であり、大都市ロンドンでも同様の傾向を見ることができる。D. Defoe (1724-26), pp. 342-6.

[28] 道重一郎 (1989), pp. 90-1。

[29] 18 世紀の市場改善の動きのなかでリーズの毛織物会館なども存在するが、これは小売施設としての市場会館とは異なる商品取引所と考えるべきである。フォーラーのフィリップスへの批判を参照。C. Fowler (1999), p. 43 および M. Phillips (1992) を参照。

[30] C. Brent (1995), p. 6.

[31] C. Brent (1993), p. 27.

[32] *The Town Book of Lewes*, 1542-1701 (1945/46) ed. by L. F. Salzman（Sussex Record Society, Vol. 48［以下 Vol. 48 と略記し、参照箇所は本文中の〔 〕で記載する］）。および、*The Town Book of Lewes*, 1702-1837. (1973) ed. by V. Smith（Sussex Record Society, Vol. 69［以下 Vol. 69 と略記し、参照個所は本文中の〔 〕で記載する］）。本章で述べた市場会館のその後の展開については、V. Smith (1969) を参照。

[33] R. Sweet (2003), pp. 59-60. また、小西恵美 (2004), p. 196 も参照。

[34] J. Stobart (1998), p. 16.

[35] M. Falkus (1976) を参照。

[36] R. Scola (1992), pp. 150-60.

[37] J. Stobart (2004), pp. 489-91.

[38] P. Borsay (1989) を参照。

[39] K. A. Morrison (2003), p. 109.

[40] *Ibid*., p. 111-9.

[41] J. Stobart & B. Trinder (2005), pp. 140-1.

18世紀イギリス社会における消費批判
── 反女性と反フランス感情の背景 ──

1 | 消費に対する批判

　18世紀イギリスの都市化とその中核であった中流階層は、これまで検証してきたように、消費社会の形成にとって重要な構成要素であった。確かに、消費社会の形成によって、商品やサービスの消費が拡大し、商品の購入が単なる財貨の取得から余暇的な買い物へと変化し、経済成長のなかで生活は豊かなものになっていった。しかし、消費の拡大は、一様に歓迎されたわけではない。ことに奢侈的消費は、社会的な非難を浴びるものであった。

　イギリスの歴史のなかで18世紀をみると、この時代は政治的に現代イギリスの形成期であり、イングランドを中心に17世紀の政治的混乱を収拾し、「議会のなかの国王」とする議会制民主主義の体制を曲りなりにも実現した時代であった。また、スコットランドとの合邦を果たしてブリテン島を一つの国家としてまとめ上げた時期でもある。すでに見てきたように、この時期は消費社会の形成期であり、都市の商工業者を中心とする中流階層が成長を見せ、この階層を中心に多様な消費財が社会の各層に浸透して消費文化が拡大した時代でもある。18世紀の消費拡大は国内市場の成長を促し、産業革命へとつながる経済発展の一要因とも考えられるが、他方で工業化に先行して都市的な文化が興隆した時代であった。

　しかし、この時期の風刺画にしばしば見られるように、都市的で奢侈的な消

費の拡大に対する批判も激しいものであった。イングランドでは 17 世紀初め
に奢侈禁止法が廃止されており、その点では一般に消費に対しては寛容であっ
たが、奢侈的な消費への批判は 18 世紀においても一貫して繰り返されている。
いわゆる奢侈論争とも言われるなかでの消費批判である[1]。この言説の性格と
構造はすでに人文主義的な共和主義の観点から、J. G. A. ポーコックによって
詳細に議論されている[2]。彼の議論は説得的であるが、奢侈批判に内包される
女性化批判の側面については必ずしも明確な形で取り扱ってはいない。

　そこで本章では、これまでの章で取り扱った都市的な消費拡大に関する議論
を前提としながら、消費拡大に対する批判を男性優位の思想と女性化批判とい
うジェンダーの観点、そしてイギリスの国民意識の観点という、二つの側面か
ら検討してみたい。まず、豊かな消費文化を育んでいた 18 世紀イングランド
において、その奢侈的消費に対して繰り広げられた反消費の言説とは何であっ
たかを検討することにしてみたい。ことに、奢侈的消費への批判的言説におい
て見られる女性化批判とこれと連動する反フランス的な言説の性格を検討しよ
うと思う。

　以下では、まず洗練された上品さであるポライトネス politeness の観念を基
底にもつ 18 世紀イギリスの消費社会を概観した上で、消費の拡大に対する批
判的な言説がどのような形で展開したのかを検討する。次に、奢侈的な消費へ
の批判に含まれる女性的消費への批判、あるいは奢侈的消費の拡大による男性
の女性化についての批判を検討し、反女性化論と反フランス感情との関連を明
らかにしたい。最後に、これらの議論が 19 世紀へと向かう過程でどのように
変形していったのかを展望する。

2 ｜ 消費社会としての 18 世紀イングランド

　18 世紀のイギリスは急速に都市化が進展した社会であり、工業、商業分野
の就業者数が増大する一方で、農業生産性の上昇も見られた。こうした経済的
成長は、他の要因をも含めて財政＝軍事国家としてのイギリスを支え、この世
紀における対仏戦争を勝ち抜いて 19 世紀の帝国形成へとつながる発展を準備

したと言えよう。[3] 社会的な側面に目を向けると、この時期のイギリスを、国内における消費財市場の拡大、そして都市化した社会における消費社会の誕生および成長の時代として描くことも可能である。[4]

一方、第2章でも述べたように、都市化していくイギリス社会を「都市ルネサンス」という象徴的な概念で理解しようとしたのはボーヂィである。[5] 都市ルネサンスでは新古典様式風の建物に代表される都市景観の変化が特徴的であったが、都市外観のうえに現れた変化は、都市化の進行が単に都市人口の増大という数量的な変化にとどまらず、中流階層を中心とした都市社会それ自体の発展と変容をも内包したものであったことを示している。

18世紀には、こうして都市環境や外観が洗練された多くの都市が生れたが、そこでは匿名性の高い都市空間が生み出されていた。匿名性の高い都市空間では、自分自身の存在をより明瞭に示すために、他人の目に触れやすい衣服や服飾品が流行に適っているか、適正に着用されているかどうか、といった点が重要な問題であった。その意味で、都市は顕示的消費の場でもあった。階層的に明確な差異が薄れてきていた18世紀のイギリス都市においては、きちんとした衣服を着用することが自らの社会的地位を認知させるためには必要となったのである。[6]

そのなかで、オランダ出身の著述家バーナード・マンデヴィル（1670-1733）は、積極的に奢侈的消費を推奨した点で特異な存在であった。彼の著書『蜂の寓話』では「私的な悪徳は公的な利益」というかなりエキセントリックな主張をおこなって、同時代の人びとから激しい批判を浴びることになった。マンデヴィルは、「50人の内1人しか町内で知り合いに出会えないような、したがって大多数の人びとから実際の姿ではなく外見に表れたものとして評価されるような、大きく人口の多い大都市」で、自らの身分を超えた衣服を着るように促すものは、「人びとが一般に衣服や他の装身具」からその客を判断する傾向があるからであると述べている。[7] マンデヴィルのこうした認識は、個人一人一人が誰であるかを認識しづらい匿名性の高い都市化した社会における、人びとの消費とその意義を的確に捉えるものであった。外見を重視しようとする感覚は、都市の商工業者を中心として中流階層の人びとはもちろん、労働者層であっても品位のある服装が求められていたことにも反映されている。逆に販売する

小売業者にとっても、流行にふさわしい衣料品を顧客に提供することは、営業活動にとって不可欠であった。流行を判断し的確に販売商品に反映することは、婦人服の場合であっても紳士服の場合であっても、同様に必要な熟練であった。[8]

　さて、当時も今も衣服や服飾品などをはじめとするファッショナブルな消費財、そして流行への関心は、女性にとって特有のものとしてみなされやすい。しかし18世紀においても、衣服や外見への関心は決して女性に限られるものではなかった。18世紀の半ばに法務総裁 Attorney General を務めた法律家ダドリ・ライダ（1699-1756）は、ロンドンの法律家養成機関であるミドルテンプルで学んでいた若い時代の日記を残している。彼は非国教徒の家系に属しており、そのためオックスフォード大学やケンブリッジ大学で学ぶことができず、エディンバラ大学やライデン大学で学んでいる。父を含めて親族の多くは衣料関係の取引に従事しており父親も毛織物商人であり、その意味では典型的な中流階層出身の法律家であった。

　ライダは、このようにどちらかと言えば堅実な非国教徒の家系に育った人物であったが、ミドルテンプルで法律を学んでいた修行時代には服装や外見に強い関心をもっており、彼の遺した日記には衣服、服飾品についての彼の心情が良く描かれている。日記に現れる若い時期の彼は、仕立業者やカツラ業者を盛んに訪れ、自らを飾ることにきわめて関心が強かった。例えば、1715年10月14日の記述を見ると、彼はスペクテイター誌を読みながら「心の本当の美徳や理解力よりも、外形に影響され身の回りのものや習慣によって主に判断して、素敵な女性に対する……愛情や好みを露わにする」という内容の記事について述べた後で、「私自身、いかに多く外見に影響されているかを感じざるを得ない」と、一応は反省している。しかし、すぐその後に、「新しい剣をもってみて、特別な種類の楽しみを感じながら何度も見ないわけにいかない」と述べている。この剣は前日に購入したばかりのもので、護身用の実用的な品物というよりも、銀の飾りのある装飾性の高いもので、剣術の上達を望んで眺めていたわけではない。したがってライダは装飾品として剣を扱っていたのであり、きちんとした身なり、つまり外見への関心の強さを示すものであった。[9]だが、彼がきちんとした身なりをすることは、単に彼が派手好みであったという嗜好の問題だ

けではなく、農村と異なってマンデヴィルが指摘しているような匿名性が高い都市社会において、生活をスムーズにおこなうために不可欠の要素であったと考えられる。

　新しい流行の消費は、衣料や服飾品ばかりに表れるのではない。食器や家具、調度品なども18世紀イギリス社会にあっては、都市を中心に新しいデザインが普及していった。装飾性の高い家具や新しく登場した陶磁器、ことにティーカップ、ティーテーブルなどは来客を想定したもてなすためのものであり、他人の目に触れることを前提にした消費財である。茶そのものがコーヒーやココアなどと並んで、この時期の少し前から普及し始めた温かい新奇な飲み物であり、ティーカップやティーテーブルなどはこれを訪問客とともに飲むための道具で、そこには一定のコードをともなった社交性が存在していた。

　これらの食器や調度が重要性をもつのは、家庭が単に家族だけの閉ざされた私的な空間ではなく、第2章ですでに述べたように、訪問客に開かれた半公共的な社交空間としての意味をもっていたからである。友人や知人を招いて食事をともにしたり、この時期に消費が拡大した茶をともに飲みながら会話を交わすことは、家庭が一種の公共空間、社交の場として機能したことを示している。家庭のなかで用いられる消費財も、来客に対してその家の主人のもつ洗練された感覚、嗜好の良さを表現するものと認識されたのである。19世紀に入ると女性が公共の空間から私的な領域へと退いていくと言われている。[10]しかし18世紀においては、女性は女主人としてこうした空間の中心となることもあって、18世紀においては男性に劣らず女性にとっても家庭内の社交空間は半公共的なものであって、公私をつなぐ接点としての役割を果たすものであった。

　衣服にせよ家具や陶磁器にせよ、単に高価なだけでなく洗練された優雅さや上品さ、つまりポライトネスが備わっていることこそ重要であった。イングランド法の大家であるW. ブラックストン（1723-1780）は、1760年代に出版された彼の主著『イングランド法釈義』のなかで、「洗練された商業的人びと」a polite and commercial people という表現を用いているが、1760年代から70年代に普及したこの洗練されていること＝ポライトネスという語はまさに時代の雰囲気を表す言葉であり、いわば18世紀の半ばの社会を表現するものであった。ポライトネスは優雅さ gentility、啓蒙 enlightenment、また社交性 sociability を、金銭的に余裕のある社会層にもたらしたのであり、中流階層の着実な成長と生産および商業の発展した社会における社会的な作法（マナー）を規定する手段がポライトネスであった。[11]

　これはポライトネスが血統や土地所有にもとづく伝統的な地主・貴族という上流階層とは異なった基準として導入されたことを意味しており、商工業者を中心とする中流階層がふさわしい形で新しい消費財を用いることによって、都市の社交空間のなかで自らの存在を主張できる新たな価値意識を意味した。もちろん、そのためには新奇な消費財の購入にともなう金銭的な裏付けが必要であり、金権的な側面があったことは免れ得ない。だが、金銭の力によって新しい消費財を買い漁ればポライトネスを実現できるものではなく、洗練された優雅さのなかには商品の真贋を見極める鑑識眼をもつことも必要であった。こうした判断能力や適切な作法は学習によって後天的に修得可能なものであって、伝統的血統的な価値とは異なる新しい能力であった。[12]

　18 世紀社会を特徴付ける消費社会は、経済的豊かさを生み出す商業社会の発展を背景にもつものであり、洗練されたものであるとは言え、経済的発展と結びついた金権的な要素をつねに含んでいる。次節で示すように奢侈的な消費への批判は、伝統的な価値意識にもとづいた、新興の貨幣的な利害の成長・拡大への不満がそのなかに内包されていると見ることができるだろう。

3 ┃ 消費社会批判の　構造

　ピューリタン革命を収拾したオリバー・クロムウェルによる護国卿体制が彼の死後に崩壊し、1660 年にチャールズ 2 世が帰国して成立した王政復古期の体制では、当初、奢侈を遠ざける傾向にあった。しかし、1670 年代から 80 年代になって対仏関係が改善されるとともに、フランスで流行している衣裳の輸入が再び解禁され、宮廷でも奢侈的な消費が拡大した。その後、国内の宗教対立からジェームズ 2 世が追放され、1688 年の名誉革命によって新しい国王としてプロテスタントのウィリアム 3 世とメアリ 2 世がオランダから迎えられイギリスの王位に就いた。この革命を推進し、新国王のもとでの体制を擁護する

立場にあったウィッグは、新たに成立した政治体制の正統性を主張する必要が
あった。もともとウィッグはピューリタニズム的な価値観を継承していて奢侈
に対する批判も強く、奢侈を拡大させた王政復古後の政権に対して、これを不
道徳で堕落したものとして攻撃していた。このため、名誉革命は道徳的な改善
をもたらすものであり、革命への動きは必然的なものであるとして新しい政治
体制を擁護した。こうした論調は、18世紀初頭の雑誌であるタトラー誌やス
ペクテイター誌によって論陣を張ったJ. アディソン（1672-1719）などにまで
つながるとされている。

　一方、ポーコックの整理にもとづけば、このような王政復古体制への攻撃は、
人文主義的なシビック・ヒューマニズムの流れをくむ、土地所有にもとづく共
和制の国制を理想とするジェームズ・ハリントン（1611-1677）の議論から展
開されたものとされる。ハリントンの著作『オシアナ』（*Oceana*［1656］）は共
和制下に刊行されたものであり、護国卿政権のもとにあったイングランドにお
ける軍事的共和国を、武装した人民の支配として正当化しようとしたもので
あった。ハリントンを継承した人びとは、土地所有者にもとづく自立した戦
士が、国防を担い政治的支配をも担うべきものと考えた。こうした政治的支配
は徳にもとづくものであり、社会的・政治的な堕落は正当な政治的支配を崩壊
させるものであった。一方、奢侈は高価な生活様式をもたらすことによって自
由を制限し、腐敗と結びつく危険をもっていた。そして商業はこの腐敗と結び
つき、ローマ帝国が崩壊したのと同じように、イングランドを崩壊させる危険
を生み出すという認識につながった。

　名誉革命に向かう過程でジェームズ2世の政府を攻撃したウィッグの主張
は、ハリントンの考えを復活させたものであった。ウィッグによる国王を取り
巻く宮廷（court）の「腐敗」に対する攻撃が、宮廷に対抗する野党である地
方（country）からの新しい批判手段として用いられた。言い換えれば、腐敗
の源泉は国王によって与えられた恩寵、つまり宮廷が生み出す利権への依存で
あり、在野の共和主義的な観点から宮廷と腐敗とが批判の対象とされたのであ
る。しかし、名誉革命以降の政治的変化によって攻守の関係は交替し、ウィッ
グの用いた批判装置は分裂・解体する。そのなかで「腐敗」への批判は、商業
的発展および「破壊的な経済的変化の時代」に対する「急進的な反動の道具」

となっていったとされている。

　メアリ 2 世の妹で女王位を継承したアン女王に子供がなかったため、またイギリスの王位がカトリックに戻ることを避けるため、ドイツのハノーファーからジョージ 1 世が国王として迎えられた。アン女王治下で政権を担っていたトーリィは、ジョージ 1 世から始まるハノーヴァー朝の成立によって政権を失い、ウィッグ政権が成立する。ことに 1720 年に起こった経済的混乱である「南海の泡沫」事件後に登場したロバート・ウォルポール（1676-1745）の政権は、順調な英国経済にも支えられて 21 年に及ぶ長期のものとなり、王朝交代期の政治的不安定を克服して安定的な政治状況を作り出した。しかし、ウォルポールは自らの政権を安定させるために官職、利権、地位を配分する権限を徹底的に利用したので、野党からは政治的腐敗として厳しく批判されることになった。[16] ウォルポール政権の登場とその継続は、野党であるトーリィや宮廷との関わりの少ない地方からこの政権のもつ堕落と腐敗への批判、そしてこれらと連動した奢侈と消費への激しい批判を巻き起こすことになった。そこで、次にトーリィの側からの奢侈的消費批判の内容を検討してみよう。

4 ｜ 消費と女性化批判

　ウィッグ政権に対する批判者のなかで、アン女王時代にトーリィ政権に参加したこともあるボリングブルック[17]は、ウォルポール体制に対する強力な批判者の代表格であった。またボリングブルックの反政府的な陣営には、同時代の代表的な詩人アレキサンダー・ポープ（1688-1744）や『ガリバー旅行記』の作家ジョナサン・スウィフト（1667-1745）なども含まれている。批判者たちは、徳の喪失が腐敗を生むものとして批判した。ボリングブルックにとっては、一方で腐敗を生み出すものとしての宮廷（コート）と、他方で徳を担い腐敗した宮廷と戦う在野＝地方という二つの勢力が存在しているのであり、そしてこの両者の対抗が全てであった。[18] 政府の腐敗に対する批判は、政治的な側面ばかりでなく商業的発展にともなう都市的な文化そのものにも向けられている。伝統的なシビック・ヒューマニズムの影響のもとにある批判者たちから見ると、

商業的で都市的な文化とは奢侈的な消費と、それにともなう社会の女性化として表現された。[19]ボリングブルックらが批判した腐敗のなかには、この腐敗を生み出す源泉としての奢侈と消費とがつねに含まれており、批判は必然的に奢侈的な消費へと向かうことになった。当初はウィッグの論理として展開した奢侈批判が、野党に転じたトーリィ側から主張されるようになったのは歴史の皮肉だが、彼らの奢侈と消費への批判は同時に、女性批判と一体で進行した。

　批判者の目からは、女性という存在は奢侈的で気まぐれな消費とつねに一体のものであり、かくして消費の拡大は社会の女性化をもたらすものとして、女性も腐敗と同様に批判の対象となったのである。詩人として著名なポープは、1730年代ボリングブルックとともにクラフツマン誌によってウォルポール政権を批判している。彼はシビック・ヒューマニズム的な論理を継承し、自らをあるべき国制の擁護者として批判を展開すると同時に、女性の社会的な活動、とりわけ執筆する女性に対する嫌悪を顕にしている。また、彼の議論は近代的な商業社会への反対の立場から、社会的な秩序や道徳の混乱につながる変化や革新全般に反対したと言われる。ポープにとっては、女性の社会的な活動は社会全体としての女性化へつながり、それ自体が社会的な脅威であり、具体的には印刷文化のなかで女性執筆者の増加がその表れと考えていたのである。[20]

　ポープが女性の活動を批判的にみた背景には、17世紀から18世紀にかけて、女性著述家の執筆が活発化して、女性達の執筆活動に対する評価が大きく変化したという状況があった。17世紀には女性が出版すること自体、大きな困難をともなった。[21]しかし、18世紀に入るとしだいに女性の著述家も増加する。ことに18世紀半ば以降になると、文芸サークル「ブルーストッキング・レディース」に参加したエリザベス・カータ（1717-1806）をはじめとして、多くの女性著述家が登場し評価されるようになっていたのである。[22]また、ポープは、シビック・ヒューマニズム的な観念にしたがって、女性の虚栄が拡大することは、社会的な衰退の指標となるという古典的な考えをもっていた。つまり、彼の女性に対する批判的姿勢は、奢侈的な消費財に満たされた金権的で放漫な社会や生活様式と女性がきわめて近いものであって、この両者は似たような存在であるという見方にもとづいたものであった。[23]

　気まぐれな消費者として女性に与えられたイメージは、シビック・ヒューマ

ニズムにもとづく批判者に限られるものではなかった。上品で洗練された社会の存在、あるいは消費そのものに対して必ずしも否定的でなかったアディソンやスティール（1672-1729）、またマンデヴィルなどにも、気まぐれな消費者という女性イメージは根強いものがあった。その意味で、女性の消費が奢侈で虚飾を求めるものであることは、当時の男性社会にあって、一般的な認識であったと思われる。多くの風刺画でも女性服がその対象になっており、女性の消費や流行の女性服の扱いは、そうした認識の表れでもある。[24]しかし、彼らの場合、それが直ちに消費批判へとつながるわけではなかった。例えば、マンデヴィルは「女性の気まぐれと奢侈を満足させるためになされている仕事の種類、そしてそれに雇われている人手の数は、桁外れなものである」と述べていて、女性の気まぐれを述べながらも、その結果雇用が拡大する効果の方を強調しているのである。[25]

　さて、ウォルポールの退陣によって、堕落と腐敗を主な批判点とするシビック・ヒューマニズム的な政府への攻撃はやや鎮静化するが、七年戦争の勃発によって再び燃え上がることになる。その一つの表れが、牧師であり劇作もおこなったジョン・ブラウン（1715-1766）の『作法（マナー）の考察』（1757）である。[26]彼によれば、七年戦争の緒戦で起きたミノルカ島喪失などの敗北はイギリスの軍事的弱さを示すものであり、この敗北は商業的発展にともなう奢侈の増大が柔弱化 effeminate を引き起こしたことによるとされる。ブラウンは、この時代の作法が、「空虚な、奢侈的で利己的な柔弱さ、女々しさとして表れており」〔Brown, p. 29〕、「知恵と徳とがそのなかに存在せず、……あらゆる外国の愚かさ、柔弱さ、あるいは悪徳が……花を咲かせている」〔Brown, p. 35〕という時代認識を示す。例えば奢侈は、都市における衣服のなかに明瞭に表れている。ブラウンによれば、都市では華美な服装がないと「最も賢明で徳があり上品な人びとであっても、外見において男らしからぬ unmanly 優美さに欠けているならば、誰にも知られず、一緒にいると見られるのが恥ずかしくなるような下劣な人びとと同じように避けられる」〔Brown, pp. 35-6〕ことになる。さらに、あの勇ましいエリザベス女王の時代から 2 世紀も経っていないのに、「流行で着飾った男性が柔弱な（女々しい）衣服と心地良い駕籠椅子なしには正餐へと道を渡っていくことはない」。そして「……現代の習慣をめぐる全ての環

境は有り余る柔弱さ（女々しさ）へと落ち込んで行くようになって」おり、「虚栄が男らしくない unmanly 優雅さに助けを与えることになる」〔Brown, p. 37〕と主張している。

　ここでブラウンはイングランドの弱体化の原因を、男たちが「男らしくなく」unmanly 行動していること、そして柔弱に（女々しく）effeminacy なったことに見ている。これらの用語法においては男＝強さ、女＝弱さが対照的に提示され、奢侈的な消費が女々しい柔弱な女性化の原因になっており、これを止めない限りイングランドの弱体化をとどめることはできないと主張しているのである。他方、当面の敵国であるフランスは「女々しい柔弱なやり方を主導しているように見えながら、強力になっている。フランスは自ら手本を示すことによって、その作用のもつ魔法の酒や毒入りの杯を大量に飲むように近隣の国民を誘惑しているのだが、秘密の解毒剤によって」自らの健康を維持している〔Brown, p. 140〕。つまり、女性化をもたらす奢侈的な作法はフランスがもたらしたものであるが、フランス自体はその害悪から逃れ、近隣の国々、ことにイングランドを弱体化させていると主張しているのである。

　ブラウンは認識においても、この時代のイギリスは商業が発展した社会であり、さらに商業発展は土地利害とも結びついていると考えられている。このような商業活動の発展はブラウンにとってもある程度までは好ましいものではあり、その意味でこの時代の経済的な発展は彼の議論の前提となっているのである。しかし、イギリスの発展した商業活動が最終的に奢侈をもたらし、女性化をもたらすものでもあるとブラウンは主張する。さらに奢侈的消費が、男性の、そして国防力の弱体化をもたらすものと主張し、消費を批判する論理を展開している。彼は一定の経済発展＝商業的発展という現実を受け容れつつも、奢侈的消費の発展を社会の女性化とみなし、これを批判するという形でポープの女嫌いを継承している。さらに、国際的な対立のなかで最も有力な敵国であるフランスと対決するために、奢侈的消費にもとづく男性の女性化と国防力の弱体化を防ぎ、堕落した作法の改善が必要であると訴えている。反消費→反女性→反フランスという形をとった社会批判の展開は、社会の堕落として消費社会をみなすシビック・ヒューマニズムの伝統のなかにある。だが、ここでは反奢侈から反女性という回路を通じて反フランスという排外的な自国意識と結びつい

ている。[27]

　フランスから流行がもたらされることは、この時代に様々な職業を紹介しているキャンベルの布地業者や服飾業者などに関する記述のなかにも見られるから、18世紀において一般的な認識であったことは間違いない。[28] しかし、そこからは反フランス的な感情を見いだすことはできない。むしろ、すでに述べたミドルテンプルの法学生ライダの日記にも表れているように、上品な社会にとって必要な要素と肯定的に考えられていたと思われる。他方、反フランス感情のなかには洗練さの過剰、つまり「気障」であることへの批判が含まれていた。過剰な「気障さ」への批判の観点は、18世紀初めから根強く存在しており、「気障さ」への批判に発するフランスからもたらされる流行への批判、さらにこれとつながる女性的性向への批判とが結びついて、消費が男らしさを損なうことになるという形の批判となっていった。[29] しかし、一般的な消費者には見られない反フランス感情は一部の教養階層のなかから生まれたものであり、1740年代から七年戦争期の時期のブラウンの主張も、フランスに対する文化的に劣っているという意識をもちながらも、逆にこうした意識に対する反発と関連させて位置づける必要がある。[30] その意味で、この時期のイギリスに見られた外国文化の過剰な流入への反発が、ポープやブラウンなど教養階層のなかにある反フランス感情の底流にあったように思われる。

　シビック・ヒューマニズムの系譜を引く体制批判・社会批判をおこなう側からすれば、奢侈的な消費は、徳の喪失と社会の堕落を招くものである。したがって消費は、本来は土地所有にもとづいて国を守るべき男性を、柔弱なものにし女性化するものとして非難される。同時に奢侈と消費は、つねに女性と結びつけられて非難の対象となった。この場合、女嫌いの論理は消費批判と通底するが、同時に流行と消費の発信源であるフランスへの反感へも、文化的輸入過剰に対する反発と重なり合いながら、つながっていくことになる。

　確かにフランス、ことにパリが消費を生み出す流行の中心であって、イギリスもつねにその影響下にあった。イギリス国内でも、パリから輸入される流行がロンドンを起点として地域の拠点都市を媒介として普及していった。小売業者はロンドンとのつながりを強調することを通じて、自らの提供する商品やサービスが最新流行のものであり、またそれが新しいものであることを消費者

ヘアピールしようとしていた。[31] 一般の消費者にとって、そうした商品はファッ
ショナブルな不可欠の消費財であり、ポライトな社会には欠くことのできない
ものであった。しかし国防力の低下を嘆き、社会的堕落を批判しようとする議
論からは、消費に対して女性化を生み出す元凶であるという批判が生じ、そこ
から奢侈的な消費を促す流行の中心地としてのフランスが、害毒を生み出す原
点として非難の対象となったのである。その意味で、フランスから流入する流
行や文化に対するシビック・ヒューマニズム的な発想をもつ知識人層の反発を
底流にしながら、消費批判に内在する反女性というジェンダー的視角が、反フ
ランスへと連結することを通じて、イギリス社会の一部にこの国の独自性を強
調する自国意識を育む発想を生み出すものとなったと言えるだろう。

5 | 新しい商業社会と消費認識

　一方、奢侈や消費を積極的に肯定した論者がいなかったわけではない。マン
デヴィルについてはすでに述べたが、彼以外にも 17 世紀後半以降、様々な人
物が消費を肯定した議論を残している。[32] 17 世紀末ロンドンの商人であった N.
バーボン（1637-1698）や D. ノース（1641-1691）は、いくつかの著作を著し
て自由貿易論の先駆とされるが、同時に彼らは消費に関しても経済を活発化す
るものとして積極的に肯定した。例えば、バーボンはその主著である『交易論』
で「流行すなわち衣裳の変化は、交易を大いに促進するものである。なぜなら
古い衣服がすり切れるまえに、それは衣服の出費を促すからである。それは交
易の精神であり生命である」と述べている。ここで「交易」と訳されているの
は trade であるが、今日の観点から見ればこの用語は貿易活動のみならず経済
活動一般を指す語と言って良いだろう。そのうえで、この主張は、流行と消費
の拡大について経済活動の活性化をうながすものとして積極的に評価している
のである。さらに彼は「勇敢で真面目な多くの人々の間では、評判が良くない」
として、流行や消費に対する野党的な地方からの批判を意識してはいるが、新
しい流行は人類の大部分に対して生計を与えるものであるから、「新しい流行
の促進は奨励されるべきである」として、雇用の拡大にとって消費の重要性を

強調しているのである。^[33]

　マンデヴィルも奢侈と消費の拡大を肯定する点では、17世紀のバーボンやノースと近い議論を展開している。とは言え、マンデヴィルはすでに述べたようにより都市的な要素を強調しており、この点では18世紀に入ってからの都市的な発展という新たな要素を前提にしているように見える。そして、彼は都市社会のなかにある匿名性という側面と外見の重要性との関係を明瞭に意識しながら、自負心 pride が奢侈や経済活動を促進するものであると考えた。^[34]

　17世紀末のバーボンやノースは、国内の雇用拡大に関心をもっていたとしても、その議論の中心は貿易規制に反対して自由貿易をより優先することにあった。これに対して、ウィッグ系に属し個々の国との貿易差額ではなく、全体としての総体的貿易差額を主張する18世紀初めのマンデヴィルとの間には、党派性や政策的方向性に相違があったことは間違いない。^[35]しかし消費と奢侈に関しては、両者ともにこれを積極的に肯定する主張を展開していた。にもかかわらずマンデヴィルは、バーボンやノースよりも激しい批判を浴びることになった。その原因は、奢侈的な消費を批判する側にとって奢侈と消費は、道徳的な価値つまり徳を喪失すること＝堕落への道であったのに対して、マンデヴィルの主張が商業的な発展を、徳の否定と悪徳の肯定によって正当化しようとした過激な主張にあったと言えよう。これに対して、バーボンは雇用の拡大につながるものとして消費拡大を推奨していた。また、アディソンやデフォーも悪徳を肯定することなく、むしろ公共の徳の概念に訴えることによって、腐敗へと陥らずに商業世界を正当化しようとした点に、マンデヴィルとの相違があった。^[36]マンデヴィルの場合も、新しい社会を経済的なメカニズムのもとで描こうとしたのであり、それは財の交換と利己心にもとづくものであって、その意味でスミス的な近代的商業社会へ向かう姿であった。しかし、消費を肯定するためにマンデヴィルは道徳的な価値をも否定してしまった点で異なっていたのである。

　マンデヴィル的な悪徳を肯定して消費を正当化しようとする議論と、奢侈的な消費を徳の喪失と女性化を通じた腐敗への道として批判する議論とを、両面批判したのはデヴィット・ヒューム（1711-1776）である。^[37]彼の『政治論集』（1752）に含まれる「奢侈論」では、次のように述べている。^[38]「不道徳な奢侈さえ称賛

を与え、それを社会にとってきわめて有益であると主張する」人がいる一方で、最も無害な「奢侈まで非難し、それを市民政府に付随する腐敗……の源である」と説く人びとがいると、彼はまず述べている。この表現でヒュームは、奢侈についてきわめて対照的な両極端の議論があるとして、明示されてはいないが、マンデヴィル的な立場とブラウンら奢侈批判との議論を対比している。そのうえで、これら両極端な議論の修正を図るために、ヒュームは「洗練と奢侈の時代はもっとも幸福であり、もっとも有徳の時代」であることを論証しようとした〔Hume, p. 24〕。文明化された時代である 18 世紀のイギリスでは、上品さと洗練さとが人びとの気質を和らげるが、その一方で名誉の感覚が新たな活力を生み出す力となっている。また、近年の腐敗にしても、その根源を奢侈に求めることは正当ではなく、「奢侈と技術は自由にとってむしろ好ましいものである」〔Hume, p. 34〕と指摘する。また、悪徳自体が有益とはもちろん言えないし、また奢侈は度を過ぎると有害ではあるが、「道徳的に無害な奢侈、すなわち快楽における洗練は国家に有益なのである」〔Hume, p. 37〕と、一定の奢侈と消費を積極的に肯定していこうとするのである。

　つまり文明的な社会とは、洗練された感覚によって人々が寛容な相互関係を築く社会であって、18 世紀イギリス社会はこうした段階の社会であるから、奢侈的消費も有益な存在として是認されると主張した。このような議論を通して、ヒュームは奢侈的な消費を、徳と悪徳もしくは堕落との二分法から切り離し、洗練された生活様式と結びつけることを通じてポライトな商業社会における消費を肯定する方向へつなげることができた。[39]こうしたヒュームの消費に対する理解は、都市的な消費文化と中流階層の消費行動を前提として形成されたとも考えられる。[40]18 世紀の都市社会に形成された洗練された消費文化に対する、また奢侈と消費行動とを肯定する理解は、シビック・ヒューマニズム的な伝統から一歩抜け出している。奢侈的な消費を道徳的な側面から切り離したヒュームは、消費＝女性化という議論からも抜け出ており、女性化批判もここには見られない。

6 | 消費批判の終焉

　18世紀における奢侈的な消費を批判する議論は、消費を徳からの逸脱であり道徳的な堕落とみなすことによって展開された。その意味で、消費は徳と対抗するものであり、消費批判は伝統的なシビック・ヒューマニズムをその基底にもっている。同時に、それは女性嫌いと外国文化への嫌悪という、男性中心の教養階層の意識と結びつくものであったし、奢侈的な消費批判は反消費→反女性→反フランスへとつながる回路をもっていた。しかし、この時期の反フランス感情としての排外意識は、知識人社会層のなかから登場し一定の広がりを見せたとしても、国民的な意識を生み出したとは言えそうもない。

　これに対して、都市的な文化のなかで成長していった奢侈と消費について、これを肯定する側にとっても、消費が引き起こす堕落という道徳的な問題を回避することはできなかったし、消費する存在としての女性像が浸透して消費と女性とが分かちがたく結びついてしまったために、消費や奢侈による徳の喪失と女性化は悩ましい問題であった。しかし、ヒュームは道徳的な逸脱＝堕落と消費との結びつきを切り離すことによって消費の肯定的側面を確保し、消費にともなう社会の女性化＝柔弱化という議論に陥らずに、新しい商業社会、ブルジョワ的な経済社会の市場経済を正当化することができた。確かに、キリスト教的な奢侈に対する反感は消え去ることはなかったが、宗教的信仰の問題は個人の領域とされ、表だってそれが表されることはしだいに少なくなっていった。[41]

　他方、18世紀末から19世紀に入ると、新興のブルジョワ階級の成長とともに、新しい男性像が求められる時代となっていった。19世紀に入ると男性の服装はしだいに暗い色調の抑制的なものへと変化する。[42] 落ち着いた色調の服装への変化は、「上品さ」が階層を超えて社会的な下層へ拡大したことの反映とみなすこともできる。[43] 男性衣服のなかで、洒落者・ダンディーの元祖とされるボー・ブランメル（1778-1840）の服装も、それ自体は決して派手なものではなかった。これに対して、19世紀に入ると女性は公的な表舞台から私的な空間へとしだいに後退していき、服装や消費も女性化とは切り離されて、新たな

中産階級のなかで質素で自立的なイメージが浸透していくことになった[44]。女性が公的な世界から退場するとともに、反女性化批判と結びついた奢侈的な消費への批判も薄らいでいく。ポライトな作法と意識が階層的な特徴を失って一般化していくとともに、女性を含めた高い社交性をもった18世紀的な都市的消費文化にもとづく社会は解体していくことになり、奢侈的な消費への批判はもはや不要なものとなっていったのである。

[1] 草光俊雄 (2014) を参照。

[2] J. G. A. Pocock (1975) を参照。

[3] J. Brewer (1989) 同訳書 (2002), pp. 188-9。

[4] 中野忠 (2012) を参照。

[5] P. Borsay (1989) を参照。

[6] P. Earle (1989), pp. 283-4.

[7] B. Mandeville (1717), pp.130-1. 以下ページ数は 1726 年刊行の第 3 版（Google デジタル版）による。なお、訳文は同訳 (1985) p. 117 によった。

[8] 第 6 章では婦人衣料品の販売について、第 7 章では紳士服の販売について改めて論じる。

[9] *The Diary of Dudley Ryder 1715-1716*, p. 119.

[10] L. Davidoff & C. Hall (1987), p. 417.

[11] P. Langford (1989), pp. 1-5

[12] P. Langford (2002), p. 316.

[13] D. Kuchta (2002), pp. 87-9.

[14] P. Carter (2001), pp. 24-5.

[15] J. G. A. Pocock (1975)、ことに第 3 部を参照。

[16] 今井宏編 (1990), pp. 277-321。

[17] ボリングブルックは、Henry St John (1st Viscount Bolingbroke, 1678-1751) のことである。

[18] J. G. A. Pocock (1975) 同訳書 (2008), p. 419。

[19] J. Black (2005), p. 103.

[20] E. J. Clery (2004), pp. 79-85.

[21] P. クロフォード (1989) を参照。

[22] 梅垣千尋 (2013) を参照。

[23] E. J. Clery (2004), p. 79.

[24] A. Ribeiro (2002), p. 21. また、17 世紀末から流行したインド製の捺染キャリコの消費拡大に対する批判と禁止要求が毛織物業者から起こるが、これは女性嫌悪の意識に民衆的で伝統的な衣料に対する意識—モラルエコノミー——とが複合して発生した反消費の動きとされる。B . Lemire (2011), pp. 53-6 を参照。

[25] B. Mandeville (1717), p. 250.

[26] J. Brown (1757), *An Estimate of the Manners and Principles of the Time.* Google によるデジタル版を利用。以下、引用は文中の〔 〕内に略記する。ブラウンの思想に関しては、坂本達哉 (1995), pp. 339-44 を参照。

[27] 川北は本章の理解とはやや異なって、18 世紀ヨーロッパにおけるマナー後進国としてのイングランドが、洗練さ、ポライトネスをかなぐり捨てて「イギリス流作法」を生み出し、反女性的で反フランス的な感情が形成されると指摘している。川北稔 (1999), pp. 108-9。

[28] R. Campbell (1747), p. 197, 206.

[29]　M. Cohen (1999), pp. 51-5.

[30]　G. Newman (1997), p. 81, 124. 但し、ニューマンはイングランド人のナショナリズ
　　　ム形成を問題にしようとしているが、クーマが正当に批判しているように、イング
　　　ランドとブリテンないし、イングランド人とブリテン人とを明確に区別せず混同し
　　　ている。K. Kumar (2003), p. 176 を参照。なお、ブリテンの国民的な自覚については、
　　　L. Colley (1992) を参照。

[31]　例えば、スコットランドの服飾小物商の場合を見よ。D. Simonton (2015), p. 24.

[32]　本章で取り上げた 18 世紀の消費批判に関わる経済思想家、マンデヴィル、バーボン、
　　　ヒュームなどについて、鈴木康治 (2012) が消費論と関連させて取り上げている。
　　　同書では、彼らの議論を消費論と道徳論との関わりで整理している。

[33]　N. Barbon (1690) *The Discourse of Trade*. p. 33. テキストは the Lord Baltimore Press,
　　　Baltimore 1905 年版による。また、訳文は久保芳和訳 (1966) pp. 46-7 によった。なお、
　　　原文テキストの取得は https://oll.libertyfund.org/titles/barbon-a-discourse-of-trade
　　　による。

[34]　B. Mandeville (1717), p. 81.

[35]　マンデヴィルの奢侈論に関しては、田中敏弘 (1954)、またマンデヴィルの研究史
　　　的な整理に関しては、田中敏弘 (1984) を参照。

[36]　J. G. A. Pocock, (1975) 同訳書 (2008), p. 394。

[37]　E. J. Clery (2004), pp. 176-8. また、坂本達哉 (1995), pp. 349-55 を参照。

[38]　D. Hume (1752) *Political Discourses*. 第 2 版 . Google によるデジタル版を利用。以下、
　　　引用は文中の〔 〕内に略記する。なお、訳文は同訳書 (2010) から引用。

[39]　E. J. Clery (2004), pp. 176-9.

[40]　鈴木康治 (2012), pp. 107-9.

[41]　I. Mitchell (2014), pp. 91-3.

[42]　A. Ribeiro (2002), p. 21.

[43]　P. Langford (2002), pp. 329-30.

[44]　D. Kuchta (2002), p. 148-9.

ロンドンの女性小売商と破産手続き
──大法官裁判所史料とその性格──

1 │ 近代イギリスにおける
　　小売商業の位置づけ

　本書ではここまで、18世紀のイギリス社会における都市化と消費社会の形成について、様々な角度から検討してきた。これからの第5章から第7章では、消費社会を実際に担った小売商の活動について、まずロンドンについて、残された経営史料をもとにその具体的な姿を検討していくことにする。本章では、18世紀イギリス社会において服装の流行で重要な役割を担った女性経営者の存在について、また次章で本格的に検討するロンドンの女性小売商メアリ・ホールの経営史料が残されている大法官裁判所史料について、その性格を明らかにしておくことにする。

　さて、近世から近代にかけてのイギリスの商品流通と小売商業に関する研究は、20世紀半ばにはジェフリーズやデイヴィスらの古典的な著作が刊行されていたが、その後、小売商業に関する研究は等閑視され、重要な進展が見られなかった。とりわけ18世紀における小売商業に関する研究の不十分さが指摘されていた。[2] しかし、これら古典的な研究に対する見直しが、徐々にではあるが、おこなわれるようになった。

　ウィンスタンレーによれば、古典的な研究への批判は次の二つの方向に分類される。[3] その一つは、19世紀以降における移動商人の役割を再評価しようとするものであり、産業革命期における行商人の役割を重視したアレクサンダー

の研究もこのなかに位置づけられる[4]。今一つは、産業革命期より前の段階における固定店舗の役割の再評価である。ジェフリーズらにあっては、この時期、依然として週市など定期市場における取引の役割が大きく、固定店舗の役割は従属的なものにとどまるとする考えが強かった。しかし、固定店舗は、とりわけ都市にあっては、市場に従属的な、あるいは補完的な役割にとどまらず、それ自体が主要な役割を果たすようになっていたと考える研究が進展してきている。

　例えばウォルシュは、18 世紀の後半における小売商業が、近代的と言われる 19 世紀の発展のもつ内容のかなりの部分をすでに備えていたと指摘している[5]。ジェフリーズは、近代的な小売商業の発展の画期を 19 世紀半ば以降に置き、デパートやチェーンストア、あるいは生活協同組合などの出現にその特質を見ている。さらにデパートにおける商品展示の方法、現金支払や定価制の導入などの販売形態を小売商業近代化の指標としている。しかし、これらの販売方法の多くが 18 世紀の段階で現れてきており、その意味では近代的商業経営はすでに 18 世紀にその姿を現しているとウォルシュは指摘している。N. コックスも、16 世紀から 18 世紀にかけての小売商業についての包括的研究のなかで同様な主張をおこなっており、やはり近代的商業経営の起源を 18 世紀に求めている[6]。

　固定店舗の経営が 18 世紀に発展したことを強調するウォルシュらの研究が生まれた背景には、この時期に消費財消費の拡大が存在していたという認識の高まりがある。第 2 章で見たように、ロンドンを中心にイギリス全体で見られた都市におけるショッピング街の形成は、この時期のイギリスにおける消費拡大を反映したものに他ならない。18 世紀のロンドンは人口の増加にともなってその市域を拡大していった。東西の両方向に向かっておこなわれた市域拡大のうちで、西方への拡大は主に富裕層を中心とするものであった。ロンドンの西郊に比較的豊かな社会層が移住し、その人口が拡大するにつれて、この地域にはファッショナブルな小売店舗が集まる繁華街が出現した。オックスフォード・ストリートやボンド・ストリート、コベントガーデン、ストランドなどがその例であるが、現在のロンドンにおける中心的なショッピング街の端緒がここにある。

産業革命に先行する 18 世紀の消費拡大が、産業革命の展開にどのような影響を与えたかに関しては議論のあるところであるが、少なくとも消費による商品需要の拡大が 18 世紀後半から 19 世紀における爆発的な生産力の上昇に強いインパクトを与えたことは疑いえない。すでに述べたように、マケンドリックはこうした 18 世紀の消費拡大を「消費社会の誕生」として位置付けたが、彼は新しい流行をいち早く受容した上流階層の消費が中流階層へ浸透する事によって拡大していく社会競争的模倣の効果を強調した。[7] レミアの古着による流行の拡大に関する研究も、マケンドリックの議論に全面的に賛同しているわけではないが、当初はこれを補強していた。[8] だが、第 1 章で見たように、社会的上位の階層から単純に流行が下降するとする理解に対しては強い批判が存在しており、マケンドリックの議論をそのまま受け取ることができなくなっている。例えば、キャンベルは、マケンドリックの見解が上層から下層へと滴り落ちる現象として捉えていることを指摘したうえで、異なる社会層にはおのおの独自な社会的・美的意識が存在するのであって、流行が単純に上から下へ下降していくものと捉えることはできないと考えている。[9]

　上層からの流行が消費拡大の梃になるという滴下理論にはかなりの批判がある一方で、それぞれの社会層のもつ独自の価値意識が消費のあり方を規定すると考えられるようになっている。なかでも 18 世紀イギリスにおける消費拡大が中流階層を抜きにして考えられないことは明らかである。中流階層は人口的にも上層貴族層などよりもはるかに多く、また一定の消費余力をもつことによって、中流階層は消費拡大の中核となりえたのである。限られた必需品のみに抑えられていた消費財需要を拡大し、それまで一般的には消費されていなかった衣料品、食料品、食器、家具などを次々と自らの生活に取り入れることによって、日常生活の質や快適さの向上を図ることを通じて、彼らの消費は国内需要の拡大に大きく貢献したのである。[10] そのなかでも特に婦人衣料品の消費は、この時期の消費のもつ意味を強く反映したものと考えられる。

　そこで、消費財需要の拡大という問題の解明のために、この時期の衣料品商人の具体的な活動と顧客層の分析をおこなうことが必要となると考えられる。このため、本書では次の第 6 章で婦人物衣料について、実際の小売商がおこなっていた経営の内容や顧客の行動を、具体的な史料にもとづいて検討をおこなっ

ていくことにする。その際に取り上げる主な史料は、18世紀後半のロンドン
で活動した服飾小物商の経営に関するものである。この史料は、大法官裁判所
記録のなかに残された経営文書であるので、具体的に経営文書の分析をおこな
うまえに、本章では予備的な作業として、大法官裁判所および残された史料が
どのような性格のものであったかを確定していくことにしたい。

2 │ 「メアリ・ホール文書」の構成と 大法官裁判所

　次章、第6章で取り上げる経営史料は、ロンドン西郊の新興商業地域であっ
たウエスト・エンドの服飾小物商 milliner であり、第2章でも若干触れたスト
ランドに店舗を構えていた小売商メアリ・ホールの経営に関わるものである。
彼女は、遅くとも1775年初めにはアン・ターナーという別の女性と共同で店
舗の経営をおこなっていたが、同年暮にはパートナーシップを解消して独立の
経営をおこなうようになっていた。しかし、この営業活動は決して長くは続か
なかった。1777年12月には、メアリ・ホールの営業用資産は破産処理のため
に受託者の手に移され、店舗それ自体での経営はしばらく継続されたが、この
時点以降彼女は実質的に経営から排除されることになった。

　次章で分析の対象となる史料を本書では「メアリ・ホール文書」と呼んでい
るが、その内容は約3年間にわたるメアリ・ホールの小売店経営に関するもの
である。現在イギリス国立公文書館（The National Archives, TNA）に所蔵さ
れているこの史料は、同文書館でC105-30およびC106-126の分類番号を付さ
れており、様々な内容を含む2箱の史料群からなっている。

　TNAの分類において、頭にCの文字を付された文書群は大法官裁判所関係
の裁判記録であり、「メアリ・ホール文書」もその一部である。「メアリ・ホー
ル文書」の史料的特徴を明らかにする上では、大法官裁判所 The Court of
Chancellor の性格とその訴訟手続きを確認することが不可欠である。そこでま
ずこの裁判所の性格を明らかにしておきたい。大法官裁判所は、コモンローに
もとづくイギリスにおける伝統的な裁判所である王座裁判所 The Court of
King's Bench や民訴裁判所 The Court of Common Plea などとは異なって、衡

平法にもとづく裁判所であった。[11] この裁判所の起源は 14 世紀のエドワード 3 世にまで遡ることができるが、テューダー朝期になるとその権限はしだいに拡大し、コモンロー裁判所と並立するようになっていった。17 世紀におけるピューリタン革命期の政治的変動の過程で、同じ衡平法裁判所に属する星室裁判所 The Court of Star Chamber が国王権力の象徴的な存在として廃止されたのと同様に、大法官裁判所も廃止に直面した。[12] しかし、大法官裁判所はその有用性のおかげで完全な廃止を免れ、クロムウェルの命令によって実質的な機能を存続させることができた。[13] 衡平法裁判所においては、コモンロー裁判所では難しかった迅速で柔軟な審理が可能であったから、「悪名高い」星室裁判所においてすら同時代人の評価は決して悪いものではなく、大法官裁判所は王政復古期以降になると完全にその機能を回復した。[14]

　では、大法官裁判所は、コモンロー裁判所とどのような点で異なっていたのだろうか。大法官裁判所の訴訟手続きは、原告による英語での訴状 bill の提出に始まり、被告が原告と争うには訴状に対して答弁書を提出する必要がある。これらの訴状と答弁書は一括して訴答文書 pleadings と呼ばれる。[15] 一方、コモンロー裁判所では特定の訴訟形式を選択し、これに対応したラテン語の令状 Writ を取得しなければならない。原告の主張にあうような適当な訴訟形式が存在しなければ訴訟自体を提起することもできないし、誤った訴訟形式を選択すると原告は決定的に不利な状況に追い込まれた。[16] これに対して、大法官裁判所における訴訟はコモンロー裁判所に比べてはるかに容易であった。

　さらに大法官裁判所の裁判では訴額が £10 以上もしくは年価値 40 s 以上から可能で、また判決に至る以前に差止命令 injunction の発行が可能であった。差止命令によって被告が現在おこなっている行為の進行を止めさせたり、原告にとって救済が不可能になる状況を作り出すような被告の行為をやめさせることができた。こうした点で民事訴訟においては、大法官裁判所はコモンロー裁判所に比べて有用な側面があった。[17]

　訴訟手続きは訴答文書が揃うと、原告の返答書や被告の再答弁書の提出がある場合を除き、証拠調べへと進む。証拠調べは原告、被告双方が指名した証人の証言によるものであり、審判官 Examiner の責任において実施された。同時にこの段階で帳簿類などを含む文書資料が提出されることになっていた。証言

にもとづく証拠調べが終了すると、判事による審理 Hearing の段階に入る。この審理に先立って判事はその下僚である裁判所主事 Master of Ordinary に事件の詳細を照会し、主事は報告書を作成する。判決は通常の場合、判事である大法官 Lord of Chancellor か副大法官 Master of Rolls によって、この報告書にもとづいておこなわれた。

　しかし、このような手続きを踏んで判決にまで至る訴訟は決して多くなかった。17 世紀から 18 世紀の時期を通じて、第 1 段階である訴答文書の提出以後の史料を見いだせない事件が 6 割から 7 割も存在する。[18] もちろん史料の紛失などの可能性も存在するが、紛失などを考慮するとしても、かなりの事件が第 1 段階以降へ進まなかったものと考えられる。これは裁判所への提訴が、判決を得るというよりもむしろ紛争を非公式に解決するためのひとつの手段となっていた可能性が高いからである。[19] 他方、18 世紀に入ると最初に出された訴状を修正する修正訴状や補充訴状が増加する傾向にあり、被告側も答弁書に文書資料を添付することが多くなる。さらに審理の段階まで進むと裁判所主事への照会がおこなわれる割合が高くなり、文書内容は豊富になるが、訴訟のための時間と費用は増大する傾向を示している。時間と費用の増加が、訴訟当事者をよりいっそう非公式の解決へと向かわせたものと思われる。

　さて、「メアリ・ホール文書」はこうした大法官裁判所の訴訟手続きのなかでどのように位置づけられるものであったのだろうか。上述のように同文書は C105-30 と C106-126 の 2 箱からなっているが、訴訟手続き上の記述を含む史料は C105-30 に集中している。帳簿類など文書の性格からして私文書であるメアリ・ホールの経営に関わる史料が、大法官裁判所の史料として保存されるにいたった原因は、1777 年 12 月に彼女が破産した後、彼女の債権者間に紛争が生じたことに由来するものと思われる。しかし残念ながら、同文書には訴答文書も判決文も欠如しているため、具体的な紛争と訴訟の内容を明らかにすることはできない。そこで、「メアリ・ホール文書」のなかの訴訟に関する記述からどのような内容が推定できるかを検討していくことにしたい。

　5-1 表は C105-30 に含まれる文書を、便宜的に整理番号を付して並べたものである。そのなかで、訴訟手続きに直接関わるもののなかで日付がもっとも古い史料は C105-30［16］の 1780 年 7 月 12 日付文書で、メアリの債権者である

5-1 表　C105-30 に含まれ、現存している史料一覧

整理番号	内容	日付	資料提出*	備考
C5 [1]	Mary Holl の在庫目録	1778 年 1 月 16, 17, 19 日	C5-16	Clement の債務に関する審査。表紙に A の表記
C5 [2]	Mary Holl の在庫目録	1778 年 1 月 19 日	C5-16	同上、M.Horton による売値評価額の集計。表紙に B の表記
C5 [3]	領収書	1777 年 9 月～ 12 月	なし	
C5 [4]	在庫調査	1776 年 8 月	なし	
C5 [5]	在庫調査	1777 年 8 月	なし	Bellamy による。既製品など。
C5 [6]	在庫要約	1777 年 8 月 14 日	なし	
C5 [7]	在庫調査	1776 年 8 月 13 日	なし	
C5 [8]	在庫調査	1777 年 8 月 14 日	なし	Bellamy による。既製品、レースを除く。
C5 [9]	A.Jeffreys と J.Holl の合意	1776 年 1 月 16 日	C5-12	店舗所有権移転、支払方法、A.Turner へ売却
C5 [10]	貸方借方対照表	1776 年 8 月 14 日、77 年 8 月 14 日	C5-12	資産状況調書。
C5 [11]	Jefferys の資産目録	1775 年 2 月 5 日	C5-12	
C5 [12]	Holl 夫妻の宣誓供述書	1781 年 1 月 22 日	-	証拠文書の提出
C5 [13]	M.Holl による債権者集会への請願	1778 年 3 月 27 日	C5-12	
C5 [14]	債権者集会の反応	1778 年 3 月 27 日	なし	
C5 [15-1]	Plowman 宛 M.Holl の書簡	1778 年 4 月 3 日直後	C5-12	
C5 [15-2]	Plowman 宛 M.Holl の書簡	1779 年 1 月 14 日	C5-12	
C5 [15-3]	Plowman 宛 M.Holl の書簡	1779 年 1 月 4 日	C5-12	
C5 [16]	Clement、Bellamy の宣誓供述書	1780 年 7 月 12 日	-	左両名による証拠文書の提出
C5 [16-1]	レース在庫調査	1778 年 1 月？	C5-16	
C5 [16-2]	債権額調査	1778 年 1 月？	C5-16	
C5 [16-3]	レース在庫調査	1778 年 1 月？	C5-16	

*C105-30 は C5 と略記。C5-12 と C5-16 は証拠書類の提出を宣誓したもの。「資料提出」欄はどちらの史料で提出を約束したかを示している。なお、同欄で「なし」は史料が現存しているが、いずれの宣誓供述の提出リストにも含まれていないことを示す。

ピーター・ベラミとトーマス・クレメンツが証拠資料の提出を約束したもので
ある。[20]この史料では原告名、被告名が省略されているのに対し、直後の7月
29日付 C106-126 [1]【5-2表参照】の冒頭には、原告および被告全員の氏名が
省略されずに記載されている。これによると、原告はジョン・ウィラン、ジョ
ン・ホークスワース、およびジョン・バーグウィンの3名で、被告はチャール
ズ・グリーンウォラス、ジョン・プラウマン、ピーター・ベラミ、トーマス・
クレメンツ、ジョセフ・ホール、その妻メアリそしてウィリアム・ウォレスの
7名である。C106-126 [1] の史料は、被告のうちグリーンウォラスとプラウ
マンが、本件訴訟に関連する証拠書類の提出を宣誓したものであり、同史料に
よれば「1780年2月29日、この訴訟に関する審理でなされた調査 inquiry や
開示手続 discovery もしくは(証明の)程度 degree にもとづく帳簿および帳簿類」
を「この訴因における訴答文書」を除き、提出する事を約束している。[21]また、
C105-30 [16] ではトーマス・クレメンツとピーター・ベラミの両名が同様の

5-2表　C106-126 に含まれる史料一覧

整理番号	内容	原語	日付、期間
C6 [1]	Greenwollers, Plowman の宣誓供述書	The affidavit	1780 年 7 月 29 日
C6 [2]	Plowman 宛 M.Holl の書簡		1780 年？ 3 月 21 日
C6 [A]	日課表	Day Book	1777 年 1 月 29 日〜 12 月 7 日、78 年 3 月 4 日〜 5 月 20 日
C6 [B]	顧客別売上帳	Posting Book	1775 年 5 月 9 日〜 1778 年 4 月 30 日
C6 [C]	現金受取帳簿	Reciept Book	残存せず
C6 [D]	現金出納帳	Cash Book	1777 年 3 月 24 日〜 1778 年 12 月 10 日
C6 [E]	顧客別売上帳	Ledger	1777 年 12 月 2 日〜 1778 年 5 月 19 日
C6 [F]	Holl の営業用什器一覧	Inventry	1778 年 2 月 18 日
C6 [G]	Holl の在庫一覧	Inventry	1778 年 1 月 16，17，19 日
C6 [H]	Holl から Bellamy, Clement への資産譲渡証書	Deed	1777 年 12 月 8 日

*C106-126 は C6 と略記。C6 [1] で提出を宣誓した史料は A 〜 H までであるが、[C] は残存
していない。また、C6 [2] は提出リストに含まれていない。

**C6 [B] は 1777 年 12 月 10 日までは連続して記載がある。記載は一旦途切れ、3 月 4 日に再開
され 5 月 23 日まで続く。その後、断片的な記載がある。このため、ホール自身の記載は 12 月
までと考えられる。

文書を、「この訴因において正当とされた債務、またメアリ・ホールがこの両名に対して負うべき債務」に関する文書を除き、提出すると約束している。C105-30 [16] で約束された文書は C105-30 の箱に含まれる C105-30 [1]、[2] および [16] に添付された書類であり、すべて残存している。

　文書提出に関する宣誓供述は、今ひとつ 1781 年 1 月 22 日付のホール夫妻によるものが残っている（C105-30 [12]）。ホール夫妻はこのなかで帳簿類はほとんど手元にもっていないことを証言し、同時に彼女たち夫婦が提出することを宣誓した文書は、「この訴因に関わっている大法官府主事の一人であるホルフォード氏のもとに残されている箱にある」と証言している。さらにこの文書は、チャンセリーレーンのサイモンズ・インにあったホルフォードの事務所で宣誓証言したことが、ホルフォード自身によって確認されている。「メアリ・ホール文書」のなかで、訴訟自体に関連する最も古いものである 1780 年 7 月 12 日付文書（C105-30「16」）に続く、7 月 29 日付文書（C106-126 [1]）の取扱主事はバークネルズという別の人物であるが、その後の C105-30 [12] にはホルフォードのサインがあり、彼がこの訴訟を担当していたものと思われる。したがって「メアリ・ホール文書」の中心になる史料は、C106-126 [1] から分かるように、1780 年 2 月以前に訴答文書提出の段階を終え、証拠調べを経て、判事の審理の過程で裁判所主事に対してなされた照会のなかでおこなわれた、宣誓供述および提出文書と考えられる。

「メアリ・ホール文書」の大部分は、上述の C105-30 [16] および C106-126 [1] に添付された文書一覧表に記載されたものである。しかし、C105-30 [12] に添付された一覧表に記載された文書に関しては、その半分程度が含まれるだけであり、他方これらの 3 種の一覧表には含まれない史料もこの史料群には存在している。このうち C105-30 [16] で提出を約束された文書は、基本的にメアリ・ホールの在庫資産状況に関するものであり、これに対して C106-126 [1] で提出を約束されたものは、彼女の実際の経営で記帳された顧客別売上帳などを含む経営文書である。一方、一覧表に含まれない文書の大部分は、他の文書の作成の前提になる基礎的な資料と考えられる。例えば C105-30 [7] の 1776 年 8 月の在庫調査は C105-30 [4] の在庫調査の基礎資料となっており、さらにこの在庫調査は C105-30 [10] における 1776 年の貸方借方対照表（資産状

5-3表　整理番号 C105-30 [12]「宣誓供述」で提出を約束し、リストアップされた史料
　　　　とその残存状況

史料での番号	整理番号（史料の残存状況）	内容	備考
No.1	C5 [10]	貸方借方対照表	
No.2	なし	M.Holl の約束手形	
No.3	なし	M.Horton によるレースの在庫確認（1777 年 4 月 2 日）	Horton による売値評価額
No.4	なし	Greenwollers が M.Holl に預けたレースの目録	Greenwollers が回収
No.5	なし	請求書	
No.6	なし	被譲渡人への注文書	
No.7	C5 [13]	M.Holl の債権者への請願書	
No.8	なし	M.Holl が支払った金の Greenwollers の領収書	
No.9	なし	被譲渡人のレース発注書	
No.10	C5 [9]	A.Turner と A.Jefferys の資産譲渡証書	
No.11	C5 [11]	A.Jefferys の資産目録	
No.12	なし	家計上の帳簿	2 冊
No.13	なし	1775 年 2 月から 1777 年 3 月までの現金出納帳	
No.14	なし	同、1777 年 12 月から 1778 年 5 月末まで	M.Horton により記載されたもの
No.15	C5[15・1〜3]	M.Holl の J.Plowman 宛書簡	3 通

＊ C105-30 は C5 と略記。

況調書）のもとになっていたと考えられる（C105-30 [7] → C105-30 [4] → C105-30 [10]）。こうした関係は 1777 年においても、C105-30 [5]（既製品在庫調査）、C105-30 [8]（既製品を除く在庫調査）→ C105-30 [6]（在庫品要約）→ C105-30 [10]（1777 年の貸方借方対照表＝資産状況調書）というように、同様に存在している。さらに提出を約束された文書間でも同じような関係が見られる。断片的な文書 3 点からなる C105-30 [16] の No.1 〜 3 は 1778 年 1 月の在庫目録である C106-126 [G] の基礎資料であり、C105-30 [2] と内容は同じである。この C106-126 [G] と C105-30 [2] をもとに、1778 年 1 月 19 日付で作成された破産後の総合的な資産目録が作られたものと考えられる（C105-30 [1]）[22]。つまり、資産内容を示す帳簿の作成上に必要な基礎的な記録と、その

結果作成された帳簿の双方がこの史料群のなかに含まれているのである。

　こうした事情に加えて、「メアリ・ホール文書」の性格をやや複雑にしている原因は、C105-30［1］および［2］の表紙に記された注意書きである。ここでは「ウィラン対グリーンウォラス」とのみ書かれており、他の原告、被告の氏名は一切に述べられていないし、日付も1784年10月30日である。しかしC105-30［1］には、「Aの文字の付された大理石模様で装丁された帳簿は、トーマス・クレメンツによってこの訴因においてなされた債務調査により、言及され、参照されたものであり、彼によって宣誓された」と記され、C105-30［2］についても同様の記載がある。また、これを取り扱っている裁判所主事もやはりホルフォードである。このことは1780年の日付で文書提出の宣誓供述がおこなわれた訴訟とは別に、ウィランとグリーンウォラスとの間で新たな訴訟が提起され、80年の訴訟で用いられた裁判資料がこの84年の訴訟に流用されたことを示している。

　このようなことから、現在イギリス国立公文書館に保存されている「メアリ・ホール文書」は、まず基本的に大法官裁判所における1780年の訴訟に際して、裁判所主事に対する事件の照会の過程で収集されたものであると推定される。しかし、これらの文書の一部がその後提起された84年の訴訟に流用されたため、裁判資料の移動が起こり80年の訴訟で収集された資料の一部が紛失したものと思われる。ことに裁判所主事が、80年の訴訟と84年の訴訟とで同一のホルフォードであったC105関係の史料について紛失の可能性が高い【5-3表参照】。反対にC106の史料は、別の訴訟に流用されず裁判所主事がブルックネルズで異なっていたこともあり、資料の散逸を免れ、C106-126［C］を除けばC106-126［1］に記載された史料が全て残存する事になったと思われる。

　以上の整理から、「メアリ・ホール文書」は服飾小物商メアリ・ホールの経営に関わる文書であるにもかかわらず、その破産事件そのものの裁判記録ではないことが明らかになった。むしろ、メアリ・ホールの債権者間の紛争に彼女が巻き込まれたことによってこの史料が大法官裁判所史料として保存される事になったのである。そこで、次にメアリ・ホールとその債権者との関係、また破産と関わる過程を検討することにしたい。

3 破産手続きと
「メアリ・ホール文書」

　17世紀以前のイギリスにおいて、破産は詐欺的な行為であるとするのが一般的な理解であった。つまり正直な債務者は債権者の要求にできる限り従うものであると考えられ、要求に応じない債務者に対して、いかにして支払いを強制する事ができるかが中心的な課題であった。この結果として制定されたものが1543年法（34 & 35 Hen. VIII, c. 15）であり、これに続く1570年（13 Eliz I, c. 7）や1604年（1 Jac. I, c. 15）の立法も同様な傾向を指向している。しかし、17世紀末から18世紀初頭の時期になると経済活動の活発化、拡大にともなって債務者本人の責任のみに帰せられない、不可避的な破産の存在がしだいに認められるようになった。もちろんこの段階にいたっても破産は不正もしくは不正直なものであるという疑念や批判がなくなったわけではない。しかし不可避的な支払不能に対しても考慮した立法措置がしだいに講じられるようになっていく。

　1706年に制定され、1732年以降は永続的に効力をもつようになった破産法はこうした考えにもとづいている。[23] これらの法律では、正直な破産者を過酷な債権者から守るとともに、ある程度の商売上の失敗は不可避なものであり、必ずしも不健全なものではないという認識に立っていた。しかし、破産者に対する不信は決して容易に解消されなかった。この間の事情は、同時代人であったダニエル・デフォーの叙述に垣間見る事ができる。デフォーは「詐欺的な破産に対して処罰するきわめて正当な大義が存在する」として、債務者がその資産を隠し、「宣誓したにもかかわらず、彼の財産の十分な説明をおこなわず、その債権者を欺くために意図的かつ意識的に財産の全部または一部を隠すような場合には、重罪として死を与えられるべきである（傍点は原文イタリック）」[24] と強く主張している。こうしたデフォーの主張は債務者の保護という考えに対する批判がなお強く存在したことを示唆している。

　その一方でデフォーは、破産者保護の立法を好意的に評価している。デフォーに従えば、これらの法律が施行される以前には、事業の失敗は陰鬱で悲惨なものであった。債権者に支払うべきものも債務者の救済になるものをも残さず、

商売人から全てを奪い、家族は離散する事になった。しかし、新しい法律は商売人を苦悩から救い出し、営業に復帰する事をも可能とした。デフォーは、「哀れな支払不能者が全てを引き渡すときには……破産者に対する一種の正義があるように思われる。彼は法を満足させ、犠牲者として与えられるべき権利があり……今一度この世で努力し、可能なら災禍から回復する事ができ、彼のパンを得るかもしれない[25]」と述べている。

　確かに新しい法律は破産者側に有利に見えるが、債務者の悲惨な状態を全て無くすものではない。この法律の性格はもともと債務者の救済ではなく、債権者の効果的な権利回復のためのものであって、債務者の利益を一方的に守るものではない。デフォーはこうした認識に立って、経営が困難な状況に陥った場合にはできるだけ速やかな事業の清算と再建とを勧めている[26]。つまり、正直な商売人を事業の破綻から救済し、再度挑戦する機会を与える手段が必要であると主張しているのである。債権者の権利を認めながら債務者の救済の道を開く 1706 年以降の立法措置を、彼自身にも破産経験があったこともあり、デフォーは擁護したのである。

　それでは、破産処理の具体的な手順はどのようなものであったのだろうか。1706 年法では、もともと訴額 £100 以下は取り扱わなかったし、大法官裁判所は £10 以下の訴訟は取り扱わなかったので、地方の都市裁判所は別として、少額の債権回収は請願裁判所 The Court of Requests が扱った。また、「メアリ・ホール文書」における債権債務関係のような £100 以上の債務が問題となる場合にも、全てが最初から裁判にもち込まれたわけではない。むしろ裁判所を利用した法的整理＝破産よりも、私的な示談にもとづく債権処理のほうが好まれる傾向にあった。これは破産法にもとづいて設置される破産委員会の機能がきわめて非効率で、その手続きにかかる費用も膨大になることに原因があった。訴訟の長期化と費用の増大は結局、本来債権者に帰すべき配分金のかなりの部分を食いつぶすことになりかねず、配分金の消失といった事態を避けるためには、むしろ示談という手段を選択するほうが効果的であったのである[28]。デフォーも債務者が正直に債権者と対応して資産を公開することを通じて、破産委員会の設置に至らないようにすることを勧めている[29]。

　債務者の支払不能に対する対応は、もしこうした事態が一時的な現金不足に

原因があるならば、経営を継続させながら債権を回収するほうが好ましい場合も多かったと思われる。このような場合には、債権者と債務者が支払期日延期書 The letter of licence を交わして事業の継続に合意し、債権者は調査権証書 The deed of inspection にもとづいて債務者の経営状況の実態を追跡、調査しながら債権を確保しようとするのである。[30]

　しかし、経営が完全に行き詰まっていることが明らかな場合には、債務者の資産を処分して債権を回収する事になる。こうした場合には、債務者の資産は一人もしくは複数の債権者に委譲され、彼らは受託者 assignee として債権者全体から資産の処分と債権の回収、そして配分の責任をゆだねられた。受託者による債権回収の過程に入るには、まず第一に債権者全体の合意が必要であり、この過程を円滑に進行させるためには債権者間の不満を少しでも残さないようにしなければならなかった。少しでも不満が残るときには資産の処分や回収した資金の配分に困難が生じたのである。さらにこの手続きは受託者が基本的に当該する債権・債務関係に関わっている人間であり、第三者による処理ではなかったために不正行為がおこなわれる余地を残した。つまり、受託者が不正をおこない、一方的に自らに有利に処理を進めるのではないかという不信が生じる可能性が高かった。一般の債権者による受託者への不信が生じると債権者間の合意が成立せず、法的な整理へと向かうことになる。本章が問題としている「メアリ・ホール文書」は、このような債権者間の紛争の過程で収集された文書であり、いわば債権者同士の不信の産物であったと考えられる。

　法的整理に入った破産処理は、おおよそ次のような過程をたどることになる。[31]まず、債権者による大法官府への訴願によって手続きが開始される。その際に供託金が £20 必要であるが、同時に債権者は破産委員会の開催を準備し、その費用を支弁しなければならなかった。大法官は破産委員 5 名を選任し、破産法の対象として妥当であるかどうかの審査を命じる。委員会は破産対象者が営業をおこなう者 tradesmen であるかどうか、1 人あたりの債務が最低 £100（債権者が 2 人では £150 以上、3 人では £200 以上）あるかどうか、そして債務者が債務支払を免れるために不当な行為をしたかどうか、などについて審査がおこなわれる。

　審査の結果、破産法に適合的であると判断されると『ロンドン雑報』London Gazette に告示され、債権者の家屋の捜索と資産の没収がおこなわれる。その後、債権者集会が開かれて債務者の資産が委譲される者、つまり管財人が選任される。彼らによって債務者の資産が処分され、債権の額に応じて債権者に資金が配分される。資産の没収後、債権者の5分の4の賛成があれば、債務者は債権者から自由になり、同時に配分額が債権 £1 あたり8sを超えれば、回収した資金のなかから最大で £200 が債務者の手元に残された。こうして債務者は新しい生活を始めることができるのであり、場合によっては商売を再開することも可能となったのである。

　破産の手続きが順調に行けば、このような手続きを踏んでいくことになる。しかし、実際には、既定の破産に関する手続きが常に順調におこなわれていたわけではない。メアリ・ホールの場合にもかなり複雑な経過をたどっている。そこで、具体的にホールの経営の破綻とその後の処理の過程を追跡することにしよう。

　1777年12月8日、メアリ・ホールの営業用資産およびストランドの店舗に関わる権利が、メアリ自身および夫ジョセフの同意の元で、債権者であるピーター・ベラミとトーマス・クレメンツに対して譲渡される（C106-126［H］）。譲渡証書によれば、メアリは支払不能の多額の債務を抱えており、これら債務をこの両名および他の債権者へ弁済するために、この両名に対して資産その他を譲渡するとされている。つまり、ベラミとクレメンツは受託者として債権者の信託にもとづいて資産を処理し、債務支払の責務を担ったのであり、そのうえでこれらの債務の処理が終わった後、資金の残余があればメアリに対して支払いをなすことをこの両名が約束しているのである。譲渡証書にはメアリの資産に関する抄録、メアリに対して買掛金を主とする債務を負っている者のイニシャルと金額（メアリの有する債権）、またメアリに対する債権者の氏名と金額などに関する資料が添付されている。

　C106-126［H］の譲渡証書に添付されているこれらの史料によれば、12月8日の時点でメアリ・ホールの資産は £923, 6s で、メアリのもつ顧客に対する売掛金を中心とする債権総額は債務者56名に対して £548, 15s である。またメアリの負うべき債務は債権者18名に対して総額 £1,092, 19s となっている。ここで示された金額が正当なものであれば、メアリの資産は債権を含めて

£1,472, 1 s であり、債務の総額を明らかに上回っている。メアリは、不良な債権が存在しないとすれば、少なくともこの時点では債務超過によって破産したわけではない。

メアリ・ホールは翌年の 3 月 27 日に開催された債権者集会に対して、営業の継続を嘆願している（C105-30 ［13］）。しかし債権者集会の反応は冷ややかなものであって、在庫 £900 に対する支払保証をメアリがおこなわない限り、彼女の提案は認められがたいとするものであった（C105-30 ［14］）。この間、店舗の営業がどのようになっていたかは明らかでない。1777 年から 78 年にかけての現金出納帳では 77 年 12 月から翌年の 3 月までの記録が存在しておらず、この期間の営業は中断していた可能性が高い（C106-126 ［D］）。78 年 4 月以降になるとメアリの使用人であったメアリ・ホートンらによってレースの在庫調べもおこなわれ、現金出納帳の記載も復活しているので、この時点から営業が再開されていたと思われる。

ホートンがレースの在庫確認をおこなった 4 月 2 日の翌 3 日に、債権者の一人であるグリーンウォラスが店舗からレースをもち去るという事件が起こる。レースの略取という事件の起こったこと自体、メアリ・ホールの債権者間で債務の弁済計画に関する合意が十分におこなわれていなかったことを物語っている。この事件の直後に、メアリが債権者の一人プラウマンに宛てて送った書簡からも、合意が不十分であったことが推測される。この書簡によると、メアリ・ホールは彼女の取引先と受託者（ベラミとクレメンツ）との間に紛争があったこと、とりわけプラウマンとグリーンウォラスの圧力および彼らと夫ジョセフとの関係が彼女の経営を危機に陥らせたと主張している（C105-30 ［15-1］）。また彼女は、彼女のものとされる債務のうち £340 は夫の負債であり、受託者のもとに現在ある彼女の資産を上手に販売することを通じて、在庫に対する買掛金によって生じた債務を、分割払いによって完済することが可能であると主張している。プラウマン宛の手紙にあるメアリの主張から見る限り、彼女からベラミとクレメンツに対しておこなわれた経営資産の譲渡が、彼女自身の経営上の問題から生じたというよりも、夫ジョセフを含むメアリの債権者や納入業者たちの間に生じた争いから発生した可能性が大きいように思われる。

しかし、紛争はこれだけにとどまらなかった。翌年の 1779 年 1 月 14 日付で

メアリ・ホールがプラウマン宛に送った書簡のなかで、彼女の継承的財産権設定契約 marriage settlement にもとづく債権者たちが、夫ジョセフよりも優先的に支払われるべき権利があると主張し、要求が満たされない場合には、債権者およびこの契約の受託団が大法官裁判所の次期開廷期に訴状を提出すると意思表示していることを明らかにしている（C105-30 ［15-2］）[32]。この訴状提出が実際におこなわれたとすれば、最も早くて同年 1 月のヒラリー開廷期（11 日 ~31 日）におこなわれたはずである[33]。またこの訴状が 1780 年 2 月の公聴会と同一の事案であったとすれば、前節で見たように原告はウィラン、ホークスワース、バーグウィンであり、被告はホール夫妻とグリーンウォラス、プラウマン、ベラミ、クレメンツ、ウォレスであるはずである。

　これらの点から、最初の紛争はベラミ、クレメンツにメアリの資産が譲渡されたことに関して、彼らとおそらく夫ジョセフ・ホールの債権者であるグリーンウォラスおよびプラウマンとの間に起こったものと考えられる。グリーンウォラスもプラウマンもともに 1777 年 12 月の債権者一覧には登場していないから、彼らはメアリというよりもジョセフの債権者であったと考えられる。ジョセフ・ホールとメアリ・ホールという夫婦の資産をめぐる紛争にさらに第三者であるウィランとホークスワースが介在することによって、本件訴訟が提起されることになった。彼らの性格は明らかではないが、残存する史料から推定すると継承的財産設定にもとづく受託団の可能性が強い。

　1780 年の訴訟では、すでに見たように 7 月 12 日にベラミとクレメンツからの証拠資料の提出、7 月 29 日にはグリーンウォラスとプラウマンからの証拠提出が続き、最後に 1781 年 1 月 22 日にホール夫妻による証拠資料の提出がおこなわれている。そしてこの訴訟の原告の一人であるウィランと被告の一人であるグリーンウォラスとの訴訟が、しばらく時を隔てて 1784 年ごろに提起されることになった。つまり、「メアリ・ホール文書」は単なるメアリ自身の破産処理事件に関わるものではない。また、破産の私的な整理が大法官裁判所による法的な整理へ移行し、その過程で収集されたものでもない。一連のメアリ・ホールをめぐる紛争は、彼女の経営資産に関する受託者であったベラミとクレメンツによる私的な整理が、夫ジョセフの債権者であるグリーンウォラスらの反対で失敗し、その後法的な破産手続きに入るが、訴訟の本件であるメアリ

の継承的財産設定契約の受託団による訴訟が提起され、最後にウィランとグリーンウォラスとの裁判へと展開していったのである。

ウィランとグリーンウォラスとの訴訟がどのような原因によって発生したものであるか推察することはできない。しかし、メアリ・ホールのもつ経営資産の処理が、何らかの形で関連をもったことだけは確かである。いずれにせよ、「メアリ・ホール文書」は1780年訴訟の過程で収集されたものが中心であって、84年の訴訟に一部が流用されたものであることは明らかである。それぞれの証拠資料提出に関する宣誓供述に添付されたリストに含まれないいくつかの断片的な資料も、おそらくどちらかの訴訟の資料として収集されたものであると思われる。

4 | メアリ・ホール文書のもつ史料的価値

以上のように、「メアリ・ホール文書」は、ロンドンのウエスト・エンドに店舗を構えた小売業者であるメアリ・ホールが、債権者、夫、あるいは継承的財産設定契約の受託団などに絡む紛争に巻き込まれたことによって引き起こされた裁判の過程で収集されたものである。メアリ・ホール自身の経営それ自体も順調であったとは言いがたかったとしても、それ以上に彼女を巡る人間関係が複雑な債権・債務関係を生み出し、その結果彼女の経営も破綻を余儀なくされたものと思われる。[34]

残念ながら一連の訴訟がどのような結末を迎えたかを語ってくれる史料は残されていない。しかし、この「メアリ・ホール文書」に集められた史料群には顧客別売上帳、日記帳、現金出納帳、資産目録などの広範な史料が含まれている。仕入台帳などを欠いているとは言え、18世紀の後半における小売業経営の分析にとって貴重な材料を提供しているものであることは疑いない。特にメアリ・ホールが営んでいた服飾小物商は、消費者の需要動向に応じた、流行に敏感な営業が求められた職種であり、その点で18世紀末の時点における流行や消費の動向を探る上で有益な史料でもある。また、メアリ・ホールが女性であった点も、この時期のロンドンの商業世界において女性がどのような役割を

果たしたかを明らかにするために、無視できない貴重な史料である。本章では、メアリ・ホールの営業活動の具体的な分析には立ち入らず、史料が収集された過程とその性格のみを明らかにすることに努めた。そこで次章では、実際の営業内容と顧客動向に関する具体的な姿を分析することにする。

[1]　J. B. Jefferys (1954) および D. Davis (1966) を参照。
[2]　G. Shaw (1992), pp. 1-2.
[3]　M. J. Winstanley (1994), pp. 238-9.
[4]　D. Alexander (1970) を参照。
[5]　C. Walsh (1999), pp. 63-4.
[6]　N. Cox (2000), pp. 11-4. また、近代的な小売商業の形成については、道重一郎 (1989) の第 3 章をも参照。
[7]　N. Mckendrick et al. (1982), pp. 52-6.
[8]　B. Lemire (1991), pp. 9-10. 但し、Lemire (1997) ではマケンドリック的な滴下現象論に対して批判的となっている。*Ibid*., pp. 121-2.
[9]　C. Campbell (1993), pp. 49-54.
[10]　本書第 1 章を参照。
[11]　衡平法は、コモンロー上では救済を与えられない事案について、国王のもつ司法権によって特別の救済を与えようとする司法制度であった。G. H. Hanbury (1967) 同訳書 (1981), p. 70。コモンローにもとづく諸裁判所と衡平法にもとづく大法官裁判所は、最終的に 1875 年に統合された。C. H. S. Fifoot (1932) 同訳書 (1952), p. 32。
[12]　星室裁判所は 1641 年の長期議会において、また大法官裁判所は指名議会において一旦廃止された。今井宏 (1984), p. 20, 189。
[13]　H. Horwitz (1998), pp. 6-7.
[14]　小山貞夫 (1983), p. 274。近世においては信託財産権において衡平法の適用は有用なものであった。G. H. Hanbury (1967) 同訳書 (1981), pp. 174-80。
[15]　H. Horwitz (1998), pp. 3-4.
[16]　*Ibid*., pp. 25-6.
[17]　地方の都市裁判所において、債権債務などを中心とする民事訴訟が 16 世紀から増加する。しかし、18 世紀に入ると訴訟費用の増加などから減少するとされている。C. Muldrew (1998), p. 205, 241.
[18]　H. Horwitz (1998), pp. 25-6.
[19]　訴訟を債権回収のための脅しに使っていることもあり、判決に至らないことも多いと言われている。C. Muldrew (1998), p. 255.
[20]　以下、本稿では C105-30 ［16］等と記述する場合、［ ］内の番号は筆者が便宜的に付した整理番号である。また同様に C106-126 についても C106-126 ［1］などと記述するが、C106-126 ⌊A⌋ と記載する場合がある。これについては、次の注を参照。なお、本章の各表（5-1 表から 5-3 表）では、C105-30 を C5、C106-126 を C6 などと略記している。
[21]　ここで提出を約束された文書は、一覧表が添付されて A~H の 8 種類が記されており、C106-126 の箱にはこのうち C を除いて全てが収録されている。
[22]　C105-30 ［1］と ［2］にはそれぞれに元来「A」「B」という記号が付されているが、ここでは便宜的に C105-30 の文書は通し番号を振る事にした。なお、注 21 に示したように、C106-126 の史料は「1」「2」を除き「A」〜「H」の記号が付されてい

るので、こちらはこの記号を優先した（なお、「C」は欠如）。

[23] J. Hoppit (1987), pp. 19-20. 法律は 4 & 5 Anne, c.17, および 5 Geo. II, c. 30 である。また M. J. Daunton (1995), p. 251 をも参照。

[24] D. Defoe (1727), p. 165.

[25] *Ibid.*, p. 166.

[26] *Ibid.*, pp. 68-9.

[27] 天川潤次郎 (1966), p. 61。

[28] J. Hoppit (1987), pp. 37-40.

[29] D. Defoe (1727), p. 167.

[30] J. Hoppit (1987), p. 29.

[31] *Ibid.*, pp. 35-7.

[32] この時代においては、女性の財産権はコモンロー上、婚姻により夫に移転するが、妻が所有していた結婚以前の財産を、衡平法上の継承的財産権設定契約にもとづいて受託団に委託することにより妻の財産を保全することが可能になった。通常、多少の財産のある女性はこうした形での財産の保全に努めたと言われている。G. H. Hanbury (1967) 同訳書 (1981), p. 180。

[33] 大法官裁判所は、コモンロー裁判所と同様にヒラリー Hilary（1 月 11 日～ 31 日）、イースター Easter（4 月 15 日～ 5 月 8 日）、トリニティ Trinity（5 月 22 日～ 6 月 12 日）、ミクルマス Michaelmas（11 月 2 日～ 25 日）の 4 回の開廷期が存在した。H. Horwitz (1998), p. 11.

[34] 1755 年以降、ロンバート街で服飾小物商を営んでいたジョーン・ホルトも、夫の破産による紛争に巻き込まれている。この紛争の際に、夫の債権回収のための受託者が彼女の在庫商品（扇子）を借金のカタにもち去る事件が生じた。これに対して、今度は彼女の債権者が、独立して営業をおこなっている女性の財産をもち去ることは、ロンドンの慣習から言って不当であると大法官府へ差止要求をおこなっている。この係争は、最終的に王座裁判所で差し押さえ無効の判示がおこなわれた。J. Collins (2013), p. 85. この事例は、女性が独立の営業者として自らの財産権を主張できたことを示している。また、メアリ・ホールの場合もこれと類似の係争が起こって、訴訟が複雑化した可能性もある。

ロンドンの婦人向け小売商と消費社会
──服飾小物商 milliner の活動を中心に──

1 | 消費社会論と
小売商業

　ロンドンの女性服飾小物商メアリ・ホールの残した史料について、前章では大法官裁判所における訴訟と破産手続きなどを中心に検討した。そこで本章では、18 世紀における女性の経済的地位について確認するとともに、この女性服飾小物商の経営内容を検討することにする。

　前章で確認したように、近代イギリスの小売商業に関する研究はジェフリーズやデービスらによる古典的な研究の修正・見直しが少しずつ展開し始めているが、こうした見直しは、産業革命に先立つ 18 世紀における固定店舗の重要性を、近代的な小売業の先駆的な存在として再評価しようとするものであった。[1] 見直されるようになった研究では、ショーウィンドウによる商品展示、定価制や現金支払など近代的なものとされている販売方法が、18 世紀の小売店舗においても利用されており、その意味で近代的な小売店舗経営の出発点を 18 世紀に置くことは十分に可能であると考えられるようになった。[2]

　他方、第 1 章、第 2 章で見たように、18 世紀のイギリスは都市化を背景として、消費革命の時代であると捉えられるようになっている。この時代には消費活動が社会生活のなかですでにかなり重要な部分を占めるようになっており、19 世紀から 20 世紀の大衆消費社会へと展開する起点と考える見方も登場している。そのなかで、消費者と直接接触する小売商の役割は、決して軽視で

きるものではない。

　そこで本章では、独自の社会的意識をもったとされる中流階層の消費行動に小売商がいかに積極的に関わり、消費の拡大に寄与したかという点を明らかにしていきたい。分析の中心になるのは上述の女性向けの服飾小物商であるが、その具体的な検討の前に、しだいに近代的な様相を取りつつあった18世紀イギリスの店舗小売業がどのような存在であったかについて確認しておきたい。そこでまず、ロンドンの店舗小売業の経営がどのようなものであったかをトレードカードなどを用いて検討し、続いて、衣料品の販売のなかでも特に婦人向けの服飾小物商の一般的な性格を明らかにする。そのうえで、メアリ・ホールという特定の服飾小物商の経営を具体的に分析することによって、個別の経営のなかで顧客と店舗小売業がどのような関係になっていたかを検討していくことにしたい。

2 ｜ 小売商業の役割と
衣料品小売業者

2-1. 小売商業の流行に果たした役割

　消費の増大の要因としてファッションの役割を重視するM.バーグは、流行拡大の核として消費者自身の行動とともに小売商の存在をあげている。小売商は店舗小売商と店舗をもたない行商人に分かれるが、バーグはこのうち後者について、都市の流行を地方に普及させていく役割を担う点で革新的ではあるとは言え、店舗小売業に代替するものではないと考えている。一方、店舗小売業は新奇な商品を展示し販売して、流行の波及に中心的な役割を果すものとしてその重要性を強調している。彼女は18世紀イギリスを代表する家具販売業者であるチッピンデールを例にあげながら、変化する流行に対して複数の消費財を組み合わせることによって生まれる全体としての良質な嗜好を提示する役割を、販売業者が担った点を指摘している。[3]単独の消費財にとどまらず、それに付随する装飾品を様々に組み合わせることによって、新奇さ、新しいスタイルを創出し、流行を発展させることが彼らの主要な仕事であった。

小売店舗は、1759 年にイングランドとウェールズで人口 43.3 人に 1 軒の割合で存在し、さらにイングランド南部では 34 人に 1 軒の店舗が存在していた[4]。これは 1911 年のイングランドとウェールズに関するセンサスにおける 59 人に 1 軒よりも高い数値であり、店舗が稠密に存在していたことを示している。とりわけ都市において店舗は新しい流行の商品を率先して導入して顧客を惹きつけ、新たな消費財を普及させていったのである。

　17 世紀までイギリスの店舗は、街路に面した窓を開いて商品を並べ、時には街路にはみ出して通りを行く人々に販売するという形態が一般的であった[5]。しかし、ロンドンでは 1666 年の大火後、住民の安全への配慮から通行の障害にならないように店舗が街路へはみ出すことは禁止され、これに代わって街路に面した店舗の前面にガラス窓を用いることが多くなった。ガラス窓の利用によって商品が盗まれるという危険を冒すことなく、通行する人々に対して商品を展示し顧客を惹きつけることができるようになった[6]。18 世紀に入るとイギリスの主要な都市でも、しだいに商店街が形成されガラスを用いたショーウィンドウをもつ店舗が軒を連ねるようになっていった。このように、商店街は買い物を楽しむだけではなく、同時に友人や知人と出会い、挨拶を交わし、会話を楽しむ社交空間であり、余暇としての買い物を楽しむ場でもあったのである。

　第 2 章などで見たように、ロンドンばかりではなくチェスターのような地方都市や、それ以上にバースやタンブリッジウェルのようなリゾート都市において、ショッピングを楽しめる街区の形成が見られた。しかし、17 世紀の終わりから 18 世紀にかけて、ファッショナブルな商店街が形成されていったのは、とりわけ首都ロンドンであったことに間違いない。地方に居住している比較的富裕な社会層は、流行の中心であるロンドンの店舗へ直接問い合わせて発注をおこなうような例も珍しくはない。バッキンガムシャー、シャルストンのジェントリィであったピュアフォイ家には様々な内容の大量の書簡が残されていたが、そのなかにはロンドンへ衣料品を発注した書簡も含まれている。例えば、1736 年 5 月にロンドンの服飾小物商ホワイト夫人へレースの縁飾りのついたフードを注文しており、この時には同時に彼女の息子から絹地を購入したいと連絡している[7]。一方、直接小売店に注文や問い合わせをできない場合には、実際に商品を手にとって品質を確認してもらうため、流行や素材に知識のある

知人や友人に仲介を依頼することは少なくなかった。[8]ヨークシャーのウェストライディングで地方ジェントリィの娘として生まれ、地元の毛織物商人と結婚してランカシャーで暮らしたエリザベス・シャックルトンは、ロンドンに住む親しい友人や知人に買い物を依頼しており、地方に住むジェントリィ層の女性たちや比較的富裕な社会層の人々がロンドンを訪問する友人やロンドン在住の友人から情報からを得て、首都の流行に接触していたのである。[9]

　ショッピング街を発展させていったロンドンのように、小売店が多数存在していて競争が激しい場所では、街路を通りかかる顧客を惹きつけるために、より魅力的な商品展示の方法として張り出しのガラス窓をショーウィンドウとして用いる店舗がさらに普及していくことになった。かくして店舗は、最新の流行を展示する最も一般的な場となった。また、すでに述べたように社交空間としての店舗の重要性が高まるにともなって、内装にも気が配られるようなっていく。多くの店舗は間口が 14 〜 16 フィート（約 4.5 メートル）と狭く比較的細長いつくりであったが、店内の内装はかなり豪華で金箔が壁面に張られたり、鏡やガラスのショーケース、あるいは彫像などが設置されたりしている店舗もあった。[10]

2-2. トレードカードからみた衣料品小売業

　そこで次に、この時期に広告・宣伝手段として広く利用されたトレードカードを取り上げて、衣料品小売商を中心に 18 世紀ロンドンの店舗小売商が目指したものを検討したい。第 2 章ではトレードカードの図像から、店舗が張り出しガラス窓を利用して商品を展示したり、顧客との社交空間を演出するなど、外観や内装を工夫していたことを明らかにした。それに対して、本章では衣料品小売商がトレードカードのなかで用いた文章表現に注目してみたい。宣伝のために作られた多くのトレードカードやビルヘッドに残された広告文を見ると、「新しさ」、「最高の趣味」、「洗練」などの文句が並んでいると言われている。[11]しかし、ギルドホール図書館に残っているトレードカードでは「最新の趣味」あるいは「上品な趣味」などの表現が若干見受けられるが、その数は多くない。むしろ販売品目を並べ立ててその種類の多さや「お手ごろ価格」を強調している。小売業者は顧客の注目を引くために新奇さばかりではなく、多様

で手ごろな商品の販売を盛んに宣伝してアピールしようとしていたのである。

　次に、衣料品に関わる職種のトレードカードを検討しながら、どのような形で流行の形成に小売業者が関わったかを見てみよう。例えばコベントガーデンのハーンという婦人服製造業者のビルヘッドに印刷された文言によれば、「最新流行の婦人服とコート、部屋着とコート、ガウン、すべての種類の乗馬服を最新流行でお作りします。注意。最新の趣向で縁飾りや輪骨（フープ）をお付けします」とされているが、その下に続く顧客への請求書には加工賃のみの価格が示されている。顧客は材料となる布地や服飾品を他の店舗で購入して、ハーンの店には縫製だけを依頼したものと思われる（Frederick Hahn, Trade Card Box 12）[12]。こうした営業の仕方はこの時代に衣服を販売する通常の形であり、消費者は手もちの材料や別途購入した材料を仕立商や婦人服製造業者にもち込んで製作を依頼することが多かった[13]。

　さて、布地の柄や色などは流行に応じて変化しており、18世紀の流行を考えるうえで絹を中心とする布地が重要な役割を果たしていたことは疑いない。さらに重要なものが服飾品である。衣服の縁飾り、胸当て、首当てなど、主としてレース類を素材とする服飾品類も流行に応じて変化し、これらの商品は小間物商、レース商、服飾小物商といった商人らによって販売されていた。布地とならんでレースなどを素材とする衣服の装飾的な商品が流行にとって重要な役割を果たしたとすれば、それを販売する小間物商や服飾小物商の流行に対する役割は大きなものがあったと考えられる。

　オックスフォード・ストリートの小間物商チナーのビルヘッドをともなう請求書によれば、1789年12月から翌年の1月にかけて、£2, 18 s 1 dというかなりの額のリボンやネットなどを販売している（W. Chinner, Trade Card Box 5）。また服飾小物商で小間物商と子供用上着の製造業者を兼業していたフェンチャーチ・ストリートのメアリ・ハガードとメアリ・ロスウェルの場合は、1763年に£4あまりのピンク、青などの縁飾り用リボンと£1弱の縁飾りを販売している（Haggard & Rosewell, Trade Card Box 12）。一方、キャノン・ストリートの小間物商ノカルズのトレードカードには取扱商品の一覧表が掲載されているが、縫糸や針など小間物やハンカチと並んで縫合用テープ、首周りのレース、縁飾りなどの衣服の装飾用素材を数多く含んでいる（B. Nockalls, Trade Card Box 20）。

布地の価格はかなり高価であり、衣料品の価格は素材の比率が加工賃に比べて大きかったので、もし流行に敏感に反応してファッショナブルな装いを素早く身に着けようとするならば、新しい衣服をはじめから作成するよりも比較的価格の安いレースや縁飾りなどの装飾用の素材を新たに付け替え、仕立て直すことが効率的であった。[14]

　この時代には、主婦に必要とされる家事作業のなかで裁縫は重要な要素であり、古い衣服をほぐして再生して利用することは決して珍しいことではなかった。下層ジェントリィや中流階層の家計においても、衣料品の再利用がごく普通におこなわれていたのである。例えば、前述のエリザベス・シャックルトンの日記によれば、裁縫は主婦の仕事の重要な一部であったことが分かる。布地を購入し、シーツやシャツ、あるいはハンカチなどを家内で縫製することは一般的におこなわれており、古くなった衣料品は修理を施して再生利用された。ガウンなどは一旦ほどかれて染色しなおされ、再び縫製して利用された。シャックルトン家の場合、染色は近隣のマンチェスターばかりでなくロンドンへ送っておこなわれている。もちろん、縫製などの作業自体を一家の主婦であるエリザベス自身がおこなっていたわけではない。だが、彼女は奉公人に指示して衣料品の再生作業を監督する役割を果たしたのであり、縫製の知識はこうした社会層の主婦にとって不可欠の教養であった。[15]

　さらに、装飾用の素材を販売する小売商たちは既成の衣服にレースなどを付加・加工するサービスをも同時におこなっていたと思われる。小間物商や服飾小物商は帽子、クローク、フード、エプロンなどの既製衣料品を販売していたが、同時に麻織物商やレース商などからテープ、モスリンあるいは各種のレースなどを仕入れ、これら装飾用素材を既製の衣料品に縁取りとして付け加えながら加工して最新の流行を提示し、市場に送り出していったのである。つまりロンドンにおける衣料品業者はそれまで家庭内でおこなわれていた衣服の再生利用を、よりファッショナブルで洗練された知識と感性を武器にして代行したと考えられる。服飾小物商などの衣料品小売商は、商品の販売者としてばかりでなく流行の生産者として消費拡大の一翼を担ったのである。婦人服製造業者のハーンが「注意。最新の趣向で縁飾りやフープをお付けします」とわざわざ付け加えて、特にこの点を強調したのは彼らが衣服の縫製とともに服飾品を利

用した仕立て直しに積極的であったことを示すためのものであった。

　さて、18世紀ロンドンで広範に宣伝に用いられたトレードカードに示されるように、多くの小売店舗が、消費者に対して新たな流行をアピールすべく努力していた。また衣料品小売商たちは単に、おしゃれな完成商品を販売するばかりでなく、多様な布地や装飾用素材の品揃えで顧客を惹きつけようとし、あるいは衣料品を加工して販売し、流行の商品を消費者の要望に合わせて提供していた。こうしたサービスを提供する形で、顧客が望みまた顧客にふさわしい消費財を提供することができたのである。

　そこで次に、具体的な衣料品小売業者の経営文書を利用して小売業者の経営内容をやや詳しく検討していくことにしよう。

3 | 服飾小物商と女性経営者

3-1. 服飾小物商の性格

　以下で分析の対象とする衣料品小売業者は、18世紀の後半、ストランドで服飾小物商を営んでいたメアリ・ホールである。ストランドは、オックスフォード・ストリートなどとともに、18世紀にロンドンが西方に拡大していくなかで形成されたファッショナブルなショッピング街の一つであった。前章で示したように、彼女は、開業してから夫の債務に関わる係争に巻き込まれて破産するまで約3年間（1775～78年）、服飾小物商を経営し、これに関わる文書がイギリス国立文書館に残されている。この文書を分析することによって、ファッショナブルな小売業者の活動の一端を明らかにしたい。[16]

　経営文書の分析に先立って、女性による営業活動と服飾小物商の全般的な性格について確認しておきたい。18世紀イギリス社会において女性、ことに既婚女性の法的な地位は低く、女性が経済活動をおこなったり、店舗経営をおこなおうとする場合にも当然大きな困難がともなったと考えられてきた。しかし、第2章で述べたように、最近の研究では、こうしたコモンロー上の制約がそれほど大きなものではなかったことも明らかになっている。確かに困難はあった

ものの、一定の条件を満たせば、女性が営業活動をおこなうことは従来考えられていたよりも、はるかに容易であったと考えられるようになっている。少なくともロンドンや多くの都市において、主として小売業において女性の営業活動は十分に可能であった。

　女性が従事した小売業のなかで、特に女性に適していたとされるものの一つが服飾小物商であった。服飾小物商や婦人服製造業は、ロンドンばかりでなくそれ以外の地方都市においても女性が支配的であり、例えば、1772年のマンチェスターにおける商工人名録では、婦人服製造業は4件中全てが、また服飾小物商も5件中3件が女性の名前で記載されている。[17]一方、エセックスのウィザムでは、経営者である姉妹とその母親を除いて、9人の住み込みの従業員を抱えるという、かなり規模の大きな服飾小物商の経営が確認されている。[18]このケースでは女性経営者が徒弟や使用人を雇っていることを示しており、自分の名前で手形を発行してもいる。

　ロンドン市内では服飾小物商になろうとする場合、何らかの同業組合のメンバーとなりロンドン市の市民権が必要であったので、徒弟になって組合メンバーとなる経路を通ることも多かった。ロンドンのリバリィ・カンパニーである時計商組合やクロスワーカー組合の記録では、女性の組合メンバーが存在し、彼女たちは女子の徒弟を受け入れていたことが明らかになっている。多くの受け入れ手は寡婦であったが、夫が組合メンバーであることを根拠にその妻が服飾小物商の徒弟を取り、職業訓練をおこなっていたと思われる事例も存在する。[19]徒弟として子供を預ける場合に親から支払われる委託手数料（プレミアム）は時計商組合の場合には£50から£60が相場であって、これは一般的な男子のプレミアム£8から1ギニー（£1,　1 s）の場合よりも高く設定されている。[20]

　メアリ・ホールの店舗が立地したのは、ロンドン市西方の郊外ストランドであったので、彼女が徒弟修行をおこなったかどうかは定かではない。しかし、服飾小物商はロンドンばかりでなく地方の主要な都市においても広く確認することができ、当時のイギリス社会において社会的な地位も比較的高く、女性の職業としてかなり確立したものであって、女性が自立的に経営をおこなうには有利な職業であった。[21]

　18世紀半ば、これから社会に出ようとする子供たちをもつ親のために、ロ

ンドンの多数の職業についてその内容を説明したキャンベルは、女性向けの職業として婦人服製造業などいくつかを紹介しているが、そのなかにも服飾小物商が含まれている。そこで、R. キャンベルの記述にもとづいて、服飾小物商の一般的な営業内容について見ておくことにしよう。彼によれば、服飾小物商は「全ての麻織物をご婦人方のために、衣裳に合うように作りまた提供するものと考えられている」とされるが、実際に販売されたものはさらに多様で、「オランダ織、キャムブリック織、ローン織といった上質で薄手の麻織物、また全ての種類のレース類」といった布地や装飾用の素材が提供された。同時に「こうした素材でスモック、エプロン、肩掛け、ハンカチ、ネッカチーフ、袖飾り、モブカップ（すっぽり覆う帽子）やヘッドドレスといった髪飾り」を製造販売している。さらに「平織や綾織の絹、ベルベットでクローク、マンティールズ、マントレット、チーンズなどで外套類を作り、そして縁無帽子を作り、その素材を販売する。手袋、マフそしてリボンを」も販売するし、「キルトのペチコートや全てのサイズの輪骨なども販売している。そして最後に乗馬服や仮装用の衣裳」も店に置かれていると述べている。

　服飾小物商は、宝飾品を除き、婦人物の衣料品やそれに付随する装飾品の全般を取り扱っており、その営業活動は生地や素材そのものの提供と、スモック、エプロン、クロークなど既製衣料品の製作と販売、またレースなどでこうした衣料品に縁取りを施したりする加工の三つの要素が含まれていた。すなわち服飾小物商は婦人物衣料の販売と製造、加工の三者を兼営している製造業者兼小売商であり、キャンベルはこの職業を女性に「その美しさを引き出させることができ、その虚栄心を膨らませ、ばかばかしさに寄与する」ものであるとまとめている。つまり服飾小物商は、女性衣料品や服飾品の流行を担い作り出す存在でもあったのである。

3-2. 服飾小物商の営業内容

　では、メアリ・ホールの場合はどうであったのだろうか。彼女の在庫品からその営業内容を検討してみよう。破産後の資産整理のため 1778 年 1 月に作成された在庫調査は経営の最後の状況をかなり詳細に示しているので、この史料を中心に在庫品の具体的な内容を見ていくことにしたい（前章の史料 C105-30 [1]

6-1 表 メアリ・ホールの在庫構成および債権など（1778 年 1 月）

品目	金額			比率（%）
	£	s	d	
レース類	287	6	1.5	52%
布地（麻を含む）	130	5	10	24%
既製品・服飾品	88	2	8	16%
装飾材料	32	0	3	6%
その他	9	4	6	2%
小計	546	18	8.5	100%
12 月以降の売上	30	0	0	
債権	315	15	0	
合計	892	13	8.5	

出典：C105-30[1][2] より作成

およびC105-30 [2][23]）。破産した 12 月以降に販売された商品として一括して記載された £30 を除き、総額で約 £547 弱になる在庫品の内容は、レース類を含む装飾用の素材の部分、麻や絹地を含むその他の布地の部分、そして帽子、ローブ、エプロンなどの衣裳やハンカチ、袖飾りなどの服飾品を含む既製の衣料品の部分の大きく三つの部分から構成されている。6-1 表に示したように、このうち金額的に最も大きく、在庫の過半を占めるものがレース類である。装飾材料のなかでも約 £287 にのぼる大量のレース在庫は、彼女の営業活動において各種レースのもつ重要性を物語っている。

　イギリスにおけるレースの利用は 16 世紀に始まったと考えられるが、レース産業が本格的に発展したのは 17 世紀後半であり、18 世紀に入ると絹を素材としたブロンドレースが登場し、レース類の種類も多様化するが、基本的には麻を素材とするものであった。レースは衣服、例えばエプロンなどの縁取りに多く用いられ、レース使用の流行は 18 世紀後半まで続いた。特に 1760 年代になるとローブの下方部分を膨らませる輪骨を用いた服装が廃れ、これに替わって衣服表面の装飾が重要視されるようになり、衣服の縁取りなどの装飾用素材

としてレースが多用されるようになった。[24] ホールが活動していた 18 世紀後半は、織柄に替わってこのように表面の付加的装飾が重視され、レースが衣料品の装飾用素材としてきわめて重要となった時期であり、レースを利用した流行の最終段階であった。ホールの在庫におけるレースの重要性はこうした状況を反映するものであり、衣裳の装飾に用いられるレースの在庫が彼女の営業活動において必須の重要性を占めたとしても驚くにあたらない。[25]

　しかし、彼女のレースの在庫が必ずしも高級なものではなかった点にも注意しなければならない。ホールが在庫していたレースの価格帯はブラックレースの場合、最高で 1 ヤード 6 s から最も安いもので 2 d までであり 5 ～ 7 d のものが多い。ブロンドレースの場合には最高で 1 ヤードあたり 2 s、最低で 5 d 半までの幅があり、6 ～ 14 s 程度のものが大部分を占めている。麻糸のスレッドレースに関しても同様の傾向が見られるが、網レースと思われるミニオネットでは最高が 1 ヤード 7 s であるが 2 s 程度のものが多い。レースの価格はかなり変動するので一般的なことは言いがたいが、18 世紀初頭にメアリ 2 世が化粧室用に購入したレースは 1 ヤード 15 s しており、ハンカチ用のレースは 1 ヤード £4, 10 s もしている。[26] もちろんこれらは王室用の最高級品であったから一般向けよりもかなり割高であったと思われるが、ホールの在庫していたレース類は少なくとも最高級のものとは言いがたく、むしろ普及品であった。レース以外の装飾用の素材としては、£30 ほどとそれほど多くはないが、リボン、鎖やネット、造花などがあり、後で述べるように帽子製作に用いられたと考えられる。

　ホールのもっていた在庫品のなかでレースに次いで比率の高いものは各種の布地である。布地は麻素材のものを含めて £130 ほどあり、在庫品の約 4 分の 1 を占めている。布地の実態は必ずしも明瞭ではないが、麻素材のものを除くとその中心になっているものはサテン、サシネット、ゴーズなどの絹を材料としたもので、薄く光沢のある布地であることが特徴的である。すでに述べたように布地の価格は 18 世紀半ばには加工賃に比べて著しく高く、布地の高価格が衣料品の再利用をさかんにしたと言われている。宮廷で着用するような衣裳を作るための布地を購入するような場合には 1 ヤードあたり £3 という高額なものも存在し、上流階層は一般的な場合でも 1 ヤード 30 s（£1, 10 s）程度の

絹素材の布地を購入していたと言われる[27]。これに対してホールの在庫していた布地は比較的安価なものが中心である。在庫された布地の価格は、ヤード単位の単価がはっきりしているものでは、1ヤード7sのサテンが最高である。レースと同様に布地に関してもホールの在庫品は普及品であったと考えられる。

　布地以外については、既製品として帽子やエプロンなども在庫されている。これらの既製品と衣裳に付属する袖飾り（ラッフルズ）などの服飾品は合わせて総額は約£88余で、既製品と服飾品を合わせて在庫品の16％程度を占めている。そのうちの半ば以上を縁有帽子、縁無帽子、ボンネットなどの帽子類および袖飾りが占めている。またショールのように肩掛けもしくは衣裳の前に垂らして用いられるティペットや胸当てに用いられるタッカーなど、衣服の付属品である服飾品も含まれている。帽子類が在庫品のなかに多いことからも、ホールの経営において帽子の販売はかなりのウェイトを占めており、millinerが婦人帽子商と和訳されるのも不思議ではない。袖飾りはローブなどの袖口を飾るための製品で、帽子類に次いで目立つ商品であるが、ローブなどの衣裳・上着類はほとんど在庫品のなかには見られない。衣裳としてはクローク（上着）が12着ほどあり既製品のなかでは一割程度の比率を占めているが、他にはエプロンが目立つ程度である。婦人服の基本構成は、ガウン——前が開いている場合には下にペチコートを着用する——を着て胸当てを付けるか（6-1図を参照）、あるいは上半身に胴着を付け、下半身はペチコートという組合せの2種類が基本の構成で、そのうえにローブ、クロークをはおることもあった[28]。エプロンはローブの下に着用する衣裳の一部であり、その意味でここでは、実用品というよりも服飾的な性格が強い衣料である。

　次に、これらレースなど服飾用素材の性格を販売方法と関連させながら、検討することにしよう。メアリ・ホールは、かなりの布地やレースを在庫していたが、これらの商品そのものを販売していたわけではない。彼女の営業活動の一端は、在庫記録のなかに現れるクレープ地の装飾品に「縁無帽子用」という注記がなされている点にうかがえる。£1, 11sほど在庫されているこの装飾品は縁無帽子を飾るための素材であったと思われる。他の布地に関してはこうした記載はない。しかし、顧客帳簿から見ても布地を販売してはいないし、上着

（a）1770年代絹地の婦人服　　（b）捺染キャラコ地の婦人服

6-1図　どちらもペチコートの上にガウンを羽織っている。
（a）では空いた部分には胸当を付けている。
出典：Victoria & Albert Museum(V&A), Costume Playing Card より作成

などの衣料品もほとんど在庫していない。これらを作った可能性も薄いので、布地の多くが帽子などの服飾品の加工のための素材として用いられたものと考えられる。レースを除く装飾用素材の大部分を占める造花やパッドなども、同様に帽子などの加工に用いられたものと思われる。造花は金額としては多くないが、様々な造花が単価6dで60個、大きな造花がやはり単価6dで42個などと量的にはかなりのものがある。また黒縮緬と造花といった組合せで記録されているものもあり、これも帽子などを加工するために用いられたものと思われる。素材に含まれるネットや鎖なども帽子や衣裳の装飾として付け加えられたものである。布地やレースが衣裳の縁飾りや装飾に用いられて、またこれらの装飾用素材と組み合わされて帽子や袖飾りなどへ加工されたのである。

　在庫されている帽子など既製の衣料品が、ホールの店舗においてどのように製作されたかを示す史料はきわめて乏しい。しかし現金出納帳のわずかな記述から推測すると、縁無帽子などが外部へ委託生産されたか、あるいは帽子製造

業者などから既製品として購入されていた可能性がある（C106-126［D]）。その他の既製衣料品の多くも、それぞれの加工業者から購入したものであったと思われる。しかしその一方で、縁無帽子や縁有帽子の在庫品のなかに「半仕上げ品」とされるものがかなり含まれており、縁無帽子では全体の2割を占めている。これらの「半仕上げ品」は、単なる仕掛品ではなくそのまま顧客へ販売されることもあり、ある程度造形がなされた状態の縁有帽子や縁無帽子を、顧客自身が自分の好みに合わせて自ら加工する商品であったと思われる。もちろん「仕上げ済み」とされる商品も存在する。これらは、ホールの店で在庫している服飾用素材を利用して加工仕上げをおこなった商品であると考えられる。

　また、既製衣料品の在庫に関して特徴的なことは、喪装用の商品が多いことである。喪装用とされる既製品は、その全体の4分の1近くに及んでいる。縁無帽子では4割近くが喪装用であり、袖飾りにいたっては3分の2近くが喪装用となっており、その比率の高さが際立っている。黒い喪装を喪服として着用することは王政復古期から顕著になったと言われ、以後19世紀に至るまで社会の広い範囲に影響を与えた。これは単に喪服が個人の親族の死を悼む気持ちを表すためだけではなく、王室メンバーの死に際して、広く一般的に喪服の着用が求められたからである。[29] 宮廷の服喪の影響によって経済活動に悪影響が出ることもあったが、その一方で喪に服す際の黒い喪章は、黒素材の販売にとっては重要な市場でもあった。メアリ・ホールの在庫のなかで黒いレースも喪装用の既製品と同様にかなりの比重を占めており、喪装用に縁無帽子や袖飾りへと加工されたものと思われる。彼女の営業活動においては、喪装に向けた黒い服飾品の販売がかなりの重要性をもっていたのである。

4 ｜ 服飾小物商の流行への関与と顧客の構成

4-1. 服飾小物商と流行への関与

　メアリ・ホールの在庫品から想定される彼女の営業活動は、各種の装飾用の素材や布地を使って帽子や服飾品を加工し、販売するものであった。顧客の注

文に応じて、あるいは顧客に対して最新の流行を提案することを通して、服飾品を販売したものと考えられる。18 世紀にイギリスにおける上流階層の流行は、政治的軍事的な対立にもかかわらず、フランス宮廷の模倣によって生まれた。最新のパリ・モードを直接輸入することはできなかったが、「ファッション・ドール」と呼ばれる人形の輸入によって、イギリス女性はパリの流行に初めて触れることができたのである。流行の衣裳に関する図版も 1770 年代になると女性雑誌『レディスマガジン』Lady's Magazine などに登場するようになり、パリ・モードを視覚的に認知することが容易になっていった[30]。服飾小物商は、こうした流行の伝播にあたって、重要な役割を果たしていたのである。

　前述の職業紹介をおこなったキャンベルは、服飾小物商と流行について、この職業が「衣裳と流行の優れた目利きでなければならない」と指摘したうえで、さらに「彼女らにとって注意すべき最大のことは、パリの代理人を逃さないことである。代理人は流行の動きを観察する以外に何もおこなわず、その変化を苦労して手に入れる。そして大使のような熱心さをもって隠密裏に、もしくは外交使節が政治的陰謀の重要な発見をしたかのように、雇い主に合図を送るのである[31]」。キャンベルは、パリの流行に関する情報がこの職業にとっていかに重要であったかを、かなりの誇張をもって語っている。とりわけ 18 世紀の後半になると、流行の主たる関心が布地の柄や織などから縁取りへと移るにしたがって、服飾小物商の役割は一層大きなものとなっていった[32]。彼女たちが提供し、提案していくものが、流行の先端を形成していくことになったのである。例えば、フェンチャーチ・ストリートの服飾小物商であったハーマンとブローディの発行した 1769 年の日付をもつビルヘッドでは「服飾品、子供用ベッド、麻・キルトのペチコートその他を最上の優雅さと最新流行で仕上げ、またきわめて適正な価格で販売します」と謳っている（Herman & Broady, Trade Card Box 14）。

　しかしホールの場合、最新流行の情報を確保するためパリに代理人を置くような努力を払ったことを示す材料がまったく存在しない。もちろん彼女も服飾小物商であったから、流行の情報に無関心であったとは思われない。しかし、彼女にはパリに代理人を置こうとする意欲は見られない。経営規模は資産総額が £900 余で、1776 年の営業純利益を £63 計上しており小規模なものとは言えないが、服飾品の販売加工に比較的専業化した経営内容で大規模な小売店舗

ではない(C105-30[10])。ホールが代理人をパリに置かなかった理由のひとつは、財政的な負担の可能性が高い。ホールのような中規模の服飾小物商がパリに代理人を置いて、最新流行の動向を絶えず把握することは大きな負担になったと思われる。

その一方で、彼女の営業活動は中流階層を中心とする社会層に普及品を提供するものであり、そうした経営内容の性格がパリに代理人を置く必要性を低下させたとも考えられる。彼女の営業は既製の衣装や服飾品を顧客に提供するだけでなく、素材を提示し顧客に合わせてその衣料品を加工修正することであり、その意味で高価で最新流行の商品ではなく、比較的安価な普及品で顧客をいかに上手に美しく装わせるかが、重要な営業戦略となったと思われる。ホールの営業活動は、流行を顧客の階層的な意識に合わせてアレンジしていくサービス業的な性格をもったものであり、実直な中流階層の顧客に相応しく流行を適応させ、彼女たちを満足させることがホールの営業にとって必須の重要性をもったのである。

4-2. メアリ・ホールの顧客構成と消費動向

そこで、中流階層を中心にしたと考えられるメアリ・ホールの顧客の性格と消費行動を、顧客帳簿を中心に少し詳しく検討してみよう。[33]顧客の社会的背景を推測するには顧客に付されたタイトルと職業が手がかりとなる。帳簿に現れる顧客のうち大多数の者のタイトルは「夫人」Mrs. であり、その他には「嬢」Miss と「レディ」Lady が若干あるに過ぎない。また、「氏」Mr. のタイトルを付された男性がごくわずか存在している。「レディ」のタイトルを付記された顧客は名前が記されているものが9名、名前のないものが6名である。「レディ」は通常、貴族やナイト爵を授けられた人物の妻もしくは貴族の娘に対する称号で、これらは中流階層よりも上位に位置する社会階層であると考えられるが、この層は顧客全体からするとごくわずかある。

一方、夫の職業が記載されている例は、真鍮加工業者、書籍商、大工、ステッキ商、文具商、ガラス商の6件のみであった。これ以外に「夫人」Mrs. のタイトルに「博士」Dr. が付加されている顧客が2件あり、医師もしくは法曹関係者の「夫人」であった可能性がある。職業名が付記されている例は少ないが、

利用額 （£概算）	人数	一人あたりの 利用回数	一回あたりの平均利用額		
			£	s	d
91 －	2	83.5	1	2	11
81 － 90	0				
71 － 80	2	64	1	3	4
61 － 70	0				
51 － 60	0				
41 － 50	1	33	1	5	1
31 － 40	5	11	1		
21 － 30	3	22.7		19	8
11 － 20	21	18.5		16	5
10 以下	97	6.2		14	7
平均		11.5		18	3
合計人数	131				

出典：C106-126 より作成

　こうした例から考えて、ホールの顧客はその多くが商人もしくは専門職の夫を
もっていた可能性が高く、主としてロンドンの中流階層の妻が中心であったと
考えられる。
　また、すべての顧客の住所が記載されているわけではないので顧客の地理的
な広がりを全体的に確認することはできないが、記録されている住所の大部分
は、ロンドン西郊、ウエスト・エンドである。例外的にケント州ダートフォー
ドといったロンドンからやや離れた地名が存在する。ロンドンの郊外について
も東側のグリニッジ、西側のパトニー、テームズ川南岸のランベスやバタシー
などの地名を見ることができる。しかし大部分はストランド周辺、ピカデリー
サーカス周辺に集中しており、ホールの店舗があったストランドに近接した地
域に居住する人々であった。彼女の店舗は、ロンドンのウエスト・エンドの発
展にともなってこの地域に居住した富裕な中流階層を主な対象として営業をお
こなっていたのである。
　次に主要な顧客 131 名について、利用状況を比較的詳細に記録している帳簿

から利用額を見ると、その総額にはかなりの相違が見られるものの、利用パターンには共通した傾向が現れている（C106-126［B］）。6-2 表に示されるように、経営が続いていた時期 3 年間を通じた 1 人あたり利用額は、最高の £96 から £10 に満たないものまで様々であり、人数的には £10 以下の利用者が圧倒的な多数を占めている。利用額が多い顧客は利用期間も利用回数も多く、例えば利用額 £21 を超える顧客 13 名は、史料の残る 40 ヶ月間に頻繁にホールの店舗を利用した重要な顧客であった。確かに人数から見ておよそ 4 分の 3 と圧倒的に多くを占めているのは £10 以下の利用者層であるが、その利用回数は 1 人平均 6 回強と少なく、また利用金額も全体の 27％を占めるに過ぎない。逆に約 1 割に過ぎない £21 以上の顧客によって利用金額の 54％以上が占められており、頻繁にホールの店を利用する顧客が、彼女の主要な得意先となっていたことが分かる。しかし、利用回数が増えると利用金額の総額も増加してはいるが、1 回あたりの利用額が大きいわけではなく、顧客間で 1 回あたりの利用額にはそれほど大きな差がないことを示している。£21 以上の利用者の 1 回あたりの平均利用額はほぼ £1 であり、£20 以下の利用者層ではこれを少し下回り 10 s 台の半ばであるが、ほぼ全ての顧客の 1 回あたりの利用額が 10 ～ 20 s 程度に集中している。したがって、顧客がホールの店に求めたものは高額な商品ではなく、比較的少額の商品やサービスの提供であったと思われる。

　そこで、ホールの顧客たちは何を購入し、どのようにこの店を利用していたのであろうか。6-3 表に見られるように、131 名の利用金額を全体としてみると、レースや布地など衣裳や帽子の素材が 4 割ほど購入され、一方、帽子やエプロンなどの既製の衣料品や衣裳、袖飾りやハンカチなど服飾品の購入なども合計すると約 5 割を超えている。つまり、ホールの顧客は大別すると素材と既製衣料という 2 種の購入をおこなっていた。しかしこの素材は単独で購入されたわけではなく、素材に何らかの加工をおこなうサービスがしばしば付加されている。6-3 表は購入された商品への支払全体を（A）欄、また購入商品とサービス利用を含む支払い（商品とサービスが合算されている場合）を（B）欄で示している。ここから分かることは、素材の支払額（A）に対して、36％（B/A）が素材そのものとサービスの利用と組み合わされた料金の支払いとなっているが素材の次に購入量の多い帽子でも 4 割以上はサービスを利用している。つ

		支払額（A）			総額との比率	(A) の内サービス利用を含む支払額（B）			B/A
		£	s	d		£	s	d	
商品購入	素材（含レース）	583	15	5.5	42.4%	210	3	4.5	36.0%
	帽子	367	19	1.5	27.4%	151	18	2	41.3%
	衣裳	170	18	4.5	12.4%	55	9	2.5	32.4%
	服飾品	140	11	4	10.2%	42	2	9	30.0%
	その他	17	15	7	1.30%				
商品購入小計		1289	18	6.75	93.7%				
サービスのみ	素材へのサービス	31	2	9.5	2.3%				
	帽子へのサービス	29	1	8	2.1%				
	衣裳へのサービス	15	10	5	1.1%				
	服飾へのサービス	11	9	10	0.8%				
サービス小計		87	4	8.5	6.3%				
総計		1377	3	3.25	100%				

＊ 顧客総数は 131 名。

＊＊ 素材はレース、布地など、衣裳はエプロンなど、服飾品には袖飾り、ハンカチなどを含む。

＊＊＊ サービスは対象諸品への洗濯、加工、修理などである。

出典：C106-126 より作成

まり、顧客は布地やリボン、レースなど装飾用の素材を購入しながら、これらの素材を服飾品や帽子などに加工することをホールへ依頼しているのである。加工サービスの提供は素材や帽子だけでなく、衣裳や袖飾り、ハンカチなどの既成の服飾品などの購入でも加工サービスが付加されている例が見られる。帽子の場合ほぼ 3 件に 2 件の割合で素材が帽子とともに購入されており、これに加工サービスが付加されている。衣裳でもやや比率は下がるが縁飾りやハンカチなどの服飾品でも同様な傾向を見て取る事ができる。

　例えば、ハンチンソン夫人は、1775 年 3 月からの 10 ヶ月間に総額 £9, 13 s をホールの店で利用しているごく一般的な顧客であるが、利用額の約半分を帽子に、また 4 割ほどが素材に充てられ、服飾品やサービスのみに向けられた部分はわずかである。しかし帽子にしてもその他の素材にしても、サービスを付

加した形での購入が多く見られる。例えば、1775年3月にワイヤーとゴーズレースとが購入されているが、これらは同時に縁有帽子や縁無帽子の作製と組み合わされている。また、1777年7月から78年1月までの7ヶ月間に£9, 8 sほど使っているメイ夫人の場合の利用額をみると、衣裳と素材が4分の1ずつ、帽子が2割、残りが服飾品とサービスとなっており、ハンチンソン夫人とはやや異なる構成になっている。しかし実際の消費行動では、素材とサービスの組合せや素材を使った帽子の作製、加工といったサービスとの組合せが半分近くを占めている。

つまり、ホールの営業では、完成品としての帽子や衣裳、服飾品を販売すると同時に、販売された商品にその他の素材を付け加えて加工し、消費者の好みに合わせて仕立て上げる事にその核心があった。服飾小物商としてホールは、消費者の嗜好に合わせて商品を販売するのだが、同時に消費者の好みに合わせてそれをさらに加工する必要があった。彼女は、既製品の品揃えによって消費者の動向に合わせるというよりも、消費財そのものをアレンジして消費者の心を摑む必要があったのである。[34]

加工などのサービスのみの利用は、確かに商品本体に比べて金額的にはわずかで、購入金額全体の6.3%に過ぎない。しかし、サービス利用の頻度はきわめて高く利用回数も多い。これは1回あたりの単価が少ないためで、帽子を1個洗濯する費用は6d程度であり、レースの洗濯では1回4dという例もある。比較的大きなエプロンやクロークの洗濯でも1sとかなり安価である。単価が安く、集計してもそれほど大きい金額にならないサービス提供であるが、ホールの営業活動の性格を知る上で重要な側面でもある。そこで、サービス提供の具体的な内容をやや詳しく見ていくことにしよう。

6-4表はホールの顧客が利用したサービスの内容を整理したものである。ここから分かるように、約4割は衣裳や帽子などの製作、加工である。加工に使われる材料の多くは同一日に購入されており、実質的には素材などの商品購入に付加されたものである。一方、製作や加工以外のサービス利用について見ると、そのほとんどが既存の衣料品を何らかの形で再利用しようとするものである。レースなどの素材や帽子類を洗濯することがもっとも多いが、修理や再生などといった表現もしばしば見られる。この時代の衣料品はかなり古くなって

6-4 表　購入されたサービスの内容

サービス内容	金額			対象商品	金額			%
	£	s	d		£	s	d	
加工	36	2	7	衣裳	11	18	9	13.7%
			41.4%	帽子	9	2	8	10.5%
				素材	8	11	2	9.8%
				服飾	6	10		7.5%
洗濯	26	15	1.5	素材	18	14	6.5	21.5%
			30.7%	帽子	3	13	3	4.2%
				服飾	2	9	4	2.8%
				衣裳	1	18		2.2%
洗濯・加工	16	3	11	帽子	14	10	3	16.6%
			18.6%	服飾		17	9	1.0%
				衣裳		13	11	0.8%
				素材		2	0	0.1%
修理・再生	4	15	3	素材	2	10	9	2.9%
			5.5%	帽子		16	6	0.9%
				衣裳		15	9	0.9%
				服飾		12	3	0.7%
糊付	2	2	10	素材	1	4	4	1.4%
			2.4%	帽子		10	6	0.6%
				衣裳		4	0	0.2%
				服飾		3	3	0.2%
洗濯・再利用	1	5	9	服飾		17	3	1.0%
			1.5%	帽子		8	6	0.5%
				衣裳		0	0	0.0%
				素材		0	0	0.0%
総計	87	4	8.5					
			100%					100.0%

出典：C106-126 より作成

も簡単に廃棄されるような消費財ではなく、むしろ修理や再生されるべき耐久
消費財の性格をもっていた。すでに述べたように、貴族層は別として、多くの
社会階層では、衣料品の再生は日常的におこなわれており、衣料品の再生利用
は決して珍しいことではない。その意味で帽子や衣裳、袖飾りなどの服飾品あ

るいはレースやリボンなどの装飾用素材を洗濯し、修理や再生をおこなうホールの営業活動は、家庭内でおこなわれていたこれらの作業を、顧客の要望に沿って代替するものであった。帽子や衣裳などの完成品も古くなり流行に合わなくなると、一旦解体され、洗濯され、補修を施され、場合によっては新しい素材を付け加えて再利用されたのである。

　全体として頻繁に来店する顧客の方が、頻度の少ない顧客に比べてサービス提供を利用する度合いが多い。例えば、ホールの営業していた3年間におよそ300回ともっとも頻繁に彼女の店舗を利用した顧客の一人であるレムナント夫人は、縁無し帽子やクロークなどの洗濯や修理を非常に多く利用している。彼女は1775年8月から77年9月までの約2年間に総額£88, 9 sを支払い、来店のなかった76年11月を除き、1ヶ月に平均3.5回ホールの店を利用している。レムナント夫人の項目別利用金額は素材関連がおおよそ半分、帽子が4分の1、衣裳と服飾品が8％ほど、サービスのみが5％となっている。しかし、これらのサービスと素材や完成品の購入は実際には緊密に結びついている。

　これを典型的に物語るのが1776年8月31日の場合である。この日レムナント夫人は2 s 6 dでゴーズレース付の大きな縁無帽子2個の洗濯を依頼している。同時にモスリン、ゴーズレースのリボンおよび別のリボンを付加した縁無帽子1個を5 s 4 dで、また白リボンを付加した縁無帽子1個の製作も5 s 4 dで依頼している。これらの項目は別々に記載されているが、実際には一体の注文と考えることができる。明示されてはいないが、古い縁無帽子2個を洗濯して、各種の素材を付け加えて新しい縁無帽子2個へと作りかえられたものと思われる。ホールの店をしばしば利用する顧客は、このように縁無し帽子やナイトキャップ、クロークなどの商品を完成品として購入するばかりではなく、これらにレースなどを付け加えて装飾性を高めてから購入し、さらに古くなれば洗濯や糊付けをしたり、修理したりして再利用を図るという形が多かったと思われる。

　19世紀前半までの小売業者にとって、自分が販売する商品を顧客の注文に合わせて加工し販売する事は珍しい事ではなかった。19世紀後半になって製造業者が完成品に仕立て上げ、事前に梱包し、場合によってはブランドを付加して販売するようになると、小売業者の商品に対する主体性は大幅に減少する。[35]

しかし、19世紀前半までの小売業者は販売する商品を主体的に顧客に合わせて加工することを主たる業務としていたのである。服飾小物商の場合には、こうした加工が完成品を顧客の好みに単に合わせるのみならず、修繕や再生利用にまで及んでいた点に特徴があるように思われる。さらに再生・再利用に向けたサービスは、流行の影響を大きく受けるという衣料品のもつ特性から、顧客を積極的に引き付ける販売戦略上の重要な構成要素となったものと考えることができる。

4-3. メアリ・ホールの店舗構造と顧客への対応

さて、ここで服飾小物商メアリ・ホールの経営した店舗の構造に目を向けてみよう。彼女の店舗で用いられたと思われる備品の目録から見る限り、トレードカードに描かれたホガースの店よりも多少華やかなものだったと思われる。第2章でも若干触れたように、破産後の1778年2月に作成された在庫品と家財および備品の一覧から、店舗構造について見ると、販売スペースと客間とが仕切られており、顧客との親密な社交空間の形成を想定できる（C106-126 [F]）[36]。店内はカウンターを備えた販売スペース shop、スクリーンなどで仕切られた客間 parlour、そして台所 kitchen からなっていたが、ベッドなどの寝具が見当たらないことからこの店は店舗と住居を併用していなかったと思われる。

店舗としての販売スペースには、マホガニー製のカウンターが2つ設置されており、これには引出しがついている。壁面には支柱のついた引出しが取り付けられており、また引出しのように支柱にはめ込む形の紙の箱があったと記録されている。さらにメッキされた枠に入った鏡が2つ、おそらく顧客が商品を身につけた姿を確認するためにおいてある。この他、販売スペースにはスツール2脚などが置かれており、これと隣接していたと思われる客間との間には衝立が置かれ仕切りになっていた。カウンター以外に多くの棚や箱が置かれ、レースや帽子あるいは布地などの販売商品をスムーズに出し入れすることができるように配置されている。客間にはスツール、マホガニー製のダイニング・テーブル、卓上時計が飾られ、真鍮製の燭台が4台備え付けられていた。客間にも棚が仕付けられ裁縫台などもあって、商品が置かれて加工作業もおこなえるよ

うになっていた。台所にはヤカンや鍋、食器類がいくつか存在するので顧客に対して何らかの飲食が提供された可能性がある。

　客間の存在は、街路に面する店舗前面の販売スペースとは別に、ホールの店舗においても親しい顧客を招き入れるスペースが確保されていたことをうかがわせる。こうした空間が存在することは中流階層を対象とする中規模の経営であっても、店舗が単なる商品の購入ばかりではなく余暇のための買い物の場を提供していたことを示している。すでに述べたように、17世紀も後半になると、ロンドンで消費財を扱う小売店舗は余暇の一部としての買い物に場所を提供する施設へとしだいにその性格を変えていった。[37]また、店舗は、展示されている商品を眺めて楽しんだり、買い物したりする場としての機能を果たしたばかりではない。膨大な日記を残したサミュエル・ピープスが友人との待ち合わせの場所として小売店舗を利用したように、顧客に対して彼らの社交の場を提供するようにもなっていた。[38]ホールの店舗においても、親しく頻繁に訪れるなじみの顧客に対して、できるだけゆったりとした落ち着いた空間を、店舗部分とは別に設ける必要があったのである。

　こうした店舗を維持するためにホールが必要とした経費はどの程度のものであったのだろうか。1777年3月から12月まで10ヶ月間について、彼女自身が記載したと考えられる連続した形の経営に関する現金出納帳が残っている（C106-126［D］）。[39]これによると、まず人件費が、販売員と思われる成人女性3人に各々週給£1,1s、小間使いの少女2人ないし3人に各々週給3s9d、他に雑用係と思われる老女に週4sが支払われている。仕入れは、リボンなどへの£1に満たない現金支払いから£50にのぼる手形での支払い、また帳簿上の相殺勘定での£10程度の支払いなど様々である。この間の支払総額£768,13s余のうち、人件費が約17％、仕入経費が58.4％と、合わせて全体のほぼ4分の3を占めている。

　これら人件費や仕入経費以外の経費には、地代や税金などの義務的な経費が含まれる一方で、ホールの経営に特徴的な側面を示す支出も見られる。義務的経費では、地代が5月、8月、11月のそれぞれの月初めに支払われており、四季に分けられて支払われた総額は£60と推定され、それなりに高額である。次に、税金は地租が半年払いで、5月初めに£1,16s、10月初めに£2,2sが支

払われている。地租以外に支払われている税金には、救貧税が7月中旬に£2,
6 s 8 d、窓税の 17 s 4 d などがあり、このほかに水道に関する負担 £1, 7 s 6 d
や店舗の保険 £2, 11 s などが支払われている。

　興味深い支出としては、道路舗装用に一定金額の支払いがおこなわれており、
また「窓の灯り」とされる費用が £2, 1 s 6 d、また「街路の散水」のための費
用が 5 s 支払われている。舗装用は 2 回支払われ、4 月初めには他の費用とと
もに £1, 10 s、10 月には単独で 3 s が支払われているので、おそらく舗装用の
費用負担は年間 6 s であった。道路の照明には 1760 年以降になると街灯のため
の課税がおこなわれるようになるので、これに関連した支出の可能性がある。[40]

　これらの費用負担は、ファッショナブルな店舗の経営にとってふさわしい街
路の維持のための支出であった。街路の舗装や照明、あるいは清掃といった事
柄は、救貧負担などとは異なって、店舗の経営に直接的な影響を与えるもので
ある。ことに服飾小物商というきわめてファッション性の高い小売商業にとっ
て、周辺の環境整備はかなり重要な意義をもったものと思われる。この点で街
路などの周辺整備にかかる費用は、公的で強制的な支出であったとしても、実
質的にはファッショナブルな街路と店舗環境を維持するために必要不可欠な経
費とみなすことができる。ホールの支出のなかでこれらの義務的な経費は、全
体でこの時期 £50 ほどに過ぎず、この間の総支出額のなかでは比較的わずか
な比率を占めるに過ぎない。しかし、そのなかには地代に加えて店舗の周辺整
備に掛ける費用が含まれているのであり、都市とりわけロンドン西郊の新興
ショッピング街として成長しつつあったストランドにおける小売商のもつ性格
が特徴的に表れている。

　店舗そのものに対しても、店舗の周辺整備に対して注意を払うことと同等の、
あるいはそれ以上の注意を払う必要がすでにこの時代には生じていた。ホール
もかなりの金額を店舗改装のために用いている。4 月中旬から 6 月にかけて大
工とレンガ工、配管工に対して総額 £46 の支払いをおこなっており、店舗の
改装費用はこの間の支出の 5% 以上となっている。仕入経費や人件費といった
流動費比率の高いホールの経営にあってはかなり大きなものである。こうした
店舗の改装は彼女の経営に対する積極的な姿勢の表われでもある。これを示す
ように 6 月に改装が完了した直後の 6 月 24 日に店舗の写生のための費用 16 s

が支払われている。この写生が何のためにおこなわれたかは定かではないが、トレードカードの下絵に用いられた可能性もある。写生の費用はもう一度9月末に支払われているが、これは9月初めにガラス製街灯のための費用が10s6dが支出された後である。街灯の設置というごくわずかな店舗の変更であったためか、今回の写生費用は1s6dに抑えられている。しかし、店舗の様子、外観が変更されるたびに写生をおこなっていることは、ホールが店舗の改装に大きな熱意をもっていたことの表れとみなすことができる。魅力的な店舗の設備や外観は、周辺整備とともに顧客を吸引するための有力な武器となっていた。ガラス窓をショーウィンドウとして利用して最新流行の商品を展示し、街路を通りすぎる人々の目を引きつけることも重要であった。[41]常時取引を継続しているお得意先以外の、いわゆるフリーの顧客を獲得するために、街路を通行する人々の目を引く店舗である必要があったのである。

　一方、彼女の現金出納帳によれば経営の大半は顧客への信用販売に依存しており、代金の回収にはかなりの困難があったことが認められる。一般的には、小売における掛け売りの習慣はこの時期に広く見られるもので、信用取引がなければ商売そのものが成り立たなかった。デフォーは顧客に対して信用を与えることがきわめて危険であるとしながらも、一定の収入が顧客の側に恒常的に入るわけではない場合、信用を供与することは不可欠であったことを指摘している。[42]しかし、信用による販売、掛け売りは特に上流階層への販売において不払いの危険が高かったとされている。支払いは年1回、クリスマスにおこなわれることが多く、一部は支払われるとしても数年にわたって支払いが滞ることが起こっている。[43]とは言え、信用による販売方法は愛顧関係の基礎ともなっているので、支払いが滞っても顧客を失わないために商人は信用を供与し続けることになる。売り掛け信用の増加によって、売上げの回収には苦労したとしても、これは同時代において珍しいものではない。こうした信用販売は顧客を引きつける重要な小売戦略でもあった。他方、信用の長期化は資本の回転を遅くし、特定顧客への依存を高めることにもなる。無利子の信用が長期にわたって回収されないことは、結果として小売価格の単価を引き上げ、特に奢侈的な商品における価格の一層の引き上げに結びつくことになった。[44]

5 | 顧客へのサービス提供業としての小売商

　近年の実証的な研究者の多くは、それぞれの社会階層には消費に対する独自の感覚や消費様式が備わっており、単純に上位の階層から下位の階層へと流行が模倣されているわけではないと考える傾向が強くなっている。その意味でマケンドリックの社会競争的模倣論の妥当性は疑問視されているといって良い。したがって、消費の拡大要因として階層的意識や地域性、性別などの要素を加味した慎重な検討が必要となっている。しかし、消費の拡大に関して流行の果たした役割は重要であり、また流行の波及に店舗小売業の役割も決して無視できるものではないと考えられる。

　一方、ロンドンの小売商が広告に用いたトレードカードからは、多くの小売店舗がトレードカードやガラス窓のショーウィンドウで消費者に対して新たな流行をアピールし、同時に店内には鏡、燭台などを置いて顧客に居心地の良い空間を演出する努力をしていたことが分かる。また顧客の要望に合わせて装飾品、服飾品を加工し、最新流行の商品として提供することによって顧客の関心を惹き付けようと努力していた。その意味で 18 世紀の小売商業は展示方法や販売方法について近代的な要素をすでにかなりもち始めていたと考えられる。これらの点でメアリ・ホールの経営は、18 世紀小売商の経営において、かなり一般的な存在であったように思われる。それでは、彼女の経営は、中流階層を顧客とするファッショナブルな服飾品を販売する女性小売経営者として、どのような特徴があったのだろうか。

　在庫目録からみるとホールの在庫には加工素材としてのレースや布地が圧倒的に多く、彼女の営業活動の中心が消費者の好みに合わせて、レースなどの素材を組み合わせて加工し販売することにあったと考えられる。その意味で、消費者の好みを的確に把握し必要な助言をおこないながら顧客の満足を確保する事が、ホールの営業上きわめて重要であった。もちろん最新の流行は重要な存在であったと思われるが、彼女の在庫品はその多くが中級品で顧客層の大部分も中流階層であり、上流階層向けのように最新の流行を先取りして顧客にそれを提示し、販売する必要はなかった。むしろ既存の衣服や衣裳を再生利用しな

がら、これに新しい素材を組み合わせることによって、流行をうまく取り入れながら、顧客の需要に応じた営業活動を展開したものと思われる。実直な中流階層の意識にふさわしい形の流行と新しさがそこに形成されたのである。ホールの経営にあっては、上層階層向けの先端的な流行を追い求めるよりも、むしろロンドンの中流階層の必要に適合した、その階層にふさわしい「最新流行」の形成を中心に営業活動を展開したのであった。

このように、ホールの経営は新しい消費社会の展開へ適応したものであった。彼女はロンドンの発展しつつあった新興のショッピング街であるストランドの一角に店舗を構え、店舗は大規模なものとは言えないが、その構造はファッショナブルな服飾品や小物を販売するのに適したものであった。ショッピングがすでに単なる必需品の購買にとどまらず余暇の一形態としての性格をもとうとした時代に、商品の展示と販売だけでなく顧客に社交の場を提供する経営となっていたのである。

ホールの服飾小物商としての経営から理解できることは、ロンドンの小売商がかなり専門化していたことであり、また店舗の外観や環境の改善を図って通りすがりの顧客にもアピールする努力を果たしていることから、彼女らが都市的な消費文化全体の担い手としての役割を果たしていたことである。言い換えれば彼女たちの小売店舗は、街路を見て回って歩く買い物客を誘い込む要素を強くもち、全体としてショッピング街を形成することで、都市の洗練された消費文化を支える装置となっていたのである。ことに服飾小物商のようなファッショナブルな小売部門は、女性顧客を主たる対象とする営業であり、女性経営者の存在自体が都市の華やかな消費文化を牽引し、顧客との個人的で親密な関係を基礎として都市の新しい消費文化の展開を支えていたのである。

[1] 古典学説としては J. B. Jefferys (1954) および D. Davis (1966) を参照。古典学説とこうした議論の修正ついては、M. J. Winstanley (1994), p. 239 を参照。

[2] 比較的早い時期における古典学説克服への試みには、D. Alexander (1970) や H.& L. Mui (1989) などがある。またその後の展開については、C. Walsh (1999) や N. Cox (2000) なども参照。

[3] M. Berg (2005), pp. 255-60.

[4] *Ibid*. p.260. 1911 年センサスに関しては M. J. Winstanley (1983), p. 41. を参照。

[5] K. A. Morrison (2003), pp. 24-5.

[6] N. Cox (2000), pp. 77-9. なお、ガラス窓に使用に関しては、D. Defoe (1727), pp. 259-60 を参照。

[7] *Purefoy Letters*, vol. 2, p. 296.

[8] S. Dyer (2015), p. 35.

[9] A. Vickery (1998), p. 168.

[10] C. Walsh (1999), pp. 47-51.

[11] *Ibid*., p. 275.

[12] 本章で取り上げるトレードカードついてもロンドン、ギルドホール図書館所蔵のものを利用した。参照に関する（ ）では所蔵文書館を省略した。第 2 章注 30 を参照。

[13] J. Ashelford (1996), p. 155.

[14] *Ibid*., p. 152.

[15] A.Vickery (1998), pp. 150-1.

[16] この史料（以下、「メアリ・ホール文書」とする）の性格は、第 5 章で詳述した。またこの史料は、国立文書館（The National Archives［TNA］）に分類番号 C105-30、C106-126 からなる二つの箱に保存されているが、以下、史料の参照は C105-30[1] といった形で本文中に表記する。［ ］内の数字は、前章 5-1 表の数字である。なお、この経営の破産は 1778 年の金融恐慌との関連が想定されるが、上記文書にはこれと直接関係するものは見いだせなかった。また、ホールの経営に関して当該時期のロンドンの商工人名録（*The New Complete Guide to all persons who have any Trade or Concern with to the City of London*, 1777）では確認できなかった。

[17] *The Manchester Directory for the Year 1772*. (1772) ed, by E. Raffald. これはマンチェスターで最初の商工人名録である。また、道重一郎 (2002) を参照。M. Hunt (1996) pp.129-30. および H. Barker (2007), pp. 59-71 をも参照。

[18] L. Davidoff & C. Hall (1987) p. 302.

[19] 時計商組合との関連については A. L. Erickson (2011) を、クロスワーカー組合については J. Collins (2013) を参照。

[20] A. L. Erickson (2011), pp. 150-1. なお、ロンドンでは何らかの組合に参加していれば、どのような職業であっても開業が可能であったので、例えばエリクソンが扱った時計商組合の場合、組合員の妻が服飾小物商であれば、そこで職業訓練を受けた女性が服飾小物商を開業することが可能であった。また、組合への参加はこの他に父系による継承、結婚、購入などの方法でも可能であった。*Ibid*., p. 152.

[21] 服飾小物商として徒弟修行した女子の出自は、中流階層の比較的富裕な階層に属しており、この職業が尊敬されるものであったことを示している。J. Collins (2013) p. 77.

[22] R. Campbell (1747), pp. 206-8.

[23] この二つの史料の表紙には、それぞれ A、B という表記がなされている。

[24] J. Ashelford (1996), p. 140.

[25] ノッティンガムやエセックスでは機械レース編がこの時期に発展し、ロンドンの流行に合わせた供給をおこなっている。P. Sharpe (2000), pp. 53-4.

[26] P. Earnshaw (1994), p. 12.

[27] J. Ashelford (1996), p. 152.

[28] *Ibid.*, pp. 127-8.

[29] A. Adburgham (1979), p. 58. 紳士服の喪装と喪装の社会的影響については第 7 章で取り扱う。

[30] J. Ashelford (1996), p. 152.

[31] R. Campbell (1747), pp. 207-8.

[32] J. Ashelford (1996), p. 160.

[33] メアリ・ホールの顧客帳簿は C106-126［B］であるが、この帳簿の追加として同 126［B］part 2 があり、顧客名と簡単な取引内容が記載されている。顧客の全体の性格を考えるために、126［B］part 2 を加えてここでは検討する。但し、取引内容についてはより詳細な記載のある 126［B］のみを分析の対象とした。

[34] ごく大まかではあるが、エディンバラの服飾小物商の営業内容に関する同様な分析としては、E. Sanderson (1986), pp. 18-28 を参照。

[35] 製造業者がそのブランドを確立して販売の主導性を確保し、小売業は製造業者からの販売委託といった性格に限定されていく 19 世紀後半の状況について次を参照。M. Hilton (1994), pp. 123-4 および M. J. Winstanley (1994), pp. 251-2.

[36] この史料は 1778 年 1 月に作成されたものとは異なり、在庫品の金額は記入されていない。しかし店舗内の備品家具などについては、金額はないが数量は記載されている。

[37] 余暇としての買い物については道重一郎 (1989), pp. 98-9、また A. Adburgham (1979), p. 18.

[38] P. D. Glennie & N. J. Thrift (1996), pp. 30-1.

[39] 出納帳は 12 月 10 日に終わってから、2 ヶ月の中断を挟んで、3 月 4 日に再開され 4 月 9 日まで続いているが、後半はホール自身のものではない可能性がある。

[40] J. Ashelford (1996), p. 151.

[41] S, Dyer (2015), p. 32.

[42] D. Defoe (1727), p. 66.

[43] P. Earle (1989), pp. 116-7.

[44] I. Mitchel (1984), p. 275.

ロンドンの紳士衣料販売と仕立商
——セイヤー家の営業を中心に——

1 | 優雅さを求める都市文化と紳士衣料

　これまで述べてきたように、17 世紀後半から 19 世紀初めに至るイギリスの「長い 18 世紀」には、都市化が大きく進行し、上品さや洗練さといった文化的な価値が重要な役割を果たすようになった。都市生活のなかで上品さや洗練された行動で評価されるようになると、これらの内容が外見的に表示される必要がある。上品さは、趣味や嗜好の良さという形で外から見える形に変換され、外から見て分かる顕示的な側面が判断の基準とされるのである。その意味で具体的な表示手段として服装のもつ役割が、社会生活のなかで重要な意味をもつに至った。服装に関する身分的な規制は、イングランドにおいては 17 世紀の初めに廃止されており、18 世紀イギリスにおいて服装は顕示的な消費の代表的な存在であり、都市生活のなかで果たしたその役割は無視できない重要なものであった。[1]

　一方で、消費財の購入や消費、ことに衣料品の消費については、女性に注目が集まる傾向が続いている。これに対して、消費者としての男性は注目されることが少なかった。[2] しかし、洗練され、上品に振る舞うことが不可欠であった 18 世紀イングランドの都市社会にあっては、第 4 章で取り上げたライダのように、男性も女性に劣らず外見に対する注意を怠らなかったことが十分に想像できる。18 世紀においては、男性も粗野な振る舞いを抑えて上品に行動す

ることが求められ、男性にとって礼儀正しさ civility とは粗暴な行動を決して取らず、洗練された振る舞いをすることであった。[3] 男性の上品な行動は、衣服の嗜みにも当然及んだと考えられる。だが、男性が衣服に過度に関心をもつことは、すでに指摘したように、「女性化」あるいはフランスかぶれといった批判を招く危険をともなった。[4] とは言え、男性が、ことに中流階層の男性が消費活動に無関心であったとは考えられない。[5]

そこで本章では、こうした男性の消費とその意識について、特に衣料品消費について紳士服を供給した仕立商に関わる経営史料から検討する。仕立商が顧客＝消費者としての男性とどのように関わり、顧客は仕立商に対してどのような期待をもっていたかを検討し、衣料品消費に対する中流階層男性の消費動向と彼らが抱いていた意識を明らかにしたいと考えている。そこでまず、18世紀のロンドンで活動した紳士服販売と仕立商の大まかな状況を、同時代の職業ガイドブックやトレードカードから確認することにする。続いて、本章における分析の中心的な対象である仕立商セイヤー家の経営文書の概要を明らかにし、さらにセイヤー家文書の日記帳や商用書簡をやや詳細に検討する。これらの検討を通じて、具体的に仕立商がどのような顧客＝消費者との関係をもったかを明らかにし、この史料のなかに登場する植民地やスコットランドを含む18世紀イギリスにおける男性消費者の行動と意識を明らかにすることにしたい。

2 ┃ 紳士衣料と仕立商

18世紀イギリスの紳士衣料はコート（上着）、ウエストコート（チョッキ）、ブリーチ（半ズボン）を基本とし、ブリーチには靴下を合わせて着用するのが一般的であった。ウエストコートの下には下着として麻などを素材とするシャツを着るが、シャツは下層ジェントリィの家計でも自製されており、商品として購入するものではなかった。[6] ランカシャー北部の借地農レイザム家では麻の栽培から紡績もおこない、織布は織布工に依頼するものの、縫製は再び自らの家計内でおこなっていた。地域的な偏りがあるとは言え、農村部の借地農に

おける衣料品の自給性はかなり高いものがあった[7]。しかし、自給性の高いレイザム家であってもコートなどの外着については仕立商に発注することが普通であった。下着と異なって外着は裁断や縫製にかなりの熟練を必要としたため、仕立商に依存することが一般的であったと考えられる。

　一方、外着としての紳士服の素材は毛織物が多く用いられていたが、高級なウエストコートやブリーチの場合には絹が使われることもあった。素材の調達にあたっては、衣服の調製をおこなう仕立商が調達する場合がある一方で、消費者が生地を別途購入して地元の仕立商にもち込むことが多かった。自分の衣服の生地にこだわりをもつ消費者は、良質な素材を遠くまで求める場合もある。例えば、イングランド東部ノフォークの牧師でサマーセットに若干の所領をもっていたジェームズ・ウッドフォードは、かなりのこだわりをもって自分の衣裳を整えていた。彼は、自分の居住地から距離的にはさほど近いとは言えないが、社交の場として有名であったバースの布地商からわざわざ黒い上質で薄手の毛織物を購入し、調製は地元ノリッジの仕立商に依頼している[8]。

　消費者としての男性は、このように衣料品の素材を自分の好みに合わせて調達することもあったが、調製は専ら仕立商にゆだねられた。この場合、仕立商は単に顧客の指示に従うだけでなく、むしろ積極的に流行に関与する存在でもあった。同時代のキャンベルによる職業案内では、仕立商は「衣裳 dress を作るばかりでなく、……ある程度その人そのものを作る」職業とされ、衣服の作成・調製を通じて個々の顧客に相応しい個性を表現し、演出することを求められていた[9]。また、顧客の体型に合わせた衣服の調製には高度の熟練が必要であったが、同時に流行の変化に対する敏感な観察者であり、またそれを実際の仕立てに活用できる技能を備えていることが仕立商として成功するために必須の条件であった。

　紳士服の基本構成はすでに述べたようにコート、ウエストコート、ブリーチで、同種素材での組合せであるスーツ（三揃え）もしくはブリーチなどで一部素材が異なるものを組み合わせるというスタイルであった【7-1図】。しかし、仕立商は袖の裁断の仕方、ポケット位置やその上にかかるフラップの形、またコートの縁取りなどにおける流行の変化を着実に自分のものにする必要があった。紳士服においては、全体のデザインに関する大きな変化というよりも細か

（a）スーツ［毛織物製］　　（b）コート［上着］とブリーチ［半ズボン］の組合せ［絹製］

7-1 図　1760 ～ 70 年代の紳士服

出典：Victoria & Albert Museum (V&A), Costume Playing Card より作成

い趣味、嗜好の変化に鋭く反応する目を仕立商がもつことを求められたのである。キャンベルの描くこのような仕立商は単なる仕立職人ではなく、何人もの仕立職人を雇い、彼らを指揮して流行に合わせながら、同時に顧客の体型や人柄に合わせて顧客に相応しい紳士服を調製する製造業者と小売商を兼業する存在であった[10]。また、キャンベルは仕立商の収入源を顧客に販売する衣料品の付属品、例えば服の芯に用いられるバックラムや縁取り用の素材などにあったと述べており、素材を上手に調達して利益を上げる商人的な側面を強くもっていたとされる。

　一方、キャンベルの職業案内の数年後に刊行された案内書によれば、仕立商は仕立商人 merchant taylor と呼ばれることを好み、ロンドンにおいては伝統のあるリバリィ・カンパニーの一つである仕立商人組合 Merchant Taylors Company の一員であることを誇りにすると述べられている[11]。この案内書では、

徒弟になるために必要なプレミアムは£15 ～ 20 とされており、それほど高くはない。[12]しかし、ロンドンで開業するための資金は£300 ～ 400 が必要であるとされているから、彼らは決して小規模な職人とは言えず、仕立商の社会的な地位も比較的高かった。そこで、同時代にロンドンで発行された仕立商のトレードカードを使って、彼らがどのように自分を表現していたかを見ていきたい。

　ロンドンのギルドホール図書館に所蔵されているビルヘッド（請求書に印刷されている広告）やトレードカードの内で、18 世紀後半から 19 世紀前半の時期に属する仕立商に関係すると推定されるものが 7 件残存している。[13]このうち 6 件は他の職業を併記しており、複数の衣料品関係業種との兼業であるが、仕立商を表示の先頭に置いているところから仕立商が主たる業務であったと推定される【7-1 表】。兼業している職種は毛織物商 draper や布地商 mercer などのように、仕立商にとって原材料にあたる布地に関わる部門を兼営している場合と、乗馬服製造業者 habit-maker やゲートル製造業者などのような、仕立商から見ると派生的な業務を兼業しているタイプに分かれる。すでに述べたように、衣服の製造に携わる職業では、紳士服、婦人服を問わず消費者が素材を購入して裁断、縫製を専門業者にゆだねることが多いが、仕立業者自身が生地や素材を提供することも可能であった。毛織物商などとの兼業を明示していない場合でも、仕立商が事前に生地を用意することは決して珍しいことではない。しかし、これらのトレードカードで兼業を明記していることは、素材も含めて同一の店で提供できることをむしろはっきりと示そうとしたものと考えられる。

　仕立商はもともと紳士服も婦人服もともに取り扱っていたのだが、17 世紀の終わりになると仕立商は婦人服の調製をおこなわなくなった。そのかわり、婦人服専門の業者が現れ、主に女性の職業として成長する。[14]そのため、この時代の仕立商のトレードカードには婦人衣料に関する記述は見られないが、例えばフリート街に店を構えたクロフトの店では婦人用の乗馬服調製や婦人用の仮装パーティー用衣裳の貸し出しを広告している。一般的に仕立商は婦人服を取り扱わないとしても、特別な衣裳の場合には取り扱うことがあることを示している。また、この店は皇太子や陸海軍用の衣料をも提供していることを謳っており、比較的高級な衣料品の製造販売をおこなっていたことをうかがわせる。

業者名	tradecard/ billhead の別	所在地	兼業種	特記事項	備考
Albert	bill head	Monument	draper	6時間でスーツ調製	
Beard	bill head	Long Acer	habit maker	若いジェントルマンのための流行の衣装を提供	
Croft	tradecard	Fleet Street	draper	婦人用乗馬着製作、6時間で紳士用スーツ調製	仮装用品販売・貸し出し
Brown	bill head	Heymarket	gaiter maker	絹のズボンつり、泥道用ブーツ、狩猟用ゲートル調製	
Mcmahon	tradecard	St. Giles	draper & salesman	バックスキンの半ズボンを品揃え	新品も中古も販売
Tingle	bill head	Holborn Hill	draper & mercer	陸海軍用制服、女性乗馬着短時間で調製。上質、古着の婦人着も販売	
Whyley	tradecard	Jermyn Street	専業	服地を選べる。2着、3着で割引	詳細な価格表

出典：London Guild Hall Library, Trade Card Box 1 ～ 30.

一方、ホルボーン・ヒルのティングルの店でも婦人用の乗馬服と陸海軍の制服取扱を広告しているが、この店では最高級と銘打ちながらも、同時に古着の販売をおこなっている。古着の販売はセント・ジャイルズのマクマホンの店でも取り扱っており、後述するウィリー商会のトレードカードと合わせて考えると、これら古着の販売は新しく調製した衣服を提供して古い衣裳を下取りしたものの再販売である可能性が高い。

　トレードカードでは、広告文として「お手頃価格」（クロフト）と並んで、「若い紳士方の嗜好に合う衣裳をとても多く、またお洒落に取り揃えております」（モニュメントのアルバート）といった言葉が見られ、男性消費者のもつ洗練された嗜好へのあこがれを重視していたことをうかがわせる。また、これらトレードカードのなかにはごく短時間で仕立てることを謳ったものが5件ある。クロフトの店では「6時間で紳士物の毛織物のスーツをお作りします」と明記

している。その他の場合には、時間までは明示されていないが、やはり短時間で作成できることを強調している。マクマホンの店のように「何らか（の布地—引用者）を、毛織物商の店におもちのお客様はお待たせしません」と述べて、生地をもち込んでくる顧客に配慮しているような例もある。短時間で仕立てることは突然の必要、例えば葬儀や喪装のようにあらかじめ準備ができない状況で新しい衣服が必要になった場合に備えてのことかもしれない。興味深いのはクロフトのトレードカードで、6時間でお作りしますと述べたすぐ後に、「町なかでも地方でも葬儀をおこないます」と述べていることである。この時代すでに葬儀屋という職業が成立しているから、クロフトの店が葬儀をおこなった[15]とは考えにくいが、葬儀に関わる衣料品の提供をおこなったのかもしれない。その意味で、短期日での仕立てという広告と葬儀とは何らかの関係があったことを推定させる。[16]

　7件の仕立商のトレードカードで、唯一他の業種を併記していないのが、ジャーミン・ストリートのウィリー商会である。このトレードカードには、かなり長文の前書きに続いて詳細な価格表を掲載している。前書きでは価格表を掲載した理由として、最上の素材でいかに安価に商品を提供できるかを示そうとしたからであると述べている。そのうえで、他の仕立商の広告の多くが「仰々しい言葉に満ちており、価格を下げようとするよりも他人を中傷することに注意がむけられ、あるいは高価な流行をもっぱら押しつけている」のに対して、ウィリー商会では正直率直に価格を明示し、商品を提供していることを強調している。

　そこで価格表を見てみると、ウィリー商会が提示している標準的なスーツの価格は£4, 9 s 6 dとなっている。これに対して、上述したホルボーン・ヒルのティングルの請求書では£3, 9 s 6 dでスーツを販売しているので、ウィリー商会の提示した価格が安いかどうかは疑問のあるところだが、興味深いのはウィリー商会がこの価格の構成原価を詳細に説明しているところである。これによれば、価格の約6割にあたる£2, 6 s 9 dが表生地用の上質毛織物の費用で、次いで商会の利益として12 s 8 d、仕立職人の賃金12 s 6 dがあげられており、利益と賃金を合わせると価格の28％を占めている【7-2図】。すでに述べたようにキャンベルは仕立商の利益の源泉としてバックラムなどの材料をあげていた

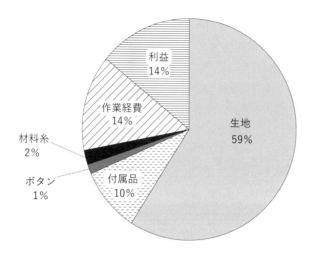

7-2図　ウィリー商会の原価構成
出典：London Guild Hall Library, Trade Card
Box 30. Whyley

が、ウィリー商会の場合この部分はごくわずかで数％しかない。むしろ、利益約14％を堂々と掲載することで、自らの正直さをアピールしようとしたとも思われる。顧客は商会がもっている生地のなかから自分の好みのものを自由に選択することが可能であったが、この場合1ヤードあたり17 s、総額で£4, 9 s 6 d を超えないことが求められた。

　価格表には標準的なスーツ以外にも、毛皮の付いたベルベットあるいはサテンで優雅に縁取りされたスーツは£8、同様な縁取りでラティーン織（毛織物）のスーツは£9, 9 s といった高額の値段がついた最高級のスーツから始まって、コートやウエストコートなど単品の価格まで、素材に合わせて詳細に表示されている。コートだけでも£5, 10 s の高級品から£2, 11 s の安価なフロックコートまでかなりの幅が示されている。また、奉公人用制服（リバリィ）用のスーツでも£3, 8 s 程度はしている。利益や仕立職人の手当てが定額であるならば、こうした価格差は利用する素材に依存していると考えられる。生地の選択は基本的に店の在庫のなかからなされるとすれば、生地や素材のなかに利益を潜り

込ませることは可能であったと思われる。但し、他の毛織物商や布地商が販売する生地の価格を顧客が十分に認知していれば、この部分を不当に吊り上げることは難しかったかもしれない。

　一方、ウィリー商会は定期的にまとめ買いする顧客に対しては割引をおこなっており、毎年4着を購入する場合は£14、3着のときは£11, 10 s、2着では£8, 8 sでの販売をおこなっている。4着の場合は、1着あたり£3, 15 sとなり、16％ほど安くなっている。しかし、古い服は新品と交換されることになっているから、ウィリー商会側は古着を再度販売することによって割引分は十分に補うことが可能であった。また、標準的なスーツの販売価格£4, 9 s 6 dは現金販売の場合に適用されるものと思われ、本来は£4, 14 sのところを現金払いで通常、他店でおこなわれている3.5％引きをあらかじめ控除した価格とされている。

　トレードカードは、店舗が店の特徴を潜在的な顧客に対して発信するものであるから、これを額面通りに受け取り、実際の経営をそのまま反映したものと考えることは危険である。そこで、仕立商の経営文書そのものに立ち入って、ここまで検討した同時代人の仕立商に対する見方やトレードカードの広告などと比較しながら、具体的な仕立商の実情に迫っていくことにしたい。

3　セイヤー家文書の特徴

　これから分析の対象とする経営史料は、イギリス国立公文書館（TNA）所蔵のセイヤー家に関係する文書である。そこで、史料の具体的な検討に入る前に、この文書の性格と特徴を整理しておくことにしたい。この文書はC180-30という分類番号が付されて一箱に収納された史料で、前章で取り扱ったホールと同様に、大法官裁判所に関わる史料であり、この史料も同裁判所における訴訟に関わる証拠資料であったと思われる。しかし、どのような訴訟であったかについては、裁判に直接関わる訴状や訴答文書が失われているので、詳細は不明である。[17]

　この史料に含まれる大半の文書は、ロンドン西郊ストランド近くにあるアル

史料番号			史料タイトル（内容）	期間（始期）〜期間（終期）	備　考
C180	30	1 〜 267	Day Book	1761年 8月 4日〜1767年 3月28日	日々の取引記録
C181	30	268 〜 270	Mens Wages paid by Catherin Sayers	1764年 8月10日〜1767年 3月28日	Day Book の末尾2ページ
C180	30	269	発送品メモ	1764年10月23日	史料番号に混乱
C180	30	271 〜 337	Letter Book	1756年 1月23日〜1761年 5月16日	出状控え
C180	30	338 〜 339	Copy of Cate M. John Nealer Sale, Wordley near Eppingham	1842年 3月31日	
C180	30	340 〜 343	土地建物賃貸料の記録	1833年　　　　〜1840年	裏表紙に「I」の表記。1844 年 1 月の日付
C180	30	344 〜 359	trade card, bill head	1760年 4月18日〜1766年12月31日	
C180	30	360 〜 428	顧客からの手紙、その返事（下書き）	1752年11月12日〜1765年 9月 2日	

出典：TNA, C180-30 より作成

ンデル街で仕立商を営んでいたマーク・セイヤーとその妻キャサリンおよび息子ウィリアムの営業活動に関するものである。また、この史料で扱われている年代は 1752 年から 65 年までの 14 年間で、この期間の帳簿や商用文が含まれている【7-2 表】。マーク・セイヤー自身は 1761 年 6 月に死亡し、その検認遺言書が大法官裁判所史料とは別に遺されている。[18]

　彼の遺言書によると、マークには妻と息子以外の親族として、西インド植民地バルバドスのウィリアム・ブラッドフォードに嫁いだ娘エリザベスと、ヨークシャーに健在の母親エリザベスがあげられている。義理の息子であるブラッドフォードとマークとはパートナーであったと述べられているので、何らかの事業上の付き合いがあったと思われるが、家族関係の史料が遺言書以外に存在しないので、その内容は明らかではない。ただ、セイヤー家とバルバドスとのつながりは、ブラッドフォード以外にも多くの顧客との関係で頻繁に商用文に表れており、非常に強いつながりがあったことを想定させる。

　遺言書では、友人など 12 人に総額£77, 8 s の貨幣を遺しているが、これは自分への追憶と記念のためのものであった。妻と息子に対しては事業継承を望

み、そのための営業用資産を遺している。さらに、現在住んでいるアルンデル街の家財、絵画などをまず妻に、そして妻の死後は息子が相続するよう遺言している。これらの資産について金額は示されていないが、すでに述べたようにこの時代、仕立商として事業を始めようとする場合には£300から£400が必要とされているから、少なくとも£400近い資産を保有していたと想像してもよさそうである。また、マークの母親に£10の年金を支払うように遺言している。この当時の公債に付された金利は3.5%前後とされているから、£10の年金は£280程度の価値があったことになる。[19]娘エリザベスには妻と息子が相続した残りをすべて遺贈しているが、残念ながらその金額は不明である。これらすべてを合計すると、事業用資産と家財をやや控えめに£300程度と推定し、母親の年金用の基金£280、現金£77,8sおよび娘エリザベスへの遺贈分などを含め、少なくとも総額£700近い資産をマークは遺したことになる。マークは仕立商人組合に所属している証拠を残しておらず、また資産から見て非常に富裕で大規模な経営をおこなう商人とは言えないまでも、相応の資産をもつロンドンの中流階層に属する仕立商であったと考えることができる。

さて、セイヤー家文書には全体を示すC180-30という分類番号に加えて、1〜428までの枝番が付されているが、この番号は必ずしも時系列を示すものではない。最初の1から267は、1761年8月4日から67年3月28日までの日々の取引を5年半にわたって記録した表紙の付いた書籍体の日記帳Day Bookである。枝番は見開き2ページに1つずつ付されており、全体としては500ページ以上に及ぶ。同じ帳面の末尾（C180-30-268,270）には、1764年から67年にかけて、仕立職人に支払われた週ごとの賃金一覧が付録のような形で掲載されている。[20]

日記帳はのべ3,000件近い顧客からの注文が記載されているが、より詳細にみると1764年8月（C180-30-201）に、「寡婦キャサリン・セイヤーによって8月18日から始められた店舗記録」という表題で新しいタイトルが付され、ページが改められて記述が始まっている。日記帳の巻末に付録されている仕立職人の賃金表も同様に、8月18日からキャサリンの名前で始まっている。この日付より前の記述は書体・筆跡の点から3〜4人でおこなわれたことが推定されるが、この日付以降はほぼ二人の人物の筆跡に固定されている。また、1763

年11月から翌年の8月に至る時期の記帳は、日付と記入内容がかなりの頻度で前後するなど、混乱が見られる。他方、アルンデル街のキャサリン・セイヤーの名前は、破産に関わる分割債権回収者として1786年8月1日の日付で別の記録に登場するので、この時点ではキャサリンが事業を継続していた可能性が高い。[21]この史料にはウィリアムの名前がまったく見られないから、彼は64年8月以降何らかの理由で事業を離れたか、死亡したと考えられる。[22]したがって、キャサリンとウィリアムの母子は、共同経営者として父マークから1761年に仕立商の事業を継承し、その経営は1764年8月以降、補助する者の存在を想定できるとしても、キャサリン一人でおこなっていたものと思われる。

　セイヤー文書に含まれる第2の主要な史料は、これも表紙を付け書籍体に綴じられた商用文の出状記録である（C180-30-271〜337）。枝番は日記帳と同じで、見開き2ページに一つずつ付けられている。顧客への取引関係の手紙の控えもしくは下書きで、1ページに数通が書かれており、合計で298通が一冊におさめられている。時期的には1756年1月から61年5月までのもので、こちらはマーク・セイヤーが経営をおこなっていた時期のものである。内容は、後述するように、主として顧客への商品発送や代金の請求である。これに対応する形で顧客からの手紙53通と、その手紙の裏を利用した返事の下書きが9通残っている（C180-30-360〜428）。これらは手紙そのものが残されており、手紙が出された期間は1752年から65年9月で、マーク・セイヤーが経営していた時期から彼の死後、妻と息子が事業を継承し、さらに妻が単独で経営するようになるまで、すべての期間にまたがっている。マークの死亡と事業の継承に関しては、息子ウィリアムが出した手紙のなかにも記されている。しかし、1764年8月以降は、翌年の9月に出された手紙を例外として、セイヤー氏 Mr. Sayer 宛となっており、妻キャサリン単独経営への移行は反映されていない。このように他の史料と若干の齟齬が見られるが、ここに残された書簡類はセイヤー側の応答も含め顧客と仕立商、あるいは顧客同士の関係をより率直に伝える貴重な史料となっている。

　以上で紹介した以外に、セイヤー家が取引をおこなったと思われる商人たちから受け取った請求書、トレードカードなどがこの史料群には含まれている（C180-30-344〜359）。日付は1760年から66年で、マーク・セイヤーの死後のも

のであるが、64 年、65 年の請求書はセイヤー夫人宛となっており、この点からもウィリアムが経営から離脱した可能性が示唆される。請求書の内容は牛乳代金やティーポットの修理代など、セイヤー家の経営とは関係がないと思われるものもあるが、同時に毛織物商や布地商など仕立商としての業務と関係の深い請求書類などが含まれ、数は多くないが、セイヤー家の仕入動向を示すものとなっている。[23]

4 | 仕立商セイヤー家の経営

4-1. 営業内容と紳士衣料

　次にセイヤー家文書に即して、仕立商としての経営が具体的にどのようなものであったかを検討していきたい。最初に日常的な業務を記録した日記帳からその経営を見ていくことにしよう。

　日記帳には、顧客ごとにその注文内容が記録されている。しかし、請求した費用の記載にはバラつきがあり、日記帳の最初の部分では詳細に費用が書かれていることが多いが、しだいに費用・金額に関する記載が減少していく。金額や注文の記載に加えて、日記帳の全期間にわたり作業時間と思われる付記があるが、これも常に記録されているわけではない。こうした付記は衣服の修繕などに付け加えられることが多く、請求金額が記入されているところでは 6 時間に対して 2 s 程度を請求している場合が多い。しかし、作業時間と費用とが必ずしもいつも一致しているわけではない。

　次に、日記帳の記載内容と出状記録を利用してセイヤー家の顧客たちの姿を見ていくことにしよう。日記帳では顧客名とともに住所や職業が記載されることは少ないが、ロンドンのワイン商、金物商などの職業名や牧師などの肩書きが時折現れる。出状記録からは中級の軍人と思われる人物からの軍服の注文も見られる。顧客個人の属性に関わる情報としてはタイトルがあるが、日記帳に記載されるタイトルでは氏 Mr. と殿（esq. エスクワイヤー）が大半を占め、貴族層のような上流社会層を推定させるもの、例えば卿 Lord のようなものは一

件も存在しない。他方で、肩書きなしの顧客もかなり登場する。これらの肩書きから直接その社会層を推定するには慎重である必要があるし、エスクワイヤーを地主と同一視することももちろんできない。18世紀にエスクワイヤーとかジェントルマンと自称、他称することは決して珍しくなかったから、その実態はかなり曖昧としたものであった。[24] 他方で、後述するようにエスクワイヤーなどが付いた顧客は、御者や従僕 footman などの制服を注文する社会層でもあったから、地主・ジェントリィ層に近い存在であったことが推定される。同時に、敬称を付けない顧客の存在はセイヤー家にとって同等の、中流の社会層と認識されていたものと考えられる。

　顧客の地理的な広がりについてみると、その多くはロンドン近郊に在住していたものと思われるが、正確な住所は明らかではない。このなかには、ロンドンの顧客に寄宿している地方からの人物も含まれている。他方で、出状記録などからオックスフォード、エディンバラなど、地方の顧客とのつながりが見られ、また西インド植民地のバルバドスにもかなりの顧客が存在している。出状記録では、オックスフォードの顧客へは全てクイーンズ・カレッジ宛で書かれており、この学寮に所属する学生もしくは教師であった可能性が高い。セイヤー自身もバルバドスに娘を嫁がせているが、クイーンズ・カレッジの顧客のなかにもサム・エストウィックのようにバルバドスに親族がいると思われる人物も存在している。バルバドスと何らかのつながりをもっているイングランド在住の顧客が、セイヤーを仲介役として連絡を取り合っていたと考えられる。地理的に離れた顧客間とのつながりは様々な形で現れるが、バルバドスのとのつながりは、セイヤーを中心とした顧客のネットワークとも言えるものが展開していたことを推定させる。

　では、これらの顧客がどのようなものを購入し、またサービスの提供をセイヤーから受けていたかについて検討してみよう。注文の基本的なパターンは、前掲7-1図（a）で示した三揃えスーツ、つまりコート、ウエストコート、ブリーチのセットで注文するか、（b）のようなコート（上着）とブリーチが別素材の場合があり、これ以外にコートとブリーチなどをそれぞれ単品で注文する形を取るかであった。しかし、これとは別に新しい衣服ではなく、既存のものの修繕、修理を依頼する場合もあった。7-3表は注文の代表的な例をまとめたもの

であるが、(a)、(b) はスーツの注文、(c) はコートとウエストコートの注文を示している。

　スーツの場合、販売価格の基本的構成は本体の生地、ポケットや縁取り用の素材、ボタン類という材料費に、本体の調製・仕立ての費用を加えたものとなる。ウィリー商会の価格表の場合とほぼ同様であるが、セイヤー家の場合ではポケットや縁取りにかかる作業は別途請求されている。注文に生地が含まれる場合には、その費用が全体の40～50％と大きな部分を占めている点もウィリー商会と近似している。原材料費を除いたセイヤーの利益と賃金部分は分割計上されていないので合計額で考えざるをえないが、費用のなかで占める割合は18％から28％となっており、比率で見るとかなりの幅で変動している。作業経費そのものはスーツ本体の調製に16ｓ～18ｓ、その他の付属品の調製が6～8ｓで、合計が22～26ｓ程度である。これはウィリー商会の25ｓ程度であったことと符合する。つまり製品の最終的な価格は原材料費に応じて増減するが、これとは関わりなく利益、作業経費はほぼ固定されていたものと思われる。

　スーツの注文であっても、第2節で述べたように生地をもち込む場合も存在する。日記帳の記載では「ご自身の生地」his own cloth という付記が頻繁に見られるが、こうした付記がなくても生地のもち込みが推定される場合がある。7-3 表はほぼ同時期の発注例を示しているが、このうち (b) は、1761 年 8 月トーマス・ブルロックがスーツを発注したときの記載で、裏地用の素材やボタンを除けば、スーツ本体用の生地代金が含まれておらず、発注者によってもち込まれたと考えられる。生地がもち込まれていない7-3 表 (a) や (c) と比較して作業経費は 18 シリングとやや高くなっているが、もち込みが明示されている場合に常に高くなっているわけではなく、生地のもち込みが作業経費の高額化の原因となっているわけではない。[25] また、もち込まれる素材もブリーチとセットとなる靴下であったり、縁取り用の素材であったりと、その内容は様々である。

　一方、セイヤー家文書に含まれるトレードカード類のなかで、セイヤーが業務上で取引したと考えられる業者からの請求書は、大多数が生地を販売する商人たち、つまり毛織物商、布地商、麻織物商などから受け取ったものであった。仕入れに関する請求書は数が少ないのでここから断定的な結論を下すことはで

7-3 表

(a) 日記帳の記述　トーマス・スメルトの注文（スーツ）

1761 Aug 26 Thomas Smelt		by Watts's Croydon Coach			
	単価	数量	L	s	d
making a mixt cloth frock suit				16	
second cloth	14 s	8 1/4 yds	2	5	6
common shalloon	2 s	4 1/4 yds		8	6
sleeve linings and pocket				2	9
body lining				2	3
breeches linings pockets				4	6
velvet cape				2	6
button		コート用 1 ダースと 10、胸用 2 ダース		2	4
バックラムなど				7	
計			4	11	4

(b) 日記帳の記述　トーマス・ブルロックの注文（スーツ、但し生地はなし）

1761 Aug 26　Thos. Bulloc					
	単価	数量	L	s	d
making a dark french frock suit				18	
shalloon to line & waistcoat sleeves	2 s 4 d	6 1/2 yds		12	2
sleeve lining & pockets				3	6
body and sleeve linings				3	9
半ズボン用 shammey linings と pockets ボタン				17	6
バックラムなど				8	6
計			4	11	4

(c)　チャールズ・ディーンの注文（コートとスーツ）

1761 Aug 28 Capt Charles Deane					
	単価	数量	L	s	d
making a mixed cloth frock & waistcoat				15	
super fine cloth	19 s	3 3/8 yds	3	4	11.5
shalloon	2 s 4 d	5 3/4 yds		13	5
sleeve linings, and pockets				3	9
body lining				2	9
button	18 s	コート用 1 ダースと 11、胸用 14		3	9
縁取り用絹のビンディング	5 s	15 yds		6	6
バックラムなど				6	6
絹のブリーチ、絹靴下つき			2	7	
計			7	14	9.5

* 上記表 (a) ～ (c) の L はポンド、s はシリング、d はペンスを示す。また、yds=yards で 1 ヤードは約 91cm。

出典：TNA C180-30, 7.

きないが、仕入値に比べてセイヤーが経費として計上している生地、素材の価格はかなり高い。例えば、1762 年 6 月には毛織物 3 ヤード 1/2 をヤード単価 5 s 6 d で布地商から仕入れているが（C180-30-358）、同じ月にスーツなどの調製へ使われた毛織物を見ると、上質のもので 19 s、徒弟用のスーツであっても 12 s を計上している（C180-30-77 ～ 78）。一方、1763 年 2 月に毛織物商から仕入れた最高級のシャルーン織 3 ／ 4 ヤードの場合、ヤードあたりの単価は 22 d（1 s 10 d）とされている（C180-30-348）。この時期の日記帳では価格の記入が断片的で、1 月と 2 月で価格が記入されているのはわずかに 1 月 22 日と 29 日に限られている。そのなかでシャルーン織が使われているのは 3 件であったが、この 3 件ともヤードあたりの単価は 2 s 4 d となっている（C180-30-117）。作業経費および利益の部分は前述のようにほぼ固定されていたので、収益を拡大させるためにはこのように材料となる生地や素材を安く仕入れる必要があった。それだけに、生地などのもち込みはこの経営の収益を悪化させる要因ともなったと思われる。生地もち込みの可能性が低い遠隔地の顧客は、その点では大きな収益源となり得たが、後述するように顧客が自分の毛織物商からの仕入れを指示することもあり、セイヤーの期待通りに全てが推移したわけではない。

　素材や原料の仕入れに関しては、出状記録から別の側面を読み取ることができる。マーク・セイヤーはマンチェスターにジョン・レイという親族がおり、綿製品の仕入れを依頼している。1756 年 3 月のレイ宛の手紙によれば、綿のベルベットを無事受け取ったが、さらに同量の同じものを送ってほしいと依頼した後に、「同封した色とできる限り同じ色のジーンズ地を、2 反送ってほしい。これらをパターンと同様の良質のものにしてほしい。もしどの色もない場合には、1 反は私の送ったものに近いぴったりのものであればと思う」（C180-30-274）と書き送って、恒常的に綿製品を直接原材料の生産地であるランカシャーに注文していたことが分かる。[26] この発注は、翌月のレイ宛に送られた 2 通の手紙からバルバドスへ送る衣服のためのものであることが分かり、また送られてきたジーンズ織が期待通りのものではなく、身近な業者から調達せざるを得なかったことが手紙のなかに示されている（C180-30-278）。これらの状況から、セイヤーは地元ロンドンの毛織物商など生地供給業者から供給を受けるとともに、血縁的なネットワークを利用しながら、生産地とも取引をし、より有利な

仕入環境を模索していたものと思われる。

　さて、セイヤーが受けていた注文には衣料品の仕立て・調製ばかりではなく、修理、修繕がかなり多く含まれていた。スーツなどをきれいにして表面をならす、あるいはズボンの尻の部分を直すといった注文はかなり頻繁に日記帳に現れてくる。修繕に合わせてボタンの付け替えがおこなわれることもあり、新しいスーツを作るのと同じように、3 ダース近いボタンが使われる場合もある。単にスーツをきれいに補修するばかりでなく、ブリーチの位置を上げるとか、ウエストコートを大きくするなどして体型に合わせた仕立て直しもおこなっている。体型に合わせた修正だけならば 1 s 程度と比較的安い料金ですむが、スーツをきれいに整えると 2 s 近くかかり、ボタンの付け替えまでするとさらに高額になる。しかし、スーツ一着を新調すれば£5 近く必要となることを考えれば、着られる衣料であれば修理をして長く利用したくなることは十分に想像できる。

　とは言え、修理をした社会層にも若干偏りを見ることができる。1761 年 8 月から翌年 7 月までの 1 年間に修理をおこなった顧客はのべ 147 人いるが、エスクワイヤーの敬称が付されているものは 31、ミスター（牧師を含む）が 48、敬称なしが 63、その他のタイトル（軍人など）7 となり、エスクワイヤーは比較的少ない。すでに述べたように、ここから直ちに社会層に関する判定をおこなうのは危険であるし、元々顧客数のなかに占めるエスクワイヤーの数が少ないので、より上層の社会層は衣服の修理をそれほどおこなわなかったと結論することはできない。しかし、奉公人用の衣服の修理はエスクワイヤー層だけに集中しており、ミスターの 1 件を除けば他は皆無である。この点からすれば、衣服の修理について社会階層間に一定の偏差が存在することを推定することはそれほど難しいことではない。ミスターあるいは、セイヤーから見て同じ社会層とみなされるべき敬称なし層のような中流階層ほど衣服を大事に取り扱い、それよりも上層の社会層は奉公人の衣服は修理しても自分の衣裳は新調したいという意識を反映しているものと思われる。

　奉公人の存在は、日記帳の記載にも様々な形で現れている。馬車の御者や従僕（フットマン）あるいは男性奉公人の制服の注文がしばしばおこなわれるが、一般にこのような制服は主人の意向を反映して派手になる傾向が指摘されてい

。しかし、上記のように奉公人の衣服は修理をおこなう場合も多いし、また素材についても例えば綿麻の交織織物で、丈夫なファスチアン織を用いた衣服を、奉公人のために作る主人もしばしば日記帳のなかで見いだすことができる。素材としてファスチアン織を用いると明示される記入例は、この期間の日記帳のなかで110件ほど確認することができるが、そのうち約半数の59件ははっきりと奉公人用の衣服のためであるとされ、さらに15件については他の奉公人用衣料とともに記載されている点から、ほぼ奉公人用と考えて間違いなさそうである。こうした奉公人用衣服を注文したのは多くの場合エスクワイヤーの敬称をもつ人々であったが、この人々が自分の衣料としてファスチアン織を使うことはわずか2件でごく例外的なものであった。マスター master という敬称を付された顧客からの注文にファスチアン織が用いられるケースが10件ほどあって、どのような背景をもつ社会層なのか明確ではないが、体を動かして作業をおこなう人々であった可能性が高い。こうした点からも、注文された衣服にはかなりはっきりとした階層的な差異が見て取れる。

　一方、社会状況が男性衣料に与えた影響をそのまま日記帳のなかから読み解くことは容易ではないが、そのなかでも1765年11月に突然、喪服の注文が殺到したことは興味深い事例を提供している。この月に記載されている顧客数は50件であるが、このうち13件が喪服の注文であった。それも11月9日に6件、16日に7件とごく短期間に集中している。日記帳全体で喪服と明示された注文は22件であるが、その6割がこの1ヶ月間に集中しており、他の9件については時期的な集中は見られない。この同じ月に国王ジョージ2世の息子でカンバーランド公ウィリアムが死亡している。ロンドン雑報によると、11月2日付けの式部長官府の布告として、「10日よりカンバーランド公爵閣下の服喪に入る。ご婦人方は房飾りあるいは無地の亜麻の付いた絹織物もしくはベルベットを着用、扇は白か黒、白の手袋を着用のこと。紳士方は房飾りが付いたもしくはなめらかな、完全に整えられた麻製（の衣裳—引用者）で、黒の剣とバックルを着用のこと」という布告が出されている。公的な服喪は婦人衣料に対する指示とともに男性の衣服にも指示がおこなわれ、その影響はかなり大きかったのである。

　カンバーランド公の葬儀が衣料品関連業界に与えた直接の影響を物語るもの

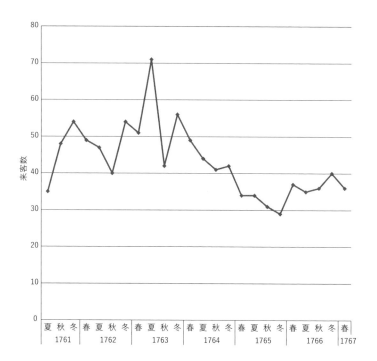

7-3図　セイヤー家来客数の推移（各季は3ヶ月の平均）
出典：TNA, C180-30, 1～267より作成

　として、ボタン業界の事例をあげることができる。ジェームズ・ワットのパートナーとして蒸気機関の普及で有名なマシュウ・ボウルトンはバーミンガムのボタン製造業者でもあった。ボウルトンとボタン製造での営業活動でパートナーであったジョン・フォザゲルは、ボウルトン宛にカンバーランド公の葬儀や服喪が、ボタン需要に与える影響を危惧する手紙を送っている。この手紙によると、ボタンに対する注文をすでに受け始めているところに、カンバーランド公の服喪が始まったので、「ボタン打ち出し業者にとって決定的になる恐れを」抱いていると述べている。[30]ボタンはすでに述べたように衣料品に数多く用いられるものであるが、フォザゲルの不安は服喪の知らせ以前に次のシーズンに向けた生産が始められているため、急激な需要の変化に短期間での対応が難しかったことを示している。公的服喪が様々な経済活動にかなりの影響を与

えたことは明らかで、政府は1786年の式部長官布告で「食料品の一般的な不足と高騰のおりに、国王陛下は宮廷の服喪の長さによって、生活の糧を得る手段の多くを奪われている製造業者や取引に従事している者に同情を示され、今後このような服喪全てを短くする指示を喜んでお出しくださった。また、式部長官の宮廷服喪に関する通達は今後これに合うように出されることになる」と述べて、服喪期間の短縮を明らかにしている。[31]

　素材供給業者の不安をよそに、仕立業者にとってはこうした臨時の変化は新しい需要を生み出す好機にもなったと考えられる。セイヤー家の顧客数の推移を見ると、季節的な変動はそれほど明確ではなく秋に若干減少する傾向が見られる程度であるが、それ以上にはっきりと現れていることは長期的に顧客数が漸減していることである。7-3図で示したように日記帳の全期間で見ると、1763年を境にして64年以降は顧客数が減少に転じ、66年に少しもち直すものの、65年はかなり落ち込んでいる。[32]1765年の月ごとの顧客数は30件台にとどまっているのに対して、3ヶ月の平均を示している7-3図には現れないが、この年の11月だけは50件と突出しており、喪服の注文13件は明らかに顧客数の落ち込みを救うことに貢献している。すでに指摘した仕立商のトレードカードにおいて迅速な調製に応じることを謳っていることと合わせて考えると、今回の服喪の発生が顧客数の急増につながったものと思われる。仕立商は全体として服喪のような臨時の需要に応じることができる体制を整えていたが、セイヤー家にとって服喪は追加的な需要増加という形で顧客数の減少を補うものとなった。[33]

　需要の変動に柔軟に対応できた理由の一つは、仕立職人の雇用方法にあったと思われる。日記帳の末尾に1761年8月から12月まで、ほぼ毎週賃金を支払った仕立職人の名前と賃金額が記入されている。これによると、名前の記載がなく余所者 Stranger と呼ばれた2人を加えて、合計38名の仕立職人が雇われている。しかし、基本となるのは6名で、彼らは記録が残っている全20週のうち全てもしくは18〜9回登場する。まず20回登場し週給£1, 1 s を受け取っているスタックという人物は職長と言える地位にある。ボンドとエルスコットは常雇いの仕立職人と考えられ、18回登場し1週の賃金として15 s 9 d を受け取っている。ディックスとウェブスタはそれぞれ20回、19回登場するが、彼

らの賃金は 12 s 6 d と低く、見習い職人の可能性が高い。

　職長は週 1 ギニー（＝£1, 1 s）、その他の仕立職人は腕が良ければ一日半クラウン（2 s 6 d ＝週 6 日で 15 s）から 3 s（週 18 s）は稼ぐという、職業案内を書いたキャンベルの指摘と比較すると、セイヤーがこれらの仕立職人に支払っていた賃金はこれにほぼ一致する。残りの 32 名は、日記帳に記載されている回数が大きく減少する。このうち一番多いトムソンでも 9 回、一番少ない仕立職人は半日だけのただ 1 回のみの記載という場合もある。また他の職人と一括して記入され、名前も分からない者も存在する。労働時間が短いとそれだけ支払賃金は少なくなるが、週給に換算するとほぼ 15 s 4 d 〜 9 d となって大きな違いは見られない。キャンベルは、仕立職人の数が「蝗のように数多くいるので、1 年の内 3、4 ヶ月も仕事がなく、ネズミのように貧しい[34]」と述べているが、これは仕立商から見ると需要の変化に応じて随時職人を雇い入れ、また減らしたりすることができる状況にあったことになる。セイヤー家の経営では基幹となる職長 1 人、常雇い職人 2 人、見習い職人 2 人の合計 5 人以外は必要に応じて雇われていたとみるべきだろう。半日のみの雇用が存在することは、必要な時に常に臨時雇いの職人を得られる仕組みが存在していたと考えられる。キャンベルによれば、仕立商は職人たちをどこで見つければ良いかを知っており、必要な時には彼らのなじみのエールハウスへ探しに行くことになると指摘している。そうした職人のなかには仕立商から見れば名前も分からない「余所者」も含まれていたのである。

4-2. セイヤー家と顧客との関係

　1756 年 4 月 17 日付けでバルバドス在住のジョン・ハドベインズ宛に、マーク・セイヤーは次のような手紙を書いている。「クレイトン船長から貴方の手紙を受け取り、貴方のご兄弟に絹のスーツと上質毛織物のスーツをお作りしました。スーツが体に合って気に入っていただければと願っています。スーツはとてもファッショナブルな柄と色になっており、ごく新しい嗜好に合ったものです。リー船長のレイトン号に船積みして送りました。貴方の勘定と一緒に船長の受け取りを同封します」（C180-30-275）。

　セイヤーは多くの顧客をバルバドスにもっていたが、バルバドスを含む遠隔

地に住む顧客との遣り取りは手紙を介しておこなわれた。セイヤー家の文書に残された商用文には、顧客とセイヤーとの関係が様々な形で表れている。上記の手紙もその一端を示すものであり、ハドベインズの指示に従って、その兄弟のためにスーツを仕立て・調製したものと考えられる。仕立商は、顧客の嗜好に合わせながら、流行を巧みに取り入れて商品を供給していたのである。そこで、以下ではセイヤー文書のなかの出状記録や顧客から受け取った手紙などから、セイヤー家が顧客とどのような関係を築いていたかを検討してみたい。

　遠隔地からの注文は、上記の手紙にあるようにあらかじめ手紙によって発注されていることが普通である。しかし、洋装の衣料を仕立てるにはかなり詳細に体型とその寸法を知っておくことが必要である。セイヤーは多くの場合、何らかの機会に採寸したデータを保存しておき、注文があった際にはこれを利用したものと思われる。発状書簡のなかに「寸法は保存してあります」という文言がしばしば現れることはこれを反映している。しかし、未知の人物の場合には寸法を何とかして手に入れる必要がある。1756 年 12 月スタッフォードのニュートン・アイキンなる人物へ送った手紙によると、「貴方がお話のウエストコートをご注文の人物について、寸法は推測するしかありませんが、寸法の知識なしに何かをすることは不可能ですので、かの紳士の寸法を戻りの郵便で私どもへ何とかお送りくださるようお願い申し上げます」（C180-30-292）と述べて、寸法に関する情報を手に入れることの必要性を強調している。

　この手紙は、寸法に関する情報を送ってほしいという内容となっているのだが、同時に地方の顧客が知人を紹介する場合があったことも示している。地方に住んでいる人々は、ノフォークの牧師ウッドフォードやランカシャーのレイザム家のように、地元の中心都市にいた仕立商に調製を依頼していた。第6章でも触れたバッキンガムシャー、シャルストンのジェントリィであったピュアフォイ家では、地理的に比較的近いノザンプトンシャーのブラックリーにいたジョーンズという仕立商に布地を送ってコートなどを作成させていた。しかし、同時に布地のパターンをロンドンの仕立商ジョン・ボイドに送って、ブリーチの発注もしている。[35] どのような基準でロンドンと地元の仕立商との発注を分けていたのかは分からないが、セイヤーへの注文に見られるように富裕層の場合には、地方からロンドンの仕立商へ発注することもあったのである。[36] ロン

ドンへ注文する場合、婦人服の情報を友人から得ていたシャックルトンのように、仕立商に関する評判もすでにロンドンとの接触をもっていた友人、知人から得ていた可能性が高く、男性の場合も、女性と同様にロンドンとのつながりのある人脈を最大限利用したものと考えられる。逆にセイヤーにとっては、地方の顧客は新規市場の開拓にとって無視できない重要性をもっていたし、評判を落とさないように細心の注意を払うことが必要でもあった。

　だが、送られてきた情報が仕立て・調製をおこなうのに十分とは限らない。1760年10月にリンカンシャー、ボストンのエドウィングという人物に対して送った手紙では、上品なフロックスーツを発送し、次の注文を期待すると述べた上で、追伸として「ノッチ（袖の切り込み─引用者）についての記述が不足しているのでほとんど情報として役に立ちません。そこでぴったりと合った古いコートとブリーチの方が良い手引きとなります」（C180-30-330）と書く必要があった。さらに不正確な寸法に関する情報が送られてきて、この結果顧客とのトラブルになることもあった。同じ月にジョン・ミリングトンへ送った手紙では、この点が示されている。「コートが貴方に合っていなかったことはとても申し訳なく思っております。しかし、恐れ入りますが、私どもにどのぐらい大きすぎるかをお知らせいただければ、寸法を変えることができます。小さすぎる場合と比べて、すぐにたやすく直させていただきます」（C180-30-330）と書き送って、柔軟にコートの大きさの修正に応じている。[37]

　寸法が合っていても、色やデザインが顧客の気に入らないという場合も起こってくる。リンカーンに駐屯していた陸軍将校のギルバート・ピルキントンは、1763年8月の手紙で「貴方が送ってきた黒の絹のブリーチは絹のウエストコートと同じ色のつもりでした。私の注文が間違っていたようです。今ひとつのブリーチは私（の体─引用者）に大変良くあっていますが、（ポケットを覆う─引用者）フラップが私の望んでいるよりも、前のものより少し低すぎて、端にかなり寄ってしまっているようです。次回は直してもらえるだろうと思います」（C180-30-380/381）と述べている。ピルキントンは、実際この手紙の三ヶ月前に絹の色見本を送っている。ピルキントンが考えていたものとは違う見本を送ってしまったのか、セイヤーが見落としたのかは不明であるが、両者の間に何らかの行き違いがあったことは明らかである。ピルキントンはこの8月の手

紙の後半でコートの発注をおこない、かなり細々としたデザインに関する注文を付けている。発注者は、色やデザインについてかなり詳細な要望を書き送っていたものと思われる。

　生地の調達については、すでに述べたようにもち込む顧客も多かったが、遠隔地の顧客の場合には仕入先を指定してくることもある。1756年5月にグロスターシャーのサイアレンセスター近くに住んでいたウィリアム・ギーズに宛てた手紙では、「貴方の毛織物商に貴方が送ったパターンを、手紙を受け取りしだい取りに行きましたが、生地も色もなかったので、私どもの毛織物商から入手しました」（C180-30-278）と述べている。顧客がこだわりをもって、あるいは親しい毛織物商を指定して生地を発注することがあったにせよ、どの業者から仕入れるかの裁量はセイヤー側にあったものと思われる。また、仕入れによる利益確保という狙いがその背後にあった可能性も否定できない。

　詳細な注文を付ける顧客がいる一方で、全てお任せという者もいた。1764年に喪服を注文したジョシュア・スティールは、「私は関心がないので、流行については貴殿にお任せしたい」と書き送っている（C180-30-400）。こうした場合には、素材やデザインについて仕立商が自らのセンスを発揮して調製することができたものと思われる。しかし、顧客の希望とセイヤーの考えとが一致しないで、トラブルが発生してしまう場合もある。1761年にJ.ハウダルから受け取った手紙では、ウエストコートの素材が気に入らないので、サテンからフランネルに替えてほしいという要望が伝えられている。これに対してセイヤーは自分の方で黒く染めることを提案し、染色によってどんな紳士でも十分に品良く着用できることになるとして、説得をおこなっている。その上で、勘定書を送っているので、セイヤーはあくまで調製した製品の変更には応じず、色を染めることによって問題を解決したことにして、代金の回収に努力しようとしている（C180-30-400）。しかし、それほど簡単に解決しないこともある。エディンバラのトマス・レスリーは荷物が期日通りに到着しなかったことを理由に以後の取引を拒否し、商品は開封せずに返送している（C180-30-384）。

　もっともセイヤー側に明らかな落ち度がある場合には、素直に謝罪して代替措置を取ってもいる。1756年5月にバルバドスのシドニィ・クラークへ商品を送った際には、「ご注文に応じてアルピーン織のスーツをお作りしましたが、

不幸なことに職人がアイロンでブリーチとウエストコートの一部を焦がしてしまいました。そこで修繕をおこない、代わりの色の絹のブリーチをお送りします」と書いて、落ち度がセイヤー側にあることを認めて修繕をおこなっている。通常は同梱されるはずの請求書についての記述がなく、受け取りだけを送っているので、代金を請求しなかったのかもしれない（C180-30-278）。

　セイヤーが手紙を顧客に送った際の最大の関心事は、商品発送の連絡とともに同梱された請求書の送付にあったと思われる。出状記録298通の内、120通（40％）は商品の発送とその確認のためのもので、これには請求書の同梱と支払請求がほぼ必ず付随しているし、さらに79通（26％）は代金の支払いや送金の催促に関するものであった【7-4図】。遠隔地の顧客の場合、様々な取引が継続しておこなわれたと考えられ、まず顧客個人の勘定がセイヤーの帳簿のなかで設定され、この勘定残高とともにその時点での商品の請求をおこなう形が多く見られる。バルバドスへの配送の場合には、船長に商品の受取証および代金の領収書が託されることが多く、その場で船長に代金が支払われれば船長から領収書を受け取って支払完了ということになる。しかし、現実には直ちに支払いがなされたわけではない。

　支払いの遅延は時に数年に及ぶ場合もある。1757年2月にバルバドスのジョン・アーサーへ送った手紙では、「リンゼー船長を介して（手紙―引用者を）受け取ってから1年が経ちましたが、何のお返事もいただけておりません。紳士方には物事を無視し、2～3年も放置されるときがありますが、勘定がとても長く閉じられないままになっていることによって、商売人がどんな窮乏の状態に陥ることになるかご存じないからだと考えております。経験からあえて言わせていただくと、しかし、私どものいかに窮迫しているかをご存じいただかなければなりません。そこで、利子込みで£19, 4 s 11 dのあなたの手形noteの支払いをしていただければ大変幸せです」（C180-30-294）と述べている。支払いに関する手形noteについては、セイヤーが振り出した、つまり事実上請求書に対する支払要求なのか、あるいはアーサーが手形を振り出して支払いに充てるように求めたのかは、はっきりしない。とは言え、アーサーは注文品に対する決済を数年にわたっておこなわず未払いになっており、こうした未払い状況が珍しくなかったことを伝えている。

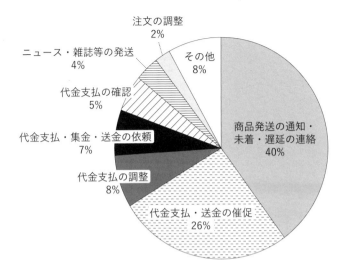

7-4 図　出状記録の内容
出典：C180-30, 271 〜 337

　それでも支払いがおこなわれない場合には、より強硬な手段が取られること
になる。上記のジョン・アーサーに対してセイヤーは続けて手紙を送っている。
そのなかで、バルバドス在住のヘンリ・フォークを法定代理人として支払請求
をおこなうことになったこと、さらにもしそれでも支払われない場合には、法
に従った手続きを取ると半ば脅している（C180-30-295）。この件に関しては法
定代理人となったフォークへの手紙も残っており、支払勘定の最初の送付は
1755 年 7 月であり、3 年以上支払いが滞っていることを示した上で、「私は、
現在大変資金が不足しているので、彼（アーサー──引用者）と直接決済するか、
あるいは貴方が適切だと考える手続を進めていただければありがたいと思って
います」と書き送っている（C180-30-295）。
　遠隔地に在住する顧客に限らず、ロンドン近郊の顧客であっても現金払いよ
りも信用払いの方が一般的であった時代に、前章でも述べたが、その代金回収
を確実なものにすることはこの時代の商工業者の経営にとってきわめて重要な
意義をもつものであった。ことにバルバドスのような遠隔地においては、代金

回収はより大きな困難がともなったであろうことは想像に難くない。しかし、信用取引を前提とした取引関係が、まったく見ず知らずの人との間に築かれることはもとより難しいと考えられる。その意味で、信用取引の前提となる様々な人間関係のネットワークを、その背後に想定することは十分に理由のあることである。[38]信頼のネットワークとでも言いうる社会的なつながりが、地理的にはかなり遠隔のバルバドスやエディンバラ、あるいはオックスフォードなどへと広がり、ロンドンのセイヤー家がネットワークのハブとしての役割を果たしていた可能性が存在するのである。

5 │ 消費社会と 紳士衣料

　18世紀イギリスにおける消費社会の展開は、ファッショナブルな女性の消費だけのものでもなく、あるいはロンドンだけに限られるものではなかった。本章では、従来余り顧みられることのなかった男性の消費について、紳士服の購入という観点から検討してきた。都市化が進行していたこの時代のイギリス都市文化においては、上品で洗練された行為が中流社会層を中心に重要な意味をもつようになっており、中流階層はもとよりそれよりも下の社会層においても、きちんとした decent 身なりや振る舞いは社会生活を営む上で欠かせない要素となりつつあった。外見的にそれを表示することができる衣服の選択は、自らの洗練された姿を示すために、女性に限らず男性にとっても少なからず重要なものであった。[39]上品な衣服をきちんと着こなす必要は、男性の側にも明らかに存在したのである。

　本章で検討した仕立商セイヤー家の顧客の男性たちの行動を見ると、彼らが女性に劣らずファッショナブルな衣裳を身にまとうことにきわめて熱心であったことは明らかである。彼らは素材や色、微妙なデザインに詳細に注文を付けて好みの衣服を手に入れようとしていた。しかし、全体として階層の相違を越えて洗練された衣服を求めてはいるが、同時に顧客の階層差に応じた注文に対する姿勢の違いが垣間見える。中流階層の顧客は衣服の修理をしながら大切に着続ける意識をもっていたのに対し、比較的富裕な階層は奉公人の衣服は修理

するものの，自らのスーツの修理にはそれほど熱心ではなかった。また、奉公人の衣服は主人のものとは素材から異なっており、その点では主従関係が衣服の上にはっきりと表れている。仕立商は、こうした顧客の多様な要望に従いつつも、流行の変化に対して鋭敏な感覚をもち、上手に顧客を誘導して利益を上げることが経営的な成功にとって必要であった。そのために、雇い主に有利な雇用環境を利用し、随時、臨時職人を雇うことを通じて、喪装など社会的な衣料品への需要にも柔軟に対応できる体制を整えていたのである。

　セイヤーのもとで紳士服を仕立てたり購入したりした顧客は、ロンドンのみならずスコットランドのエディンバラや植民地バルバドスという遠隔地も含まれている。こうした取引は、セイヤーがロンドンを中心とする都市の洗練された文化の発信源としての機能を果たしていたことを示している。地方の顧客にもロンドンの最新の情報を得たいという願望が、知人や友人を通じてセイヤーへ発注しようという意欲につながっていったことは間違いない。流行の地方への伝播も、ロンドンの仕立商とのつながりを介して広がっていたものと思われる。だが、これはロンドンという中心から地方への一方通行の関係とみなすことはできない。

　セイヤーが遠隔地とおこなった取引においても、支払いは信用の授受を通じておこなわれていた。確かに、債権の回収はきわめて困難なものであり、セイヤーにとって信用による販売は決して楽なものではなかった。だが、出状記録などの手紙類は幾重にも重なる信用取引関係が存在したことを示している。他方、信用と信頼のネットワークがどのような構造をもっていたかについては、十分に分析することができなかったが、セイヤーが顧客との信用関係を構築することができた背景に、幅広い信頼のネットワークが存在していた可能性が高いと思われる。セイヤー家文書は、顧客のもつ消費財への意識や階層的相違の存在を示していた。同時に、出状記録に現れるような、顧客との関係や取引における信用の授受を支える空間的にかなり広い個人間の結びつきや信頼のネットワークをうかがわせるものも、少なからず存在していたのである。

　第4章でも見たように、18世紀のイギリス社会における消費の拡大、とくに衣料品の消費については社会の女性化を進めるものであるという批判がなされていた。そこには根深い女性嫌悪の感覚を見て取れるがその一方で、若き法

学生ダッドリ・ライダの行動にも表れているように、洗練された服装への願望は女性に限られたものではなかった。18世紀における紳士物衣料も女性に劣らず華やかな装飾をともなうものが多く見られ、そうした顧客の要望にセイヤーのような仕立商が積極的に対応し、微細なデザインに配慮した仕立てをおこなっていた。確かに、男性の衣料はその後19世紀に入ると、男性性がより強調されてレースやカツラ、半ズボン（ブリーチ）が廃れ、落ち着いた色調のフロックコートへと転換していく。こうした傾向は「上品さ」がより大衆化し、服装における平等化が進んだことの反映という側面もある[40]。だが、これらの変化にもかかわらず、紳士向け衣料のファッション性が完全に失われたわけではないとされている[41]。紳士向け衣料は社会的な背景の変化にともなって外見的な姿を確かに変化させてはいく。しかし、18世紀に成長した都市消費文化における衣服に対する意識は、紳士衣料においても常に一定のファッション志向を内包しているという点で、19世紀へも命脈を保っているのである。

[1]　第 2 章で指摘したように、M. Berg(2005) は消費意識の変化が国内市場の拡大に貢献した点を強調している。具体的な消費の姿については H. Berry (2002)、C. Edwards(2005) を参照。買い物のあり方については A. Adburgham(1979) を参照。また、消費空間としての都市あるいは店舗についても第 2 章や第 6 章を参照。

[2]　B. Shannon (2006), pp. 4-5.

[3]　T. Hitchcock & M. Cohen (1999), p. 20.

[4]　M. Cohen (1999), pp. 53-4. また、D. Kuchta (2002), p. 10 も参照。

[5]　男性消費の多様性については、J. Styles & A. Vickery (2006), pp. 5-6。例えば、ジョンソン博士の伝記を書いたことで有名なボズウェル James Boswell は、初めて入った店で信用（ツケ）での刀剣を購入しているが、その際に信用を得るために服装や立ち居振る舞いが重要な要素であった。P. Carter (1999), pp. 121-2 を参照。また、消費社会と男性との関係については、P. Carter (2001) を参照。

[6]　A. Vickery (1998), p. 150.

[7]　C. Foster (2002), pp. 161-3.

[8]　M. Finn (2000), pp. 138-41.

[9]　R. Campbell (1747), pp. 191-2.

[10]　工業化以前の社会の消費財生産においては製造業者が同時に小売商を兼ねることはむしろ一般的であった。道重一郎 (1989), p. 89.

[11]　*The General Shop Book* (1753) Taylor の項目。

[12]　プレミアムは徒弟になる際に、親が奉公先に支払う金額。通常この支払いにより、受け入れ先は徒弟に対して住居と食事の提供を義務付けられた。ロンドンで徒弟修行に必要なプレミアムについては J. Lane (1996), pp. 23-4 を参照。

[13]　ここで利用したトレードカード、ビルヘッドは London Guild Hall Library, Trade Card Box 1~30 に含まれる。第 2 章注 30 を参照。

[14]　J. Ashelford (1996), pp. 115-7. また女性服の仕立てについては A. Buck (1979),pp. 160-1.

[15]　*The General Shop Book* (1753), undertaker の項目を参照。

[16]　ここに見られる仕立商と葬儀の関係は、第 4 節で扱うセイヤー家への喪服の注文との関連が注目される。

[17]　大法官裁判所とその訴訟形式、その史料の性格については第 5 章第 2 節と H. Horwitz(1998) を参照。

[18]　TNA, PROB 11-866 The Will of Mark Sayer.

[19]　T. S. Ashton (1959), p. 187.

[20]　史料番号 C180-3-269 は別の 1 葉の史料に打たれ、日記帳の連番が飛んでいる。

[21]　*Bailey's List of Bankrupts* (1794), p.110.

[22]　ウィリアムが出した手紙によると、彼は父マークが死亡した時点でかなりの重病を患っていた（C180-30-386）。

[23]　C180-30 の箱にはセイヤー家とはほとんど関係がないと思われる史料も若干含まれている（C180-30-340 ～ 343）。これらは日付が 19 世紀のものであり、セイヤー家

の名前もなくセイヤー家の経営とは無関係と考えられるので、分析の対象とはしていない。

[24]　P. コーフィールド (1997) を参照。

[25]　7-3 表の (2)、(3) では合計金額が史料上のものと計算したものが一致しなかった。単なる計算違いか、他の要素が含まれているかは、不明である。

[26]　ジーンズ織りについては竹田泉 (2013), p. 40 を参照。

[27]　A. Buck (1979), pp. 107-8.

[28]　ファスチアン織は仕事着に使われることが多かったとされる。*Ibid.*, p. 140 を参照。

[29]　*London Gazette*, 1765, No. 10571. なお、カンバーランド公は 1746 年のジャコバイトの乱に際してブリテン国王軍の司令官としてカロッデンで戦った人物である。

[30]　E. Robinson (1963), p. 47.

[31]　A. Adburgham (1981), pp. 58-9.

[32]　これは息子ウィリアムの名前が事業から消える時期と一致する。

[33]　第 6 章で扱ったメアリ・ホールにとっても、喪装は婦人服においても重要な要素であった。

[34]　R. Campbell (1747), p. 193.

[35]　*Purefoy Letters*, p. Vol. 2, p. 297, 301.

[36]　A. Buck (1979), p. 67.

[37]　仕立商がきちんと採寸しないことはそれほど珍しいことではなかった。採寸をめぐって生じたトラブルについては A. Buck (1979), pp. 164-5 をも参照。

[38]　少額負債の訴訟手続に関しては、M. Finn (2007), pp. 110-1。また、商人のなかには顧客との関係を維持するために、代金全額を一度に回収しないケースも見られる。*Ibid.*, pp. 97-8. を参照。なお、18 世紀に入ると債権債務に関する訴訟が減少する傾向がある。C. Muldrew (1998), pp. 241-2.

[39]　J. Styles (2007) を参照。

[40]　P. Langford (2002), p. 330.

[41]　B. Shannon (2006), p. 26.

農村における店舗経営と中流階層
——スティーブン・ハッチ家の経営を例にして——

1 │ 農村の小売商

　本書冒頭の第1章、第2章で明らかにしたように、都市で成長した「洗練された」polite な文化では、決して華美ではないが、きちんとした身なりをして上品な作法を身につけることが求められた。これは都市に基盤をもつ中流社会層の成長を反映したものであった。[1] 一方、近年の小売商業に関する研究は、イギリスの都市的な発展に対する関心を背景として、18世紀の都市における小売商業の展開に注目するようになっている。[2] 第6章、第7章で具体的な姿を検討した18世紀ロンドンの小売商業は、消費文化と密接に関連していた。ロンドンばかりでなく、地方都市でも主要な街路を中心にショッピング街が形成され、小売販売が中流階層の「洗練された」文化のなかで、重要な社会的なつながりを生み出す存在であり、消費社会の結節点としての小売商業の役割が明らかになっている。[3]

　これに対して、消費財の普及状況から見ると、序章で指摘したように、都市と農村との格差はかなり歴然としたものであった。都市においては、「上品な文化」の拡大が上層階層からの「滴下」的なものでは必ずしもなかったとしても、中流階層を中心に階層間の壁を越えて進展し、「こざっぱりした」消費は庶民にまでも拡大していった。しかし、こうした変化から農村部がどのように影響されたかについては、必ずしも十分に解明されてきたとは言いがたい。ラ

イトソンらの古典的な研究が示すように、農村部においては階層分化が進展して、そのなかで中流階層の役割が重要な位置を占めていったことは確かである。[4]　また、都市的な文化も農村部へまったく浸透しなかったわけでは決してなかったと思われる。だが、都市の文化的な変化をどのような形で農村部が受け止めていたのか、そのなかで中流階層の果たした役割はどのようなものであったか、などはまだ十分に明らかになっていない。そこで本章から第 10 章では、農村部への都市的文化と消費財の波及を、中流階層でもあり、都市との接点であったとも考えられる農村の店舗主の活動を検討することを通して明らかにしていきたい。

　18 世紀から 19 世紀初頭に至る農村の小売商は、新奇な商品への需要への対応をしながら、万屋的に多様な商品を提供する存在であったとされている。[5]しかし、具体的な店舗経営に関する研究はそれほど多くなく、T. S. ウィランによる北部イングランド、カーヴィー・スティーブンの小売商デントに関するものがこれまでの主要なものであろう。[6]イングランド南部サセックス州の店舗主トーマス・ターナーの残した日記も貴重な史料であり、断片的に利用されてきてはいるが、十分に分析されてきたとは言えない。[7]そこで、本章および次章では 18 世紀前半の小売商をまず検討し、ターナーの経営については第 10 章で改めて詳しく取り上げて、彼ら農村の店舗主が地域のなかで都市、特にロンドンからの影響を農村へとつなげる役割を果たしていたことを明らかにしていく。だが、彼らは、同時に、様々な分野で複合的な役割をも果たしていたのであり、この点にも光を当てていきたい。

　さて、本章では、ターナーと同じサセックス農村部の 18 世紀前半に店舗経営をおこなったスティーブン・ハッチを対象に、残された支払帳簿を中心とする経営史料にもとづいて地域内でのハッチの社会的な位置および役割を検討していきたい。ハッチはサセックス東部ノーシャム村 Northiam の店舗主であったが、これまでその存在は広く知られていたものではない。彼が生きた時代は、後期スチアート朝からハノーバー朝へとちょうど移行する時期であった。ハッチの残した史料のなかにも、1714 年 9 月 19 日に「18 日国王が夜 6 時グリニッジに上陸した」（FRE528―後述）と、ジョージ 1 世のロンドンへの到着を記している。新国王の即位と王朝の交代を彼がどの程度意識したかは分からないが、

ロンドンの政治情勢にサセックス農村部の住民がまったく無関心であったわけではない。

　経営文書から明らかになるハッチの活動は、小売商業だけではなく為替業務を含む信用取引など金融の分野にも及んでいるが、本章では彼が商品購入などのために地元でおこなった支払いを検討することを通じて、イングランド南部農村地域のなかで店舗主がどのような位置を占め、また、消費財がどのように購入され、再分配されていたかについて、具体的な姿を明らかにすることにしたい。分析の対象は経営的な帳簿類であるので、ターナーの日記のように取引に関わる前後の脈絡などを明らかにすることはできないが、商品の具体的な内容はより詳細に捉えることができるものと考えられる。この時代の特質として、農村の小売業者がきわめて多様な消費財を農村に供給したことは明らかだが、本章では、地域のなかで流通業者が生産者や供給業者に対してどのように関わっていたかを含めて、明らかにしていきたい。

2 ｜ スティーブン・ハッチ家とハッチ家文書

　そこで、最初に一連のハッチ文書の性格を明らかにする必要があるが、その前にハッチ家が生きた地域と彼らとの関わりを検討しておこう。ハッチ家が活動したサセックスは、南をイギリス海峡に接するイングランド南部に位置し、現在はロンドンから日帰りで楽しむことのできる海浜リゾートとして有名なブライトンもそのなかにある。ハッチの店舗があったと考えられるノーシャムは、ウィリアム征服王による 1066 年のイングランド侵攻において、その主戦場となったヘイスティングスの北方約 11 マイル（約 17.6 km）ほどにある。より近い主要都市は約 8.5 マイル（約 13.5 km）ほど離れたところにある中世の五港都市の一つライであり、ハッチの史料にもこの都市は頻繁に現れている。一方、ノーシャムは、この州の北東部から隣接するケント州に広がるハイ・ウィールド地方のなかにある。サセックスは東部のサウス・ダウンと呼ばれる白亜層の地質からなる地域と、北東部の砂岩を主とする地層からなるハイ・ウィールドに分かれているが、前者の土壌が穀物生産に比較的適するのに対して、ハイ・

ウィールドは必ずしも農耕に適してはおらず、牧畜のための牧草地が多く見られる地域であった。また、森林も多く中世以来、灌木を利用して木炭を生産し、比較的豊富な鉄鉱石とこの木炭を利用した製鉄や、木炭を燃料とするガラス製造なども盛んであった。[8]

　さて、今回取り上げるスティーブン・ハッチについては、ノーシャム教区の教区簿に1704年にスティーブン・ハッチとその妻レベッカとの間に双子の娘が生まれ洗礼を受けている記録がある。[9]レベッカはスティーブンの妻としてロンドンでの仕入活動をおこなっていることが明らかなので、この夫婦が本史料のハッチ夫妻である可能性が高い。また、1740年4月23日に検認された同名の人物による遺言書が存在する。[10]この遺言書によると彼はノーシャムの食料品商grocerと名乗り、息子トーマスを遺言の執行者に指名している。遺言書では、トーマスが店舗、家屋及び土地その他の資産の相続人および後継者となって、ハッチの妻でありトーマスの母であるレベッカと同居することを条件に、病気の期間中レベッカへ支払われるものとして£16を遺している。この遺言書からも、スティーブン・ハッチは17世紀末には成人して一家をなし、一定の土地、店舗などの資産をもって小売商などの営業をおこない、18世紀半ばより少し前に死んだ商人であったと思われる。

　今回、主に用いるスティーブン・ハッチに関連した史料はいずれも冊子体のもので、現在、東サセックス地方文書館 East Sussex Record Office に所蔵されている【8-1表】。このうち、分類番号FRE528、531、532の内容はどれも同様で、528は「店の帳簿」Account His Shop、531、532は「店で受け取った現金の帳簿」（現金受取帳）An Account of money taken in the shop とされており、528は1707年〜20年、531は1720年〜32年，そして532は1732年〜44年の時期を収録している。[11]FRE529は「スティーブン・ハッチによって支払われた現金の帳簿」（支払帳簿）An Account of Moneys Paid by Step Hatch on all occasion という表題のついた冊子体の史料で、1712年から21年までを収録している。また、次章で用いるFRE530も同様に冊子体であるが綴じられてはおらず、二十数枚の紙を二つ折りにして冊子のような形で束ねたものである。この史料には表紙に「R・ハッチが1722年4月23日出発し5月5日に帰還した」と記載されており、ロンドンでの活動に関する内容を含んでいる。ハッチとロンド

分類番号	タイトル	開始年　終了年	内容
FRE528	Account His Shop（現金受取帳）	1707 ～ 1720	家族の動向、受け取った現金帳簿
FRE529	An Account of Moneys Paid by Step Hatch on all occasion（支払帳簿）	1712 ～ 1721	店での支払帳簿
FRE530	Mr. Hatch's Cash & Memorandam(sic) Books 1722 R. Hatch Went out Aprill (sic) 23rd 1722 Come home May 5th（仕入指示書）	1722	妻レベッカへのロンドンでの購入指示
FRE531	An Account of money taken in the shop（現金受取帳）	1720 ～ 1732	家族の動向、受け取った現金帳簿
FRE532	An Account of money taken in the shop（現金受取帳）	1732 ～ 1744	家族の動向、受け取った現金帳簿

所在：East Sussex Record Office

ンとのつながりは、次章で検討する。

　支払帳簿の支払項目のなかには、義務的な支出としての地代支払や不動産担保抵当のための利子支払が見られ、ある程度の土地を所有していたと想定できる。日常的な支出を記録している支払帳簿（FRE529）での支払項目のなかで、ハッチは地代や利子の支払記録をおこなっているが、地代については、二人のフレウェン、つまりサー・エドワード・フレウェンとトーマス・フレウェン氏、また、パウェル氏およびパウェル夫人にそれぞれ支払われている。このうちパウェル夫人は夫の資産を相続したもののようで、どちらも年6sであり、それほど大きな不動産とは言えない。これに対して、サー・エドワード・フレウェンへは年£6、フレウェン氏に対しては年£3の地代を支払っており、パウェルに対するものよりもかなり大きな不動産を賃借している。サー・エドワードとトーマス・フレウェンはこの地域の有力地主であり、親子であると思われる[12]。ハッチは、トーマス・フレウェン家に対して定期的に現金支払をおこなっており、なんらかの金融的な取引もおこなっていたようで、これ以外にも様々な部面で結びついていたことが想定できる。しかし、残念なことにこれ以上にハッチとフレウェン家とのつながりを明確に示すものはない[13]。

　利子支払については、何のための借入なのかはっきりした内容は分からない

が、ペッカム氏に対する £9, 12 s の利子支払について「昨年（1712 年）11 月
12 日までの『不動産抵当に対する利子』」と明記しているので、抵当権を設定
しうるほどの土地を何らかの形でハッチは保有し、これを抵当として借金をし
ていたものと思われる。その後、このような高額の利子支払は現れないので、
返済は終わったものと考えられる。

　一方で、現金受取帳や支払帳簿のなかには、雌牛の種付けや子牛の誕生に関
する記述、羊や雌馬の飼育に関する記述が残されている。1717 年以降はこう
した記述はほとんど登場していないが、1716 年まではかなり登場する。
FRE528 の現金受取帳では、1711 年 11 月 18 日付けでこの週に受け取った現金
£9, 13 s を記載し、そのあとに「リチャード・ワイドへ、雌馬と雌牛を 1 週間
10 d. で（預けた―引用者）」と記載されている。また、FRE529 の支払帳簿には
1713 年 5 月 12 日分に、「彼（トーマス・アーチャー）へ、16 頭の羊を 3 週間
と 1 日預けたことに関し、さらに 4 s 2 d 支払う」という記述がある。これら
の記載は、それほど多くはないが、ハッチがある程度の牛、馬、羊などを所有
し、その飼育を彼自身ではなく別の人物にゆだねていたことを示している。ま
た FRE528 のなかに 1 回限りではあるが、1717 年 3 月 12 日に「40 本分のリン
ゴの実を収穫した」という記述がある。リンゴに関しての記述は 1 回のみで、
その後には見られない。畜産や果樹に関するこれらの記述からハッチはその頭
数が多数とは言えないとしても、一定規模の家畜を所有し、また遺言状からも、
果樹園などの農地をある程度所有していたとは考えられる。しかし、家畜の飼
育は他のものに委託しており、自らがこうした農作業を主体的におこなって、
大規模に農牧畜業を営んでいたとは言えない。

　義務的な支払には、地代以外に税金の支払いが含まれている。税金のなかに
は、教会関係に関わる十分の一税と、「教会のために」 "tax, church made" と述
べられている 12 s の支出がある。また、国への直接税としての地租が年間 £1 で、
1 年分まとめて支払う場合は 4 月の支払いだが、4 分の 1 ずつの支払いもある。
1714 年の国王への税としての支払いがあり、これはジョージ 1 世即位にとも
なう特別税と思われる。窓税は周知の財産税であるが、年間税額は £1, 10 s で、
それだけの課税対象となる建物を所有していたと想定できる。その他にもロウ
ソク税 duty of candle を支払っているが、これはロウソクにかかる間接税と考

えられるから、後述する購入品目のなかで獣脂を購入していた点からも分かるように、ロウソクを製造販売していた可能性が高い。一方、郵便に関して「手紙のため、四半期分の税」"duty 1 qur for letter"と記載された支払があり、四半期ごとに£1, 10 s程度が支払われている。これは、ハッチがこの地域の郵便業務をおこなっていたことを示すものと考えられる[14]。興味深いものは「四季裁判所出席免除のため」"taking me off at the assize"の支払いで、ハッチは5 sで裁判所への出廷を免除されたものと思われる。また、FRE529のなかには、「時計を替えることに10 s支払う」という記述もあり、時計の所有を示唆するものである。

　以上のような、地代や不動産担保抵当にともなう利子支払、あるいは家畜の飼育や農業関係の支出、税関連支出に関する記述から、ハッチが一定の土地と家屋など不動産を所有して、主たる営業ではないとしても農畜産とも関わっていたと思われる。また、教会の活動に参加し裁判所への出廷義務を負い、また郵便業務を担っていたことなどが推定できる。これらの支払いや支出は、ハッチがこの地域で社会的に一定の役割を果たしていることを示し、消費水準も含めて、彼が中流の社会層に属する人物であったと想定することは決して的外れでないと思われる。

　一方、ハッチ文書から推定されるハッチの家族構成は、スティーブン・ハッチと妻レベッカ、および息子と娘たち、そして女性奉公人で構成されていることは確かである。子供に関してみると、資金の受取とともに日常的な出来事を簡潔に記録しているFRE528には、子供たちの洗礼と死亡・埋葬の記録がいくつかあり、1711年の6月と12月には娘二人、エリザベスとメアリについて死亡・埋葬の記録がある。しかし、全体としての子供の数は特定できない。そのなかで、1711年3月に受洗している息子トーマスは、FRE531の記載によれば、1731年にはロンドンへ出かけており、成人して営業活動に参加していることは確かであり、彼は遺言によりスティーブンの後継者となっている。またFRE 529の支払記録のなかで1710年代には自分の娘への俸給が四半期ごとに5 s、つまり年間£1が支払われており、一定年齢に達した娘がいることも確かである。また支払記録では、女性奉公人に対する年£2の賃金が常に支払われており、名前の変化から何人かが入れ替わっていることが分かるが、常に1人

は存在したと思われる。したがって、スティーブン・ハッチの家には、ハッチ文書が残された時期に、妻レベッカと少なくとも娘と息子が1人ずつ、さらに女性奉公人1人の最低5人が生活し、経営がおこなわれていたと考えられる。

　以上のような基本的な情報を前提として、以下では主にFRE529における店舗での商品購入の部分を用いて、地域におけるハッチの活動を検討する。1712年から21年までの期間に関する支払帳簿であるFRE529の記載内容を見ると、左端に支払いがおこなわれた日付が記入され、次に支払内容と支払相手が記入され、右端に金額がポンド、シリング、ペンスの順に記載されている。物品の購入の場合には，たいていの場合数量が記載されており、手形等の支払いの場合は支払相手と名宛人も記載されている。この史料はハッチの営業内容を最も反映するものではあるが、購入された商品が自家消費分であるか、販売用であるかの区分はつけられていないために、商取引の全体的な性格に反映しているとは言えない。また、支払記録においても支払いのみで、物品の購入その他の目的が記載されていない場合も多く、これらの点にも注意が必要である。なお、この史料後半の18年から21年までの部分についてはインク滲みが甚だしく判読が困難なため、残念ながら分析の対象から外さざるをえない。

3 ｜ 日常的な支払いと購入商品 ——商品購入の内容——

　すでに述べたように、FRE529はハッチが店舗でおこなった、地元での支払いを記載した帳簿である。この帳簿では1712年から21年までを扱っているが、判読が可能で連続的に利用できる1712年から17年を中心にハッチの購入商品の内容を検討していくことにしたい。

　この帳簿の一般的な記載を改めて確認すると、下記のように金額を日付順に支払相手、目的、金額となっており、例えば、1712年11月10日には、

Pd Lennard Gybbon for 18 yds 1/2 died rug　　　　　　1　4　-

Pd Jno: Baker for Keeping and Careing(sic) my mare　　　1　4　-

8-2 表　支払内容と構成比（1712 ～ 17 年）

支払項目 / 細目	金額 L	s	d	全体構成比	金額 L	s	d	細目内構成比	備考
I 信用取引	1711	9	0	65.20%					
支払い / 第三者宛					1279	6	1	74.75%	支払指示を含む
ロンドン向け払い・送金					245	11	5	14.34%	為替・銀行手形を含む
支払い / 請求書 / 高額					187			10.91%	
II 商品・サービス支払い	800	14	1	30.49%					
食料品				8.09%	212	8	0.75	26.53%	
支払い				7.34%	192	16	2	24.08%	
サービス				4.08%	107	16	11	13.47%	
支払い / 請求書払い				3.61%	94	15	0.5	11.83%	
雑貨品				3.06%	80	8	3.25	10.04%	
繊維品　服飾品				2.87%	74	13	8.5	9.33%	
資材				1.44%	37	15	11	4.72%	
III その他	113	3	10.25	5.75%					
税 / 手数料					51	3	1.5	45.27%	
地代　利子　俸給　賃金					46	8	0	41.61%	
その他					15	12	8.75	13.31%	
合計	2625	15	11.25	100.00%					

出典：East Sussex Record Office, FRE 529 より作成

などと記されている。ここでは、レナード・ギボンに染色されたラグ生地
18.5 ヤードに £1, 4 s を、またジョン・ベイカーが雌馬の世話をしたことに対
して £1, 4 s をハッチがそれぞれ支払ったことを意味している。

　さて、8-2 表は、1712 年から 17 年までの間に支出された内容を整理したもの
である。さしあたりハッチ経営の小売店舗としての機能を検討することが目的
であるので、表中の II「商品・サービス支払い」に分類したものを分析の対象
とする。最も金額の大きい I「信用取引」は主として為替送金などの信用払い、
送金などを含む内容のものであり、フレウェン家への支払いもこの部分に含ま
れるはずであるが、今回は商品取引に限定し分析の対象とはしない。また、II
のなかで「支払い」は、記載が「支払い」Paid とのみあるもので、「請求書払い」

は具体的な商品についての記載のない "bill" に対する支払いである。この場合、"bill" は、その金額が数ポンドとかなり少額で、為替手形ではなく、請求書と考えるべきものである。[15] 一方、IIIの「その他」に含まれるものは、すでに述べた地租や窓税などの公的な支出、不動産所有にともなう地代や借入金利子のような義務的支出、あるいは娘や家内奉公人への賃金などを含んでいる。

3-1. 食料品

8-2表の支払項目におけるIIの商品購入のなかで、具体的に購入された商品

8-3表　購入商品の内容（1712 〜 17年）

購入商品	購入額			構成比	内訳購入額			項目内構成比	備考
	L	s	d		L	s	d		
食料品	212	8	0.75	41.39%					
塩					80	5	6	37.79%	9件中7件はライから購入
加工品					26	15	0.5	12.59%	ビスケット、ハムなど
小麦					18	1	10.5	8.52%	
オート麦・割粉					16	14	8.25	7.88%	
酪製品					13	19	0.25	6.57%	
麦芽					12	8	0	5.84%	
豚肉					11	9	5.25	5.40%	
ホップ					9	6	6	4.39%	
牛肉					7	15	10	3.67%	
豆					6	7	5	3.00%	
肉					2	14	4	1.28%	家禽、羊など
穀物					2	6	2	1.09%	
その他					4	4	3	1.98%	果実、酢等
サービス	107	16	11	21.02%					
運送サービス					56	17	3.5	52.73%	
作業					32	4	9.75	29.90%	
内容不明					5	18	6	5.49%	
畜産 / 農作業					5	10	5	5.12%	
服飾 / 衣料					3	4	6	2.99%	縫製など
その他					4	1	5	3.77%	学費、鍛冶など

雑貨品	80	8	3.25	15.67%			
ロウソク類					35	17	2	44.59%	
履き物					10	6	2	12.82%	パッテン
嗜好品					7	19	8	9.93%	タバコ用パイプ
台所用品					4	7	9	5.46%	カン、瓶、モップ
食器					4	2	6	5.13%	
火薬					4	2	0	5.10%	
家事用品					3	15	2	5.67%	
文具・書籍					3	7	4	4.19%	モップ、縫製用品
櫛・玩具					1	11	2	1.94%	
その他					4	19	4.25	6.18%	馬具、棺桶用品など
繊維品 服飾品	74	13	8.5	14.55%			
布地					23	9	1.5	31.41%	
糸					22	12	6	30%	
ボタン・縁飾り他					11	10	4	15.42%	
レース					9	15	1	13.06%	
鬘・帽子・既製服					3	19	2	5.30%	
ハンカチ					3	7	6	4.52%	
資材	37	15	11	7.37%			
建材・木材					16	2	0	42.60%	土砂を含む
道具					13	5	7	35.13%	ロープ、馬具、刃物など
家具、収納					6	10	0	17.20%	桶、袋を含む
原材料					1	18	4	5.07%	獣脂、比較、種、麦藁
小計	513	2	10.5	100%	513	2	10.5	

出典：East Sussex Record Office, FRE529 より作成

が表示されているものについてもう少し詳細に見たものが 8-3 表である。この表は「商品購入」のなかで、上述のような支払われた内容がはっきりしない「支払い」と「支払い／請求書払い」を除いた部分について各項目を示している。

そこで、この表に沿ってハッチが購入した商品がどのような性格のものであり、彼の営業活動とどのように関連しているかを検討していきたい。1712 〜 17 年のほぼ 5 年間で見ると、商品購入として明らかな部分は £500 ほどであるが、そのなかで食料品の購入額は総額で £212 余とかなりの額に上り、商品購

入のための支出額に占める割合は4割を超えている。食料品への支出は、服飾品などと比べて自家消費分との区分が難しいが、商品によっては購入量から考えて明らかに販売を目的とした仕入れと考えられる場合がある。

1712～17年で見ると、食料品に分類した購入品には肉類、穀物およびビスケット、ジンジャー・ブレッドなどの加工食料品、チーズやバターなどの酪製品が含まれている。塩は、食料品に分類したもののなかで最も多額の購入をしているが、この財の解釈は難しい。塩は総額で£80を購入しており、購入回数はこの間に9回で多くないが、1回あたりの購入量は1トンを超える場合がある。当然、自家消費用の食用塩とは考えられず、販売目的に仕入れたものと考えられる。塩は一般的な調味料や肉の塩漬けに不可欠な存在ではあるが、同時にノーシャムにはガラス製造業の存在が知られているので[16]、あるいはこうした製造業者へ原料として卸された可能性も存在する。残念ながら現在のところハッチが購入した塩の用途を確定することはできないので、食料品に分類する。なお、塩の購入9件のうち、2件を除くとすべてが海港都市ライからの購入で、また6件はウォルタ・ウォーターからのものであり、特定の地域、特定の業者から恒常的に購入をおこなっていたものと思われる。

塩に次いで多い食料品は、ビスケット、ジンジャー・ブレッドなどの加工食料品で、購入金額は食料品のなかでは13%近くを占めており、1回あたりの購入量も平均でビスケットが重さで34.5 lb、金額では£1, 5 s 10.5 dとなり、分量、金額ともに自家消費分とは考えにくい量となっている。ビスケットの購入先はパリスもしくはその使用人となっていて同一人物から複数回数購入されており、ジンジャー・ブレッドの場合も購入先がホースネイルの使用人と異なっているが、同様な購入スタイルをとっている。販売を目的とした購入と考える方が良さそうである。

穀類の場合には、小麦、オート麦などの穀物と割粉（オートミール）、麦芽などの穀物加工品からなっている。そのなかでは小麦が最も多く、割粉、麦芽の順となっている。また小麦やオート麦は0.5～2ブッシェル単位で購入され、1回あたりの購入量は多くはないので、自家消費分と考えられる。これに対して、麦芽は25ブッシェルとかなりの量を一度に購入していることがあり、この時は£3, 15 sを支払っていて購入金額もかなりの額である。さらにホップを

同時に購入している場合があることを考えると、ビール醸造に自ら関与しているか、もしくは醸造業者への卸売りをおこなったものと考えられる。

　購入された肉類は主に豚肉や牛肉だが、他にも羊肉やガチョウなどの家禽の肉、子牛肉あるいはハムといった若干の食肉加工品が含まれている。これらはおそらく自家消費分と考えられる。酪製品は大半がバターであるが、購入量には重量で 2 lb から 10 lb までの幅があり、自家用消費か販売用か判定が難しいところである。牛乳とバターを一緒に購入している場合もあり、ハッチの家族規模は、夫婦と女性奉公人そして子供が 2 〜 3 人はいたと考えられるから、この程度のバターを自家用に消費したとしてもそれほど不思議ではない。しかし、この時代バターは保存が難しい食料品であり、近隣で調達し、一部は自家用、一部は販売された可能性がある。[17] 一方、チーズはロンドンではかなり購入しているが、地元での購入はさほど多くはない。

　日常的に店舗で購入された食料品については、やや疑問の残る塩を除くと、近隣の生活圏内で調達している。このうち、ジンジャー・ブレッドなど加工食品や、一回に 10 lb 以上購入しているバターなど地域内で調達している一部の食料品を除くと、食料品の大半は自家用であったと思われる。この点で、次章で見るロンドンでの仕入れのなかには、かなり遠い地域から送られた食料品も調達しており、地元での購入とは異なっている。また、穀類など食料品購入や、家畜の屠殺の依頼などの支出からすると、日常生活における生活圏内での自給的な側面が表れている。一方で、麦芽は比較的多く購入されているので、ビール醸造のため購入された可能性があり、ロウソクなどとともにハッチが製造と販売をおこなっていた可能性がある。

3-2. 雑貨品・繊維品・服飾品

　ハッチが購入した雑貨品の購入金額は £80 余で、食料品やこれに関連する運送などのサービス支出に次いで多い。また服飾関係は £75 近くとなっており、この両者は販売用に仕入れた可能性が大きい商品群である。雑貨品には櫛、喫煙用パイプ、ロウソク、紙、火薬などが様々な財貨が含まれており、その数量も 1 回あたり角製の櫛が 1 ダース、象牙製の櫛が 1 ダースなどとかなり大量に購入しているので、自家消費分とは考えにくい。櫛はロンドンでも購入されて

いるが、地元でも頻繁に購入されており、購入回数はこの間に 19 回と多く、購入量もダース単位であるが、購入金額は 1 回あたり数ペンスから 1 s 6 d ほどで高額なものではなく安価な櫛であった。素材は「角」horn、「象牙」ivory と記入されており、一定の品質で販売可能な商品として仕入れられたものと思われる。また、櫛は購入先が個人名ではなくウィンチェルシーの製造業者と地名で記載されている。ウィンチェルシーはハッチが居住していたノーシャムからさほど遠くないライ近くの村で、地域内での商品流通を示している。

　雑貨品のなかで金額の多いものは、ロウソクの £35, 17 s 2 d で半分近くを占めている。ロウソクの購入はこの期間を通じて 6 回購入しており、金額は £2 弱から £10 弱と幅があるものの、かなりの頻度で大量の購入をしていることからすれば、ロウソクは販売用に仕入れていたと考えられる。他方、「現金受取帳」には、1709 年、1710 年のそれぞれに「ロウソク作り」という記述が何回か見られる。ロウソク作りが営業目的のものか、自家用のものかは不明だが、獣脂 tallow の購入が「支払帳簿」に合計 £67（2 回の合計）ほど登場すること、また、すでに述べたロウソク税の支払いなどから、ロウソクの製造と販売をおこなっていた可能性が高い。

　ロウソクを含め、仕入先は 1 名から数名の個人名が特定されていることが多く、日常的に生活圏内の製造業者から仕入れをおこなっていたものと思われる。例えば、火薬はウィリアム・ハモンドとサム・フインダーの 2 名であるし、たばこ用のパイプは、1 度だけマーク・ハンドセルという名前が登場するが、大半をジョン・ハンドセルもしくはその使用人から購入しており、同一経営からの購入と思われる。パイプの購入量は 1 回で 10 grc などと記入されており、この "grc" をグロスであるとすると 1,440 個となり、かなり大量の購入量である。このパイプがどのような形で使用されたか定かではないが、ほとんどが陶器製の使い捨てパイプと思われる。

　地名が示されている例として食器に分類した 2 件のナイフの購入がある。ナイフ購入は全部で 7 件記録されており、その内 2 件はバトルのジェームズ・スミスからのものである。他の 2 件もスミス夫人からの購入とされており、購入先が明示されていない別の 2 件もナイフの価格などから見てスミスからの購入の可能性が高い。バトルは、ノーシャムから南西へ 10 マイルほどのところに

位置しているので、距離的に比較的近いところにある。このスミスが製造業者か仲買人かは不明だが、他の購入先と同様に近隣の業者の場合は個人名が特定されており、日頃からなじみのある顔見知り業者からの購入と思われる。

　一方、布類を含む服飾品は 6 年間で £74 余の購入があった。このなかで一番多いものは各種布地類で、チーズクロス、カージー、ラグなどが中心である。チーズクロスは元々チーズなどを包むガーゼ状の薄い布で、購入単位はエル ell なので麻である可能性が高い。いずれの布地も高級な服地とは言いがたいもので、カージーやラグでは 19 ヤード、サック（麻布）が 24 ヤードなどと、それなりの量で購入されておりシャツの服地などとして利用されたことは否定できないが、梱包などの衣料品とは別の日常的な用途に用いられた可能性もある。次いで多く購入されているのは、糸やレース、ボタンなどの服飾用小間物類である。糸は重さで購入されており、18 lb と大量のものもあるが、ロンドンでの仕入れとは異なって色や種類などの区別はなく、一般的な縫い糸であったと思われる。ボタンはグロス単位で購入されており、18 世紀衣料品における大量のボタン使用から考えると、消耗品として販売・消費されたものと思われる。ダース単位で購入されたレースは、1 つ 2 ヤードの装飾用フィレットレースが 6 ダース半と大量であり、販売用に仕入れられたと思われる。同様に縁取り用のビンディングも購入されている。

　衣料品や小間物の購入先のうち、地名の分かるものはカンタベリーだけで、全体として近隣の生産者かどうかは分からない。しかし、運送費からは、近隣の村や町であった可能性が推定される。運送サービスを提供していたジョン・ラベンダーは、ジョージ・ポストからの糸をハッチに運んでいるが、1715 年 7 月 22 日に運搬した 12 lb の糸の代金が £1, 3 s であるのに対して、輸送費は 6 d であった。ラベンダーは他にもメイドストーンからの運送もおこなっているが、この際に支払われた運賃も同様 6 d であり、メイドストーンまでは 20 マイルほどの距離であったから、ポストの所在地は不明だが、それほどの遠距離からの輸送ではなかったと考えられる。距離と運送費がある程度相関していたとすると、これらの糸は、少なくとも 2～30 マイル圏内からの供給であったのであろう。

　運送業者を利用しない商品の供給は、より近隣の生産者からのもので、多く

の場合決済は現金払いであったと思われる。一方で、ノーザンウェア northam(n) ware と呼ばれる商品が、この間 2 回ウィリアム・テリィから £2 近く購入されている。服飾品のリボンやテープなど後にはマンチェスターウェアとも呼ばれるこれらの商品は、移動商人によって供給されることが多いので、このテリィもこうした移動商人の可能性がある。もし彼が移動商人であったとすれば、定期的にハッチのもとを訪れて商品を販売したのであろう。店舗での商品購入は、食料品などを中心に近隣の生活圏から供給を主としていたが、一部には巡回してくる移動商人からであったと推定される。

　既製の服飾品としては、1 ダースと半ダースの絹のハンカチ購入が 1 回ずつおこなわれているが、店舗での購入品のなかでは例外的に高級品である。カツラや帽子の購入もあるが、カツラは 1 回しか現れないし、帽子は 2 回の購入で 1 回は息子用、もう 1 回は中古品とされており販売用とは思われない。その他、靴なども多少購入されているが、ハンカチを除くと自家用と思われる。

　食料品と比べると、雑貨品や服飾品は販売用に仕入れられた部分が多いように思われる。櫛の単価はかなり安いし布地類も高級服地ではない。店で購入したこうした商品は、一部を除き地域内の生活圏で調達していたもので、日常的に利用する消費財であったと思われる。その点で、次章で見るロンドンでの仕入れとは明らかに性格を異にする商品群である。

3-3. 資材・サービス

　地元での購入に関して最後に、支払額としては最も少ない分類の資材と、食料品を除くと支払額が最も多いサービスについて検討したい。資材には建材、土砂やロープなどの道具・家具などを含み、また獣脂や種なども含んでいる。これらの資材が、ハッチ自身の経営で用いられたものなのか、販売用であるかを明示する記述はないが、金額から考えて自家用の可能性が高い。獣脂は、既に述べたようにロウソクの原料でもあり、木材や馬具、桶なども日常的にハッチが使用したものと考えられる。

　一方、為替手形等の信用取引を除き、また支払内容の分かる支払いのうち、食料品に次いで支払額が大きいものは各種のサービスである。8-3 表からも分かるように 6 年間で £100 以上の支払いがなされているが、その多くは何らか

の運送サービスに対するものである。運搬される品物は塩などの食料品、土、砂といった資材など重量のあるものがある一方で、上述のように糸のような服飾関係品も存在する。また、干し草のような農作業関連用品などもあり多様であるが、運搬品を明示しない運送も多い。場所を明示した輸送のなかには、歳市開催都市メイドストーンからのものもあり、この町が物流の拠点としてなお機能していたことを示している。

　しかし、運送サービスはロンドンやライとのものが大多数を占めている。ライとの輸送に支払われた回数は多く、商品が特定されたものとしては砂や塩が運搬されているが、特定されない財貨 goods とされているものもかなりある。ライは 17 世紀において鉄や羊毛の積み出し港として、またロンドンをはじめとする多くの港から商品が流入する重要な沿岸海運の港として栄えたが、18世紀には土砂の堆積により港の機能が低下してしだいに振るわなくなっていた。それでもこの時期なお、羊毛やホップ、鉄など地域で生産される商品の積み出し港として機能を維持していた[18]。ハッチもロンドンからの荷物輸送に一部は水運を利用していたと見られることから、海路を利用してライで荷を降ろし、残りを陸路で輸送したはずである。このように、ライは重要な中継拠点として機能し、運送は頻繁におこなわれ、日常的に物や人がノーシャムとライとを往復していた可能性が高い[19]。

　他方で、ロンドンから直接陸路で運ばれた荷物に対する支払いもある。ロンドンに関しては、1715 年 5 月 9 日の支出で、£16, 15 s に上る支払いについて「私とともにロンドンへの運送のために」と述べていることは、ハッチ自身とともにロンドンへ何らかの荷物を運んだ際の支出と考えられる。ハッチは、次章で見るように、ロンドンでの取引活動においてかなり大量の商品を売買しており、その際には海路と陸路双方を利用したものと考えられる。ロンドンとノーシャムとの間の陸上輸送のコストは小さくなかったとしても、商品の価格や品質あるいは迅速性の点から、必要性も大きかったと思われる。その意味で、サービス支出のなかでは貨物輸送のための支払いが半分近くを占めている点は注意して良いだろう。

　運送サービスの他に、特定されないサービスも多いが、そのなかには生け垣の補修や農作業などへの支出が見られ、羊毛の刈り取りや洗浄に関するサービ

ス、屋根葺きや豚の屠殺なども含まれている。金額自体はそれほど多くないが、すでに述べたように、家畜の世話を委託するための支出もある。FRE528，531，532などの記載によれば、1716年ぐらいまでは雌牛の種付けや子牛の誕生に関する記述、羊や雌馬の飼育に関する記述もかなり登場している。家畜の世話への支出は農業や牧畜が、彼の営業のなかで、主要ではないにしても一定の比重を占めていたと考えられる。

　ハッチの支出のなかには、彼の日常的な消費活動を垣間見せるものもある。例えば、衣料品について見ると、コートやブリーチ（半ズボン）、カツラなどについて、製作を依頼するための支出があり、また手袋などの修理も依頼している。また、羊毛の紡績とシャツ用の織布を依頼している例もあり、ハッチは日常的な衣料品を地域内で調達していることが分かる。ハッチ本人や息子のコート、ブリーチなどの製作を、地元の仕立屋のウィリアム・サージェントにしばしば依頼しており、1714年7月24日には、フロックコートとブリーチの作成に対して6sを支払っている。息子の衣服への作製依頼だけの場合にはやや安く、1712年5月30日にはコートとチョッキそれにブリーチ2着で4s6dとなっている。衣服作製に際して布地は通常顧客がもち込むのが一般的であったから、仕立料をハッチはサージェントに支払ったと考えられる。この仕立料は、素材費を除いたとしても、第7章で示したロンドンで男性用衣料を作製するのと比べてかなり安くなっている。ハッチのような農村の店舗主で地域内では中流階層であっても、高い費用を支払ってロンドンの仕立商を利用するほどの余裕はなかったようである。

　ここまで述べたように、多様な内容のサービスをハッチは他人に依頼しているが、その多くは日常的な作業と運送サービスである。特にロンドンやライからの運送サービスは重要で、6年間で£50以上というかなりの支出として現れているが、恒常的な商品供給を維持するためにハッチの経営にとって不可欠な存在であったと考えられる。

4 ｜ 地域の商品流通と
　　 ハッチの営業活動

　さて、スティーブン・ハッチの残した文書は、自分の意識を記録しようとする意図のもとに作成された日記のような史料とは異なって、日常的におこなわれた支払いや資金の受入、ロンドンでの仕入れなどに関する通常の生活と店舗の経営に関する帳簿類である。その点で、ハッチがどのような人間関係のなかで、どのような意識で経営をおこなったかを直接示すことはできない。しかし、帳簿史料を再構築することで、日記などには現れない、経営の具体的な姿を示すこともできると考えられる。

　支出帳簿などから推定されるノーシャム村の店舗主ハッチは、小規模な農業と店舗経営を兼業する、中流の社会層に属する商人であった。彼は一定の土地建物を所有し、若干の農地で家畜の飼育と果樹園などの農業経営をおこなっているが、農業・牧畜経営の程度はそれほど大規模なものでなく、村のなかで様々な商品を販売する小売店舗を営んでいたと思われる。教会活動や裁判所への出廷などからは、彼が地域内で一定の地位を占め、また、時計を所有するなど、それなりに豊かな消費生活を送っていたと思われる。しかし、ロンドンへ衣裳の仕立を発注するほど裕かではなかった。

　店舗における支出の内容から見る限り、販売用の商品の購入が占める割合はそれほど大きくはなく、手形や送金の形でおこなわれる金融的な業務が3分の2を占めていて、かなりの金融的業務をおこなっていた点も見逃せない。とは言え、店舗での支出から見た購入商品からは、多様な商品をある程度地域の内部で調達し、これを地域のなかへと再配分する店舗主として活動していたことも明らかである。地域内での購買活動が穀物など、主として自家消費用に当てられる部分も多かったが、ごく近隣から調達したバターなどの生鮮食料品の販売もおこなっていた。食料品以外の幅広い商品についても、地域内での商品調達と販売を確認することができる。

　ハッチの地域内での仕入活動を見ると、20〜30マイル程度の生活圏からタバコ用パイプや櫛などを販売目的で購入しているし、一部には巡回してくる移動商人からも商品を仕入れている。地元で仕入れ、販売した商品のなかには、

糸やレースなどの服飾品が一定程度見いだせる。こうした雑貨品や繊維製品の仕入れでは、特定の供給者から特定の商品を購入する傾向が見られ、地域の商品供給ネットワークが存在していたことをうかがわせる。彼自身は、遺言書のなかで食料品商 grocer と自称しているが、次章で見るようにハッチがロンドンで糊の購入を指示した店を grocer と記載しているので、この語は雑貨品を含む多様な商品を販売する店舗に対しても使われていた可能性が高い。その意味では、ハッチは食料品だけでなく、様々な雑貨品の販売をおこなう小売商という自覚があったものと思われる。しかし、ロンドンでの仕入れは、店舗での支出に現れる地元周辺での購入と対照的に、大量であり、また多様であった。次章で明らかにするように、ロンドンでは細心の注意を払って仕入れていたのに比べて、地元での仕入れのやり方は、かなり大雑把な性格のものであったことはぬぐえない。

　一方、運送サービスへの支出から見ると、近隣の主要都市であるメイドストーンやライとのつながりは強い。特に、ライからの運送サービスへの支払いが頻繁に登場するのは、ライに到着した沿岸水運を利用した商品をノーシャムへ運ぶことが重要であり、その供給が彼の営業で大きな意味をもっていたことをうかがわせる。そして、ライの先にはロンドンがある。ロンドンとの関係はハッチ一家がしばしばロンドンを訪れていたことからも示されるように、かなり重要であったと考えられる。小売業者として、地域へ消費財を供給する担い手としての活動したハッチの経営を考える上で、このようにロンドンの役割はきわめて大きかったと考えられる。そこで次章では、ハッチ家のロンドンとの関係、特にロンドンにおける仕入れの性格を明らかにすることにしたい。

[1] P. Langford (1989) を参照。

[2] N. Cox (2000), J. Stobart (1998), C. Walsh (1995) などを参照。

[3] 都市と商業との関係については、小西恵美 (2015) を参照。

[4] K. Wrightson & D. Levine (1979) を参照。

[5] J. Stobart & L. Bailey (2018), pp. 398-9.

[6] T. S. Willan(1970) を参照。

[7] *The Diary of Thomas Turner, 1754-1765.* (1984) ed. By D. Vaisey, Oxford UP, Oxford.

[8] K. Leslie & B. Short (eds.)(1999), pp.38-9, pp. 62-3.

[9] Record of Parish of Northiam, micro-film XA30/191, East Sussex Record Office.

[10] TNA, PROB 11-701-502.

[11] 文書館に残されたハッチ文書は、この地域の地主であったフレウェン Frewen 家関連史料群（FRE）のなかに含まれている。なお、1732 年から 44 年までを対象とする FRE532 は他の史料との関連がないので、今回は利用しない。

[12] フレウェン家はこの地域の出身だが、2 代前のスティーブンがロンドンで成功した商人で、この地域に土地を購入してその子孫が継承していた。サー・エドワードはジェームズ 2 世からナイト爵を受け、ライ選出の下院議員でもあった。この一族には 1660 年ヨーク大主教となったアクセプテッド・フレウェンがいる。J. Burke (1838), pp. 530-2.

[13] 今回は分析の対象としないが、少し後の 1729 年から 40 年までに関してフレウェン家の入出金記録（FRE7331）が残っている。このなかでスティーブン・ハッチがトーマス・フレウェンに対して資金を送っている。

[14] 店舗経営と郵便業務との関連は、J. Stobart & L. Bailey (2018), p. 402 も参照。

[15] "bill" は、請求書とともに為替手形といった内容を含むことがある。ハッチの取引のなかで、信用取引に関連する部分は興味深いものであるが、今回の検討では対象外となっている。

[16] K. Leslie & B. Short (eds.) (1999), p. 62

[17] R. Peren (1989), pp. 214-5 および R. Scola (1992), p. 203.

[18] T. S. Willan (1967), pp. 147-8

[19] ノーシャムからライまでは 8.5 マイル（約 13.5 km）程度である。貨物の陸上輸送は、30 マイル程度の地域内運送において重要な役割を果たしたと考えられる。G. L. Turnbull (1977) を参照。

農村の店舗経営とロンドンの役割
―――レベッカ・ハッチのロンドン仕入れ―――

1 | ロンドンでの仕入活動
　　　―――ハッチ家のロンドン行き―――

　農村部の中流階層に属す店舗主として、ハッチが地域の商品流通を担っていたことは、前章の分析から明らかとなった。しかし、ロンドンが商品流通の中心としてハッチの活動に重要な要素となっていた可能性が高い。そこで、本章では、ハッチ家のロンドンとの関係、特にロンドンにおける仕入れの性格を明らかにするために、妻レベッカのロンドン訪問に際して、夫スティーブンがおこなった仕入れの指示に関する記録を検討することにしたい。

　前章で検討したハッチ文書のなかで、「現金受取帳」（FRE528, 531, 532）の記載を改めて確認すると、スティーブン・ハッチとその家族が1708年から32年までの間に、ノーシャムの外へ出かけた記述は29件残されている。すべてが記載されたとは限らないが、1708年、10年、12年、15年、19年、20年、21年、22年、25年、26年、27年、28年、31年、32年の14回についてはロンドン行きがはっきり記録されている。[1] このうち、9回はハッチ自身、3回が妻レベッカ、そして2回が息子トーマスである。出かけた時期は、1712年の8月を除き、すべて4月末から5月初めで、定期的にロンドンへ出張し、商品仕入れをおこなっていたと思われる。滞在期間は、1715年以前には数日と少ないが、その後は、1週間から10日ほどと長くなっている。1712年8月には12日〜16日の5日間滞在しているが、「支払帳簿」によれば、この間に£10支出しており、

ロンドン滞在中の費用に充てられたものと思われる。本章で対象とするレベッカも、1719 年に 11 日間、20 年は 12 日間ロンドンへ行っており、その段階でそれなりの経験を積んでいたと思われる。

2 | レベッカ・ハッチの ロンドンへの出発とその準備

　さて、FRE530 は、1722 年にレベッカがロンドンへ行った際に作られた、夫スティーブンからの指示書と考えられ、ハッチ家がロンドンにおいてどのような活動がおこなわれたかを示す記録である。FRE528 と 530 とをつき合わせると、この年の 4 月 21 日から準備を始め、23 日にノーシャムを出発して 5 月 5 日に戻っている。

　FRE530 は A4 大の紙を二つ折りにして冊子体としたものであるが、綴じられてはいないため、記載順序が分からないところがある。本来の冒頭になると考えられるページには、「R. ハッチが 1722 年 4 月 23 日に出かけ、5 月 5 日に家へ戻った」と表題が書かれ、反対側には「目次」として品目名がページ数とともに記載されている。[2] 表題紙の裏には「1722 年 4 月 21 日準備」が 1 ページ目として続き、この後、店舗別に購入すべき商品、商品を見て検討すべき商品の一覧が続いている。

　レベッカ・ハッチが実際に出発したのは 1722 年 4 月 23 日であるから、冒頭にある 21 日に関する記述は、ロンドンへ行くための準備がおこなわれたことを示すと思われる。目次では「発送するもの、メモ」とされているが、具体的な記述は右ページのようになっている。[3]

10 wrapers

8 baggs

1 box with 4 glass
bottled, to goe to Mr ⎱
Bartletts as it is

8 li（sic）bees wax

1 hundred and ⎱
52 eggs −

More 8 boxes

More 1 box at ⎱
Mr Baynes, before ⎱
Mr Mannoch

3 bags : 1 box

8 li of bees wax

—

Mr Portsmouth

1 box

—

1 box to Mr Bartletts

—

1 box to Mr Travillion

—

1box to Mr Oland
in Crooked lane

—

1 bag for Mr ff[F]odgson

—

1 bag for Mr Flemming

—

3 Wrappers for
Mr Bullock

2 rapers

1 wrappers to Mr Brooks

1 Bagg To Mr Peterson

1 Raper to Mr Curisse

1 Raper to Mr Wickendine [4]

1 Raper to Mr Shaperd

1 Raper to Mr Reds

1 box to Mr Cans

1 box to Archer

　この記述は、ロンドンの業者へ納入する荷物のためのメモと思われる。蜜蝋
と卵以外は数量しか記載されておらず、その全体像は分かりにくい。包 "wrap-
pers" や袋 "baggs"、箱 "box" が梱包の規模を示すとすると、これらの容量は不
明だが、全体としてはかなりの量となる。史料の綴じ方が崩れてページの順番

が混乱しているが、17軒の業者に蜜蝋を含む大量の商品を販売していたことが分かる。配達先冒頭のバートレットに関しては、8 lbの蜜蝋を入れたガラス壺4本が入っている1箱と、卵152個が納品されたことを示しているように見える（さらに8箱が加えられた可能性もある）[5]。送付先の内で13軒が仕入先と重複しており、バートレット、マノック、ベインは薬や食料品の業者であり、蜜蝋の販売と関係があると思われる。

ロンドンへの商品運搬については、残念ながらその詳細を明らかにすることはできないが、すでに述べたように1715年にスティーブンがロンドンへ向かった際に、£17近い運送サービスへの支払いがおこなわれている。この支出は、ある程度の量の商品がハッチとともにロンドンへ運ばれ販売されたことを示しており、運送費用の高さから考えてかなり値が張り、卵のように迅速性を求め

9-1表　ロンドンでの取引先

購入先	番号	納入先*	所在地	購入商品	備考
以下3件は大まかな指示のみ					
Mr Elias Wood	1		Loathbury[Lothbury]	ドラゲット織、シャルーン織	ブルロックの店になければ
Mrs Whitcombs	1		Southwark	ドラゲット織、シャルーン織	
Mr. Tho. Huckle	1		St Martins Le Grand	絹織物	姉妹が販売
以下は詳細な指示がある取引先					
Mr Edwd Archer	2-7	○	London Bridge	小間物他	
Mr Peakes	8		London Bridge	粗いレース	
Mr John Smith	9-10		London Bridge	ホーズ、フランネル、麻、シャルーン織	
Mr Wm. Bullock	11-13	○	the Monument	麻、シャルーン織	
Mr Brooke	14	○	Southwarke	ウーステッド糸と羊毛糸	
Mr Charles Doo	15		near London Bridge	櫛	
Mr Floming	15	○	Redcross st.	コルク	Southwark?
Mr Beardsley	16		Cannon Street	ヤード幅のコベントリー・スタッフ織	
Mr Browne	17		above the Monument	スタッフ織	
Mr Austin	17		特定不能	ハンガリー水	
Mrs Read	18		above the Monument	胴着	
Mr Txrtone	19-20		記載なし	鉄製品	
Mr Portsmouth	21	○	特定不能（病院近く）	陶器	

Mr Bartlett	23	○	Cornhil	薬	
Mr Mannock	24	○	特定不能	食料品	White Hart Inne 近く
Mr Tho Oland	25-28	○	特定不能	針、ボタン、バックル	Crooked lane
Mr Usborn	28		Southwarke	紙	
Mr Wood	29		特定不能	ブラシ	Mr. Hyland 向い
Mr Wm. Wood	29		特定不能	ハサミ研ぎ	
Mr Coucher	30		記載なし	帽子の裏地としての絹	
Mr Hill	30		特定不能	安いあぜ織（cord）	Hard 隣
Mr Bayne	31	○	near the Marshalsea	コーヒーなど乾物食料品	
Mr Reynald	31		near the Marshalsea	糊、染料	
Mr Travillion	32	○	記載なし	洗濯石鹸、パウダーボックス	
?	32		記載なし	S. Hatch 用帽子の購入	
Mr Wm Fodgson	33	○	Thames Street	インク、ゴム	
Mr James Peterson	33	○	Fish Street Hill	梱包用糸	
Mrs Hyland	34		記載なし	タバコ	
Mr Leader	34		Tulies Street	石鹸	Tuley Street?
Mr Wickenden	34	○	特定不能	チーズ	Fountain Tavern 横

以下は納入先としてのみ記載

Mrs Curisse		○	記載なし		
Mr Shaperd		○	記載なし		
Mr Red		○	記載なし		
Mr Can		○	記載なし		

* ○印はレベッカ・ハッチがサセックスの物産である蜜蝋や卵を納入した相手。

出典：East Sussex Record Office（以下では省略し、分類番号のみを記載する），FRE530 より作成

られる商品が輸送されたものと思われる。

　次に、仕入先について検討しよう。9-1 表は、「目次」の順番をもとにして、購入を指示された店とその所在地および購入が指示された商品内容を、納入先と合わせて示している。店の所在地は全てが記載されているわけではないが、ロンドン・ブリッジとこの橋の北に位置する大火記念塔を中心に、ロンドン市内およびテムズ川を渡った南側にあるサザック地区を含む地域がほとんどである。

このようなハッチの仕入先の立地は、ウエスト・エンドとして成長しつつあったロンドン西部に比べ、比較的安価な商品を販売する地域であったと考えられる。

　購入した店舗は基本的にはそれぞれが専門的な店舗と思われ、ロンドンへの出発準備のための記述のあと、個々の商品購入についての記述に先だって、店舗に関する簡単な注意書きが続いている。例えば気に入ったシャルーン織がブルロックの店になかったら、「ロースベリのファウンダーコートの反対側にあるエリアス・ウッド氏へ行くように。彼はドラジェット織とシャルーン織のみの店である。もしくはサザックのクロスキーにあるホワイトコム夫人のところへ行くように」といった指示がある。また絹に関しては「セント・マーティンズ・ル・グランドにあるゴールデンキー印の小間物商トーマス・ハッケル氏、彼の姉妹は絹を売っている」といった指示がなされ、また「ジョン・ブルック氏からウィリアム・トウル氏への勘定書支払での注文」といった特定の顧客からの注文に関する記述が続いている。

　指示書では、上のような指示の後、購入先、購入商品名、商品の詳細な内容が記載されており、夫スティーブンは購入すべき商品と購入店舗をかなり細かく指示している。購入された商品のなかには、個人的に利用する旨が明示されているものもある。しかし、それ以外は小売を目的にした仕入れであると考えられる。そこで次に、スティーブンの指示を商品の種類ごとに確認し、購入された商品の内容を検討していきたい。

3 ｜ ロンドンでの繊維・服飾品関係仕入れ

　残念なことに、史料 FRE530 では商品の価格、購入量と購入額などの記載が断片的であり、購入内容を数量的に確定することは困難である。冒頭の「目次」では、記述された紙の順に従って番号が 1 ～ 29（22 は欠）まで振られ、そのなかで 19 の商品ジャンルが示されているが、分量の多い品目は何枚かの紙を使っているので番号が飛んでいる（9-1 表の番号を参照）。指示書中の記載は目次に沿って商品ジャンルごとに、購入した店を中心に指示がなされている。29 の「ブラシ、ハサミ研ぎ」以降は目次にはジャンルの記載がないが、本文にはこの後

に仕入先と様々な商品の購入が指示されている（9-1表の番号で30～34）。

さて、9-1表を一覧して分かることは、購入される商品がかなり広範囲に亘ることである。一見して服飾品が多く見られるが、金物、陶器、食料品など、その内容は日常的な消費財を幅広く含んでいる。購入に際してはきわめて詳細な指示がなされていることから、細心の注意を払って仕入れがなされていたことが分かる。そこで、「目次」の順番を参考にしつつ購入された商品に関して、まず繊維製品や服飾関係から検討していくことにする。

3-1. 小間物・服飾材料

（1）糸、刺繍糸

史料の順番では最初で、最も多くの頁数をさいて購入の指示がなされている商品群が、「小間物」haberdash（ery）である。小間物の購入先は、主にロンドン・ブリッジ際で「星」の標章を掲げたエドワード・アーチャーである【9-2表、9-3表】。ここで購入を指示されている項目の最も多いものは糸類であり、次いで多いものはレース類である。糸は、特定されていない糸また刺繍糸や縫い糸とが区別されており、さらに色が白色以外に「朱色」「レモン色」「緑」「深紅」などと分かれており、刺繍などのかなり装飾性の高い用途に用いられたと思われる。

価格は、1 lb あたりの単価が24 s という高級品から、2 s 8 d という比較的安価な糸まで様々な品質の商品を購入している。糸はノット knot、重量ポンド（lb）、オンスなど様々な単位で購入されているが、量的に大きいものは lb あたり3 s 4 d の「刺繍用上質糸」で、6 lb を購入している。また灰色、黄色、緑、黒など様々な色の糸がそれぞれ重さ 1/4 lb ずつ 3 d で 7 種類ほど購入されている[6]。一方、最高級の白糸や綿糸は色つきの糸よりも高額で、2 オンス（1 oz ＝約 30g）しか購入されなかった綿糸は、1 lb あたり 24 s という高額なものもある。おそらく1/4 lb を基本単位として、2 oz はほぼその半分に当たるので、この重さ（2 oz＝1/8 lb）が購入の最小単位であった可能性が高い。

糸の長さは通常番手で表記されるが、綿糸の場合一番太い 1 番手で 1 lb あたり 840 ヤード（768 m）また、史料上 skaind と記載されているカセ skein も 1 lb 相当なのだが、麻糸の場合 300 ヤード（274 m）、羊毛糸の場合 1 kg あたり 1,000 m とされている。羊毛糸を 1 lb に換算すると 1 番手では約 450 m の長

9-2 表　エドワード・アーチャー Edwd Archer の店での購入品 1（糸、レース）

商品	内容	購入数量	価格	特徴 / 意味	色や品質の指示 / 備考
糸	ミリオン糸	6 knot（各色 1〜2）			朱色、レモン、緑、深紅
	刺繍用上質糸	6 lb	3 s 4 d/lb		刺繍用、上質
	糸	0.25 lb x 7	3 d / 0.25 lb		灰色、明るい黄色、黄金色、深緑、黒、紺色、青
	白糸	各 1 lb x 3	2 s 8 d〜6.5 s / カセ大		カセ skein（綿糸 1 番手 768 m = 1 lb）
	白糸	0.5 lb 〜2 oz	8.5 s〜 24 s/ lb		
	綿糸	0.25 lb x 2	16 s/lb. 24 s/lb		
	粗製の綿糸				大変良いものであれば。
検討指示	上質糸				
レース	糸レース	1 grc	@ 0.5 d		最上。単価 0.5 d は 1 doz あたりかと思われる。
	糸レース（平）		3 s 6 d		@ 0.5 d なら 7 doz 分
	フィレットレース（平 & 丸）	各 色 3〜6 doz		長さ 3 yds	赤、緑、空色、紺色、レモン、白、黒、赤
	フィレットレース（平 & 丸）	各 色 2〜6 doz		長さ 2 yds	緑、レモン、赤、レモン、白、青、朱色、レモン
	平レース	各色 6 doz	11 s / doz	長さ 2 yds	白と黒。絹質のあるものも見よ。
	絹レース	3 doz		長さ 3 yds	最上、白 3（丸 2、平 1）
絹	刺繍用絹	計 4 oz		pretty large	明るい青、明るい緑、朱色、赤。明るい色を見よ。
	縫製用絹	2 oz		Belladine	金、パターンに合わせて。
	縫製用絹	各 6 oz			紺色、空色、赤と朱色、緑と薄緑、レモン
	縫製用糸	0.25 lb			黒

略記号：doz = ダース、grc = グロス、lb = 重量ポンド、oz = オンス、pr = ペア（組）、yd = ヤード

出典：FRE530 より作成

さになる。綿糸が別に特記されていることから 18 世紀の段階で刺繍糸は一般には綿糸ではなく麻糸であった可能性もある。ハッチは色合いも価格もきわめて多様で幅の広い糸類を、かなりの数量購入している。

　また各種の絹はレースの後に指示されているが、刺繍用や縫製用とされているので、絹糸であると思われる。様々な色の絹糸が重量 2 〜 6 oz で購入され

ているが、価格は不明である。レースの後の記載であることからすれば、レースと合わせて服飾材料として用いられたと考えられる。

　アーチャーの店で購入された小間物類に含まれず、別項目として梳毛糸と糸worsted and yarn という分類を立てて購入されている糸もある。これらの糸は、テムズ川を南側に渡ったサザックのモンタギュークローズで「白鳥」の標章を掲げたブルックの店から購入されている。ウーステッドは梳毛毛織物のことであるが、この分類では重量ポンドでの購入が指示されており、布地ではなく糸であると考えられる。ここで購入された梳毛糸は、最上の緋色、白色、明るい緑などを、1 lb が 4 s の価格で 1/2 lb から 1 lb 購入している。少し安い 1 lb あたり 3 s から 3 s 1 d のものや、中級品の様々な色のものも 1 lb から 3 lb 購入し、青はとりわけ多く 12 lb を購入している。このほかに灰色や茶色、黒、白などが 1 lb から 1.5 lb 購入されており、多様な色の梳毛糸が大量に購入されている。用途は明示されていないが、後に見るように梳毛糸用の編み針の購入が指示されているので編み物の材料と考えられる。布地に織り上げられた可能性も否定できないが、少なくとも編み針を使って多様な色の糸を素材にしたカラフルな編み物が編まれたものと考えられる。

(2)　レース

　アーチャーの店で購入した買い物リストのなかで、糸に次いであげられているものはレース類である。第 6 章でも述べたように、レースは 18 世紀イングランドにおいては重要な服飾材料となっていた。レース類とともに若干の縫い糸が記載されているが、これらは主に絹製でレースを縫い付けるためのものと考えられる。レースに関する指示も糸と同様に詳細である。レースは麻糸を主材料として製作されるが、このリストにはレースの種類として糸レース thread lace、フィレットレース feret（sic）lace、絹レースなどがあげられている。このうち feret lace を filet lace であるとすると、これは 16 世紀から一般的となった網状の枠に刺繍したレースで、リボンなどとともに服飾やテーブルクロスなどに用いられている。[7]

　単価が半ペンスで 1 グロス購入されている糸レース以外に、量的にもっとも多いものはフィレットレースで、長さ 3 ヤードで平面 flat のものが「赤」「緑」

「空色」「紺色」「レモン色」「白」の 6 種類を購入するように指示されているが、色の混ざったものは購入しないように注意書きがなされている。[8] 次に、丸いレース round lace が「黒」、「赤」の 2 種類購入され、また長さ 2 ヤードのものも同様に平面のもので「緑」「レモン色」「赤」「白」「青」、丸いもので「朱色」「レモン色」「赤」「青」が購入されている。現代では丸いレースは靴紐に用いられることが多いが、ここでリストされているレースの多くは、リボンなどとともに服飾品であったと考えられる。

　これらのレースのなかで単価が明示されているのは糸レースを除くと最後の平面レースの場合のみであるので、その他のレースの購入単位は判然としないが指示の流れからダースであると考えたい。価格の明示されている平面の 2 ヤードものが、白と黒を 1 ダースあたり 11 s で、各 6 ダースほど購入されており、これだけで購入額は £3, 6 s となる。その他、絹レースが丸いものと平たいものでそれぞれ購入されているが、レースの購入量は糸レースの 1 グロスを含め、全体でかなりの量となる。

(3)　リボン・テープ・ボタン
　仕入指示書には、レースに次いでリボンとテープが現れる。リボンは素材がタフタ taffety, taffeta、サテン satin、ケーダス cadus (─現代の表記 caddis)、フィレット fillet など絹や毛織物を素材とするものがリストアップされ、さらにタフタは黒 (価格の異なる 2 種)、濃紺、中間色の藍、緋色と深紅などを 1 パックから半パック購入するように指示がある。タフタリボンの価格は 1 パック 4 s から高いもので 15 s であり、色によって大きな差があるが、9 s 以上の高価なタフタリボンは半パックの購入となっている。一方、サテンは黒色のものだけだが、ケーダスは濃い青、赤、黒 (価格の異なる 2 種)、明るい青、黄色、白と赤の縞のあるものと多種が購入されている。飾り紐のリボンが 1 パック、サテンリボン 1 パックの価格は 3 s、ケーダスでは 14 d から 2 s で少し安くなっている。

　テープに関してみると、幅の狭いカーネーション・テープ、最上のステイ・テープ、菱形の柄のある麻布ディアパー diaper とマンチェスター・テープ Manchester tape などがあり、マンチェスター・テープには赤白の縞模様、青白の縞模様、白、深い茶色といった 4 種があげられている。[9] ステイ・テープ

9-3表　エドワード・アーチャー Edwd Archer の店での購入品 2（服飾材料）

商品	素材 / 内容	購入数量	価格	特徴 / 意味	色や品質の指示 / 備考
リボン類	taffety (taffeta) *	各 1 pc、計 3 pcs	4 s /pc、5.5～6 s / pc		黒、濃紺
	taffety (taffeta)	1/2 pc	9 s /pc、15 s/ pc		緋色または深紅、藍。白、黒（15 s または安く）
検討指示	ribbon		3 s / yds		流行のリボンを探せ
	sattin		3 s / yds		黒
	paper white	1	2 s		
テープ	tape	6 pcs			狭幅カーネーション
	tape	1 doz			最上の縞のあるステイ（コルセット）用
	diaper tape	各 2 pc	9 d, 6.5 d		特記なしと広幅
	Manchester tape	縞各 2 ～ 4 pcs	9 d / pc		赤と白の縞、青と白の縞、白、渋茶
縁取 / 縁飾	cording(cordon?)	1 pc 12 yds		飾り紐？	紺色のフランス風（1 pc）および紺色と緑
	dutch cadus (caddis)	2 pcs		毛糸さなだ	青と白
	paper binding	1 pc	2 s		
	paper diaper thread				最上
	paper diaper binding	1 pc	2 s 10 d		
	diaper quality binding	各色 1 pc			黒、明色、深紅、青、濃紺、レモン
	plain quality binding	各色 1 pc			深紅、レモン、空色、濃紺、明るい茶、灰色
検討指示	diaper		2s 8d/pc および 22d		菱形地紋の布
靴下止め	feret	1 pc	4 s or 4.5 s		朱色
	cadus(caddis)	1～3 pcs	2 s/pc、18 d / pc、14 d / pc	毛糸さなだ	紺色、赤、黒、赤、水色、黄、赤と白の縞各 1 pc
検討指示	garterings	3 s, 2 s, 18 d or 20 d/ pc			幅広でも狭い幅でもない。黒と白
注意	在庫にシミが付いていることに苦情を言うこと				
ボタン	シャツのボタン	2 grc	2 s/grc		パターンにしたがって角製
		2 grc	12 d/grc		パターンにしたがって、粗いもの 1 grc, 滑らかなもの 1 grc
その他	Caukin pin	0.5 doz	11 d		
	farthing ball	6 doz		意味不明	革製
探し、検討することを指示されたもの	handkerchief（絹で黒と白およびその他の色、同 20 d のもの）、musling（1.5 yds 幅）、silk（帽子の裏地用）、silk lace、russian cloth night cap、corse dowlace（粗い生地のリネン）、white paper box、girdle or belt（革製の紳士用、少年用）				

* （　）内は現代の表記　　　　　　　　　　　　出典：FRE530 より作成

は衣服を作る際にボタンホールや布地の縁を固定するためのテープとされている。価格の分かるテープはディアパーテープが2パックで6d半、マンチェスター・テープは1パック9dでリボンに比べるとかなり安い。カーネーション・テープは6組、他のテープもそれぞれ2パックから4パック購入されている。テープは縁取り用の服飾材料として用いられたものと思われるが、ビンディング（縁取り用の布 binding）もこれらテープと並んで登場している。ビンディングはディアパーを素材とするもの中心に購入され、価格は1パック2s10dから20dほどが想定されている。

　モスリン、絹、ロシア布、ドーラス dowlace（dowlas）なども、アーチャーの店で探すよう指示されている。モスリンは薄手の綿製品で装飾の素材に用いられていたと思われ、ロシア布は亜麻などの麻素材から作られる布地で、ドーラスも荒い麻布であり、ディアパーなどと同様のテーブルクロスなどの用途に用いられていたと思われる。絹も含めてアーチャーの店での購入を考えると、衣料用に用いられていたというよりも家庭用の様々な用途、あるいはテープなどと同様に、衣服の装飾用の素材として購入された可能性が高い。

　アーチャーの店舗では、さらに服飾雑貨と呼べるようなピンが半ダース、シャツのボタンや靴下止め、革のボールなどの購入が指示されている。このほか、良いものがあった場合に購入するよう指示されているものには、絹のハンカチ、流行の紳士用ナイトキャップ、男性および少年用のベルトなどがある。

　なお、小間物商アーチャーでのリストのあとに、ロンドン橋際でサン（太陽）の標章を掲げたピークの店で粗製レースの購入が指示されている。ここで購入が指示されているレースは1ヤード1dから3dと安いもので、それぞれ1ダースの購入となっている。また、1ダースあたり16dあるいは18dの縁取り材料の購入や1ヤード16dから2s程度の上質レースも見るように指示がなされている。続いて縁取り edging が "lace chamber" で購入されているが、これが同一の店か、別のレースの専門店であったかは不明である。

（4）縫製用品他
　服飾品に続いて、大量のボタン、ホック、留め金がクルック小路のオランドの店で購入されているが、この店では多くの縫製用品が、刃物とともに購入さ

9-4表　オランド Oland の店での購入品（服飾材料、金物類）

購入商品	内容	サイズ / 指示	購入量	価格	備考
ボタン	コート用	金属、銀、黒の角	1 grc, 3 doz, 6 doz		
	胸着用	指示なし、銀、黒の角、飾りボタン	2 grc, 6 doz, 1 grc, 1 grc		
	袖	fen ?			見よ
服飾品	ペチコートの輪用藤	丸いもの。3 yd, 4 yd			強い物なら
	ホック		2 oz	4 d	
針	編み針	3rd &4th	1 li		ウーステッド用
	キルト針		1/2 oz		大きく長い目
	お針子用針	1st~10th	各々 1~2 oz 計 12 oz		四角の目できれいな物
	縫い用	3rd size	1 oz		長い
	手袋用	1st size	1/2 oz		
	指ぬき	縁は真鍮、全サイズ	3 or 4 doz		最大の物を除く
釣り針	釣り針	1st size, 5th size	1 oz, 2 oz	4 d（大）	
	針金の鈎		2 doz	6 d/doz	
靴金具	靴の止め金（クラスプ / バックル）	白（クラスプ）	1 doz		
		児童用（大小）、少年用	各1 doz 計3 doz	14～2 s/knob	
		紳士用5種類	各1/2 doz. 計1.5 doz	2 s 6 d~ 4 s/knob	ハート形を2種含む
刃物・刃物付属品	肉屋用ナイフ		1/2 doz	2 s or 2 s 3 d/doz	
	ナイフとフォーク			5 d or 6 d/pair	見よ
	折り畳みナイフとフォーク			2 s/doz	見よ
	はさみ	大きく強い物		3 or 4 s/doz	見よ
		各種	3 or 4 doz	14 or 15 d/doz	先のとがっていない物
	羊毛バサミ	シングル、ダブル	各1 doz		
	肉屋用ナイフ収納箱			2 s 9 d or 3 s/doz	
収納用品	紙箱	麦藁入り紙箱	2箱, 1箱	0.5 d, 1 d	
		大きい物			見よ
	引出し				見よ
その他	櫛用ブラシ	大、小			見よ
	真鍮針金		1 li	2 s or 2 s 2 d	
	玩具（rattle）	バスケット、小枝	各1 doz		
	指輪	金属および石			見よ
	真鍮の印章		1 doz		
	かぎタバコ入れ				見よ

出典：FRE530 より作成

れている。これらもクルック小路物と一括された小物のなかに含まれる【9-4表】。この店では、金物類と同時に衣料品関係の小物も扱っていたと思われる。ことに針が多く購入されており、梳毛糸用の編み針が 1 lb、キルト用の目の四角い針が 0.5 oz 購入されている。梳毛糸が他店で購入されており、編み針の購入量も 1 lb もあるので、農村部の各家計ではこれらの針を購入して、自家消費用、場合によっては販売用の編み物を作ることが日常的におこなわれた可能性が高い。

　また、お針子用の針が各種購入されている。1 番から 10 番まで太さ長さ別に 3 番、4 番は 2 oz、その他は 1 oz 購入されている。特に長い針の 3 番は別途 1 oz 購入されている。このほか手袋用の針や指ぬきなどが購入されている。指ぬきは 3 もしくは 4 ダース購入されているので、一般的な家計での自家縫製用と並んで、ハッチ自身が衣料品の製作を依頼していた地元の仕立屋のために、縫い針が大量に仕入れられたものと思われる。

　ボタンは、布地を販売するウィリアム・ブルロックの店でも若干購入されており、灰色と鳶色のモヘアボタンが、1 グロス 12 d であれば購入することになっている【後掲 9-6 表】。これらの店で購入されたボタンは、用途別にコート用や胸着用などがあり、また素材も銀製、角製、その他金属製など様々な種類に分けられていた。コート用や胸着用、飾り用のものは 6 ダースから 3 グロス購入されており、このほか袖用のボタンの購入も検討するよう指示されている。これらの素材は、消費者自身による補修用とともに地元の仕立屋へ販売されていた可能性が高い。また、オランドの店では、スカートの下に入れて全体を膨らませるフープの材料である籐 cane について、3 ヤードと 4 ヤードの頑丈なもの 2 種類を見るよう指示されている。フープ自体は購入リストに入っていないので、フープは地元の仕立屋か消費者自ら製作したと思われる。なお、指示書の最後に近い部分では、帽子の縁取り材料としての絹と、女性のフード用の黒い絹をコーチャーの店で検討するよう指示している。

3-2. 布地

（1）フランネル

　さて、ハッチは小間物類と並んで多くの布地を購入しているので、次にその

内容を検討してみることにする。

　指示書のなかで、布地購入先の冒頭にあげているのは、同じロンドン橋際で白鳥の標章を掲げたジョン・スミスの店である。この店での購入には、「フランネル他」という項目が立てられている。しかし実際には、フランネルばかりではなくコルチェスター・ベイ織、リンジー織 lincey (linsey)、スウェード、梳毛毛織物、ローラー織 Rowler（実態不明）などが含まれる【9-5 表】。スウェードを布地に入れることはやや抵抗があるが、ここでは布の一種として取り扱っておく。フランネルは柔らかく軽い梳毛毛織物製品であるが、3/4 ヤード幅で1 ヤードあたり 11d もしくは 11.5d の価格で購入するよう指示されており、また粗い麻と羊毛の交織である白のリンジー織も価格 17d か 17.5d である。このほかにも「良いものがあれば」、「とても良いものなら」といった限定付きで、フランネル、コルチェスター・ベイ織、また縞柄のリンジー織を購入するように指示されている。残念ながら購入量が記載されていないためその目的ははっきりしない。

　また、フランネルの項目には縁無し帽子などとともに経帷子 Shrouds が成人男性、女性、少年、少女用が別々に購入されている。これを衣料にするか布地にするか難しいところだが、遺体を覆う袋と考えたい。[11] 同じ男性用でも値段は 5 s 6 d と 5 s があり、子供用でも少女用の 2 s 4 d もしくは 6 d と 18 d、15 d などの差がある。

(2) リネン（麻織物）　シャロン織

　大火記念塔近くで「船印」の標章を掲げるウィリアム・ブルロックの店では、多様なリネン（麻織物）に関する購入が指示されている。この店での指示は上述のアーチャーに次いで多く、3 ページに亘っている。9-6 表で示したように、購入や購入検討が指示された織物は麻織物を中心にきわめて多様で、最初のページには「リネン布その他」という表題で、ガリックス・オランダ織 Garlix holland、ドーラス織、カードル・リネン（堅い麻織物）など、様々な種類の麻織物を詳細な指示のもとで購入あるいは検討が指示されている。またチェック柄綿布、リンジー織など綿織物や麻と毛との交織織物など多彩な織物も購入が指示されている。次の頁には「リネン布その他」という表題と、「ハンカチで、

赤や白のチェック柄また青と白の捺染のものを除く。但し大変良いものなら良い」との指示に続いて、ノルマンディー・オランダ織、バッグ・オランダ織を、「もし良ければ」購入するようにという指示がある。また綿織物の青く染めた

9-5表　ジョン・スミス John Smith の店での購入品（布地、靴下）

購入商品	内容	色などの指示	購入量	価格	備考
布地					
flanel（flannel）*	梳毛毛織物	3/4 yd 幅、1 yd 幅	1/2 yd	11 d or 11.5 d/yd	1yd 幅は見よ
bays	梳毛毛織物	コルチェスター織、		11 d 〜 11.5 d/yd	良ければ
		白		11.5 d/yd	良ければ
lincey	麻毛の交織	白、縞、黒		17 or 17.5 d	縞＝良ければ、黒＝見よ
swaders（suede?）	スウェード				見よ
coloured rowler	内容不明	紳士用			麻織物か？見よ
布地以外					
worsted cap	縁無し帽	色付き、白	1/2 doz		白＝見よ
shourds	経帷子	紳士用 (3)、婦人用 (2)	計 5	5 s 6 d	
		女児	計 5	2 s 6 d〜15 d	
		男児	計 2	18 d〜15 d	
靴下					
hose	靴下子供用	白 first	1 doz	2 s 6 d	
		水玉	6 pr	4 d	
		青、大きい青	3 pr	5 d, 8 d	
hose	同婦人用	明るい青	4 pr	10 d	
		藍、青	各 3 pr	12 d, 14 d	
		緑	2 pr	10 d	
hose men	同　紳士用	small	3 or 4	12 d	
worsted hose	靴下ウステッド婦人用	大きい青	3 pr	20 d	
		水玉		22 d & 2 s 2 d	
		黒			見よ
worsted hose	同少年用	中、大			見よ
worsted hose	同紳士用	明るい色	3 or 6 pr	2 s 2 d	
			3 or 4 pr	2 s 10 d	

*（　）内は現代の表記　　　　　　　　略記号：yd はヤード、doz はダース、pr は組 pair。

出典：FRE530 より作成

捺染キャリコを探すようにという指示があり、その他様々な種類と特徴をもった織物が購入すべきものとしてあげられている。

　一般的には、これらの繊維製品はおそらく 25 ヤード程度の長さをもつ布を 1 梱として梱包したものであろうと考えられる。18 世紀初めにガリックス・オランダ織の価格は 1 エル（= 114 cm）あたり 16 d 程度とされており、1 梱を 20 エル（25 ヤード）とすれば、9-6 表の価格 25 s 6 d はエルあたり 15.3 d となるので、この想定はそれほど的外れではない。こうしたことを前提として布地の単価を考えると、ドーラス織は比較的安い粗い麻織物であるが、1 エル 10 d とされており、単位の明確ではない上質のドーラス織で上質の滑らかなものは 34 s（1 エルで 20 d）、「洗浄済み」では 30 s（1 エルで 18 d）とされている。またカードルド・リネンで白の自家製布は 9 d か 9.5 d であり、バッグ・オランダ織は「最上」のもので 4 s もしくは 4 s 3 d とされ、これも 1 梱の価格とすれば 2.4 d 前後で大変安い。

　リネンの購入はおおむね 1 エルあたり 15 d の価格帯の商品が多いが、3 d 程度の安価な商品もあり、価格幅がかなり広い。同時に、柄や色においてもスコッチ織の縞柄や綿のチェック柄、あるいはバッグ・オランダ織で明るい灰色、明るい茶色などかなり詳細に指示されている。麻織物もしくは綿麻の交織であるオランダ織は薄手の織物で重要な服飾素材であったが、同じオランダ織であっても何種類か存在し、実際にその価格差は大きく、ハッチは慎重に仕入れをおこなっている。

　ブルロックの店では、リネンの後にシャロン織という別項目が立てられている。シャロン織は毛織物の一種で薄手のラシャ織だが、主として衣服の裏地などに用いられる。しかし、この項目にはシャロン織以外に綿麻の交織であるファスチアン織やオランダ織、モヘアなどが含まれている。シャロン織は黒、明るい灰色、明るい鳶色、赤など様々な色彩が求められており、価格は黒のシャロン織は 30 ヤードで 40 s（1 ヤードで 16 d）とされている。ファスチアン織も軽い色のポケット用や平織りで軽い色などの指定があり、前者は 20 ヤードで 19 s（1 ヤードで 11.4 d）、後者は 24 ヤードで 26 s（同 13 d）か 30 s（同 14 d）である。これらの価格はリンジー織と同じぐらいの価格で、購入されている布地のなかでは中程度である。また白いファスチアン織は 1 梱で 16 s となって

9-6表　ブルロック Bullock の店での購入品（布地）

購入商品	内容	色、質の指示内容	購入量	価格	備考	参考価格 **
Garlix holland *	麻織物	幅 7/8broad	2 pc, 1 pc	18 s, 25 s or 25 s 6 d	良ければ	10.8〜15.3 d/ell
dowlace (dowlas)	粗製の麻織物	滑らか	1	34 s		20.4 d/ell
		洗浄済み、広幅		29 or 30 s	見よ	17.4〜18 d/ell
		緻密で滑らか				
		粗製		10 d or 11 d/ell	見よ	
russia cloth	麻織物	粗製と上質				
curdled linen	麻織物	白の自家製	1 pc	9 d or 9.5 d	大きすぎない。見よ	
		茶色のもの		8.5 d or 9 d		
scotch cloth	麻織物	縞柄			とても良ければ	
lawn	麻 or 綿織物				見よ	
cotton check	綿の縞	yd 幅			見よ	
drill	綿の綾織り	茶色	1 pc			
lincey (linsey)	麻と毛の交織	暗灰色	1 pc	13.5 d	if good	
roles	不明	茶色	1 pc	6.5 d/ell	探せ	
Normandy holland	麻織物	頑丈なもの			良ければ	
bagg holland	麻織物	明灰色で縞柄	1 pc	4 s or 4 s 3 d	とても良ければ	2.4〜2.6 d/ell
		明茶色	1 pc	9.5 d/yd	良ければ	7.6 d/ell
				5 s and 8 s 4 d/ell	見よ	
holland（麻布）	麻織物	tufted（房状の）			見よ	

　いる。モヘアは最上の黒、良質の赤、中ぐらいの青といった色指定があるが、それぞれ 1/2 lb、1/4 lb など重さでの購入であるので、ボタン、中綿などとともに布ではない可能性もある。

　ハッチは、麻織物ばかりではなくファスチアン織など麻と綿や羊毛との交織、さらに綿物であるキャリコを含む綿織物など多様な布地を、幅広い価格帯で

名称	材質	色・説明	量	価格	備考	参考価格
callico	綿織物	シミなし青に染色				
mussling	綿織物	平織りで縞で上質			見よ	
shalloone	薄手のラシャ織	黒	1	30 yd で 40 s		20 d/ell
		明灰色で筋染め	1			
		明るい鳶色	1		良ければ	
		赤				
fustians	綿と麻の交織	明るい色	1 pc	20 yd で 19 s	ポケット用	14.25 d/ell
		平織りで明るい色		24 yd で 26 s&30 s	見よ	16.25, 18.75 d/ell
		白	1 pc	16 s		
packthred	梱包用糸	白			見よ	
moohaire	モヘヤ	最上の黒	1/2 li			
		良質の赤	1/4 li			
		青	1/4 li			
moohaire button	胸用ボタン	灰色		if 12 d/grc		
		明るい鳶色		if 12 d/grc		
wading	中入れ綿				見よ	
hancherchif		赤と白の縞、青と白の捺染を以外で、最上を				

* "Dictionary of Traded Goods and Commodities 1550-1820" によると、Garlix holland は 1716年には 16 d/ell とされている。

** 参考価格は 1 yd（ヤード）= 1.25 エル（=91.44 cm）、1 pc=pack = 25 ヤードで換算した価格。
略記号：li= 重量ポンド、grc = グロス。備考は指示内容で、「見よ」「探せ」「良ければ if good」など。また（ ）内は現代の表記。

出典：FRE530 より作成

購入している。こうした布地は服地としてばかりではなく、それ以外の様々な用途にも用いられたものと思われる。一方、1720 年というキャリコ輸入禁止の時期においても綿製品の消費は制限されることなく、農村においてもこうした新しい流行の素材が広く受容されていたかが分かる。

なお、ブルロックの店では、シャロン織をのぞけば毛織物は購入されていな

い。ただし、シャロン織の項目の最後に詰め物 wading を探すように指示され
ている。羊毛、馬の毛、綿、などを素材として衣類の詰め物に用いるものとさ
れているが、衣服を加工する材料のために購入したものと思われる。ボタンや
ハンカチも購入されており、ブルロックの店は、幅広い価格帯の多様な服飾素
材を提供する店であった。

（3）スタッフ織
　　毛織物中心の購入は、キャノンストリートのクレメント小路にあるベアーズ
リの店と、大火記念塔近くのブラウンの店である【9-7 表】。但しブラウンの店
での指示は、キャムレット・スタッフとキャラマンコを「見よ」にとどまって
いるので、ベアーズリの店を中心に検討する。この店での購入指示はヤード幅
のコベントリ・スタッフ織という項目にまとめられている。コベントリ織は、
16 世紀に導入された新毛織物の一種である交織の織物で、コベントリで生産
されていたが、[14] その一方でスタッフ織は梳毛糸の交織であり、ハッチの購入
したものがこれらと同じであるかどうかは分からない。同時にバートン織や梳
毛毛織物のキャラマンコ織もこの項目に入っている。
　　布地の色彩や柄は、青と白のチェック柄、黒と白のチェック柄、緑と白の
チェック柄があり、バートン・スタッフ織では青、金色などがある。他にも色
に関してはチェリー色、レモン色と赤の混ざったもの、赤と青が混ざったもの、
青と白の縞柄などがあり、きわめて多彩である。価格帯に関してみると、スタッ
フ織ではそれぞれ 1 ヤード 9 d から 12 d ぐらいであるが、良質のバートン織
の鮮やかな青は 30 ヤードで 33 s（1 ヤード 13.2 d）となっており、やや高めで
ある。キャラマンコ織は 1 ヤード 12 d でスタッフ織とほぼ同程度である。こ
のように、バートン織でも 30 ヤード単位の価格が表示されているので、卸売
りではこの程度の長さを単位として、場合によっては梱単位で販売されていた
ものと思われる。スタッフ織はブラウンの店でも探すように指示されているが、
この店での購入は良いものがあったら買う程度の追加的な指示のようである。
　　なお 'Mouring' とされるものがあるが、これが mourning であれば、喪装用
の素材も提供されていたことになる。喪装用生地はヤード幅のもので 1 ヤード
15 d であり、その他の服地と大差がない価格である。喪装は社会的にかなり重

購入先	購入商品	色などの指示	購入量	価格	備考
ベアーズリ Beardsley	コベントリ・スタッフ織	ヤード幅			
		白		10 or 11 d	見よ
		格子柄：青白、黒白、緑白		9 d or 9.5 d/0.5 yd	良ければ購入
	バートン・スタッフ織			12 d	見よ
		新鮮な青	30 yds	33 s で	
		黄金色	30 yds	33 s で	
	喪服用 (Mouring)?	ヤード幅		15 d/yd	見よ
	スタッフ織	深いチェリー色		16 d/yd	見よ、良ければ購入
		レモン色と赤の混色			
		黒と白で圧縮したもの		34 d? で	
		黒できれいなもの			見よ
		赤と青の混色で圧縮したもの			見よ
		青と白の縞で濃淡のあるもの			見よ
	キャラマンコ織	混色のヤード幅		11 d or 12 d/yd	見よ
ブラウン Brown	キャラマンコ織	混ぜ色でヤード幅		11 d or 12 d/yd	見よ。光沢のある縞織
	スタッフ織	混ぜ色でヤード幅			見よ
	キャムレット・スタッフ織				見よ。上質梳毛織物
	キャラマンコ織				見よ

略記号：doz ＝ダース。備考は指示内容で、「見よ」「探せ」「良ければ購入 if good」など。

出典：FRE530 より作成

要な要素であったので、特別な布地が用意されても不思議ではない。

3-3. 衣料品：ホーズ、胴着、コルセット、帽子

（1）ホーズ

　目次の上では、レースを含む小間物類の次に指示されているのはホーズ hose である。ホーズは中世以来男性用の半ズボンとされてきているが、17 世

紀には紳士向けの半ズボンはブリーチ breech が主流となっていた点を考えると、半ズボンというよりも編み靴下であったと思われる。ホーズは何種類かの布地とともに、前述したロンドン橋近くのジョン・スミスの店で購入することになっている【9-5表】。指示書のなかで、ホーズは紳士用ばかりではなく、子供用、少年用そして女性用も載せられている。梳毛糸のホーズは別に記載されており、一般的な刷毛糸と梳毛糸との素材的な区別があったものと思われる。[16]

　子供用のホーズは白、水玉、青など多様な色の商品からなっており、青で大きなもの4種を、それぞれ3足から1ダース購入している。婦人用の場合は刷毛糸製と梳毛糸製のものがあり、色も各種ある。刷毛糸製では空色4足と緑2足を計10dで、紺色3足を12dで、青3足を14dで購入し、梳毛糸製では青の大きいもの3足を20dで購入するよう指示されている。また、紳士物は小さいもの3ないし4足を12dで購入することが指示されている。このほかに婦人物の黒、少年用中サイズと大サイズ、軽い色の紳士物などについて、やや高額の梳毛糸製のものを4から6足で2s2d、3から4足で2s10dのものを探すように指示されている。

　子供用と婦人物は色の違いで需要が異なっており、多様な品揃えを必要としたと思われる。価格は、紳士物で若干高い場合があるが、全体としてはそれほど大きな違いはない。但し、同じ子供用や婦人物でも色に応じて多少差があり、婦人物の青の3足で14dは高い方である。

(2)　胴着　胸当、コルセット

　ここからは史料の順番とは離れるが、ホーズに続いてその他の衣料品を順に見ていくことにしたい。まず、女性用の標準化された衣類や下着を、大火記念塔近くのリード夫人の店で購入するよう指示されている。リード夫人の店は女性用の衣料品、下着に特化した店であったようで、胴着、胸当、コルセットなどを購入している。胴着 bodies（bodice）は女性の衣服で、上下に分かれている上部が胴着であり下部はスカートとなるが、上に長いガウンを羽織ると全体としてつながったドレスに見える。ハッチは胴着を、女児用、メイド用、婦人用など数種類ずつ購入しており、価格は子供用が2着で4s6d、メイド用も2

着で 6 s か 6 s 6 d、婦人用は 2 着で 7 s もしくは 7 s 6 d であった。購入された胴着は、それぞれサイズ単位で記入されており、女児用は 7.5 ネイル（43.1 cm）、メイド用は 1/2 ヤード 1 ネイル（約 51.5 cm）と 1/2 エル（約 57 cm）、婦人用は 1/2 ヤード 1 ネイル、1/2 エル、1/2 エル 1 ネイル（約 63 cm）となっている。[17] 胴着に関するサイズはおそらくウエストサイズに合わせたもので、サイズに合わせて価格が設定され、サイズごとに一定の標準化がおこなわれていたものと思われる。

　一方、ハッチは同時に自分の娘用に胴着の購入をしている。ここでは、「腕の下の長さ 8 インチ、背中丈 11 インチ、ウエスト周り 1/2 ヤード、胸回り 3/4 ヤードで鮮やかな青」と、サイズや色に関してより細かい指示がなされている。自分の娘用には体により合うように細かなサイズで購入しようとしたのであろう。娘のために購入しようとした胴着が、既製品であったのか微調整可能な（イージーオーダーのような）ものかどうかは不明である。残念ながらここには価格の指示がないので、標準化された胴着よりもどの程度高いかは分からない。いずれにせよロンドンの専門店においては多様な在庫の品揃えがあり、細かいサイズが揃えられていたか調整が可能であった可能性が高い。

　このほかに胸着 stumecher（stomacher）を見るようにも指示がなされている。胸着は胴着の空いた部分を埋めるために着用するものであるから、胴着と同時に購入されることは不思議ではない。[18] また、胸着はそれほど多様なサイズを必要としないこともあり、詳細な指示がなされていない。

　ステイ stay はコルセットとほぼ同義であるが、胴着や胸当と同じくリード夫人の店で購入されている。コルセットは籘や鯨の髭などを用いて体型をととのえるための胴着の下に用いる女性用下着で子供の時から着用するとされている。[19] ハッチはここで子供用のステイを 'first size' から 'sixth size' までの 6 種類、合計 9 組購入しようとしている。子供の成長に合わせて大きいステイを着用させたものと思われるが、同時にステイもサイズに応じて一定の標準化がなされ、販売されていたものと思われる。

（3）帽子、その他
　ホーズを購入したスミスの店でハッチは、ナイトキャップと梳毛糸製の縁無

し帽子、それに個人用の縁有帽子を購入している。色のついた梳毛糸製の男性用縁無し帽半ダースの購入もおこなわれているが、白い色のものも検討するよう指示がなされている。ナイトキャップは小間物商のアーチャーから購入されている。ナイトキャップは衣料品としてではなく、小間物と同時に販売されていたものと思われる。一方、夫スティーブン用と息子用の帽子が別途購入されている。これは明らかに自家用だが、大きさがスティーブン用は24インチ半（約62 cm）、息子用は23インチ（約58 cm）で価格は8 dから9 dが想定されている。やはりここでも、頭回りの大きさで標準化された帽子が生産され販売されていることが分かる。しかし、購入したのはトラヴィリオンの店で、この店では後述するように様々な雑貨品の購入を指示されており、帽子専門の店ではない。同じように麦わら帽子も検討するように指示がなされているが、これもブラシなど雑貨を売っているウッドの店からの購入である。ハッチの帽子購入は帽子専門店ではなく、比較的安価なものを雑貨店から購入している。

　さて、ハッチの繊維品仕入れは、大別すると小間物などの服飾材料、布地そしてホーズなど既製の衣料品の三つに分かれる。このうち服飾材料・小間物は仕入指示書の冒頭に置かれ、最も多くの分量が費やされている。本書ですでに述べたように、レースなど服飾材料は女性の衣裳を飾る重要な要素であった。その点で、服飾材料を大量に購入しているハッチは、男女を問わず都市的なファッションをサセックス農村部へ伝える役割を担っていた。購入された小間物類は幅広い価格帯の商品からなっており、非常に多彩な色合いに満ちていて、多様な刺繍糸も含まれている。装飾用のレースやテープ、リボン、またブルロックから購入した多くの梳毛糸なども合わせて、これらの小間物類はサセックス農村部では、業務用に使われたというよりも家計内における自家用向けであった可能性が高い。オランドの店で購入された縫い用やキルト用の針は、家計内で装飾用の素材を衣裳などに付加するために用いられたと考えられる。[20] これら服飾用の素材購入に当たって重視された点は、詳細にまた繰り返し登場する色彩とチェックなどの織り柄であった。[21]

　その一方で、大量に購入されたボタンや多種のお針子用針の存在は、専業か副業であるかは別として、職業的な縫製業の存在を推定させる。ハッチ自身が

こうした生産を組織する経営をおこなっていた可能性もあるが、史料FRE529で見る限りこうした縫製の委託生産をうかがわせる支出はない。[22] 他方で、購入を指示された布地類には、絹などの高級素材は含まれず、麻布を中心に綿布や綿とその他の交織ものが中心である。また、毛織物であってもスタッフ織など薄手の生地が購入されている。これらの布地は、衣服に仕立てるための材料というよりも、むしろ裏地やテーブルクロスなど家庭内で様々な用途に用いられる布地のように思われる。

　また、既製衣料品の購入は、ホーズ、胴着などに限られており、胴着はウエストサイズによって標準化がおこなわれており、既製品として多量に生産しても販売可能であったものと思われる。[23] 紳士物では上着としてのコートや下着としてのシャツ、婦人物では上着のガウンや胴着の下部でスカートに当たるペチコートなどは存在しておらず、衣服の基幹的な部分は購入されていないことになる。ハッチの仕入れには上質の布地が含まれていないので、農村部の消費者はライなど近隣の都市の反物商や布地商から購入した生地を、ハッチ自身が地元の仕立商へコートの製作を依頼しているように、地元で作製させた可能性が高い。もちろん一般の庶民にとって、古着が上着類の供給に果たした役割も重要である。[24]

　だが、新しく仕立てたか古着であるかを問わず、消費者の多くは高価な衣裳を流行に合わせて買い換えることなく、ハッチの仕入れに見られるような様々な種類と多彩な色の服飾材料を付加して加工し、流行に適応していたと思われる。その際、仕入品の購入における色彩と柄へのこだわりは、多彩な服飾品が流行を媒介する流通業者にとってとりわけ重要であったことを意味している。

4 ｜ 繊維・服飾関係以外の ロンドン仕入商品

4-1. 釘など建築用の金具

　ハッチはきわめて多種の建築用金物類を、タートンの店で購入するように指示している。ここではほぼ例外なく購入が指示されており、品物を見てから購

入を検討するような曖昧な指示はないので、金物類はいつも決まった形で購入される商品群と考えられる【9-8 表】。

　最も多い金物は釘である。通常の釘は値段によって 6 種類で、その購入量も 19 oz から 22 lb まで多様である。価格は m（メートルという意味ではない）という内容不明の単位と袋 bag という 2 種類で表記されているが、m を単位とするものでは 1 m あたり 2 s から 4 m で 4 d までかなりの幅がある。1 m あたり 2 s の釘は 19 oz しか購入されていないが、一番安い 4 m で 4 d の場合には 6 lb 購入されている。1 袋の場合、1 袋 6 d と 0.5 袋 5 d の物があるが、後者は 13 lb の購入である。m も袋も実態は不明だが、単価の高い釘は大きさも大きかったと考えられるし、使用頻度も少なかったので、購入量も少ないと思われる。釘については、「大きな」「より小さな」とされる釘が、それぞれ 500 本と 1,000 本購入するように注意書きがついている。しかし、どのような釘を指すのかは不明である。このほか、形状が明らかに異なる釘も何種類か存在している。頭が丸く短い釘は塗装されているものがあり、また長さの違う何種類かの蝙蝠折れ釘、円頂釘 round head、鋲や内容不明の釘も含まれている。

　釘以外の金物類には、建築用下板や継ぎ手などの建築用資材、金具であるハンドル（塗装された大きい物を 12 パック、錫のものを 6 パック）、蝶番、木ネジ、鍵穴を隠す金具、錠前などがある。鍵穴を隠す金具については、すでに購入した物が鍵穴より小さいので、鍵穴を交換するように指示がなされており、鍵穴とそれを隠す金具がセットで販売されていることが分かる。食器棚の引出用の鍵なども複数個購入している。若干であるが建設用の錐などの道具も含まれている。建築用資材専門のタートンの店は、ノーシャムに住む普通の住民たちが日常的に家や家財の補修に用いる金物類を、ハッチに供給していたと考えられる。

4-2. 金物、刃物

　既に述べたようにクルック小路のオランドの店では、クルック小路物という一括りにされた商品を購入している【9-4 表】。クルック小路物としては、前述のボタンや縫い針など縫製用品とともに様々な金物類や雑貨品があり、そのなかには 2 ダースのかぎ針 hook と大小 1 オンスずつの釣り針がある。

9-8表　タートン Txrtone の店での購入品（金物類）

購入商品	指示内容 / 特徴	価格	数量	備考
釘		2 s & 20 d	19 oz	
		12 d,	22 li	
		10 d,	18 li	
		4 d/1 m	6 li	
		6 d/1 bag,	12 or 13 li,	
		5 d/0.5 bag	9 li	
	large, smaller		各 500, 1000	
	priggs	2 d	2 m	m は単位
	ronn[round?] head	2 d	2 m	
	small payle nail		2 m	
蝙蝠折れ釘	2.5～0.5 inch	4 d～2 d	1 m～2 m	
留め金、鋲	tined	2 d	5 m	
	middle		1 m	
円頭で短い釘	lackerd	2 d, 3 d	3 m, 3 m	
ラス	short, long		4 m 4 li, 10 m 4 li	建築用下板
		3 d	1 bag 3 li	
落し金	middling size		2 doz	ベッド用
木ネジ	2 inch, 2.5 inch long		3 doz, 1 doz	
蝶番		22 d/doz	6 pc	
継ぎ手		2 s 4 d/doz	6 pc	
ハンドル	large lackerd ffast	8 d?	12 pc	ラッカー仕上げ
	tined	5.5 d	6 pc	錫製
錠前	outside box lock	4 s/doz	1 doz	外部の箱用錠前
	large strong drawer		6	引出用錠前
錠前部品	town made	14 d or 15 d	3	[ward] 錠のなかの突起
鍵穴金具	鍵穴より小さいので大きいものと交換。両側に鍵穴をもち、両側から使える。		23	
食器棚	very small	6	鍵穴 2 つ用	
引出の鍵	bright			
手錐	large	10 d	1 doz	
錐の穂先		15 d or 16 d, 13 d or 14 d	各 2	
		6 or 7 d		
千枚通し		6 d	1 doz	
意味不明		6 or 7 d	2	Banbury

出典：FRE530 より作成

繊維・服飾関係以外のロンドン仕入商品

また、金属加工品として子供用と紳士用の靴のバックルもある。子供用の普通サイズは 1 ダースの購入で価格は 14 d と 15 d となっており、大きいサイズは 1 ノブ knob で 14 d と 2 s とされ、やはり 1 ダース購入されている。このノブという単位がどのような量であるかは不明である。紳士物はハート形のついた物 2 種とつかない物の 3 種だが、つかない物はノブあたり 2 s 6 d でハートのついた物は 4 s となっており、ハート形のついた物の方がかなり高い。このほかに靴の留め金などを購入している。ハッチの店の支出でも、1713 年 8 月に靴のバックルを、いつもは火薬を購入している地元のハモンドから 2 s 2 d の価格で購入している。しかしバックル購入の記録は、それほど頻繁に登場はしないので、ロンドンで多めに仕入れていたものと考えられる。

　クルック小路物には、ナイフやハサミなどの刃物も含まれる。刃物には各種ナイフも含まれる。肉屋用ナイフはダース単位での価格が指示されているが、半ダースしか購入されていない。このナイフは、肉屋以外でも肉を捌くために使用するように小売りされていた可能性がある。また、食器としてナイフとフォークのセットが、折り畳みナイフとフォークのセットとともに登場する。ナイフとフォークは 1 組 5 d から 6 d、折り畳みナイフの方はダースで 2 s となっておりそれほど安い物ではない。イギリスにおける食事は 17 世紀までナイフと手でおこなうことが普通で、液状のポリッジなどにスプーンが使われるに過ぎなかったが、18 世紀に入るとフォークが日常的に用いられるようになると言われている。[25] その点からすると、1720 年前後にフォークが折りたたみナイフとともに 1 ダース単位で購入が検討されていることは、サセックスの農村部では 18 世紀のかなり早くからフォークが用いられていることを示している。

　購入されたハサミには、通常のハサミ scissors（scissors）と羊毛用ハサミ sheathes（shears）の 2 種類があり、布地の裁断や縫製、仕上げ、また牧羊用品として販売されていたものと思われる。羊毛用ハサミは、ハッチ自身も羊毛の刈り取りを依頼する支出をしており、周辺農村で日常的な羊飼育がおこなわれていたことを反映した商品である。通常のハサミは大きくて強いものが 1 ダース 3 s から 4 s、刃先がそれほど尖っておらずこれより少し安い 14 〜 15 d のものを、それぞれ 3 〜 4 ダース購入するように指示されている。中ぐらいの大きさの羊毛用ハサミは、シングルとダブルの 2 種各 1 ダースずつを購入している。

ハサミは、ウィリアム・ウッドの店でも購入されているが、ウッドの店では
ハサミ 3 丁の研ぎをするように指示されており、また「大変良く新しい」カミ
ソリの購入がおこなわれている。ウッドの店にはロンドンについてすぐに行く
ように指示されており、ハサミの研ぎには時間がかかるので滞在中に仕上がる
ように、到着後すぐに行くよう指示がなされたと考えられる。しかし、研ぎに
出された物は 3 丁であるから、自家用と顧客から依頼された両方の可能性を考
えなければならないだろう。

　同名のウッドがウィリアム・ウッドの前にもう一軒あるが、「白い牡鹿亭」
の向かいとして記載されているので、上述のウッドとは異なる店である。この
店では、各種ブラシを購入しており、「くぎを打ち付けるための締めブラシ」
Clamp brushes to naile（sic）on とか「織布工のブラシ」などが、1 ダースとか
半ダースとかで購入されている【後掲 9-10 表】。また、酪農用ブラシも半ダース
購入されているが、これは 1 ダースで 3 s と比較的高価なものである。

　オランドの店やポーツマスの店で購入を指示されているフォークや次に見る
陶器の食器類は、都市的とされる「上品な消費文化」に見られる新しい消費財
が、かなり早い段階でサセックスの農村部では普及し始めていることを示して
いる。

4-3. 陶器

　陶器の表題のもとに、「病院近く」のポーツマスの店では各種食器の購入が
指示されている【9-9 表】。まず、炻器と思われる stone cann がかなりの量で登
場するが、蓋付きと思われる sealed という語が付け加えられているものもある
ことから、ビールなどを飲む際のマグカップと考えられる。他にも 1 パイント
から 1/4 パイントまでの白や青のマグカップが、1 ダースや半ダースの単位で
購入されている。

　マグ以外には温めるための壺と思われる大きなトースト・ポット toast pot、
尿瓶、大皿、水盤、カスタード用カップなどがダース単位で購入するか、購入
を検討するように指示されている。さらに白と茶のコーヒー・カップや彩色さ
れたティー・カップなども、ダース単位で購入が指示されている。伝統的なエー
ルやビールのためのマグカップばかりではなく、これらのカップ類を仕入れて

購入内容	購入商品	商品内容	指示内容	価格	数量	備考
マグ	sealed stone cann	蓋付き陶器マグ	1 pint		1 doz	
	stone cann	陶器マグ	1/2 pint, 1/4 pint		各 1 doz	
	white cann		1 pint, 1/2 pint		各 1 doz	
	blue cann		1 pint, 1/2 pint		各 0.5 doz	
食器	platter	大皿	white	18 d	1 doz	
	bason (basin) *	鉢、ボウル	white	2 d, 4 d	各 0.5 doz	
	coffee cup		white, brown		各 1 doz	
	tea cup		painter		1 doz	
	toast pot	加熱用深鍋				
	custre (castard) cup	カスタードカップ	white			見よ
	bason (basin)		breakfast			見よ
尿瓶	chamber pot		green, best white		1 doz, 2 doz	

*（　）内は現代の表記　　　　　　　　　　　　　　　　　出典：FRE530 より作成

いることは、1720 年代初めに農村部でもコーヒーや紅茶の飲用がかなり拡大していたことを示している。残念ながら価格については、大皿が 18 d、水盤は 2 d と 4 d の物があることしか分からないが、これが 1 個であるとしてもそれほど高価な物ではなく、従来の木製やピューター製に加えて、多様な都市的な食材とともに陶磁器が日常的な食器として当時の農村に登場したと考えられる。

4-4. 雑貨

（1）文具

　クルック小路物という括り方は同様だが、オランドの店では様々な雑貨類も購入されている【9-4 表】。かぎタバコ入れ、ナイフボックス、引出し、真鍮製の印章といった物が購入されている。しかし、多くの文具類は他の店で購入されており、紙はサザックにある「金のライオン」標章のオズボーンの店で主に購入されている【9-10 表】。筆記用の上質の大型紙（フールスキャップ紙 13 インチ x 17 インチ）1 締め ream（480 枚）を 15 s で、筆記用の普通紙 1 締めを 9 s で購入しているほか、中質紙 middle hand も 1 締め（価格記載なし）で購

9-10 表　ブラシ・文具・薬品などの購入

購入先	購入内容	購入商品	指示および内容	価格	数量	備考（追加指示など）
ウッド Wood	ブラシ	clamp brush	締め金ブラシ	to nail on?	1 doz	
		brush	酪農家用	3 s/doz	6	best Dary [dairy]
		weaver brush	織布用ブラシ		4 pair	best
		straw hat	見よ			
オスボーン Usborn	紙	foolscap	best writing	15 s	1 ream	フールスキャップ紙（13 × 17 インチ）
		paper	writing	9 s	1 ream	
		middle hand			1 ream	
	ペン	Pen		12 d	100	
	書籍	book	pocket, broad	5 d	3	
			pocket, long	5 d	3	
	薬品	elixir	Stoughtons		6 bottles	万能薬？
		scurvy grass	plain spirits		6 bottles	ともしり草（壊血病薬）
フォジソン ffodgson	インク	lampblack		18 d or 2 s/ barrels	1 doz	油煙（インク原料）
				8 or 10 s/doz	1/2 doz	安全に輸送できれば
	ゴム	ruber	fine		1/2 cwt basket	
	酢	vinegar	best		1 hogshead	昨年買ったと同じもの
	明礬	allom[alum]	good & cheer		14 li	
フロミング Floming	コルク	gorse best			8 or 10	
		vial cork,	if very small		1 or 2 grc	薬瓶用
ピーターソン Peterson	梱包材	packthred	ordinary fine	1/2 d bottoms	3 li	
				1 d bottoms	3 li	
				1/4 d bottoms	12 li	

出典：FRE530 より作成

入している。同時に鵞鳥ペンを 100 本購入している。

　この他、テームズ・ストリートのウィリアム・フォジソンの店でインクの原料となる油煙 lampblack を 1 樽 18 d もしくは 2 s のものを 1 ダース、また 1 ダー

スあたり 8 s もしくは 10 s というインクも半ダース購入している。^[26]大量に購入された油煙は溶かして小売りされたものと思われる。なお、油煙は「安全に納品されるならば」という注意書きがあるので、購入された荷物は特別に輸送された可能性が高い。「メモ、間違った艀 hoy に、彼の間違いで積み込んだことに苦情を言うこと」という但し書きがついており、少なくとも艀でロンドンから出荷されたことは確実である。これらは洗面所の項目で購入されているのだが、同じ項目で最上の酢 1 ホグスヘッド hogshead（52.5 ガロン＝ 198.75 リットル）も購入されている。項目から考えて、この酢は食料品ではなく洗浄など別の用途に使われた物と思われる。また、媒染剤である明礬が 14 lb と上質のゴムが購入されている。ゴムの用途は不明である。

一方、フィッシュ・ストリート・ヒルで「ピーターボート」の標章を掲げたジェームズ・ピーターソンの店では、梱包用の糸がボトムという単位で 0.5 d のものを 3 lb、1 d のものが 3 lb、1/4 d のものが 12 lb 購入されている。これらが今回の購入品を輸送するための物なのか、あるいは地元で利用するための物なのかは不明である。また、薬瓶とその蓋になるコルクの購入が、サザックのレッドストリートにある「子羊」の標章を掲げたフロミングの店で、ハリエニシダで最上のコルクが 8 ないし 10 グロス、また瓶用のコルクは非常に小さい物が 1 ないし 2 グロス購入されている。すぐ後で見るように液体の医薬品も購入されているので、コルクが大量に購入されているのは、液体や粉末の薬品あるいは調味料などを入れる瓶のために使われていたと思われる。

（2）櫛

ロンドン橋近くで「イノシシの頭」の標章を掲げたチャールズ・ドーの店では、櫛購入の指示がおこなわれており、またここでは櫛しか購入されていない【9-11 表】。この店は、櫛を専門的に扱う店であると考えて良いと思われる。櫛は、象牙製で 2 d 〜 8.5 d の価格が異なる櫛や 4.5 d の象牙製フケ用の櫛が購入されている。これとは別に、角製の櫛が大きさによって 14 d 〜 16 d の価格で 3 ダース、厚くて頑丈な 2 s と 3 s の物がそれぞれ 1 ダースと半ダース、そして最後にカツラ用の櫛が 2 s で半ダースの購入を指示されている。

前章で見たように、地元でも日常的に櫛の購入が頻繁に登場し、多くは近く

の村ウィンチェルシーの製造業者から購入されている。ロンドンでも櫛が多様で大量に購入されていることは、ウィンチェルシーの製造業者とは異なった品質や特性をもつ櫛がロンドンでは購入可能であったものと思われる。農村部でもそれだけ頭髪に関心をもつ多様な需要が存在し、さらにカツラも使用されていることを意味している。なお、クルック小路のオランドの店では櫛用のブラシを見るよう指示がなされている。櫛を清掃するためのブラシと思われる。

(3) 衛生雑貨

　サザックにあったマーシャルシー監獄そばのレイナードの店では、衛生雑貨と言えるような様々な雑貨類が購入されている【9-11 表】。「最上のポーランド」糊を 12 lb、その他の糊を 1 樽 kildekin（kilderkin = 16 ～ 18 ガロン入り）で購入しており、価格はハンドレッドウェイト（cwt = 112 ポンド = 約 50 kg）あたり 38 s であった。[27]また、インディゴ（染料）も 1 lb あたり 2 s 6 d から 3 s 6 d で探すように指示されている。前述の油煙を販売していたフォジソンの店では明礬も、良質なものならという条件で 14 lb を購入するよう指示されており、上記のインディゴと合わせて染色に用いられた物と思われる。フォジソンの店はインク材料と合わせて、染色材料などを販売する店であったと思われる。

　また場所は不明であるが、順番からいってレイナードの店の次になるトラヴィリオンの店では、「洗濯ボール」および粉という題目のもとで、固形洗剤としてのボールが最上の 18 d のものを 3 ダース、12 d のものを 3 ダース、その他にはパフを 8 d か 9 d で 1 ダース、香水 Damask scent（1/2 lb）を購入し、パウダーボックスを 1 ダース 12 d の価格で半ダース、レモンエッセンス 18 個を購入している。レモンエッセンスは挽いて箱に入れるようになっており、固形の物を粉末にして利用したと思われるが、これら香水やレモンエッセンスは洗濯用の芳香剤として用いられたのかもしれない。トラヴィリオンは、蜜蝋の納入先でもある。他方、石鹸はセント・ツールズ通りで「金の心臓」標章を掲げたリーダーの店では、通常の石鹸を 3.5 cwt、最上の石鹸を 2 ～ 3.5 バレルというかなりの量で購入している。しかし、この店での購入は石鹸だけであったが、これだけの量になると別送の可能性が高いし、またこの石鹸は洗濯用ではなく縮絨など他の用途に用いられた可能性もある。

9-11 表　衛生雑貨の購入

購入先	購入内容	購入商品	指示内容	価格	数量	備考（指示追加など）
ドー Doo	櫛	ivory Comb	Ivory	@ 2～8.5 d	60	
			dandrif(ふけ)用	@ 4.5 d	3	
			fine	@ 2 d	6 box	
		horn comb	small and strong	14 d/doz	2 doz	
			larger	16 d/doz	1 doz	
			thick & strong	2 s	1 doz	
			thick & strong	3 s/doz	1/2 doz	
			wigg comb	2 s/doz	1/2 doz	
レイナード Reynald	糊	best Poland		12 li		
		white if &c		1 kildekin	38 s/cwt	価格は昨年のもの（16-18 ガロン入り中樽）
	染料	indico		2 s 6 d～3 s 6 d/li		見よ
トラヴィリオン Travillions	洗濯石鹸	balls	best	18 d, 12 d	各 3 doz	
	白粉入れ	powder box		12 d & 2 s/doz	各 1/2 doz	
	白粉パフ	puff		8 or 9 d	1 doz	
	香水	Damask scent			1/2 li	香水
	香水	essence lemon	18	1/4 li, 1/2 li, 3 li		
リーダー Leader	石鹸	berst ordinary	long cut	12 d or 12.5 d/li	3 cwt 1/2	
			very best	2 or 3 half barrels		

出典：FRE530 より作成

（4）食料品、医薬品

ロンドンでおこなわれた多様な薬品や食料品の仕入れは9-12 表に示したとおりである。コーンヒルで「三天使」の標章を掲げたバートレットの店では、香辛料を含む種々の薬剤を、購入している。このバートレットはやはり蜜蝋を販売した相手でもある。液体状の物と思われる硫黄を 2 lb、コリアンダーの種を 2 lb、クミンを 1 lb、単鉛硬膏 diachilon (diachylon) を 1 lb、エリクサー elixir という万能薬、あるいは芳香のある薬剤フェネグリーク fenugrick (fenugreek）を 1 lb、アラビアゴムを 2 lb、ひよこ豆 grumbal（gram?）、甘草 liquor-ish（licorice）を 1 lb、メリロット melilot を 1 lb、テレピン油 oyle tirpentine（terpene）を瓶 4 本購入している〔（ ）内は現代の表記〕。またサフラン、硫酸 oyle vitriol、殺虫剤 worm seed なども購入しているが、これらの購入量は単位が略記号のため解読できない。その他、水銀とかウコンなども購入している。一方、「グレイハウンド亭」裏のオースチンの店ではハンガリー水を購入している。このハンガリー水は蒸留酒の一種で薬用にも用いられていたようである。同時に湿布材としての酢鉛を 4 lb 購入している。

　また、ブリムストーンにある「白い牡鹿亭」近くのマノックの店では、エキゾチックで様々な食料品が購入されている。薬剤とも言える硫黄はここでも購入されているが、主に購入されたのは香辛料を含む食料品である。香辛料ではジャマイカ胡椒、ナツメッグ（1 lb）、白胡椒（1 lb）が購入されている。砂糖は精製された砂糖の塊 lump を 2 ないし 3 購入している。このほかにもかなりの砂糖を購入しているが、この際の単位 ⊖ をハンドレットウェイト（cwt）とすると、cwt あたり 48 〜 50 s の砂糖を 2 cwt 購入しさらに cwt あたり 30 〜 31 s と 40 〜 41 s のものも購入し（購入量不明）、「ひどく湿っていないように注意すること」という注意書きがある。これらの砂糖は 1 lb あたり 3 d から 5 d. 程度となり、それほど高価ではない。[28] これらと並んで茶色の砂糖菓子（キャンディ）を 1 lb 購入しているが、黒砂糖的なものかもしれない。レーズンは、マラガのレーズン 2 〜 3 箟とその他にスミルナのものとヴェルヴァドールの物を見るように指示がなされている。これらの区別が産地別なのか特定のブランドなのかは分からない。プルーン、イチジクなどの熱帯性の食品についても検討するように指示されている。

　エキゾチックな食料品は、サザック、マーシャルシー監獄そばのベインの店でも購入されている。ココア 2 lb、コーヒー（焙煎したもの）、チョコレート 2 lb などの飲料用の食料品が購入されて、またピーナッツを 1 lb、ビスケットまたコムフィット comfit という砂糖菓子が 2 種類、一つは 2 lb とアーモンド入りを 3 lb 購入している。これらの商品の価格は不明である。興味深いことにここには茶は含まれていない。ノーシャムでは、陶磁器の購入などから考えて、茶が飲まれていなかったとは思えないが、ハッチの購入リストには茶は含

9-12 表　食料品、医薬品の購入

購入先	購入内容	指示	価格	数量	備考
バートレット Bartletts	硫黄	液体？		2 li	
	コリアンダー			2 li	
	クミン			1 li	
	単鉛硬膏			1 li	
	万能薬			2 or 3[ ]	
	フェネグリーク	Po[primo?]		1 li	ころは（芳香剤）
	アラビアゴム			2 li	
	ひよこ豆			4[ ]	
	スペインジュース			2 li	
	甘草			1 li Po	
	メリロット			1 li	芳香剤（ハーブ）
	解毒剤			2 or 3[ ]	
	テレピン油			4 bottle filled	
	サフラン	最上のイギリス製		1[ ]	
	水銀			1/2 li	
	ウコン	丸ごと		1 li	
		Po[primo?]		1 li	
	硫酸			2[ ]	
	駆虫剤			4[ ]	
	ヒレトリウム根			1/2 [ ] or 1[ ]	睡眠薬
オースチン Austin	薬酒			1 qur	ハンガリー水
	鉛酢（湿布材）？	最上の青		4 li	

まれていない。

　ファウンテンタバーンのそばにあるウィッケンデンの店では、安くて良質ならという但し書きがついているが、2 cwt のウォリック製のチーズが購入されている。次章で分析するターナーはウォリック製のチーズを直接購入しており、ウォリック製チーズはかなりブランド化されていたようだ。両者の違いは、ターナーが活動していた 18 世紀後半にはロンドンを介しない直接販売ルートが存在していたのか、あるいはハッチの時期には大量にチーズを購入するためには、

	砂糖	精製		2 or 3 lump	
			30 or 31 s/Θ		
			40 or 41 s/Θ		
		適度な湿り気	48 or 50 s/Θ	2 Θ	湿気が多すぎない
	茶砂糖菓子			1 li	
	胡椒	ジャマイカ産	9 d		
マノック		白胡椒	Glew 46?	1 li	
Mannoock	ナツメグ			1 li	
	プルーン	良ければ		見よ	
	いちじく	良ければ		見よ	
	レーズン			0.25 Θ	
		マラガ		2 or 3 basket	
		スミルナ		見よ	
		velvadore ?		見よ	
	硫黄			7 li	
	焙煎コーヒー	高価すぎなければ			
	ココア豆	新鮮な最上級品		2 li	
ベイン	ココア			2 li	
Bayne	ビスケット		1/2 d		
	糖菓	comfit		3 li	
		アーモンド入り		2 li	
	ピーナッツ			1 li	
	チョコレート	最上		2 li	
ウィッケンデン Wickenden	チーズ	ウォリック製		2 Θ	
ハイランド	タバコ	最上、long cut		3 cwt	
Mrs. Hyland		普通、long cut	12 d or 12.5 d/li		3 cwt 1/2

[ ] は判読不能の単位を示す。

出典：FRE530 より作成

ロンドンの方がより有利だった可能性も考えられる。最後にハイランド夫人の店でたばこを購入している。最上のもので、長く切ってある物を 3 cwt、価格が 1 lb のものを 12 d か 12.5 d、また通常のものを 3 cwt 購入している。

衣料品以外の購入商品も、多種多様である。釘をはじめとする多くの建築用

の金具は、木造家屋の建築・修繕のために専門的な建築業者や大工に販売されたか、あるいは普通の家計で家屋の修繕に用いられたかのいずれかであろう。この時代には、これら金属製品について、すでに多様な需要に応じることのできる一定規模の規格生産がおこなわれていたことを示唆している。また、ビールやエール用の陶器が各種登場するが、仕入指示書には金属製の容器は存在していない。[29] 都市に比べ農村部への陶器の普及は遅いとされているが、[30] それでもそれまで一般的であったピューター製のマグなどとならんで陶器製が一般化しつつあった可能性がある。また同時に、ティー・カップやコーヒー・カップの購入が見られ、温かい飲み物がしだいに重要な意味をもちつつあったことが分かる。但し、単に省略しただけの可能性もあるが、これらのカップには本来はセットで登場するはずの受け皿（ソーサー）の記載がない。確かに 18 世紀初頭のロンドンのコーヒーハウスを描いたイラストには受け皿は見られないので、この時期には受け皿がないことはむしろ一般的であったかもしれない。[31]

　ティー・カップやコーヒー・カップの仕入れからは、サセックス農村部においても、コーヒーやココアなど温かい飲み物の存在が知られていたことは明らかである。焙煎されたコーヒーやココア豆の存在は、実際にこうした飲み物が消費されていたことを示すものでもある。同時に購入された砂糖はかなり多く、単に甘味料として使用されただけでなく、かなりの量が温かい飲み物と組み合わせて消費されたと思われる。温かい飲み物の浸透もそれなりの広がりを見せていたのである。しかし、コーヒー豆の購入量は分からないし、ココアは 1 lb ほどなのでその量はそれほど多くない。その意味では、これら購入された飲料用食品は販売されたとしても、消費はかなり限定的であったと思われる。ソーサーの記載がないことなどからも、コーヒーや茶の飲用がまだ十分に社交空間としての機能を果たすまでには至っていないとも考えられる。[32]

　文具類についてみると、紙やペンなどが大量に購入されていることは、これらが小売販売されたとすれば、18 世紀初頭のイングランド農村社会においても筆記を必要とする社会層が一定程度存在していたことを示している。教会のような宗教的機関や行政的機関ばかりでなく、ハッチ自身が残した営業目的の文書を含めて、かなりの需要が存在し、ある程度識字層が広がっていたことも想定できる。また、織布工用ブラシやインディゴ、明礬、石鹸、糊なども繊維

工業のなかで用いられる材料であり、こうした業務用需要の存在が考えられる。しかし、絶対量としての購入量はそれほど多くないので、大規模な業務用需要が存在していたというよりも、副業的で自家需要的な生産であった可能性が高い。

　一方で櫛は地元でも購入されているが、ロンドンで購入された櫛は量も多く、その種類の多さから身だしなみに配慮する文化が、それなりに農村部にも浸透していたことを示している。また、カツラ用の櫛が存在することはカツラが農村部でもある程度使用されたことを示してはいる。とは言え、一般の櫛に比べて量的に少なく、カツラの使用はそれほど普及していなかったと考えられる。都市的な要素は、外来の珍しい食品の仕入れにも現れている。コーヒーなどの飲料以外にもレーズン、ナツメグ、プルーン、イチジクなどエキゾチックな果実が含まれているが、その購入量は決して多くないので、その消費もかなり限られた社会層にとどまったものと思われる。

　果実などと同様に購入量は多くないものの、多種多様な医薬品がサセックス農村部にもち込まれていた。バートレットの店で購入された商品には、医薬品としても調味料としても用いられるコリアンダーやクミン、ウコンなどエキゾチックな素材が含まれている。医薬品や薬剤として水銀や硫黄、硫酸などの鉱物や化学物質も購入されており、ハッチの店は地域の医薬品販売業者としての役割も果たしていたものと思われる。

　このように、衣料品以外の購入商品はその種類が非常に多様で、日常生活に欠かせない商品が幅広くこの地域にもち込まれ販売されていた。ハッチの店は、サセックス農村部の人々が自立的に生活するために必要な商品を販売する中核的な商店であったのである。

5 ｜ 流行の発信地としての ロンドン

　ハッチ家は少なくとも年1回近くは、ロンドンへ仕入旅行に出かけていた。1722年には妻レベッカ・ハッチが出かけており、詳細な仕入指示書が残されることになった。この文書では、仕入れの指示内容もさることながら、ロンド

ンへかなりの量の卵と蜜蝋が搬出されたことが示されている。レベッカ・ハッ
チは新鮮さが重要な卵とともに蜜蝋を運んでおり、コストの高い陸路を利用し
ているので、蜜蝋も一定の価値を有する商品であったと思われる。ロンドンは
単なる仕入地としてではなく、蜜蝋などサセックスから移出される商品の市場
としても機能している。残念ながらそれ以外の商品、例えば羊毛やホップ、鉄
などについてはハッチの史料からは知ることができない。しかし、ハッチはロ
ンドンから商品をサセックス農村部へもち込むだけでなく、積み出す役割も果
たしていたのである。

　一方、確かにスティーブン・ハッチ自身は食料品商 grocer と自称していたが、
この語の原義は総合卸売商であり、彼は食料品に限らずより幅広い商品の提供
者という意味で使用したものと思われる。ロンドンでの仕入れにおいては、そ
の商品の多様さは目を見張るものがあり、服飾品から日用品雑貨、建築資材、
衛生雑貨に至るまで幅広い。これらの商品の大部分は専門的な商店で購入され
ており、ハッチ自身が多様な商品を仕入れて農村部へ浸透させたのとは対照的
に、ロンドンの商人たちのなかでは専門店化がかなり進んでいたことを示して
いる。

　仕入品の中心となったものは、繊維品、服飾品などである。とりわけ糸、レー
スなど服飾材料の占める割合は質量ともに大きかった。小間物、服飾品類につ
いては、指示の分量も多く、内容も詳細なものであった。糸、レースなどに関
して、色や品質について、具体的で細かい指示がなされている。布地も仕入れ
られているが、麻や綿、あるいはウーステッドのような毛織物などが中心で、
絹などの高級な素材はあまり見られない。仕入れられた布地は、裏地やテーブ
ルクロスなど多様な用途に用いられた可能性が高い。これに対して、ハッチが
購入した既製の衣料品は、サイズの対応が可能なホーズやウエストサイズで標
準化の容易な胴着などに限定され、仕立てる必要がある上着類は含まれていな
い。このため、衣服用の布地は別途購入し仕立屋で仕上げていたか、古着と
して購入していたものと考えられる。

　一方、メアリ・ホールの経営で見たように、流行に合わせた服装のグレード
アップは、服飾品のレース、リボン、縁取りあるいはボタンを付け替えること
によって可能であった。18 世紀においてロンドンはやはり流行の中心地であ

り、その影響力も大きかった。[33] ハッチがロンドンからもたらした服飾材料を通じて、農村部でも都市的で新奇の流行に合わせた衣裳へと転換させることができたと考えられる。この点で、ロンドンでの流行と顧客の要望とをつなげるために、ハッチがもち込んだ服飾材料の重要性はきわめて大きく、ハッチは糸やレース、リボンなどの色や素材、柄を慎重かつ詳細に検討して購入したのである。ことに多様な色彩や布地の柄に対する細かさは、流行に合わせて消費者の需要に的確に対応しようとする流通業者の重要性を示すものである。

服飾材料以外でハッチが購入した商品は、建築用の材料から金物、陶器、文具、食料品や医薬品まできわめて幅広く、農村部の具体的な生活が垣間見られるものも多い。様々な釘などに見られる建築材料は、本格的な工業化にともなって同一の商品を大量に生産するようになる以前に、多様な需要に応じて多彩な商品を提供できる状況が、すでに可能になっていたことを示すものである。また筆記用具の需要の存在は、農村部でも読み書きすることが一定程度必要になっていた社会状況を示している。

都市的な生活文化が衣服以外の分野でも波及していることは、食器としての陶器やフォークの存在においても確認できるし、食料品においてもコーヒーやココアといった温かい飲み物が陶器の容器とともに利用されていたことは明らかである。こうした飲み物には砂糖がつきものであるが、かなり大量の砂糖がロンドンで仕入れられていることは、一定の範囲で温かい飲み物が普及していることを示している。さらにレーズンやイチジク、ピーナッツなどのエキゾチックな果実、医薬品としても調味料としても使われたと思われるコリアンダーやウコン、クミンなどの品々がハッチによってサセックス農村部へもたらされている。仕入れられた食料品は植民地を含む世界的な背景をもっており、サセックス農村部もハッチによってグローバルな商品流通のネットワークのなかに組み込まれていたのである。[34]

さて、流行の発信地としてのロンドンの役割は格段に大きかったと思われる。ハッチはロンドンから、繊維品をはじめ生活用品においても陶器の食器やフォークなどの新たな利用、またココアやコーヒーなどの温かい飲み物、エキゾチックな食材などをサセックス農村部の生活空間へもち込んでいる。ロンドンに比較的近いサセックス農村部は、18世紀の前半期にロンドンをはじめと

する都市の「上品な」消費文化の影響を強く受け、これに対応する消費財需要の成長を示しており、ハッチはその浸透に一定の役割を果たしていた。とは言え、食材についても砂糖を除くとその量は必ずしも多くはなく、ハッチ自身の自家消費を含め一部消費者の先駆的な需要の牽引役にとどまったと思われる。その意味で、ハッチの仕入指示書の示すものは、18世紀初頭のロンドンからの影響を受けやすいイングランド南部の農村において一定の消費社会の発展を示しているが、同時に、その限界を示すものであった。

　これまで見てきたように、ハッチの店舗経営は、ロンドンでの仕入れから見ると、様々な用途の多様な消費財を地域の消費者に供給した点で農村の万屋的小売商であったことは間違いない。その意味ではロンドンのように専門店化した店舗経営とは異なって、農村に固有の店舗経営の性格を示している。しかし提供した商品の内容は、日常的な生活に用いられるものばかりでなく、18世紀都市社会で展開しつつあった上品で洗練された消費文化を反映しており、ことに提供された衣料品は多様な色彩と幅広い種類を含んでおり、都市的な消費社会の影響が強く表れている。同時に、コーヒーなどのエキゾチックな飲料とそれにともなう陶磁器なども含まれていて、ハッチの提供商品は新奇性と国際性を含んでいた。19世紀においても農村の小売商は依然として万屋的性格を維持していたと言われるが、[35]これは農村の小売商が都市的な消費文化を農村へともたらす重要な経路としての性格を依然として維持していたことを示すものでもある。

[1] 前章で示したように、ハッチ関連の史料は East Sussex Record Office 所蔵のフレウェン家関連史料のなかにある。史料の内容は、前章の注 11 および 8-1 表を参照。

[2] FRE530 は綴じられていないため各葉の順番に異動が見られ、本来は冒頭に置かれたと思われる目次が現在は最後に置かれている。

[3] FRE530 の「準備」の項は左側と右側は連続しておらず、別のページである。おそらく後にこの史料を綴じた際に順番が入れ替わったものと思われる。なお、右側は書体が大きく変わり、金釘流になっており、レベッカの加筆の可能性がある。

[4] この表記はレベッカのものと思われ、字体が崩れているので Wickenden の可能性が高い。

[5] 史料上の表記 li は重量ポンドを示す lb と思われる。FRE530 全体で lb が li と表記されている。なお、本章の本文及び表では、lb と表記している。

[6] FRE530 では重量や価格で 1 ／ 2、1 ／ 4 と分数での表記がされているが、各表ではスペースの関係で 0.5、0.25 と表記している。

[7] P. Earnshaw (1994), p. 33.

[8] 9-2 表でレースの色は、スペースの関係で丸いものと平面のものを区別していない。

[9] Manchester tape は、いわゆる小物物 small ware などとともにマンチェスター商品の一つである。

[10] 以下、各表を含めて本章における繊維製品の説明は、特記しない限り British History Online（https://www.british-history.ac.uk）の "Dictionary of Traded Goods and Commodities 1550-1820" による。

[11] 指昭博 (2019), p. 153。

[12] 前掲 "Dictionary of Traded Goods and Commodities 1550-1820" の "Garlix holland" による。

[13] 9-6 表の参考価格は、1 ヤード（＝ 91.44cm）＝ 1.25 エル、1 梱 20 エルとして、エル単位の価格を示している。

[14] E. Kerridge (1985), pp. 34-5.

[15] C. Breward (1995), p. 43, 78.

[16] 'Journal of the House of Commons: Vol. 10: 24 November 1690', in Journal of the House of Commons: Vol. 10, 1688-1693 (London, 1802), pp. 480-2. この史料では、毛織物検査課税 Aulnage duty の対象として毛織物製品としての hose があげられている。

[17] ネイル nail は主に布地の単位で、1nail=1/16 ヤード＝ 5.751cm である。

[18] J. Ashelford (1996), p. 128.

[19] C. Willett & P. Cunnington (1992), p. 87.

[20] 第 6 章で述べたように、ロンドンでは服飾小物商が、服飾材料を販売するとともに流行に合わせて加工することもおこなっていた。しかし、農村部においては、各家計が自ら加工していた可能性が高い。

[21] アメリカ植民地からロンドンの代理商へ発注された繊維製品においても同様な傾向を見て取ることができる。例えば、The Beekman Mercantile Papers, Vol. II, ed. by P. L. White, pp. 773-4 などに見られる発注状況を見よ。

[22] 次章で検討するトーマス・ターナーは、時期は少し後だが、衣料品の委託生産をおこなっていた。

[23] レミアは、大量に販売された既製衣料品として胴着をあげているが、標準化については触れていない。B. Lemire (1997), pp. 62-3.

[24] B. Lemire (1991), pp. 61-4.

[25] L. Weatherill (1988), p. 153.

[26] 1 バレル barrel は通常 36 ガロン（約 160 リットル）。一方、「インク 1 ダースあたり」という価格設定は意味不明であるが、一瓶単位のものが 12 本まとめて販売されていたのかもしれない。バレル単位で購入された油煙が 1 ガロン 0.5 d であり、1 瓶 10 d のインクは油煙に比べるとかなり高価であるが、油煙には何らかの液体を加えてインクとして使用したとすればこの価格差はある程度理解できる。

[27] 糊を購入したレイナードの店について「この Grocer では昨年ハンドレッドウェイトあたり 38 s であった」との注記をしており、ハッチが遺言書でおこなった自称である grocer を、単純に食料品商とすることはできない。

[28] ランカシャーの借地農レイザム家の家計簿によると、1724 年に砂糖 2 lb を 9 d で購入しているから、卸値として砂糖 1 lb あたり 3 d~5 d の価格は妥当なものと思われる。*The Account Book of Richard Latham 1724-67.* (1990) ed. by L. Weatherill, p. 6.

[29] 9-9 表に登場する "cann" は金属器ではなく、指示書の表題から陶器と考えている。

[30] L. Weatherill (1988), p. 77.

[31] A. Clayton, (2003), p. 9, 23.

[32] 幅広い社会層で、茶などの温かい飲み物による社交空間が形成されるのは 18 世紀後半であると想定されるから、ハッチの時代における農村でのこれらの普及は、限定的なものであったと考えられる。M. Berg (2005), p. 230 を参照。また、ハッチの仕入れには茶が含まれていないが、他の購入ルートが存在する可能性もある。なお、次章で見るように、茶への課税は 1724 年に始まるので、直接ここでは関連しないと思われる。

[33] B. Lemire (1997), p. 63.

[34] 18 世紀初頭から農村の店舗が世界的な供給システムとつながっていた点については、J. Stobart & L. Bailey (2018), p. 398 にも指摘がある。

[35] L. Bensley (2010), p. 15.

第
10
章

農村地域の店舗主と社会生活
──トーマス・ターナーの営業活動を中心に──

1 | 農村の小売商 による日記

　日記は日記作家の心情や社会生活のあり方を示す有力な史料である。第8章と第9章では、比較的に客観的な経営史料にもとづいて、農村の店舗主の活動を検討した。これに対して、本章では、経営史料だけでは十分に理解することができない取引関係や社会的なつながり、あるいは取引のプロセスなどを、店舗主の残した日記を主たる史料として検討していくことにしたい。本章で扱うトーマス・ターナーの日記の存在がこれまでも広く知られ[1]、研究史のなかで農村の小売商に関する例証として頻繁に取り上げられているが、その取り扱いは断片的なものでしかなかった。日記のその性格上、帳簿類のように明確な数量や金額を把握することはできず、その意味で、この日記の取り上げ方が「つまみ食い」的にならざるを得なかったものと考えられる[2]。しかし、日記は帳簿類とは異なって、単に事実だけではなく、日記作家の人間関係や意識を反映した内容となっている。そこで、今回、ターナーの日記を包括的に検討して、農村部における小売業を含む店舗主の活動とその社会的性格を確認することにしたい。

　以下、最初にターナーの店舗立地など一般的な状況を確認した上で、取扱商品を順に検討する。さらに、彼の農産物取引やロンドンを基軸とする信用ネットワークとの関係を検討し、また顧客層との関係を確認し、最後に全体として

ターナーの経営の性格を総括していきたい。

2 ┃ トーマス・ターナーの 社会的位置

　ターナーはイングランド南部サセックスの店舗主で、1754 年 2 月から 1765 年 6 月までの日記を残したが、この日記はデヴィッド・ヴェースィの校訂によって刊行されている。公刊された日記は、一部省略があるものの、近隣住民と彼の交際、家族関係、宗教観など様々な部面を含み、またターナーの営業活動に関しては詳細に記述されている。本章は公刊されたこの日記を主たる史料として、18 世紀中葉のイングランド南部農村の店舗主の社会的経済的な活動を包括的に検討する。

　ターナーの店舗があったイーストホースレィ村 East Hoathly は、サセックスの中央部ハイ・ウィールドと呼ばれる丘陵地の南の際にあり、ホップや羊毛を主要な農産物とする農村地帯であった。また、この村はロンドンから南へ約 50 マイル（80 km）ほどの距離にあり、ターナーの日記に従えば、朝 6 時半頃この村を馬で出発して、途中で朝食をとっても昼前にロンドンに到着するという近さであった〔77〕。加えて村の近くにはホイッグ党の有力政治家ニューカッスル公爵の所有するホランド館があり、毎年夏には公爵をはじめとして多くの関係者が集まっていたこともあり、ロンドンからの近さとともに、都会の影響を強く受けていた。一方、この地域の中心的な都市は第 3 章で取り上げたルイスであり、この町では巡回裁判所が開催され、ターナーも商品仕入れなどに利用していた〔292〕[3]。

　ターナーは、この裁判所で陪審を務めるためルイスに赴いたり〔145〕、地租や窓税の代理徴収をおこない〔292〕、また教区教会の会計も務めるなど〔317〕、地域社会で一定の役割を果たしていた。また、彼は中流階層の所属する地域のクラブ「メイフィールド友愛会」Mayfield Friendly Society の会員となっており〔99〕、自他共に中流階層の一員として認められていたことなる。中流階層としての意識は、彼の日常生活ではしばしば飲み過ぎて反省し自戒することも多かったが、自らの営業に自信をもち、その自負は、安易さに流れる上流階層

を批判的に見ているところにも表れている〔160〕。

　ターナーの父ジョンもトーマスと同様に店舗経営をおこなっていた。この店舗はイーストホースレィではなく北に3マイルほど離れたフラムフィールドFramfield にあり、1752 年の父の死後ターナーの母を弟モーゼスが助けて営業を継続し、最終的には弟がこれを相続している〔180-2〕。編者のヴェースィによれば日記の始まる数年前の 1751 年に、トーマスはイーストホースレィ村での小売店舗経営を開始したと考えられている。この経営は母の経営とは別個におこなわれたが、商品仕入れなどはしばしば共同でおこない、営業活動では密接なつながりをもっていた。

　ターナーの店舗は、寡婦であったウェラー夫人から年間地代 £8 で賃貸しており、その他にも馬小屋、穴蔵（セラー）などを利用しているが、少なくとも倉庫はヴァーゴなる人物から年 50 s で借り受けたものであった〔7-8〕。こうした営業用の不動産に加えて、果樹園をもっていたと思われ、その手入れに関する記述もある〔42〕。また、小売店舗経営と同時にホップの取引に関わってもいるなど、小売商業だけでなく多角的な営業活動をおこなっていた〔46〕。

　この店舗では、ターナー自身と妻、家事奉公人の女性と何人かの徒弟を使って経営がおこなわれていた。1757 年 6 月の記述によれば、ターナー自身、妻、女性奉公人、徒弟二人とともに教会へ出席しており、ターナーの家計はこの時点では五人で構成されていたものと思われる〔99〕。徒弟のうち一人は彼の異母姉の息子フィリップであり、宿泊、食事、衣料を含めた費用年 £5 で預かることに合意している〔85〕。最初の妻マーガレットとは 1753 年に結婚するが、彼女は病弱であったようで、家庭内はこうしたことを原因として余り穏やかなものではなかったと思われる。日記は結婚後しばらくしてから始まるが、妻との諍いがしばしば登場し、1761 年に妻が死亡し 65 年に再婚すると日記も終わる。この日記の編者ヴェースィは、家庭内の不安定な状況が日記を残す一つの要因であった可能性があると指摘している〔xxvi〕。

　しかし、前章のハッチの妻がロンドンで仕入れをおこなっていたように、家族的な経営において主婦としての妻の果たした役割も重要であった。トーマスの母も、父の経営を死後継承しており、弟の助けを借りてはいるものの、死亡するまで独立した店舗経営の中心にいた〔188〕。トーマスの妻も、夫とともに

タバコの梱包をおこなうなど仕事を助けており、妻が店舗経営において重要な存在であったことを示している〔96〕。同時に、教区牧師などが参加する中流階層の人々とおこなわれたパーティーにも出席しており、中流階層の妻としての社会的な役割を果たしていた。

　ターナーの店舗経営の大きさは必ずしも明確ではないが、1756年8月の記述では売上げの不振を嘆きながら、次のように述べている。「この時期、たいてい週£15から£20の売上げはあったし、£15から£30の時もあったが、今は£5からせいぜい£10を上回らない」〔61〕。一般的に、18世紀末の課税評価額において、店舗主の年間収入は£50から£180であり、平均は£90弱であるとされている[4]。一方、日記の記述では、週の売上げが15£程度であるとされるが、1年の間にかなりの変動があるので、これを考慮して平均£10程度とすると年間の売上げは£500程度となる。また、ランカスターの鉄商人W. スタウトの営業利益率は約31％程度と見積もられるので[5]、粗収益率が30％程度であるとすれば年間収入は約£150と推定される。かなりおおざっぱなものにならざるを得ないが、これらを前提とすればおおよそ年£500を大きく超えない程度の売上げがあったものと思われる。

　そこで次に、彼がどのような商品を取り扱ったかを食料品、衣料品、その他雑貨品の順で検討しよう。

3 ｜ ターナーの取扱商品 のなかの食料品

　ターナーの日記では販売内容をしばしば記載しているが、販売された商品の全てを記しているわけではない。また、購入した財貨からは自家消費向け購入と販売目的の仕入れとを区別することは難しい。10-1表では日記のなかで購入されたり、販売されたりした財貨を一覧表にして示している。販売した商品から見る限り、やはりターナーの店舗は万屋的な内容となっていることは明らかで、衣料品、食料品、文房具や雑貨などきわめて多様な商品を取り扱っていたことが分かる。

　食料品は生活に欠かせない基礎的な消費財でありながら、遺産目録などには

10-1表　ターナーの取扱商品

		販売した商品		購入した商品	
食料品	酪製品	バター、チーズ		バター、チーズ	
	酒類	ワイン、ブランデー		ワイン、ブランデー、ジン	
	肉類	豚肉		牛肉、豚肉	
	魚介類	塩漬け魚		海老、鰊、他	
	塩			塩	
	外国製品	茶、コーヒー、チョコレート、砂糖、香辛料、レーズン		レーズン、茶、砂糖	
	穀類・パン類			小麦、オート麦、ブレッド、ジンジャーブレッド、スウィートハート	
衣料品	既製品	紳士もの	コート、ウエストコート（チョッキ）、ブリーチ（半ズボン）、スーツ、ネッククロス	紳士もの	コート、ウエストコート（チョッキ）、ブリーチ（半ズボン）
		婦人もの	ガウン	婦人もの	エプロン
	布地	シャイ織、ファレット織、アイリッシュ織		サック織、フランネル織、紗、コート用布地	
	服飾品	レース、リボン、ハンカチ、ボタン		レース、絹のボンネット、マンチェスター製品	
	その他	ホーズ（靴下）、リボン、帽子		手袋、帽子	
文房具				紙、鵞鳥ペン、トランプカード、鉛筆、物差し、ハサミ、インクパウダー	
書籍		辞書、聖書		暦	
雑貨		タバコ、火薬、釣り針、		箒、ブラシ、髭剃り箱とブラシ、パイプ、櫛、針、鬘、石鹸	
食器				陶器、壺、木皿	
靴				靴台（パッテン）、木靴、靴	
皮革製品				熊皮、セーム皮	
寝具		長枕、ベッド、その他			
建築用品		釘、スレート		レンガ、材木、釘	
農具				大鎌	
その他		ボロ布（ラグ）		蜂の巣箱、棺桶	

出典：*The Diary of Thomas Turner*（1984）より作成

その記録が残らない。しかし、18世紀は新奇な食料品が広く導入され始めるなど、消費社会の進展とともに、イングランドの消費生活が変化しているので、農村における新しい消費財の広がりを検証する意味で、店舗主ターナーがどの

ような食料品を取り扱ったかは貴重な記録となる。そこで、食料品の内容を検討しよう。

3-1. 酪製品

まず、バターについてみると18世紀イングランドにおいて、商品の性格上、地域内で生産と消費がおこなわれる傾向が高かった。ことに保存がしにくい新鮮なバターは地域内での販売に頼らざるを得なかったし、生産地から離れた場所での販売には塩をかなり多く添加する必要があった。[6] しかし、塩を添加したバターよりも新鮮で塩の添加量の少ない方が小売価格は高かったため、距離の離れた市場での販売のためには迅速な輸送が求められた。より多く塩を添加したバターとあまり塩を添加していないバターの価格差はロンドンで1 lb あたり3 d 程度あり、この差額の存在によって運送コストの比較的高い馬車輸送を利用しても収益を確保することができたとされている。[7]

日記のなかで記録されているバターの購入量と単価は、1回目は84 lb を£2, 2 s で、2回目は60 lb を£1, 10 s で、1lb あたりの価格は6 d である〔7. 198〕。1750年代後半に海軍が購入したバターは記録上1 lb あたり5.28 d とされてはいるが、実際にはこの2/3程度の価格で購入されていると言われている。[8] その点では、ターナーの購入したバターはかなり割高で、塩の添加量が少ない新鮮なものであったと思われる。購入先はいずれもイーストホースレィ村近郊の有力な借地農業経営者であったウィリアム・パイパーとジェレマイア・フレンチであり、ターナーは近隣で生産される新鮮なバターを仕入れていたものと思われる。とは言え、18世紀末に至るまでバターの小売販売は週市などで生産者から直接おこなわれることが多かったとされている。[9] 確かにターナーのバター購入量はかなり大きく自家需要を上回っているが、販売用としてはそれほど大きいものではない。ターナーは91 lb のバターを£2, 5 s 6 d の価格で販売しているが〔198〕、これは lb あたり6 d であり利益はまったくない。1755年のバターに関する記述もコーリィ夫人からのバターをジョン・ウィリアムに送るとされていて、金額は記載されていない〔12〕。バターの販売は、地域内のバター流通を媒介したものというべきであろう。

バターに比べてチーズは比較的遠距離の輸送に耐え、チェシャー、ウィルト

シャー、グロスターシャーなどからロンドンへ安定的に供給されていた。生産者から仲介業者であるファクターを経由してロンドンなどの消費地へ販売されることを常としていた[10]。ターナーが購入販売していたチーズもチェシャーやウォリックシャー産のチーズであった[11]。これらはケント州メイドストーンの歳市で購入されたり、近隣の都市ルイスで購入されたりしている。メイドストーンで購入される場合は本人が出かける場合もあるが、ターナーの依頼を受けた代理人がチーズだけでなく砂糖などの購入をおこなうこともあった〔190〕。メイドストーンの歳市においてターナーが購入したチーズの価格は、1759 年のチェシャーチーズの場合、1 cwt あたり 27 s であり、1 lb あたり約 2.9 d となる〔191〕。当時のロンドンにおけるチーズの価格は、グリニッジ病院の史料から120 lb あたり £1.56（1 lb あたり約 3 d）とされているから、ほぼ同様の仕入値である[12]。18 世紀の中葉においてチーズがかなり広範囲に流通し、価格もある程度平準化していることが分かる。

　販売価格は分からないが、チーズは塊で少額の利益を乗せて、小売していたものと思われる。1759 年 12 月の記述に、「アトキンス夫人は、丸ごと売るのと同じ価格で切って売らなかったと言ってひどく腹を立てていた様子であった。私はチェシャーチーズに 1 lb あたりたった 1 ファージング（0.25 d）ほどの少額の利益を加えているだけであるから、私はチーズを切ろうとしなかったのである」。さらに、チーズを塊で販売していたのはチーズを切ると切屑がでて損失が大きくなるからで、少量のチーズを切り売りすると割高になるのはやむを得ないと主張している〔195〕。

3-2. コーヒー、茶、チョコレート

　コーヒーや茶、チョコレートなどの飲料は異国風の飲み物として男性の社交的な集まりのなかから広がっていったが、18 世紀になるとさらに拡大して家庭内にも浸透するようになって、特に中流階層の生活にとって欠かせないものとなっていった。価格は 18 世紀を通じて徐々に低下していったが、労働者層に浸透するようになるのは 18 世紀末と考えられている[13]。しかし、ターナーが茶やコーヒー、チョコレートなどをどのように販売したかは、明示的に日記には登場しない。とは言え、チョコレートを £1, 5 s 3 d で購入したことが記録さ

れているし〔220〕、在庫しているコーヒーとチョコレートについてコーヒー 3.5 lb には 4 s 4.25 d、チョコレート 1 lb には 9 d の間接税をそれぞれ支払っている〔183〕。また 1762 年 6 月にこれらの商品に関する間接税確認のための帳簿をルイスに運んだと記されている。これらのことから販売目的で在庫していたことは明らかである〔249〕。ターナーは茶も販売していたと思われるが、その規模は明らかではない。一方、イングランド南部の農村部においても 18 世紀半ばになると茶の飲用はかなり広範囲に広がっており、ターナー自身も親しい人たちと頻繁にこれらの飲み物を飲んでいたことは、農村部でも中流階層を中心に消費がハッチの時代よりもさらに拡大していたことを示すものとなろう。

　ターナーも日常的に茶を飲み、茶を介して社交する機会をもっていたが、他方、茶の流通は厳しい課税をともなうものであった。茶販売に対する課税は 1724 年に始まり、その後何回か改正がおこなわれているが、一般に茶、コーヒー、チョコレートなどの販売者は、販売する店舗、倉庫などを近隣の内国税務事務所に登録することが義務づけられており、販売場所としての店舗を明示する必要があった。[14] さらに、茶の販売自体もかなり厳格に管理されたと考えられる。例えば、ターナーは 1758 年 4 月にジェームズ・ブルという人物に 2 s 2 d を渡しているが、これはこの人物が「買ったばかりの茶 2 oz を他の人物に譲ったことで £5 の罰金を命ぜられた」ことに対して、彼が近隣の人々に慈善的な寄付を求めたからであった〔145〕。こうした課税によって茶の販売価格はかなり上昇しており、北部イングランドのアブラハム・デントの場合、緑茶は 1 lb あたり 10 s から 10 s 6 d で、紅茶ではものによっては 11 s 以上というかなり高い価格で販売していた。[15]

3-3. 砂糖

　砂糖はコーヒーと並ぶ植民地物産であるが、茶やコーヒーの消費が増加すれば添加される砂糖の消費も同時に拡大するという意味で補完財的な性格をもっており、17 世紀後半以降のイギリスでも消費が拡大していった。西インド植民地で生産された砂糖が、膨大な富を形成したことは周知の通りである。[16] ブリテン全体で砂糖の消費は 17 世紀後半以降順調に増大してはいるが、価格が低下し始める 1720 年代になると砂糖の一人あたり消費量は年間 10 lb を超え、

イングランドにおいてさらに重要な消費財となっていった。[17]

　砂糖は、日記の記載全5回のうち、3回で1 cwt以上の大量購入が記録されている。大量に仕入れられた砂糖は、茶などとともにこの地域における砂糖消費の普及を物語るものであるが、ターナーが大量に仕入れた砂糖の価格は低くなく、主に近隣の牧師、ヨーマンなどの中流階層の消費に応じたものであった。同時に、販売先として上流階層への砂糖販売にも留意する必要がある。イーストホースレィ村近くには、すでに述べたようにニューカッスル公爵の居館であるホランド館があって、1761年の記述では約1 cwtの砂糖がホランド館に納められている〔258〕。上流階層向けの大口の顧客がターナーの経営に大きく寄与したのである。

3-4. 酒類

　自家醸造の部分は10-1表の取扱商品には含めていないが、ターナーは自ら酒を「醸造している」という記録は存在する〔6〕。2バレル（72ガロン＝約327リットル）のサイダーを自宅の庭で瓶に小分けしている記録もあり、2バレルという量から見て販売用の可能性がある〔101〕。[18]一方、自分の果樹園で梨を収穫してこれを梨酒にしている。この場合も60ガロン（＝約273リットル）生産しているので、自家用だけではなくやはり販売にも供されたものと思われる〔210〕。このほかに、ターナーはワイン、ブランデーなども取り扱っている。このうちワインは葬儀の際に提供されたものであることが多い。例えば1755年3月8日におこなわれたパイパー夫人の葬儀に際して、その前日にワインを準備して送っている〔7〕。ワインは葬儀後の会合のために準備されたものと思われる。一方、同じ年の12月にはリーブ夫人の葬儀のためにルイスの町でワインを調達して届けている〔18-19〕。ワインは販売用に常時在庫していたわけではなく、葬儀のたびに調達したと思われる。

　これに対してブランデーの購入量はかなり大きい。1755年1月の購入の際には3桶 tubで49 s 6 d分を〔5〕、56年1月には2ガロン（約9リットル）を83 d（原文のママ＝9 s 11 d）で購入し〔25〕、また1764年には£12, 9 dの購入をおこなっている〔296〕。56年の記述から1ガロンあたり3 s 5 d半とすると55年は14ガロン以上、64年は70ガロン弱となり、かなりの分量である。1775

年7月にはブランデー4本の代金として4sを受け取っており、サイダーなど
と同様に樽から瓶に小分けして販売していたものと思われる〔9〕。ブランデー
の仕入れはかなり特徴的で、ロンドンからの購入以外に1755年にフラム・パ
リスから購入しており、この人物はのちに密輸入の容疑で裁判にかけられて
ターナーが減刑の嘆願書を作成している〔122〕。「自分も彼から購入しているの
で、（嘆願書は—引用者）単に善意から書いているわけではない」とターナーは述
べており、彼自身も密輸品を購入していた可能性が高い。一方、64年の場合は
税関からの購入で、没収された密輸品の販売であったと思われる〔296〕。フラ
ンスからのブランデー密輸は比較的容易で、ドーバー海峡に近いサセックスと
いう立地がこうしたブランデーの購入を可能にしていたと考えられる。他にも
ジンを購入している記載があるが、購入量は2ガロンで自家用の可能性が高い。

3-5．その他の食料品

これらの食料品に加えて、様々な食品が販売されている。香辛料も母へ£2
で売却しているので店で販売している可能性がある〔166〕。レーズンは1756
年に1cwtも購入されており〔33〕、翌年には教区牧師のポーターへ£3, 1s売
却した記載がある〔93〕。香辛料やレーズンといった輸入食料品は、ロンドン
で仕入れられたものと思われる。農村部においても、コーヒーやチョコレート
などと並んで、これらの輸入食料品が消費されていたことを示している。

小麦など穀物に関しては価格の上昇に関する記述はあるが、ターナー自身で
の販売をうかがわせる記述はなく、主食用の穀類はほとんど登場しないことは
特徴的である。一方、ターナーは頻繁にパンを、それも0.5dとか1dなどの
少額で購入している場合があり、これらは自家用であると思われる〔12, 13〕。
しかし、例外的に数量の多いこともある。1/2 cwtの厚いパンthick breadを
9s.で、同量の薄いパンthin breadを8s.で、同時に購入している。残念なが
ら厚さの違いの意味や、このパンが誰に販売されたかは不明であるが、1回あ
たり1/2 cwtという大量の購入がなされていることから考えて自家用とは考え
にくい〔25〕。また、ジンジャーブレッドのパン焼き業者bakerから厚いものを
14 lb、1グロス（12ダース）のスィートハートSweetheart、薄いパンなど合わ
せて8s9dを購入しているが、スィートハートはおそらく菓子類であろう

〔219〕。これらのパンは主食用というよりは、菓子類の可能性もある。あるいは、会葬の際に配られるビスケットのようなものであったかもしれない。18世紀初めのランカスターの鉄商人スタウトによる自叙伝によれば葬儀に際してビスケットが配られており、葬儀を取り仕切っていたターナーがそのために準備していた可能性もある。[19]

　肉類もかなりの量で購入されている。牛肉を1回に重量で2ストーン（約12.7 kg）を4 s 96 d（原文のママ=12 s）で購入していたり〔258〕、豚肉(去勢豚)を1回に27ストーン（約171 kg）購入している場合もあり〔22〕、自家消費用に購入したとするには量がやや多い。[20]しかし、明示的に販売を示す記述はないので、こうした肉類が常時販売されているとは考えにくいが、機会があれば肉類も再販売したものと考えられる。また海老や鰊などの魚介類を大量に購入している。1756年10月28日には鰊1,000尾と　小海老 shrimp 1,000尾を、構成は分からないが、6人で共同購入している〔69〕。数日後やはり鰊を今度は1,100尾購入しているが、今回はヴァンスなる人物と共同で購入し、最終的に11人で分けており、ターナー自身は24尾を引き取っている〔70〕。これらはターナーがヘイスティングの浜で購入し、価格に運賃を加えた値段で最終的な消費者に分配している。営業というよりは、ターナーが中心になっておこなった共同購入とでも言うべきものだろう。1,100尾の浜値は16 s 6 dで運賃も購入コスト同じ16 s 6 dかかっており、運賃の高さが目立つ。18世紀の魚輸送は生け簀を用いておこなわれたのでかなり高額となる。[21]イーストホースレィ村が海から比較的近いとは言え、魚の消費は贅沢なものであったと思われる。

　ターナーの店は、茶、レーズンやチョコレートあるいは香辛料など外国産の食料品やチェシャーチーズなどイングランド内でも遠隔地の産物で、地元では購入できない商品をロンドンやルイスなどからイーストホースレィ村へもち込んでくる役割を果たしている。ブランデーに見られるように、イギリス海峡に近接する立地から密輸品も販売品目に存在する。その意味で、ロンドンなどを経由して流入する海外の食料品やイングランド国内市場の食料品流通の末端に位置して、周辺の農村部へ配分する機能をターナーの店は果たしている。同時に、バターや豚肉のように地域内の生産物の再配分のセンターとしての役割を

も担っているが、野菜類や穀類など主に週市で取り扱われる生鮮食料品は扱われていない。週市などによる生鮮食料品の供給は、都市と異なって、農村ではそれほど重要でなかったと思われる。また、ワインは葬儀と関連する形で仕入れられているが、ワインの供給は日常的におこなわれたかどうかは疑問である。むしろ自家製の梨などを利用したアルコール類の地元での販売が多かったものと思われる。

4 │ ターナーの営業活動 における衣料品

次に衣料・服飾品について見てみよう。ターナーは衣料品を大量に取引しており、日記からは正確な数量を把握することはできないが、彼の営業活動において一定の重要性をもっていた。

4-1. 服飾品

ターナーは、主に綿と麻の交織織物ファスチアン織や、マンチェスター・グッズと呼ばれ、スモールウェアと総称されるリボン、テープ、レースなどを、生産者から直接仕入れている〔15〕。[22] リボンやレースなどは、本書でしばしば指摘しているように、衣料品の縁取りなどの装飾に用いられ、流行への対応のためには重要な服飾品であった。お仕着せ用のレースをホランド館へ納品した記述もあるので、縁取りなどの衣裳の装飾用素材を一定程度在庫していたと見て間違いないが、ハッチとは異なって、ターナーの日記のなかでは、それほど頻繁に現れていない。また、衣服を作製する際に必要となる糸を、一包 £5, 15 s というかなりの分量で購入している〔290〕。ボタンに関しては購入の明確な記載はないが、メファムへの作製依頼の際にボタンと糸を材料として提供しているし、弟のモーゼスにもボタンを販売しているので、こうした材料を購入し在庫していたはずである。後述するロンドンでの仕入れ旅行の際に小間物商との取引があり、その際に購入されたと思われる。

一方、手袋をかなり大量に取り扱っていたことを示す記載がある。手袋は葬儀の際に提供される定番の配りものであり、ワインの際に言及した 1755 年 3

月 8 日におこなわれたパイパー夫人の葬儀に際して、紳士用、婦人用のセーム革の手袋、若者や奉公人用の手袋をターナーは用意している〔6〕。ターナーは、葬儀後のワインの手配も含め葬儀を取り仕切る仕事をおこなっており、手袋の用意も葬儀の一部で記念品として配られたものと思われる[23]。葬儀の際に仕入れられた手袋の価格は、1755 年 1 月の場合には 2 組で 3 ｓ〔5〕、2 月には外縫いの紳士用 22 組、内縫いの紳士用 4 組、子供用外縫い 10 組の計 36 組の手袋に 17 ｓ 6 ｄが支払われており、平均すると約 9 ｄ半とかなり安い。3 月のパイパー夫人の時には大人用に 1 ｓ 4 ｄ支払われているが、2 月の大量仕入れの場合には子供用 10 組の分だけ安くなっていた可能性が高い〔6-7〕。

　帽子もターナーの日記にかなり頻繁に現れてくる商品である。帽子は 19 世紀に入っても流行に余り関係のない社会層の購入は反物商や万屋的な店舗でおこなわれ、流行を気にする人々が帽子屋に直接注文したとされている[24]。ターナーの帽子取引は顧客からの注文に応じて発注したとする記載は見受けられない。ターナーの 1755 年 7 月の支払例を見ると、1 個の値段は最低 1 ｓ 6 ｄから最高 4 ｓまで 3 個分、合計 £1, 16 ｓを支払っている〔10〕。子供用の帽子を仕入れた例もあり、種類も発注量も多様である〔204〕。一方、富裕な隣人である借地農業経営者フレンチの帽子については、その製造のための計測をおこなっていたことが記されているので〔57〕、サイズがあった場合は既製の在庫品を販売し、そうでない場合には顧客の注文にも応じて新たに発注したのであろう。

　ターナーに帽子を納入している業者は、ヘイルシャムのジョン・ジェナーであるが〔19〕、イーストホースレィ村から 10 マイルも離れていない近隣の農村の製造業者であり、ターナーは近隣の生産者から仕入れていることになる。その意味では流行をあまり反映した仕入れをしているようには思われない。また、婦人の頭髪に用いるボンネットに関しては出入りの業者に加工を依頼している〔15〕。しかし、後述するロンドンの取引において、ターナーは帽子製造業者ジョン・ウィズインに £3, 16 ｓの支払いをおこなっているので、ロンドンからは流行の帽子を仕入れていた可能性が高い〔177〕。ターナーは顧客の要望に対応して、様々な種類の帽子を品揃えし、顧客の支払能力と希望にしたがった販売をおこなっていたと思われる。また、ホーズ（靴下）を値付けする記述が何回かあり、かなりの量の在庫を推定できる〔81, 125〕。

4-2. 布地と衣服

　ターナーが取り扱った衣料品は布地と既製服の2種類に分かれる。これらの衣料品で販売先が明らかになるものはニューカッスル公爵の居館であるホランド館の執事コーツや教区牧師のポーターなど、ターナーと同等かやや上位の階層に属する人々に対するものである。布地であれ、既製品であれ、彼らへの販売はしばしば注文を受ける形でおこなわれ、富裕な農業経営者であるフレンチの妻のためにターナーはガウン用のパターンをもって行くなどカタログやパターンによる販売も存在する〔8〕。

　18世紀になると衣料品などにおいてもサンプルカードが販売に用いられるようになり、販売の手法が拡大している[25]。この背景にはターンパイク網の発達などにともなって国内輸送網が整備され、また郵便制度の発展によって小荷物輸送が拡大したなどの要因が存在している[26]。ターナーの日記のなかにも郵便業者に関する記述がしばしば登場するが、商品サンプルやパターンカードを郵便で輸送した記述は存在していない。しかし、彼が郵便を重要なコミュニケーション手段としたことは明らかで、郵便局長から彼の奉公人が無くしたとされる「雑誌およびボタン」の弁償を受けているし〔37〕、郵便を利用して『タトラー』 *Tatler* などの雑誌をターナーは購入しており、ロンドンなど中心地の流行動向にも関心があったものと思われる〔50〕。

　顧客にとっても流行の服や生地に関する情報を知ることは、とりわけ中流階層上層にとっては都市ばかりではなく地方での生活にとっても重要な要素である[27]。バッキンガムシャーのジェントリィであるピュアフォイ家の手紙史料においても、ロンドンの仕立業者に「とても流行している服について、最上の服のパターンと一緒に」送ってくれるように依頼している[28]。第7章で指摘したように、ロンドンの仕立業者の評判を聞きつけて直接接触できる社会層は、かなり遠隔地からであっても注文を出すことがしばしばおこなわれていた。しかし、ターナー周辺の中流階層の人々はロンドンへ直接発注をおこなうよりも、ターナーを通じてパターンやサンプルを手に入れ、布地を購入して地元の仕立屋に作製を依頼したものと思われる。ターナーの友人でもあるジェームズ・マーチャントは仕立業者であり、彼はターナーの指示でホランド館の執事コーツの

ためにルイスまで布地を得るために出かけ〔73〕、また、彼の顧客のために仕立をおこなっていたとされる〔334〕。また、牧師のポーターがブリーチ用にシャイ織を購入しているのも仕立業者の利用を示唆している〔37, 128〕。ターナー自身も、モリー・デイヴィスに妻のガウン2着の作り替えと、新しいもの1着の製作を依頼しており、婦人服については紳士物と異なる仕立業者が存在していることを示している〔41〕。この時代には、消費者が布地を購入して、仕立業者に衣服の製作を依頼することが一般的であり、前章で述べたノーシャム村でもイーストホースレィ村でもそれほど変わらないと思われる。但し、ハッチの場合、服地の販売はしていなかったようだが、ターナーは服地を提供していたのである。

4-3. 既製服

一方で、ターナーの場合は一定量の衣服の製作を一括して発注し、在庫していた可能性がある。1755年11月にラウンドフロック10着分の布地を裁断した上で、10着分の糸とボタンとともにエリザベス・メファムへ配送し、12月にラウンドフロック製造代金として5sを支払っている〔17-18〕。ラウンドフロックがフロックコートの一種であるとすれば、布地をターナーが準備した上で10着というかなりの量をまとめて製作させていることになる。同様に3着の綿ウエストコート(チョッキ)をウィル・ハーベイから受け取って、製造代金として18dを支払っている〔19〕。メファムへの支払いも1着あたり6dで、ハーベイの場合も6dであり、仕立依頼に関わる費用はおおむね6dであったと思われる。これらの記述は、原材料である布地やボタンなどの服飾材料を提供して手数料を支払う形で製作を委託し、ある程度多くの衣料品を常時在庫していた可能性を示唆している。サイズなどの詳細は記されていないので、一般的な大きさの衣料が作製され、ターナーの妻がガウンの修正をおこなったように、顧客の体型に合わせて事後的に直されていた可能性が高い。汎用性のある一般的な衣料品の場合、こうした在庫販売が一定程度おこなわれていたと思われる。

販売についてみると、ホランド館へはお仕着せ用布地のパターンをもっていき、2日後には奉公人用お仕着せのファスチアン製コートを納入している〔180〕。注文を取ってから納品までの期間が数日と短いので、短期間での縫製が可能

だったのか、あるいはあらかじめ製作していた商品の納入のいずれかだったと思われる。また、ホランド館へ納入したのと同じ日に、教区牧師ポーターは奉公人や息子用にフロックコートを購入している。ポーターはターナーからコートやスーツも購入しているが、ブリーチ用の布地も購入しており、布地からの仕立てと、既製服の購入とを併用しているように見える。第7章で述べたように、使用人用の衣服はファスチアン織などの安価で耐久性のある布地で作られ、修理もおこなわれることがあり、使用人の衣服と中流階層自身の衣服とは作製方法に違いがある可能性もある。

　既製衣料品の大量生産は、流行の地理的な拡大にとって重要であり、また交通の改善は趣味と消費の統一性をもたらすことに貢献したとされている。[29]確かに、地方社会においてもカタログやパターンブックにもとづく衣料品の購入が流行への関心の高さを示しているが、ターナーの営業活動に見られる既製服に関してみると、ホランド館への販売に見られるように、流行や細かい寸法を意識しない既製服を奉公人用に利用した可能性が高い。

　ターナーの小売店経営における衣料の定量的な推定は困難であるが、かなりの比重を占めるものであると思われる。ハッチと違い服飾品の記載はそれほど多くないが、ターナーはパターンなどを利用してロンドンなどから、流行の服地を消費者に提供して、都市的とされる「上品」な中流階層の消費を農村部においても牽引したものと思われる。また彼は、素材を提供して仕立業者が衣裳に仕立てるという当時の一般的な方法とともに、コートやブリーチなどを地元の生産者に委託生産をおこない、既製衣料品も販売していた。消費者は、奉公人用など目的に応じて二つの購入方法を使い分けており、ターナーはこうした消費者の意向に上手に対応していた。

5 ｜ その他の取扱商品

5-1. 文房具／書籍

　食料品と衣料品以外の商品のなかで、日記に登場する回数の多いものは文房

具である。とりわけ紙類はしばしば登場する。購入量もかなりの量で、1755年7月には11締め（1 ream＝480枚）、約5000枚という大量の紙を購入している〔10〕。この内、中質紙が8締め（4 s）、茶色紙が2締めと2 lb の紙が1締め（4 s 3 d）となっており、様々な用途に応じて紙が仕入れられている。大部分の紙はメイドストーンの歳市で購入されており、しばしばぼろ布の販売とセットになって登場する。一方、紙の販売はほとんど登場しないので、誰にどのような使用目的で販売されたかは判明しない。しかし、紙と同様に筆記具として鵞鳥ペンを10ダース〔22〕、鉛筆を3ダース購入しており〔63〕、紙の利用にたいする需要は確実に存在していた。

その他の文房具としてはインクパウダー、物差し、ハサミ、暦などがあるが、それほど多くはない。これに加えてトランプカードが何回か登場し、ターナー自身も友人と頻繁にカードで遊んでおり、カードをしたことに対して時には反省する記述も残している〔193〕。その意味で、トランプカードはこの地域における社交のあり方の一端を示すものであり、ターナーの店はその材料を提供していたことになる。

ターナーは聖書や辞書を販売していると記載しているので、その他の書籍も販売していた可能性がある。一方で書籍を購入した記述はそれほどないが、ターナーは死亡した人の債権債務を精算する業務の一環として書籍を手に入れている。ターナーは教師であったトーマス・トムセットの死後、彼の資産売却に立ち会い、亡くなった人の債務の支払いをおこなっているが、その際に紙など文房具とともに書籍を彼自身のために購入している〔8, 39〕。これらの書籍は彼自身が読むためであったようだが、同時に文房具とともに商品として再販売された可能性もある。

5-2. 雑貨、その他

ターナーはしばしばタバコの袋詰めをおこなっており、1757年2月には48 lb を129袋に詰めている〔85〕。これに対応してパイプも大量に仕入れている。1754年3月には12グロスを、ルイスの製造業者ハーマンから購入している〔2〕。どのようなパイプかは明示されていないが、陶器製のクレーパイプの可能性が高い。ハッチの場合と同様に、クレーパイプは陶器製のため破損しやすく、使

い捨てのような形で利用されたことから大量に仕入れられたものと思われる。タバコパイプの量から考えて、ターナーの店でのタバコの販売はかなり多かったと思われるが、販売先は明示されていない。タバコはごく一般的に、かつ頻繁に販売されたものと思われる。

　また、1763年にターナーは大量の針をチチェスターの製造業者から購入している〔267〕。金額に応じて4種類の針を購入したことが記載されているが、その数は一番多いもので1,250本、少ないものでも100本に及んでいる。数が多いので自家消費用とは考えにくいが、一般の消費者に販売されたとしてもその数量はかなり大きい。ターナーは、メファムへフロックコートの生産委託をおこなった際にボタンを一緒に提供しており、こうした業務用に縫製をおこなう人々へも針を提供していた可能性が高い。

　ホランド館へは火薬を納入しているが、その他に購入している雑貨のなかで多いものは、2ダース購入している石鹸、1ダース単位で購入している木皿や木靴、パッテン（靴台）などがある。1ダース程度だと自家消費用と区別することは難しいが、2ダース購入している石鹸は小売販売用と考えても良さそうである。販売面で見ると、枕やベッドも販売していたし、建築資材のスレートや釘を販売している。また、建築用の資材としてはレンガ100個を購入してもいる。しかし、本格的な家財や住宅建設用資材の比重は低く、修繕のための材料の提供にとどまっている。

　食料品と衣料品以外でも、ターナーの店舗では多様な商品が販売されていた。文房具からタバコ、そして釘などの建築用の資材まで、地域の住民に必要とされるものは一通り販売されている。まさに万屋的な小売業と言って良いだろう。しかし、購入した物のなかには大量の針などに見られるように、消費者向けだけでなく、一部は業務用と考えても良いような財貨も含まれている。

6 　農産物と　　ぼろ布の取引

　ターナーの経営においては小売業者としての機能だけでなく、羊毛やホップなど農産物の取引もおこなっている。また、歳市での取引も見られるので、本

節では農産物に関する取引とメイドストーンで開催されていた歳市での取引を
見てみよう。

6-1. 羊毛取引

　イーストホースレィ村周辺は牧畜を中心とする農業地帯であり、ターナーは
頻繁に羊毛やホップの取引をおこなっており、これら農産物取引も彼の経営に
とって軽視できるものではない。羊毛の取引は一般的に生産者が直接歳市など
へもち出す場合と、生産者の庭先でジョバー jobber などと呼ばれた仲買人へ
販売する場合があった。前者は羊毛生産者自身が運送コストを負担し、後者は
仲買人がそのコストを負担している。生産者は大量の羊毛を手元に置くよりは
一括して販売することを望んだので、歳市であれ、庭先であれ、大量の羊毛を
買い取ってくれる仲買人の役割は大きいものがあった。他方、毛織物生産者に
とっては生産する量に応じて比較的少量の羊毛を購入することが望ましかった
ので、必要に応じて原材料を供給してくれる羊毛の仲買人は便利な存在であっ
た。[30]

　ターナーの行動を見ると、羊毛の刈り入れが終わった7月下旬から8月中旬
にかけて、近隣の羊毛生産者を回って羊毛を買い集めている。少ない場合では
1755年8月のサム・ヴァーゴーから購入した10頭分（25 lb）、多いときには
1760年7月のジョセフ・フラーから購入した74頭分（96.5 lb）を買い集めて
いる〔13, 209〕。フラーから購入したときには、羊毛代金を現金で£3, 16 s 10 d
支払っている。しかし、ターナーは羊毛の買い入れについてすべてを記載して
いたわけではないようで、1757年8月にロンドンのマーゲッソン＆コリソン
商会（以下 M&C 商会と略記する）へは自分の分だけで310頭分、母の分を合
わせると791頭分という大量の羊毛を発送している〔108〕。

　羊毛の販売先としてはロンドンの M&C 商会が重要な存在であったように思
われるが、その他にもルイスの羊毛仲買人トーマス・フレンドなど複数の羊毛
仲買人に販売しており、特定の業者の下請的な取引をおこなっているようには
見られない。1760年の例では、生産者から買い付けた594頭分におよぶ大量
の羊毛を、梱包してからフレンドへ発送し、代金はフレンドが裏書きした為替
手形で受け取っている〔210-11〕。ターナーは生産者への支払いも自らおこなっ

ているが、自らの計算で羊毛取引をおこなっていたか、あるいは羊毛集荷の代行業者としての役割を果たしていたかは、はっきりしない。彼は歳市での価格動向に注意を払ってはいるが〔52〕、自ら歳市での販売をおこなった様子は見られないし、生産者から購入した羊毛は比較的速やかに販売しており、大量に在庫を維持して投機的な取引をおこなっている様子もない。ターナーの羊毛取引は、羊毛の仲買人に近いいわば集荷業者といった性格のものであったのであろう。彼は、生産者の規模に応じて少しずつ羊毛を買い集め、ある程度まとまった量になると梱包して羊毛の仲買業者へ発送し、手数料収入を得るという業務をおこなっていたと考えられる。1762年以降は羊毛取引に関する記録がないが、取引をやめたかどうかは不明である。

6-2. ホップ取引

羊毛の刈入れよりも遅い9月から11月にかけて、ターナーは大量のホップを生産者から直接購入し、羊毛と同様に仲買商人へ販売している。一般的に、ホップは生産者が歳市へもち出して販売する、ホップ仲介業者あるいはロンドン商人の代理人に販売する、あるいは需要者のもとへ生産者が直接売り込むなどとされていた。[31]ターナーの場合は近隣のポップ生産者からホップを集め、サザックのジョージ・タムリンなどホップの代理商 factor に販売している〔64〕。ターナーは1761年のホップ取引について、比較的詳細な内容を記述している。この年にターナーがホップを購入した農家は7軒であったが、取引量で最大のものはトーマス・リーブからの購入で、購入量は8 cwt、価格は1 cwt あたり46 s. で、取引価格は合計 £18, 8 s であった〔236〕。これらの取引は、羊毛生産者でもあった前述のジョセフ・フラーとのパートナーシップのもとでおこなわれ、ホップを買い集める際に支払った金額の半分をターナーはフラーから受け取っている。受取額は £27, 4 s であるので、2人の仕入総額はおそらく £54, 8 s となろう。

ホップは最終的にサザックのタムリンへ販売しており、最後の精算時に £36, 17 s がフラーへ支払われている。この金額はタムリンから支払われた半額とされているので、ターナーとフラーがこの時期におこなったホップ取引の総額は £73, 14 s となり〔237〕、このうち £19, 6 s が2人の利益となったと考えられる。

ホップの取引では生産者から販売を断られることもあり、集荷は決して容易ではなかった。フラーとのパートナーシップでは、農家からの集荷を主にフラーが担い、代金支払やロンドンへの配送、資金の回収などをターナーがおこなう分業でおこなわれていたものと思われる。

一方、ターナーはこのようにホップ取引において一定の実績をもっていたので、正確なホップ計量のため間接税徴収人の助手となり、生産者 4 人のホップを計量する役割を担っている。この業務は彼自身の取引ではないが、計量の総額は £200 に上っており〔233-4〕、ターナーが地域のホップ取引においてかなり重要な地位を占めていたことをうかがわせる。

6-3. 紙とぼろ布の取引とメイドストーン

18 世紀前半、イギリスの歳市取引は、現物の卸売市場としての機能をしだいに失い始め、交通手段の発達と専門的な販売代理商の成長によって見本市的な性格を強めていくと言われている。[32] 農産物の市場としても、一部にはその重要性を保ったものの、娯楽のためのフェアとしだいに区別しがたくなっていった。[33] ターナーは羊毛やホップをロンドンの仲買業者へ直接販売しているが、歳市への言及はなく、歳市の重要性はもはや大きくなかったと思われる。その一方で、メイドストーンの歳市はぼろ布取引では一定の役割を果たしていた。

メイドストーンの歳市への訪問は、ターナーにとって仕事と余暇を兼ねた性格のものであったが、同時にこの市場ではしばしばぼろ布を販売している。日記のなかでメイドストーンに関する記述は、たいていぼろ布の販売と関連しているが、販売自体はサム・デュラント〔166〕やジョン・ガスリング〔190, 206〕などに依頼することが多かった。ターナー自身も 1759 年 6 月にはメイドストーンへ向かい、別送していたぼろ布の荷に途中のタンブリッジウェルの先で追いついたが、メイドストーンでは天然痘が流行しているということで行くことを断念して、手前のハドロウでバーテンショウという製紙業者の寡婦へぼろ布を £9, 19 s 5.5 d で販売している。バーテンショウからは、紙 2 締めを £1 で購入している〔185〕。ぼろ布の販売と同時に紙の購入がおこなわれる例は、1760 年にガスリングがぼろ布をメイドストーンで 6 cwt 余を販売して、筆記用紙 2 締

めを購入した場合にも見られる〔207〕。ぼろ布はしばしば紙の原料になるので、製紙業者に古布を販売した可能性が高い。

　古着の流通によって既製服の市場が18世紀には拡大したとする見方もあるので、これらのぼろ布が古着として販売されたことも考えられる。古着がぼろ布として販売される場合には1 cwtあたり36 sの値が付くに過ぎないが、古着として売ればコート1着で5 sの値が付くので、古着用とぼろ布とを区別して販売された可能性が指摘されている[34]。しかし、日記の記述から見る限り、ぼろ布は梱bagとして算定されており、販売価格もcwtあたりの記述しかないので、ターナーはぼろ布を製紙業者に販売していたものと思われる。

7 ｜ 流通の拠点と送金業務

7-1. ロンドンとの取引と決済

　自らの店舗以外でターナーが商品の購入や販売をおこなった場所はロンドン、歳市の開催地であるメイドストーン、そしてこの地域の拠点都市であったルイスである。そこで、これらの都市でのターナーの取引を検討してみることにする。そのなかで、ロンドンは特別な位置を占めていた。ロンドンへは頻繁に手紙を書いており、また1759年3月に彼自身がロンドンへ訪れた際の詳細な記述から考えて、ロンドンがターナーにとって仕入れや決済業務を含む金融取引など様々な活動にとって重要な位置を占めていたことが分かる。

　ロンドン自体が巨大消費市場であり、国内市場における焦点であり再配分機構の基軸としての役割を担っていた点は当時から良く認識されていた。デフォーは全国から様々な商品がロンドンに流入し、また全国へ再配分されていくシステムを経済循環と呼び、国内取引の生命線であると指摘している[35]。さらにロンドンは単なる物流の拠点、あるいは再配分の拠点にとどまらず、流行の発信地として大きな影響力をもった点からすれば、常に流行の動向に関心をもったはずの小売商ターナーにとって、ロンドンとの取引は重要な意味を帯びていたことは容易に想像される。そこで、1759年にロンドンへ行った際の取

10-2表　ターナーのロンドンでの取引相手

氏名	職業	住所	取引内容
Albiston, John	tabacconist	Friday St	支払
Barlow & Wigginton	linendraper	Gracechurch St	支払（M&C 宛手形）
Black, James	不明	不明	支払（M&C 宛手形）
Calverley & son	druggist	Southwark	支払（M&C 宛手形）
Corderoys, Messrs	horsemilliner	Upper Thames St	商品受取（馬毛）
Crouch, John	grocecr	Southwark	支払（M&C 宛手形）
Crowley & Co.	ironmonger	Upper Thames St	支払（M&C 宛手形）
Cruttenden & Burgess	hoiser	Southwark	支払（現金）
Daker & Stringer	supplyer	London	支払（現金）
Farnworth, Wm	warehouseman	Cullum St	代理支払（現金）
Gatfield, Michael	hatter	Blowbladder St	支払（M&C 宛手形）
Gore & Perchard	hardwareman	Cannon St	商品受取（角）支払（現金）
Hiller, Joseph	woollen draper	Southwark	支払（M&C 宛手形）
Levy's shop	chinaman	Southwark	仕入れ
Margesson & Collinson	haberdasher	Southwark	受取、支払、代理支払
Neatby, Tho.	distiller	Southwark	支払
Norfolk, Richard	pewterer	Southwark	受取
Nuns, Mr.	merchant	Bury St	受取、支払
Otway, Geo.	chessemonger	Southwark	支払（M&C 宛手形）
Reynolds, Mary	supplyer	London	支払
Rushton & Kendall	mercer	Gracechurch St	支払（M&C 宛手形）
Sharp, Richd	不明	Gracechurch St	支払
Smith & Bickham	haberdasher	Gracechurch St	支払
Standing, Tho	不明	Gracechurch St	支払（M&C 宛手形）
Sterry, Mr	oilman	London	食事、宿泊
Thomson & West	hop factor	Southwark	受取
Wathin, John	hatter	Cannon St	支払

出典：*The Diary of Thomas Turner*（1984）より作成。但し、住所職業は編者 D. Vaisey の指摘を利用した。

流通の拠点と送金業務

引を少し詳しく検討してみよう。

　ロンドンへ出かける2日前の3月17日にルイスへ行き、布地業者のサム・デュラントを訪れて現金£70と約束手形£60の合計£130を支払って、サー・ジョ

セフ・ハンキーとそのパートナーを支払人とする同額の為替を組んでいる〔177〕。これはロンドンにおける代金決済の準備である。但し、約束手形£60に関しては利子をつけて返済することになっていた。ロンドンへ出発した3月19日は、6時20分頃イーストホースレィ村を出発し、途中のゴッドストーンで朝食を取り、11時30分にはロンドンへ着いている。休憩を含めても5時間ほどの旅程であった。19日の往路も21日の帰路も自らの馬およびターンパイクの料金のみしか計上されていないので、彼は一人で馬に乗ってロンドンへ往復したと思われる。

ロンドンでは中心部のグレイスチャーチ・ストリートの油商人ステリィ家に2泊泊まり、この周辺およびサザックの商人達との取引をおこなっている。10-2表に示したとおりその総数は27名に上るが、大半がこれまでおこなってきた仕入取引の精算であり、代金の支払いと考えて良いと思われる。ターナーがロンドンで取引をおこなった商人たちの職種は布地商人や毛織物商人、小間物商、あるいはタバコ商人や食料品商などであり、これら取引業者の構成は、ターナーが取り扱っている商品とほぼ一致し、ロンドンが彼の仕入拠点であったことは明らかである。また、前述のホップのロンドンへの発送では登場しなかったホップ仲買人がここで登場しており、日記の記載以上に多様な発送先が存在したことを示している。

ロンドンにおけるターナーの取引は、彼の計算によれば、支払総額£251, 12 s. 1 d. であるが、母親分の支払勘定が£25、義父サム・スレーターの支払勘定が£40, 12 s. 1 d. となっているので、ターナー自身の支払額は£185ほどとなる。但し、日記の記載から計算すると支払総額は£232, 5 s. 12.5 d. となり、若干の誤差が生じているが、日記にすべての支払いが記載されているわけではないので、ターナーの間違いとは必ずしも言えない。

7-2. 為替取引による決済とロンドンの役割

ロンドンでの支払総額£232余りのうち、83.2％の£193, 10 s 4.5 d は為替を組むことによって支払われており、£5以上の比較的高額の支払いはすべて為替による支払いであった。これらの為替は、すべてM&C商会を支払人として一覧後30日払いでターナーが振り出したものであった。M&C商会は羊毛の

発送先であり、また小間物の仕入先であると同時に、信用取引の媒介者として性格をもっていたと考えられる。M&C 商会を支払人とするこの取引は、3 月 17 日にサム・デュラントから受け取った £130 の為替を M&C 商会に支払い、さらに銀行手形 £20 を加えた £150 を原資にしたと考えられる。

為替手形による支払いは 18 世紀イングランドにおいて、国内の商品取引における決済で広く見られる。ランカシャーのやすり製造業者ピーター・スタッブスの会計簿を分析した T. S. アシュトンの古典的研究において、スタッブスの主要な取引が為替手形の発送によって決済されていたことが明らかにされている。アシュトンは、約束手形による預金振替制度が不備であったために、また、為替手形が持参人払いではなく特定個人への支払いであって安全性が高かったことなどから、ランカシャーやヨークシャーのウェストライディングでの決済方法では、鋳造貨幣や銀行券などに比べて、圧倒的に多くなっていたと指摘している[36]。すでに述べた北部の店舗主デントは、小売商と同時に靴下編み業も営んでいたが、彼の靴下取引において商品の納入業者や下請けの靴下製造業者への支払いに受取った為替手形を用いたり、ロンドンの販売業者宛の支払いに為替手形を用いていたとされている[37]。

ターナーのロンドンでの支払いは、£4 以下の少額の場合、現金でおこなっているが、高額の場合は為替でおこなっている。これには、多額の現金をもち歩く際の危険の回避という側面と、現金貨幣の使用にともなう困難を回避するという側面とがある。後者の面では、現金貨幣で支払う場合におこる貨幣の多様さという困難がその背景にあった。1758 年にターナーがサム・デュラントへ総額 £26 支払った際には、36 s 貨、27 s 貨、半ギニー貨（10.5 s）、4 s 6 d 貨、半クラウン貨（2 s 6 d）、6 d 貨という 8 種類の貨幣が用いられている〔150〕。これ以外にもスペインのピストルス貨のような外国通貨も混じって流通しており、現金貨幣は多様で質的にも量目不足などがあって不安定であった。こうした不都合を避けるためにも為替手形が用いられたと考えられる〔341〕。

ターナーはロンドンでの取引で支払いと決済をおこなっているが、本人がロンドンへ出向かずに代理人に現金をもたせて支払おうとする場合もあった。1755 年 9 月にはフランシス・スミスに £24 をもたせて、M&C 商会への支払いを委託している〔15〕。また、62 年にはロンドンでの支払いのためベンジャ

ミン・シェリィに現金 £47 を渡し、M＆C商会ではなくマーゲッソン自身から領収書を受け取っている。このときには領収書と合わせてギニー貨 2 枚が返送されており、貨幣の量目不足と見られる〔253〕。

一方、ターナーは為替手形を支払いに用いるばかりではなく、その割引もおこなっている。1705 年の法律によって手形の裏書きが可能となっていたので、手形は現金同様の流通が可能となっており、割引による資金の融通もできる[38]ようになっていたと考えられる。ターナーが引き受けた手形について、「エドワード・バジェンが、ロンドンの材木商ジョン・コーク宛に、ジョン・ラッセルを受取人として振りだした £24, 17 s 10 d」と記載している〔311〕。この時、ターナーは半クラウン（2 s 6 d）の手数料を受け取っており、この手形はさらに食料品商のプラマーへの支払いに裏書き譲渡されている。

また、ジョン・バラッドショウが、ロンドンのカーディン＆デイ商会宛に、リチャード・ストーンを受取人として振り出した £66 の為替手形を、ストーンの裏書きのもとに 6 s 6 d の手数料で割り引いている〔313〕。ターナーが割り引いた手形は、ロンドンのマーゲッソンに送付されて取り立て依頼がなされている。その後もストーンの手形を割り引いているが、必ずしもスムーズに取り立てができたわけではない。特にロンドンのボウルドウィン宛にストーンが振り出した手形は、繰り返し支払拒否にあっている〔315〕。その後の経過は日記からは読み取れないが、為替手形は、振出人に対して債務をもっている第三者に支払いを指図する形式を取るので、指図された支払人が拒否する可能性があり、名宛人（受取人）が必ず支払いを受けることができるかどうか確定されない。日記では、「ストーンの件は私を大変不安にした。彼のすべての為替手形が返送されるとその総額は £103 に上る」と、不安を率直に述べている。ターナーは、手形の割引を通じてかなりの資金を提供して手数料収入を得ていたが、そこには一定のリスクも存在していたのである。

他方、いずれの場合にもロンドンにおける取り立て業務をマーゲッソンが担っていた。マーゲッソンがロンドンでの決済の媒介者であり、ターナーにとって取引を代行する一種のコルレス銀行的な役割を担っていたことは明らかである。1761 年 7 月にターナーはルイスの麻織物商マードウィックに対して £70 を支払い、マーゲッソンを支払人としてターナーの指示する受取人へ支払いを

するよう為替を組んでいる〔232〕。ターナーが教区の役職者として地租を納入した際には、現金に加えて、マーゲッソンを支払人とする為替£23, 4 s 6 dを用いており、ターナーがロンドンで支払いをおこなう際にマーゲッソンは中心的な役割を担っていたことが分かる。

また、ターナーにとってサセックスの中心都市ルイスも、ロンドンと並んで為替取引の拠点となっている。前述のようにロンドンへ出向くとき、ターナーはルイスのサム・デュラントに£130支払って為替を組んでいる。デュラントは布地商人としてロンドンと恒常的に取引関係があり、そうした信用を基礎としてターナーのロンドンでの支払いが可能となったものと思われる。一方、ターナーはマードウィックに対して£70支払って自己宛手形を組んでいる〔232〕。マードウィックは、ターナーが布地やブリーチなどの衣料品をしばしば仕入れている商人であるが、おそらく彼はロンドンあるいは周辺の商人との取引関係があり、一定の信用を獲得した商人であったと思われる。ターナー自身宛の手形はこうした信用にもとづいて自らの支払いに利用されたものと思われる。マードウィックはここではターナーの資金を預かる銀行と同様の働きをしている。

7-3. 移動商人との取引

ルイスは、イーストホースレィ村から近く南西9マイルほどの位置にあった。第3章で述べたように、この町は海にも近く商品流通の拠点でもあったので、金融取引に利用されるばかりではなく、ターナーの商品取引の拠点としても重要なものであった。ターナーは日常的にルイスに出かけ、デュラントやマードウィックから商品を購入し、また、マンチェスター製の小間物類も卸売商人から仕入れている。マンチェスター・グッズの取引では、地元の商人アイザック・ホックから購入するような場合と〔15〕、マンチェスターマンと呼ばれる移動商人から直接購入する場合の二通りが存在していた。

移動商人のなかでもチャップマンなど行商人は、歳市や店舗主から商品を仕入れて、店舗をもたず農村部へ売り歩く小売商であり、卸売り中心の移動商人とは性格を異にしている。[39] 行商人は店舗をもつ小売商にとって競合と補完の両側面があり、[40] ターナーの日記のなかにもそうした特徴が表れている。ター

ナーは 1764 年 9 月 6 日の日記で、「本日、服飾小物、絹織物、麻織物、銀器その他を荷車に積んだジョーンズの男性奉公人が、2 日間販売するためにやってきた。これは疑いもなく商売の邪魔になるに違いない。なぜなら、品物の新奇さ（そして確かに新奇さはイングランド国民、ことにサセックスの支配的感情である［（ ）は原文のママ］）は、無知な大衆を捉え、また彼らばかりではなく財貨や商売上の判断感覚があまりない人たちを捉えるだろう」〔302〕と述べている。ターナーはこうした営業が不法なものとはしていないが、顧客を奪われるという点では不安を隠してはいない。特に新しく珍しい商品をもち込むことに対してはかなり動揺しており、サセックスの農村地帯においても消費者が流行に敏感であったことを示している。

　一方、店舗主と移動商人との補完的な関係を示す記述も日記のなかに何回か現れる。「昼餐のあと、馬毛の帽子、コルクおよび手袋のボタンなどを馬につんだマシューズと名乗る男がやってきた。短い馬の毛 20 lb を 1 lb あたり 4 d 半で、長い馬の毛 1/2 lb を 1 lb あたり 10 d で、革 17 枚を 4 s 4 d で彼に売った。支払いは現金と私が 1 組 5 d の値をつけた手袋のボタン 9 組でおこなわれた」〔31-2〕また、「門口に来たユダヤ人と思われる男から鉛筆 3 ダースを買い、2 s 7.5 d を支払う」〔63-4〕などの記述がある。これらの記述はターナーが行商人から商品を購入したり、商品を販売したりしていることを示している。新規な商品をもち込んできて小売する行商人は、確かにターナーの顧客を奪う可能性があったが、店舗主も行商人からの取引で商品を仕入れているのであり、競合と補完の両方の側面があることを示している。

　これに対して、マンチェスターマンと呼ばれる商人は、主としてマンチェスター周辺で生産される綿製の商品を販売する移動商人で、17 世紀から 18 世紀にかけて荷駄を連ねて市場町や歳市を回り、店舗主に卸売りをおこなっていた人々である。[41] 彼らは綿製品、ことに女性用の商品の国内における消費拡大に寄与したと言われており、かなり富裕な商人もいて、なかには £3,000 の資産をもつものもいた。[42] そのため、絹、麻、綿織物などの生産者からこうした商人に、チャップマンなど行商人と同様な免許制といった規制が及ぶことに対して強い反対がなされた。[43] マンチェスターマンは、店舗取引ではなく各地を遍歴して販売するという点では移動商人であるが、小売商である行商人とは異な

る卸売商人であった。

　ターナーとマンチェスターマンとの取引はルイスを拠点としておこなわれ、偶然現れる行商人とは取引形態を異にしている。ターナーが 1755 年 10 月にルイスへ行ったのはマンチェスターマンに会うためであり、これは事前にマンチェスターマンがルイスにやってくることを知っていたことを意味する。マンチェスターマンはある程度定期的にルイスを訪れ、ターナーとも継続的に取引をおこなっていた可能性が高く、彼がマンチェスターマンに会ったホックの店はその中継拠点として機能したと思われる。

　マンチェスターマンは 18 世紀の後半になると、製造業者の販売代理人としてマンチェスター・ウェアを販売して回るようになったとされている[44]。ターナーもマンチェスター・ウェアの仕入れを彼らからおこなっており、日記には 1756 年 2 月と 1764 年 3 月にルイスで、サム・ライディングの奉公人スティーブン・フレッチャーからマンチェスター・ウェアを購入していることが記載されている〔245, 287〕。1756 年 5 月には M&C 商会に向けてサム・ライディング宛の £15 近い手形を振り出しているが、この手形は白馬亭というインで購入した商品のためのものであり、商品はそのままこのインに置いてあったと考えられる。このことは、白馬亭を拠点として定期的にマンチェスター・ウェアの購入がおこなわれていたことを示唆している。1764 年にも、白馬亭でフレッチャーおよびサム・ライディングの息子ジョンと取引をおこない、母親の経営を継承していた弟の分と合わせて £8, 6 s を現金で支払っている。地域の流通拠点であったルイスは、巡回してくる販売員との会合と取引の場であり、白馬亭というインが実際の取引場所や倉庫としての役割を果たしていたのである[45]。

　マンチェスター・ウェアの販売員は毎年イングランド東部を訪れて取引をおこない、こうした販売方法はマンチェスターの製造業者にとって効率的で、全国的な市場の拡大に寄与したと考えられている[46]。1772 年のマンチェスター商工人名録によると、ターナーが取引をしていたサム・ライディングの名前はないが、ジョン・ライディングという人物が確認でき、ファスチアンおよびチェック織の製造業者とされている[47]。この人物がターナーの日記に登場するサム・ライディングの息子ジョンと同一人物であるとすれば、ライディング家はファスチアン織などの綿製品の製造と販売をおこなっており、その販売はロンドン

などを経由せず、サセックスへ直接おこなわれたことになる。奉公人フレッチャーはライディングの製造品を各地に販売して回る販売代理人ということになろう。[48]

　地方の小売商にとって製造業者との直接取引は、彼らの要望をより具体的な形で注文に反映することが可能であり、また製造業者が提供する流行の変化などを察知する上で利点があったと考えられる。注文に対する迅速な対応という点では、販売代理人たちが半年程度の巡回と注文取りに加えて、1 〜 2 週間に1 回ぐらいの割合で郵便を利用して注文を製造業者に戻している場合もあると言われている。[49] ターナーの日記では、上記以外に販売代理人たちとの接触や手紙での注文に関する記述はない。しかし、ターナーが販売代理人を通じておこなった製造業者との取引にとって、ルイスがその接触点として重要な役割を果たしていたことは明らかである。

8 ｜ 顧客層と地域の結節点としての店舗

8-1. ニューカッスル公爵とホランド館

　ターナーの顧客層のなかで、上層の社会層との関係を検討する場合、イーストホースレィ村がニューカッスル公爵の居館であるホランド館と近い位置にあったことは重要である。この館にニューカッスル公爵が常に在住していたわけではないが、夏になると公爵自身が多くの友人を連れてやって来ている。1757 年 8 月 6 日には、ニューカッスル公爵がアシュバーナム伯爵や王座裁判所首席であったマンスフィールド判事など多くの貴族や政治家とともにホランド館に来ている〔107〕。こうした集まりは、ターナーの取引にとっても重要なものであった。ホランド館での集まりに先立つ 7 月 30 日には、妻がルイスへ出かけることについて、「来週にニューカッスル公爵がホランド館に来るので、私も（ルイスへ—引用者）何回も出かけなければならないのに、彼女がルイスへ出かけることは軽率な行動だ。おかげで私が行くことを延期しなければならず、仕事に差し支える」と不満を述べている〔106〕。ニューカッスル公爵がホラン

ド館に来ることによって多くの商品を納めなければならず、彼自身がルイスに行く必要があるのに、妻がルイスへ行くことによって仕事が停滞したことに不満だったようである。もっともこの時期夫婦関係はかなり悪く、妻がルイスに行ったことで仕事が滞ったかどうかは定かではない。

とは言え、公爵がホランド館へやってくることでターナーが忙しかったことは確かで、この 8 月 6 日にはホランド館へ 1 日で 6 回も出かけている〔108〕。これはこの年に限ったことではなく、1755 年 8 月 8 日には 7 回〔11〕、1759 年には 8 月 1 日に 3 回〔188〕といった具合で、頻繁にホランド館を訪れている。また、1757 年 8 月 7 日は館の開放日になっており、近隣住民とともにターナーも館の見学を楽しんでいるが、その前日にホランド館へターナーが訪れたことは、こうした開放日の準備のためということも考えられる。

ホランド館へどのような商品を納めていたか、正確には分からない。日記に記載されている販売品目は、お仕着せ用の布地、砂糖、火薬などである〔180, 188, 229〕。売上げ額も 1755 年 8 月の £13, 7 s、62 年 8 月の 18 s などの記載があるが、これらの金額がどのような性格のもので、売上げの一部なのかどうかも不明である。[50] しかし、掛け売りやこれらによる支払いの遅れなどに関する記載は、ホランド館に関しては見られない。

上層階層との取引においては、顧客と小売商との間の関係が緊密になるとともに、小売商の顧客への依存度は大きくなり、従属的な性格が拡大したと思われる。だが、ターナーとホランド館との取引がこうした関係にあったとは思われない。1755 年 8 月 13 日にターナーはホランド館宛に請求書を送っているが、これに対して £13, 7 s が直ちに支払われており、ターナーは「この日までのニューカッスル公爵勘定の全額」と記載している〔10〕。また 1762 年 8 月 14 日には「ニューカッスル公爵が館に滞在していた間に配送した商品 18 s」についての請求書を送っているが、これに対しても 8 月 23 日には全額が支払われている〔255-6〕。ホランド館との取引は多くても £10 程度のものではあるが、長期にわたる信用取引は見られない。愛顧関係にともなう政治的な従属性も少なくとも日記のなかには表れておらず、日記が書かれた時期におこなわれた総選挙は 1754 年と 61 年にあるが、これに関しても記述は見られない。ターナーは日記のなかで、中央政治について関心をほとんど示していない。

8-2. 一般の顧客層

　信用取引を含めて小売取引の具体的な姿が明らかになるのは、むしろターナーと同じ中流階層との取引である[51]。ホランド館を除くターナーの顧客層の中心は牧師、借地農業経営者などの中流階層である。1756年4月に教区の会合で集まり共に食事をしたメンバーは、ホランド館の執事であるコーツを始め、靴製造業者のホック、借地農業経営者のパイパーやフレンチ、フラーなどであった[38]。これ以外にも日記に登場しない顧客も多くいたと思われるが、ターナーはこうした人々と日常的に会合や宴席をもち、教区の仕事や救貧に関する役職を分担し、彼の生活自体がこうした人々との付き合いで構成されていた。

　彼らに販売された商品は既製服――コート、ウエストコート、ブリーチ、あるいはレーズンのような輸入食料品であり、これらはロンドンから仕入れたものであった可能性が高い。フレンチの妻にはパターンを用いてガウンを販売し、ロンドンでの流行に合わせた販売がおこなわれている。ターナーの店舗が、都市での流行が農村部の中流階層に普及していく際の結節点として機能していたことをうかがわせる。

　同じような社会層に属する顧客との関係が、常にスムーズであったわけではない。例えば教区牧師ポーターとその妻との関係はしばしば緊張をともなうものであった。1757年3月ポーター家から注文されたレーズンを届けた際に、ポーター夫人は価格に文句を言ってターナーを困らせている。「お金がとても少ない時期にこのレーズンは合計たった£3, 10 sであり、疑いもなく穏当な」価格であるとターナーは主張し値引きには応じていないが、このような顧客との駆け引きは両者の微妙な関係を示している[93]。さらに同じ年の5月には、注文したお仕着せ用のレースが入荷していないことを知らせたターナーに対して、彼女は激しい感情をぶつけている。これに対してターナーは、「彼女はあたかもトルコ人か異教徒であるかのように見え、私が惨めな奴隷であるように無礼で軽蔑的に（私を―引用者）扱った」[98]と述べて、ポーター夫人の傲慢な態度に不満を述べている。また1758年6月には、チーズの注文でポーターとターナーとの間に行き違いが生じて、ポーターは感情を爆発させている[155]。ポーター夫人はホランド館執事であるコーツの娘であり、教区牧師は

ホランド館執事とともに中流階層のなかでも上層に属していると意識されていたようにも思われる。こうした関係のなかにあって、ターナーが顧客であるポーター夫婦に直接反発したようには見えない。感情を爆発させた後、ポーターはコートをターナーに注文しているので、両者の関係は修復されたようである。

ターナーは店舗主として中流階層に属していたが、そこには微妙な上下関係が存在しており、決してフラットな関係とは言いがたい。しかし、そのなかには愛顧関係が存在しているわけではなく、顧客に従属しているとも言えない。

これら中流階層の顧客以外に、ターナーよりも明らかに下の階層と位置づけられる人々が日記のなかに登場する。彼らは Mr. などのタイトルを付けずに登場することが多く、労働者 labourer や農夫 husbandman などであった。労働者であったアダムズには、彼宛に 1755 年 12 月に £8, 16 s 1.5 d の請求書を書いているので、かなりの商品を購入していることが分かるが、具体的な内容は不明である〔19〕。農夫であったコーンウォールはターナーに鯉を届けて 12 d をもらったり〔19〕、果樹園の手入れを手伝うなど〔40〕、様々な形で関わり合いをもっているが、顧客としてははっきりしない。同じ農夫のハッソンは掛け売りの代金 £10 を踏み倒して夜逃げをしているので、アダムズと同様にターナーから付け買いで商品を購入していたことは明らかである〔144〕。

一方、この地域に定住している労働者層ではなく、季節的な労働のためにイーストホースレィ村を訪れる労働者もいた。その多くはホップの収穫のためにこの地にやってくる人々であるが、彼らもターナーの顧客となっている。1756 年 9 月、ポーターの畑でおこなわれたホップ収穫のためにやってきた労働者が首に巻く布地 neckcloth を購入している〔64〕。こうした人々への販売方法は明記されていないが、おそらく現金での販売であったと思われる。

このようにターナーの顧客層は、ホランド館のような上層から地域社会の中核を担っていた中流階層、そして労働者層にまでおよび、地域外の人々も存在していた。ターナーは上層や中流階層の顧客には流行を敏感に反映する商品を提供していたが、労働者層にも手が届く大衆的な商品も販売したのであり、万屋的小売商として地域における多様な階層に消費財の提供をおこなっていた。

8-3. 消費空間・地域の結節点としての店舗と取引関係

　ターナーは万屋的な小売店の役割を担ったが、店舗自身が社交の場となっていることを示す事例が日記のなかでしばしば見られる。クシャン夫人やメアリ・デュラントなどは、店で買い物をすると同時にターナーと一緒にお茶を飲んでいるし〔259〕、名前は記されていないがラングドンの副牧師が店に買い物に来た際には一緒に食事をしている。第6章でも述べたように、ロンドンの小売店舗では店舗の前面に一般的な販売用のカウンターがある一方、店の奥にはスクリーンで区切られた一角があって親しい顧客との社交の場となっていたことが知られている。[52] 小売店のこうした構造が示すものは、小売店舗は単なる販売拠点ではなく社交の場であり、店舗主と顧客とが交流する場であったことである。[53] しかし、ターナーの店舗が立地する農村部においてはそれほど人口移動がなく、同じ社交の場ではあっても社交の質が都市とはある程度異なって、むしろ地域の住民同士の日常的な交流の場として機能したものと思われる。

　商品代金の支払いでは、現金で支払われる場合や信用を供与（掛け売り）する場合と並んで、物々交換的な要素が多分に含まれていた。[54] 1755年7月の記述には、ターナーが商品を購入した際に、貨幣を用いず物々交換や現物での支払いがおこなわれる様子が良く示されている〔10〕。7月10日にターナーがレンガ200個を購入した際、運んできたトーマス・バルカムへ運送費用として現物で4s支払ったとされているが、これはレンガをそのまま渡していた。12日にはボロ布と、中質紙8締め、茶色の紙2締め、2lbの紙1締めとを一応貨幣換算した上で交換している。同じように15日には干し草を運んできたエルフリックには3s6dを支払っているが、このうち6d分は現物（おそらく干し草）で支払っている。7月23日におこなわれた帽子製造業者ジョン・ジェナーとの取引において、£1, 16sを精算した際には、現金での支払い、帳簿上で納入品価格と販売品価格の差額で決済する差引勘定、また現物での支払いの三種類の支払方法が併用されている。内訳は現金で12sを受取り、帳簿上の差引勘定で差額5s9.5dを受取り、さらに商品で18s2.5d分を受け取っている。ジェナーは帽子を納入すると同時にターナーの顧客でもあって、相殺勘定を併用しながら付け払いもして商品を購入していることを示している〔10〕。

一方、小売された商品の対価を、現物で受け取る場合もしばしば見受けられる。上述の取引がおこなわれた同じ7月、トーマス・テスターに販売した砂糖と釣り針6個の代金は鯉2尾であった〔10〕。こうした交換の多くは、財貨の価格が明示されて等価の交換が意識されている。だが、デュラント夫人の場合は若干異なっている。彼女はしばしば鷸鳥をターナーへの贈り物としているが、1762年10月にはターナーがブランデーを返礼として返している〔260〕。この場合は、商品の販売というよりは互酬的な贈与の交換と言えるだろう。ターナーはブランデーの方が鷸鳥よりも価格が高いと嘆いているが、ターナーのなかでは他の取引と同様に交換される財貨の価値が計算されており、慣習的な互酬関係のなかに経済的意識をもった交換が混在している。

ターナーの日記に現れる物々交換による取引は、18世紀の小売業のなかで決して孤立的な事象ではない。前述のイングランド北部店舗主デントによる販売においても、物々交換や帳簿上の相殺がおこなわれている。デントは石炭をロバート・ニコルソンから購入しているが、布および食料品の販売でこれを相殺している[55]。またランカシャーのピーター・スタッブスはビールやエールの醸造と販売もおこなっていたが、これらの販売については、石鹸やロウソク、石炭、陶器、肉、野菜など様々な商品との帳簿上の相殺で精算している[56]。ターナーの日記では、経理関係の史料に見られる帳簿上の相殺といった手続きだけでなく、日常的な取引においても盛んに物々交換がおこなわれている点、またターナー自身が互酬的な交換も含めて、交換される財貨を貨幣価値に換算して意識していることが明らかになる。

さて、掛け売り、信用販売はこの時期の小売商にとって不可欠であり、支払いの遅れや回収の困難はターナーの経営にとっても重大な問題であった。ポーターにレーズンを販売した際には、このレーズンの仕入代金を6ヶ月で支払わねばならないのに、ポーターからは「10ヶ月は支払われないだろう」と述べており、販売代金の回収が仕入での信用期間を上回っている状態に不満を漏らしている〔93〕。ターナーは「私が与えざるを得ない長期の信用が、私の商売を大きく傷つけている」〔153〕と嘆きながら、顧客を訪ねて掛け売り代金の回収に努めているが、その成果は決してはかばかしいものではなかった。ついには「この教区の人々は皆ますます貧しくなっており、どんな商人もやってい

けないほど支払期間が長くなっている。最善の場合でも、1 年に 1 回以上は支払われない。……私がこの地にとどまる限り債権の回収は決してできないだろう」〔111〕と嘆いている。

　掛け売りは、その回収が長期化することも問題であるが、未回収のまま貸し倒れとなる場合もある。ターナーの日記では、すでに述べた 1758 年 3 月のジェームズ・ハッソンに対する約 £10 の貸し倒れ以外にも、翌 59 年 5 月ダービー親方に対する £20 の債権回収が困難になっている〔149-50〕。この時は法的措置を講じて、ダービーを召喚し逮捕する方向で検討している。ターナーによれば、ダービーは年収 £200 とされて決して貧しくはないが、債権を 3 年以上回収できず最悪の事態に陥ったことになる。ダービーは 6 月逮捕され〔152〕、8 月には本来あった £20 の債権に £2 の賦課金を加えた £22 への、不動産を担保とした証書をダービーから手に入れて債権を確保しようとしている〔161〕。しかし、1762 年 7 月には担保の土地を収用して債権の残額約 £16 の回収を図っているが、うまくいっていない〔252〕。この間に債権の一部は回収された可能性があるが、その後この債権に関する記述は現れないので、最終的に全額を回収できなかったものと思われる。

　1764 年に破産して支払不能に陥ったジョン・ヴェインの場合には、ターナー自身の債権は明記されていないので掛け売りがあったかどうかは不明である。しかし、彼は教区役員の一人として、債務のために自宅軟禁状態であったヴェインの資産目録を作成して競売を実施し債権の回収に当たっていたが、資産は £60 程度であり、すべての債権の回収は困難であったと思われる〔289-90〕。

　ターナーの営業においては現金販売に加えて、物々交換や帳簿上の相殺、長期の信用販売などが混在しており、そのなかには互酬的な財貨の交換が紛れ込んでいる。その意味で、ターナーの生きた地域社会は、第 4 章で扱ったマンデヴィルの述べたような、顧客の顔も知らない匿名性にもとづく都市的な消費社会とはやや異なる側面を有していた。ターナーの経営は、伝統的な地域社会の共同体的な相互関係のなかに根ざしたものであったと言えよう。

トーマス・ターナーは店舗主として、前章で扱ったスティーブン・ハッチと
同様に万屋的小売商人であったが、彼の日記は、ハッチの史料からは明確にな
らなかった農村の店舗主のもつ多様な機能を明らかにし、その姿をより鮮明に
浮かび上がらせてくれる。ハッチと重なり合う部分として小売商としての役割
を見ると、供給される消費財の一定の部分は地域内の生産物だが、外部からも
もち込まれている。バターは地元の製品だが、チーズはイングランド西部から
運ばれたものである。酒類では、少なくとも梨酒などは自家醸造したものを販
売しているが、ブランデーやワインも地域外からもち込まれたものである。衣
料品であってもコートや帽子を地元の生産者に委託生産しており、ターナーは
地域の生活圏における消費財流通の要として、またイングランド地域間を結ぶ
存在でもあった。

　一方、衣料品においてもパターン取引などを通じてロンドンなど流行の先進
地帯と消費者とを結びつける役割を果たしている。その意味では、ハッチと同
様に、小売商として都市的とされる18世紀の「上品な消費文化」を農村部へ
浸透させる重要な役割を果たしている。同時に、彼は多様な消費財をサセック
スの農村にもち込み、地域の消費生活をグローバルな消費財流通に巻き込む存
在としての役割を担っていた。そのなかには香辛料、砂糖、コーヒー、チョコ
レートなど海外の物産を含み、18世紀イギリスが広げていた海外のネットワー
クがサセックスの農村部へもつながっていることを示している。

　営業形態で見ると、ターナーの小売活動は都市的な小売商とは異なって、多
種多様な消費財を広い範囲から地域内に提供する伝統的な万屋的小売商の特徴
を保持している。この時期のロンドンなど都市における小売商業では、第5章
で見たメアリ・ホールや第9章で見たハッチの仕入相手のように、特定商品の
販売へと専業化していく傾向があり、ターナーやハッチの経営とは対照的であ
る。一方、ハッチの史料からははっきりしていなかった部分として、地域特産
物の発送や金融に関する業務がある。ターナーは地域の特産品の集荷業者とし
ての業務を積極的に担い、羊毛やホップをロンドンへ送り出す役割をも担って

いた。同時に、特産品の発送によって生まれるロンドンからサセックスへの資金の流れと、流入する消費財の支払いや税送金のためにおこなわれるロンドンへの資金の流れは、ターナーをこの地域をめぐる資金循環のなかに置くことになった。このため、ターナーも為替手形の振出しや裏書きなどの金融取引に積極的に関与していくことになる。しかし、こうした為替や資金の流通へターナーが入り込むことは、不渡りなど金融的リスクを負うことでもあった。

　顧客との関係はハッチの史料にはほとんど登場していなかった。日記から明らかになるターナーの顧客層は、ホランド館を除くと、そのなかに多少の上下意識があったにせよ、おおむね同じ中流階層に属する人々であった。しかし、彼らとの関係は単に顧客としての関係にとどまるものではなかった。ターナーは教会役員や救貧監督官として地域社会の主要メンバーであり、そうした関係のなかで彼の店舗は、単なる商品販売の場というだけではなく、一緒に茶を飲んだり食事をしたりする場であり、日常的で密接な社交圏の核としての存在であった。日記に現れる小売販売を通じた信用の供与は、当時の一般的な小売業の状況を示しているが、売買の決済には現金や付け払い信用のみならず、現物での相殺によるものがしばしば見られる。確かに、販売する商品と受け取る商品を実際には貨幣換算して経済計算も働いてはいるが、そのなかには互酬的贈与の関係も含まれている。顧客は一部の例外を除けば、都会的な匿名性の高い存在ではなく、ターナーの活動の場は個人的な関係を常に意識せざるを得ない共同体的な性格の強い農村であった。

　ターナーは、多種多様な消費財を内外の広い範囲から、地域内に提供する伝統的な万屋的小売商の特徴を保持する一方で、羊毛やホップなど地域内商品の搬出にも主体的に関わっていた。これらの関わりは、ロンドンが中心となって海外やイギリス各地を放射状に結びつける垂直的な広域的市場構造だけでなく、ウォリックシャーのチーズなどの農産品や、マンチェスターの綿製品など、生産地と消費地を直接結ぶ地域間の横断的商品流通、そして地元の生活圏的な消費財市場といった、三重の構造のなかでおこなわれていたのである。このようにターナーの店舗は、スティーブン・ハッチと同様に、都市的な消費財を地域へと導入していく万屋的な小売・流通の拠点として「上品な」消費文化の拡大に寄与していた。さらにハッチの史料からはあまり明瞭に表れていなかった、

地元の中流階層を中心とする社交圏—伝統的共同体的な要素を残す—における住民同士を結びつける役割をも果たしていたのである。

　こうした商品流通と密接に関連しながら、ターナーはロンドンとサセックス農村地域との間にあった様々な資金の移動にも否応なく巻き込まれて関与している。ハッチの場合にも金融業務の可能性を否定できないが史料上ではそれほど明瞭には表れていないのに対して、ターナーのこの分野における活動は、ロンドンを軸とした金融取引を重要な要素として含むことになった。その意味で日記に示された農村の店舗主としての活動は、単に小売店舗経営にとどまらず、海外とロンドン、イングランド域内、地元の生活圏などの財貨や資金の流れと結びついて、地方銀行業務へも発展しうるような金融取引や地域外への商品移出など、新たな機能を果たす複合的な流通拠点としての役割をも担っていたことを示している。

[1] *The Diary of Thomas Turner, 1754-1765.* (1984) ed. By D. Vaisey. 但し、本文中の参照箇所については、文中の〔　〕内の数字で引用箇所を明示する。

[2] 第 3 章の他、道重一郎 (1989)、(1998)、(2005) などでターナーに触れている。ことに道重 (1998) では販売商品に関する簡単な分析をおこなっているが、本章では包括的に分析し、全体像の検討を目的としている。

[3] 都市ルイスについては第 3 章を参照。

[4] H. Mui & L. Mui (1989), p. 139.

[5] 道重一郎 (1989), p. 158。

[6] R. Peren (1989), pp. 214-5.

[7] D. Gerhold (1993), p. 106.

[8] B. A. Holderen (1989), pp. 113-4.

[9] R. Scola (1992), p. 203.

[10] R. Peren (1989), pp. 253-4. 前章で見たように、ハッチはロンドンでチーズを仕入れていた。

[11] ウィルトシャーのチーズがウォリックシャー産として販売されていた。*Ibid.*, pp. 252-3 を参照。

[12] B. A. Holderen (1989), p. 114.

[13] M. Berg (2003), pp. 366-7.

[14] H. Mui & L. Mui (1989), p. 32.

[15] T. S. Willan (1970), pp. 9-10.

[16] 川北稔 (1983), pp. 160-7。

[17] C. Shammas (1990), pp. 81-2.

[18] 1 バレル barrel は通常 36 ガロン gallon で、1 ガロンは約 4.5 リットル。

[19] *The Autobiography of William Stout of Lancaster*, p. 107.

[20] 1 ストーン＝ 4 lb ＝6.35 kg

[21] R. Scola (1992), p. 129.

[22] スモールウェアとも呼ばれるリボンやテープなどがマンチェスター周辺で生産されており、この地域の主要な生産物となっていた。B. Lemire (2010), p. 76.

[23] 葬儀に関しては、日記のなかで〔77, 95〕などにも記述がある。〔294〕には配ったものとして黒の絹バンド、イタリア製クレープ地、手袋各種などが記載されている。また〔236〕には棺の購入に関する記載がある。

[24] D. Alexander (1970), p. 144.

[25] B. Lemire (1991), p. 141.

[26] 道重一郎 (1989), p. 112。また、陸上輸送ついては道重一郎 (1996) を参照。

[27] 第 1 章を参照。

[28] D. Davis (1966), pp. 229-30.

[29] B. Lemire (1984), p. 185.

[30] R. Peren (1989), p. 257.

[31] *Ibid.*, p. 271.

[32] D. Alexander (1970), pp. 31-3. 但し、小都市の歳市では小売機能が維持されている場合もある。I. Mitchel (2010), p. 290.

[33] R. Peren (1989), p. 223. 歳市の変化については、道重一郎 (2010) も参照。

[34] B. Lemire (1991), p. 66.

[35] D. Defoe (1727), p. 328. また、山下幸夫 (1968) , p. 33 も参照。

[36] T. S. Ashton (1939), pp. 102-10.

[37] T. S. Willan (1970), p. 112.

[38] *The Letter Book of Joseph Symson of Kendal.* (2002) における編者 S. D. Smith の解説 (p. lxvi.) を参照。

[39] L. Weatherill (1987), pp. 63-4.

[40] 道重一郎 (1989), p. 94。なお、ミュイは、マンチェスターマンが小売商とイングランド南部で競合しているとしているが、チャップマンなどの行商人との混同と思われる。H. Mui & L Mui (1989), p. 41.

[41] 道重一郎 (1989), p. 106。

[42] A. P. Wadsworth & J. de L. Mann (1931), p. 238.

[43] I. Mitchel (2014), p. 68. 店舗小売商と行商人の対立から、行商人には 16 世紀半ばには免許制が導入されていたが、18 世紀初頭には事実上規制は有名無実なものであった。道重一郎 (1989), pp. 94-5.

[44] I. Mitchel (2014), p. 68.

[45] 18 世紀にはインが取引拠点としての役割が拡大した点については、道重一郎 (1991), p. 73 を参照。

[46] B. Lemire (1984), pp. 141-4.

[47] *The Manchester Directory for the Year 1772.* を参照。この E. Raffald による 1772 年編纂の商工人名録は、マンチェスターでは最も古いものである。

[48] 道重一郎 (1989), p. 108。

[49] D. Alexander (1970), p. 133.

[50] 地域の代表的地主貴族への商品供給については、J. Stobart (2011) を参照。

[51] マドロウは、ターナー周辺の中流階層をさらに細かく、より上層のものとほぼ同等なものとに区分しているが、ここではさしあたり一括して中流階層としている。C. Muldrew (2017) を参照。しかし、後述するように階層内の軋轢も日記のなかに表れている。

[52] N. Cox (2000), pp. 80-1.

[53] 第 2 章で述べたように、都市的な商品空間では顧客の信用を確認する意味でも、「顧客の品定め」は営業上重要な要素であった。

[54] M. Finn (2007), p. 77.

[55] T. S. Willian (1970), p. 24.

[56] T. S. Ashton (1939), pp. 79-80.

終章

都市的消費文化の
独自性

　本格的な工業化の時期である産業革命がイギリスを舞台として開始されたのは、1760年代から80年代と考えられる[1]。しかし、多くの地域で工業化にともなって進行した都市化が、少なくともイングランドではこれに先行して展開していた。政治的な意味で名誉革命から1830年代の選挙法改正までの期間をイギリス史の「長い18世紀」と考えるならば、商工業や余暇産業の発展を背景とした人口の集積である都市化は、この期間の前半つまり、「都市ルネサンス」と呼ばれた状況が出現した時期に出発点があった。都市化を担ったのは商工業者や専門職からなる中流階層であったが、この社会層は同時に上品さや洗練さを基調とする都市的な消費文化の担い手でもあった。

　この時期、ロンドンはもとより、ノリッジやヨークなどの古くからの主要都市ばかりではなく、バーミンガムやマンチェスターなどの新興工業都市、さらにバースなどのリゾート都市の成長は著しいものであった。そのなかで、より快適な生活環境を実現するための家具や家財、例えば絵画や鏡、置き時計などを所有し、見苦しくない服装を身につけるといった新しい消費文化が、成長しつつあった多くの都市を起点としてイングランドで、そして一部はエディンバラなどスコットランドでも、普及し始めていたことは間違いない。厳格な身分制秩序が崩れ始めた一方で、この時代には都市の生活も大きく変化しつつあった。都市では住民が相互に見知っていることは少なく、個人を特定しづらいといった意味で匿名性が高く、服装などの外見によって個人の属性を判断しがちであり、その分だけ適切な身なりや振る舞いが都市生活を円滑に進めるために必要であった。

　都市の消費文化を担った中流階層のなかでも商人層は、政治的な支配階層である貴族・地主エリートを顧客としている場合も多く、両者は愛顧関係で結ばれており、その点で商人層は従属的な地位にあったとも言える。流行は、このような階層的な上下関係を前提とし、上層エリートの粧いや服装の模倣を通じて、外見上の身分的な上昇を果たそうとしたことで拡大すると主張されることもある。「社会競争的模倣」と呼ばれるこの見方は、流行が上層社会層から下層へと滴り落ちる滴下現象のなかで普及していくと捉えるものである。しかし第1章に見たように、1990年代以降の研究では、より下層の人々が上層エリートの流行を従属的に模倣するという現象は、18世紀イギリスではそれほど広範囲に存在したとは考えられていない。中流階層は、上層エリートの生活様式や服装を常に模倣していたわけではなく、時には上層エリートを批判しつつ、自らの価値観点に合わせて随時取捨選択していたと考えられるようになっている。

　都市の中流社会層の消費行動に表れる価値意識は、上品で洗練された行動様式にあったのであり、上位社会層の単純な模倣をおこなったわけではない。消費行動のみならず都市改良についても、中流階層は従来の伝統的な都市秩序や制度に依存せずに、改良委員会など新しい組織を通じて積極的に行動しており、都市の照明や街路の整備はその現れであった。公設市場の整備も中流階層が積極的に関わっておこなった改良事業であり、18世紀の後半には幅広い都市中流社会層を動員して進められた。サセックスのルイスに見られるような塔屋をもつ市場施設の建設は都市のプライドの表れでもあり、中流階層を中心とする都市住民のもつ意識の表れでもあった。

　その一方で、都市改良の過程で都市に次々と開設された集会場＝アッセンブリホールやプレジャーガーデンなど新しい都市的な文化に、周辺のジェントリィ層＝地主エリートも引き寄せられていった。18世紀のイギリス都市消費の文化は、中流階層によるばかりではなく、中流階層とジェントリィとが複合しながら展開したのである。しかし、都市文化の中心となっていく集会場などの施設は有料であっても公開の空間であって、一定の料金を支払うことが可能であれば誰でも参加することができる開かれた社交空間であった。そこで求められるものは、身分制的で血統的な伝統的な価値ではなく、修得可能な洗練さ

れた適切な作法＝マナーであり、時宜にかなった品のある服装であった。

　都市で生まれた社交空間は、時には家庭内へも延長された。友人や知人を家庭に招いて共に食事をすることは一般的な行事であるが、18世紀半ばまでには社交の場として茶を提供し、ティーテーブルを囲んで談話することがおこなわれるようになった。17世紀から普及し始める茶の飲用は、コーヒーやチョコレート–ココアなどと同じように外来の温かい飲み物の普及を示すものでもある。コーヒーの場合、コーヒー・ハウスのような、主に男性による社交の場が形成され、独自の公共圏を生み出すことに寄与していた。[2] コーヒー・ハウスからは、その後、ロンドンの証券取引所やロイズ保険協会など経済活動の拠点が成長してくることになる。これらコーヒー・ハウスは男性の公的な社交空間を提供したのだが、これに対して茶を楽しむような会合は家庭のなかで開かれるという点で私的な側面があった。しかし、茶会は決して閉じられた性格のものではなく、家族ばかりではなく幅広く友人を招いているという点では、外部に半ば開かれた半公的な空間としての性格をもっていた。茶会を主催したのはその家の主婦であり、18世紀末から19世紀には女性が公的な空間から私的な空間へと退いていくとは言え、彼女たちは半ば公的な社交空間において重要な役割を担っていたのである。近世から近代へ移行する局面のなかで、社交空間において女性の果たした重要性は決して無視できるものではない。

　都市において、あるいは農村部であっても、小売店舗は家庭での社交空間と同様の場を提供していた。ロンドンのシティから西側に展開したショッピング街には、張り出し窓＝ボウ・ウィンドウを備えた新しい雰囲気のファサードをもった店舗が店を連ね、展示されている商品を街路から窓越しに眺めながら散策するウィンドウ・ショッピングが可能となっていた。この地域の一角、ストランドに店舗を構えた服飾小売商のメアリ・ホールは、店舗の内部だけでなく外観に気を配り、周囲の環境にも配慮していた。都市は集会場や劇場のような場だけではなく、ショッピング街そのものもまた余暇空間としての機能を果たしていたのである。都市においては、街路を歩くことそれ自体が自らの消費スタイルを示すものであり、適切で品のある服装や作法が求められた。ひとたび店舗に入ると、デフォーの小説の主人公モル・フランダース、あるいはサミュエル・ジョンソン伝を著したボズウェルがそうであったように、店主からその

人となりを評価＝値踏みされることにもなった。

　小売店舗の内部もまた社交空間を提供していた。店舗は入口側と奥とが分かれていたと考えられ、入口側にはカウンターや棚が備え付けられていて通常の顧客対応の場として機能した。これに対して奥は、場合によってはスクリーンなどで仕切られていて、入口側とは別の空間となっており、親しい顧客との接客の場として機能した。メアリ・ホールの財産目録では、入口側にはカウンターが設置されているが、衝立で仕切られた奥の客間－パーラー－にはマホガニー製のテーブルと椅子、大きな鏡と卓上時計などが置かれて、普通の顧客とは異なった親しい常連客との社交の場としての演出がなされていた。店舗が社交空間であったことは都市に限られていたわけではない。トーマス・ターナーはサセックスの万屋的な店舗主であったが、彼の店舗では近隣の住民が共に茶を飲み、会話を交わす場でもあった。もちろん農村は都市のように匿名性の高い社会ではなく、相互に見知った知り合い同士であり、そこには共同体的な側面もあった。とは言え、都市の店舗での社交が常連の顧客を中心としてなされたとすれば、その相違はそれほど大きいものではない。

　小売店舗がある種の余暇空間であって、また社交空間でもあったが、他方で小売商はこうした空間を演出する存在であった。彼らは、当時の表現で言えば「上品な（polite）」あるいは「見苦しくない（decent）」といった言葉で表現される、洗練された消費財と適切な消費活動とを消費者へ伝達し、流行を通じて消費を拡大していった。例えば、服飾小物商は女性の帽子、袖飾りなど服飾品を販売し、またレースなど服飾素材の修理や再生を通じて、消費者へ婦人衣料の流行を顧客にふさわしく誘導する存在でもあった。

　しかし、18世紀半ばに各種の職業を紹介したキャンベルは、この服飾小物商について女性の「虚栄心を膨らま」せる者として皮肉な評価を下している。[3] 彼の評価が皮肉交じりなのは、女性は流行やファッションに流されやすいという考えが、当時の認識の底流にあるからでもあった。女性を中心とする消費活動には、一定の批判がこの時代には常に存在していた。シビック・ヒューマニズムにもとづく消費批判は、宮廷や都市を奢侈的で堕落したものとして批判する意識とつながり、この批判のなかには土地所有と結びついた簡素で素朴な生活を強調する農村的で男性的・武辺的な指向があって、反女性・女性嫌悪の意

識と結びつきながらウィッグ党中心の宮廷への批判を含んだ形で展開された。また、流行の中心であるフランスへの、反カトリックとつながった敵対意識や男性性の重要性が強調され、消費の奢侈性を女性性と関連させながら反女性意識と結びつけて批判がおこなわれた。

　その意味で 18 世紀イギリスを、消費が無批判に受け入れられ障害なく拡大した時代とみなすことはできない。女性的なものとされる奢侈的消費の拡大は、社会や宮廷、政府の腐敗と堕落につながるものとして、激しい批判の対象となったのである。こうした批判がしだいに落ち着いていくのは、18 世紀後半の啓蒙の時代を待たねばならなかった。スコットランド啓蒙の有力な思想家であったデヴィッド・ヒュームのおこなった消費批判に対する反論は、消費を肯定する議論の典型的なものである。彼は、消費を女性性と結びつける思考や、徳と悪徳との二分法から批判する考えから救い上げて、商業社会のなかで、洗練された生活様式にともなう消費行動を肯定的に評価した。スコットランド啓蒙の一員であり、経済学的には古典派経済学の祖とされるアダム・スミスは、労働のなかにより大きな価値を見いだしており、その点で消費よりも生産を重視しているとも言える。しかし、スミスは消費に反対していたわけではない。彼は、「品位を保つということ（decency）を習慣化するものも、最下層の人々に対して必需品となる[4]」と述べて、社会の幅広い階層で、ヒュームと同様に洗練された商業社会に必要とされる消費の重要性を指摘しているのである。

　さて、消費財のなかでも、服装は最も流行に影響されやすいものである。家具や食器などの家財も流行の影響を受けるし、家屋など建築物も流行のデザインから自由ではない。それどころか、18 世紀初頭は家屋の形態が大きく変化し、とりわけ都市の風景を変化させた時代としてボーゼイが「都市ルネサンス」と呼んだほどである。[5] 18 世紀イギリスの代表的な家具販売業者であるチッピンデールは、流行に適切に対応した家具を提示することによって、良質な趣向をリードしていたことは広く知られている。[6] しかし、家屋や家財でおこる流行の変化は、数年ないし数十年の単位で変化するものであり、短い周期で年に何回も変化するものではない。確かに衣裳について見ても、18 世紀イギリス社会のモードの変化はゆっくりとしたもので、婦人服も紳士服も基本構成は大きく変化していない。だが、基本的な構成は同じであっても、布地の色や織り柄

の変化あるいは袖飾りのレースや胸当の刺繍など素材に付加される装飾の変化
は、社交シーズンに合わせてきわめて短期間で変化するものであった。ことに
流行の色や柄については、かなりのスピードで変化したと考えられる。

　18世紀後半にニューヨークで輸入商を営んでいたビークマン家の記録を見
ると、独立戦争前にロンドンの輸出代理商から大量の繊維製品を購入している。
七年戦争の終結以降、イギリス政府と北米植民地との対立が激しくなるなかで
も、次の社交シーズンに必要な色や柄が適切に間に合うように到着することは
きわめて重要な問題であった。例えば、1766年11月のビークマンからロンド
ンの代理商フレジャー宛の通信文には、「送ってほしい商品のメモを同封する。
早い機会に送ってくれることを期待するが、従来通りの信用払いでお願いした
い。一部の商品は来年の7月か8月には送ってほしい。注文が少し多いし、パ
ターンを送っていないので、素敵な色を選んで送ってほしい[7]」と述べている。
通信文のなかで、こうした注文は頻繁に登場する。流行の推移にとって欠かせ
ない色や柄の変化を敏感に感じ取って、製造業者と消費者とをつなぐ存在が
ビークマンのような商人であった。彼はニューヨーク内外の小売商へロンドン
から入荷した商品を卸売りする存在であったが、流行の発信地ロンドンと
ニューヨークの消費者とをつなぎ、また消費者の動向をロンドンの代理商へと
結びつける存在でもあった。[8]

　衣料品のなかで、サイズが大まかに想定できるガウンのような衣料、あるい
は大量に消費される軍服には既製品が存在したとしても、衣服の製作は基本的
に注文生産であった。[9] 衣服の作成をする場合に、布地が決して安いものでは
なかったから、素材から仕立料などのすべてを含むと、この時代にはかなり大
きな支出となった。紳士服の製作の手間賃は、ロンドンではスーツ1着あたり
15〜18sと価格の2割弱であった。一方、農村ではコートだけなら製作を依
頼した場合に仕立屋へ支払う手間賃は6s程度であったが、ロンドンでは少な
くともスーツでは£1近くは必要であった。これにさらに布地の費用が加わっ
て、1ヤード14s程度の布地を使用した紳士物のスーツ1着の総額は£4,11
sほどになる。婦人服での費用構成は明らかではないが、婦人服に使用される
サテンなどの生地は1ヤード7s程度はすると思われ、1着に14ヤードほど
使うとすれば、これだけで£4,14s程度はかかるので、紳士服と同様の製作費

用がかかるとすると少なくとも 1 着 £5, 10 s 程度は必要になる計算になる。さらに胸当てや胴着、あるいはペチコートなどが加われば、新しい衣裳を一着全てあつらえるとするとかなりの出費を覚悟する必要があった。

その意味で、レミアが強調するように古着の利用が広くおこなわれたのは当然である。[11] しかし、同時に袖飾りやレースなどの装飾的な付加物を付け替えることで、流行への対応が可能となったとも考えられる。[12] ロンドンの服飾小物商メアリ・ホールは上述のように顧客の要望に応じて、流行や嗜好に対応した衣裳や帽子の修正、修理に従事していた。ホールの場合、中流階層の女性を中心とする顧客との親密な関係にもとづく取引形態は、過度に流行を追い求めるというよりも、もてる資産を有効に活用していこうとする堅実な消費者の性向に適切に対応するものであり、夫の経済的破綻の影響を別とすれば、彼女の経営自体は比較的順調であったと考えられる。

紳士服の場合も、ロンドンが最新のスタイルを牽引していたことは明らかで、地方でも富裕層であれば、評判の良いロンドンの仕立商に衣料品製作の注文を出している。そうした仕立商の一人であったマーク・セイヤー家の記録のなかにも、衣服修理の依頼が数多く残されている。だが、修理依頼の注文記録には一定の階層差が見られ、そこには使用人の衣服修理と思われる注文が見られる一方で、中流階層自身の修理依頼もかなり多く含まれている。使用人のお仕着せを修理しながら自分の衣裳は新調しようとする比較的上層の階層に比べ、中流階層は修理して衣裳を長く着続けようとしたものと思われる。その点では婦人衣料と同様に、紳士服においても既存衣料の修正や修理をして再利用しようとする堅実な行動様式が、ロンドンにおいてすら中流階層を中心に見て取ることができる。

奢侈的消費に対する批判が、宮廷に対抗する地方からのものであったとしても、これは農村部全体が都市的な消費に批判的であったとは言えない。シビック・ヒューマニズム的な批判の対抗軸は、政治的な中枢としての宮廷＝都市とこれに対抗する健全な地方というものであって、実体としての農村ではなかった。都市からの消費拡大は確実に農村部へも波及していたのであり、農村の小売商はこれを媒介する存在であった。

イングランドの地方社会であっても、ジェントリィ家系の出身でランカ

シャーの中流階層と結婚したエリザベス・シャックルトンのように、あるいはノザンプトンのジェントリィであったピュアフォイ家では男性も女性も、ロンドンの情報を常に得ようとしていた。[13] 奢侈的な消費行動は首都から地方へ拡大し、地方の幅広い中流階層へも拡散していったのであり、受け入れられた地方では独自の意義づけがおこなわれて浸透していった。[14] 流行の中心から直接情報が得られない場合、地方社会や農村部へと新しい流行の動向や情報をもたらし、消費財を仲介したものは地元の小売商であった。本書で取り上げたサセックス農村部の店舗主ハッチやターナーは、彼ら自身がロンドンの仕立屋に衣裳を発注することはなかったが、新しい動向を伝える機能は果たしていた。彼らは、地域社会のなかで一定の役割を担う中流階層に属する存在であったが、同時に社会的文化的な側面で都市的な文化と農村地域とを結びつける存在でもあった。

　ロンドンでの仕入指示書は、ハッチが地方の消費者にどのような消費財を提供しようとしたかを明瞭に物語っている。ハッチは多くの商品をロンドンで仕入れているが、そのなかで最も多く購入されたものは多様な種類の繊維製品であった。さらに同じ繊維製品であっても求められた色の種類や柄はきわめて詳細であって、ハッチが地元の消費者の要望に応えるとともに、ロンドンでの流行を地元にもたらすために最新の注意を払っていたものと考えられる。繊維製品以外にも多くの生活用品の仕入れをおこなっており、例えば陶器やフォークなどの食器は、都市的な生活文化のサセックスを含むイングランド東南部への流入を示すものである。

　購入された商品のなかには多様な外国産のエキゾチックな食料品もあり、そのなかには胡椒やナツメグなどの香辛料やレーズンなどが含まれており、茶は含まれていないが、コーヒーなどの温かい飲み物ばかりではなく、これに付随しまた菓子類にも利用されると考えられる砂糖も供給されている。確かにコーヒーやココアなどは数ポンドしか購入されておらず、これら新しい食品のこの地域における普及は、1720年代には限られたものであったように思われるが、ハッチは幅広い新奇な商品を、多種多様な生活用の資材とともに、供給していたのである。このように、ハッチは新しい消費財の農村部への普及・拡大を支える存在であった。

ハッチが仕入れていたロンドン商人は、特定の商品の販売にかなり専門化していた。18世紀前半において、ロンドンのような都市の商人はそれぞれの専門化を推進しながら、同時に商業の集積化を通じて街全体として需要の多角化に対して、総合的に対応する体制となっていった。これに対して農村では特定の商品に特化した専門店ではなく、多様な幅広い商品を同時に取り扱う万屋が一般的であった。だが、ハッチは密蝋や卵をロンドンへ送っていたし、ターナーも羊毛やホップの移出を担っており、その意味では彼らは地域外から商品をもち込むと同時に地域外へと発出していたのであり、多様な商品の流れを自らの手で制御する役割をも担っていた。また彼らは、様々な形で地域の資金の流れにも関わっており^[15]、農村の店舗主がロンドンなど流行の中心からもたらされる商品の流入を担うのみならず、金融を含む経済活動全般において中心的な役割を果たしていた。

　都市と農村とで小売業の形態には異なった側面が確かに存在している。しかし、中流階層を中心として拡大しつつあった都市的な流行と消費文化を、商人達が伝え広げ牽引していたことは、都市でも農村でも変わりはない。都市においては、小売商がおこなった商品の提示や示唆を通じてあるいは修理や加工を通じて、小売商が消費者に対して提供した嗜好や流行に関する情報が、店舗での展示や客間における談話のなかで消費者に共有されていった。顧客の要望にいかに上手に応じることができるか、提示された情報が的確に流行を反映したものとなっているか、こうしたことが都市の小売商にとって成功するか否かを分けるものとなった。一方、農村の商人にとっても都市の消費動向を的確に把握していち早く地元にもち帰り、地域に伝達することはやはり商売を成功するための鍵であった。都市的な消費は、都市だけではなく農村へも確実に広がっていった。例えばロンドンのような中心都市に近いイングランド南東部サセックスの例が示すように、農村地帯にも確実に浸透していったのであり、こうした浸透拡大を牽引したのも地域内で商品流通を総合的に担っていた商人であった。

　ここまで見てきたように、18世紀イギリスの消費社会が、衣裳などの流行に加えて、適切な作法や快適な生活環境を求めていく指向を基礎としているとしても、新しい消費感覚に適応した財貨が消費者の手に渡るためには、消費者

の意識におけるこれらの側面を着実に把握し、消費動向＝ファッションの動き
に的確に対応した小売業者の存在はきわめて重要であった。ロンドンなど流行
の中心地に立地した小売商たちは、街区を新しい消費空間に転換させながら都
市的な消費を牽引する存在であった。同時に都市的消費文化も農村に立地する
小売商によって、周辺部へと浸透拡大していったのである。成長する消費文化
を拡大させ、また実質的に担ったのは消費者に直に接する小売商であった。し
かし、その一方で小売業者たちは顧客である消費者との関係においてきわめて
個人的な関係を維持しており、その意味では本格的な大衆社会へとつながるデ
パートのような大規模小売業施設における、匿名で多数の顧客を対象とする小
売サービスとは異なる側面をもっていた。小売商達は、消費者との個人的なつ
ながりを生かしながら、商品だけでなく多様なサービスを提供していった。様々
な工夫を凝らして消費者に対応し消費の拡大とともに自らの生き残りを図った
商人達の姿は、販売する者も購入する者もお互いに知り合うことのない、双方
が匿名性に埋没しがちな現代の消費社会にあって、個人的なつながりのもつ貴
重な例証となる可能性をもっている。

　18世紀のイギリス社会は、名誉革命の成果としてできあがった「議会のな
かの国王」という政治体制が、曲がりなりにも機能していた。スウィフトが批
判的に描いたように[16]、それは決して理想的なものではなかったし、18世紀に
は明確な社会的画期もなく伝統的な職人法などに見られるギルド的な規制は骨
抜きにされていき、議会エンクロージャーも進行して民衆の生活基盤は解体さ
れていった。その一方で身分制的な秩序は、崩れ始めていたとは言え、依然と
して維持されていた。この時代は商業社会という名で経済的自由主義が姿を現
し始めた時期ではあったのだが、他方で、農村的で伝統的な秩序意識や社会規
範と新しい社会への動きとが、なおせめぎ合う時代でもあったことを示してい
る。奢侈的消費への批判は、一面で反フランス・反カトリックの外貌を取りな
がら、伝統的な社会の解体と変化への反発を内包したものであった。その意味
では、近代社会への過渡的な様相をもっている。

　その一方でこの新しい消費文化には、現代の大衆社会へとつながる側面が存
在する。森政稔によれば、現代アメリカの大衆社会状況を分析したリースマン
による『孤独な群衆』の分析では、アメリカの大都市社会は他人からの信号に

常に注意を払い、人間関係を大事にする社会となり、周りの人間関係によって行動が規制されるようになるとされる。また、消費的嗜好の訓練が現れて優れた消費者になろうと努める社会となったという見方が紹介されている。[17] その点で、18世紀イギリスに現れた都市的な消費文化は、奢侈の民主化を通じて、他人を指向する現代的な大衆社会の一面を先取りするものでもあったとも言える。もっとも、リースマンはアメリカにおける20世紀前半の自己規律に向かう傾向の強い内部指向型社会から20世紀後半の他人指向型社会への移行を指摘しながら、内部指向型社会でも親密でない集団間でのつながりにおけるエチケットの役割を指摘している。18世紀イギリスの消費文化においては衣裳などの外見的な変化ばかりではなく、適切な着こなしを含む作法 manner がその基礎にあって、この時代の消費革命を支えていたのであるとすれば、作法とエチケットとは重なり合う側面をもつものであった。一方、現代的な他人指向型社会での消費者嗜好の訓練はエチケットに替わるものではあるが、同一社会層の同一年齢層の間で役立つものであって、階層間相互の関係に役立つものではないことも指摘している。[18] こうした点からすれば、18世紀イギリス都市に展開した消費文化は、直線的に20世紀アメリカ社会へつながる段階的な意味での先行過程と捉えることはできず、むしろ19世紀から20世紀にかけて現れた大衆社会状況の様々な性格を、同時に併せもつ独特の時代と考えることができる。

　産業革命と呼ばれる急激な工業化に先行した、18世紀イギリスにおける都市化と消費社会の拡大による国内市場の発展は、経済成長における需要的側面の重要性を確かに示すものではある。しかし、需要の拡大は、食料価格の低下にともなう実質賃金の上昇や技術革新による消費財価格の低下によって生じただけではない。優雅 genteel で上品 polite な洗練された都市的な消費文化のなかで形成された嗜好 taste や消費感覚 sense の変化、つまりファッションの変化が需要拡大に果たした役割を無視することはできない。18世紀イギリスの消費社会は、ファッションを媒介する小売商を通じて、上品で洗練された嗜好や趣味を発展させた都市的な文化にもとづいた社会であった。この文化を牽引したものは都市の中流階層であったが、こうした新しい動きは幅広い民衆へ、また農村へも拡大していった。

このような 18 世紀のイギリス都市における消費文化は、伝統的な社会と近代的な経済的自由主義とがせめぎ合う時代に形成されており、伝統的な血統や土地所有にもとづかない、上品で洗練された嗜好や作法など獲得可能な能力を基礎とする独特な都市社会の文化を生み出した。小売商によって牽引されながら消費を発展させたこの社会は、街路や店舗、さらに家庭にも余暇的な社交空間を広げ、女性もそのなかで一定の役割を果たすことが可能になるなど、それ自体が独自の意義をもつ存在であり、固有の価値をもっていた。本書で明らかにしてきたように、余暇や趣味、消費といった社会的な豊かさをもつこの都市文化は、現代の大衆社会へとつながる他人指向の消費行動をともないながら、同時にパーソナルな社交性を育み、街路や店舗を含む都市全体が消費空間を形成した。その意味で 18 世紀イギリス社会は、単に近代的な市民社会の萌芽としての都市社会の形成という意味を超えて、豊穣で多面性をもつ消費社会を生み出したのである。

【終章注】

[1] 産業革命については様々な議論があって、その意義ついても評価が必ずしも定まっ
    ているとは言いがたい。産業革命に関する議論については、道重一郎 (1993) を参照。
[2] 18 世紀イギリスの公共圏については、大野誠編 (2009) を参照。
[3] R. Campbell (1747), pp. 206-8.
[4] A. Smith (1776), *An Inquire of the Nature and Causes of the Wealth of Nations*. (R. H.
    Campbell & A. S. Skinner (eds.) Glasgow edition (1976)), p. 870.
[5] ボーゼイの議論については、第 2 章を参照。
[6] 18 世紀の家具については、C. Edwards (1996) を参照。また、家具に関する嗜好の変
    化や販売手法については、A. Shimbo (2015) を参照。
[7] *The Beekman Mercantile Papers*, Vol. II. ed. by P. L. White, (1956) p. 708.
[8] P. L. White (1956), pp. 390-1. なお、ロンドンの代理商は、製造業者へ需要情報を伝
    達する役割を担っていた。
[9] B. Lemire (1984), p. 31.
[10] London Guild Hall Library, Trade Card Box 1, Aldensey の請求書による。
[11] B. Lemire (1997), p. 2.
[12] B. Fine & E. Leopold (1990), p. 174.
[13] ピュアフォイ家については、*Purefoy Letters* (1931), pp. 295-325. の衣料品に関する
    手紙類を参照。
[14] J. Smail (1994), pp. 93-107.
[15] 第 10 章で述べたようにターナーは様々な形で金融業務をおこなっていた。また、
    ハッチも年間 £500 から £800 超の預かり金を毎年のように受け取っており、地元
    のジェントリィであるフレウェン家に対する支払いもおこなっていた。East Sussex
    Record Office, FRE529, 531 & 7331.
[16] J. スウィフトの『ガリバー旅行記』(1726) は、ウォルポール体制の腐敗に対する風
    刺的な批判に満ちている。
[17] 森政稔 (2020), pp. 134-5。
[18] D. Riesman (1960) 同訳書 (1964) 第 3 章を参照。

参 考 文 献 一 覧

Original Sources

（1） Manuscripts

The National Archives (TNA) ：

 C105-30; WILLAN v CLEMENT: Valuation of lace and millinery: Strand, Westminster.

 C106-126; WILLAN v CLEMENT: Accounts of Mary Holl, milliner of Villiers St, Strand.

 C180-30-1~428.

 PROB 11-866 the Will of Mark Sayer.

 PROB 11-701-502 the Will of Stephen Hatch of Northiam.

East Sussex Record Office

 FRE528 Account His Shop, 1707-1720.

 FRE529 An Account of Moneys Paid by Step Hutch on all occasion, 1712-21.

 FRE530 Mr. Hatch's Cash & Memorandam(sic) Books 1722. R. Hatch Went out Aprill 23th, 1722, Come home, May 5th.

 FRE 531 An Account of money taken in the shop, 1720-32.

 FRE 532 An Account of money taken in the shop, 1732-44.

 FRE 7331. Accounts of William Pix of Northiam to Thomas (II) Frewen, esq (up to 1738) then to his son Thomas (III) Frewen, esq.

 Record of Parish of Northiam, micro-film XA30/191.

London Guild Hall Library

 Trade Card Box 1~30.

（2） Printed Sources

The Account Book of Richard Latham 1724-67. (1990) ed. by L. Weatherill, Oxford UP, Oxford.

The Autobiography of William Stout of Lancaster 1665-1752. (1967) ed. by J. D. Marshall Manchester UP, Manchester.

Bailey's List of Bankrupts, Dividends, and Certificates from the Year 1772 to 1793 vol. II (1794) ed. by William Baily, London.

The Beekman Mercantile Papers Vol. II. ed. by P. L. White, (1956) The New York Historical Society, New York.

The Diary of Dudley Ryder 1715-1716. (1939) ed. by W. Mathews, Methuen & Co. Ltd., London.

The Diary of Thomas Turner, 1754-1765. (1984) ed. by D. Vaisey, Oxford UP, Oxford.

The General Shop Book (1753) ed. by C. Hitch & L. Howes, J. & J. Rivingston, London.

Journal of the House of Commons: Vol. 10, 1688-1693 (London, 1802), British History Online http://www.british-history.ac.uk/commons-jrnl/vol10/

The Letter Book of Joseph Symson of Kendal. (2002) ed. by S. D. Smith, Oxford UP, Oxford.

The Manchester Directory for the Year 1772. (1772) ed, by E. Raffald.

The New Complete Guide to all persons who have any Trade or Concern with to the City of London (1777).

Probate Inventories of Lincoln Citizens. (1991) ed. by J. A. Johnston for Lincoln Record Society. The Boydell Press, Woodbridge.

Purefoy Letters 1735-53. 2 vols. (1931) ed. by G. Eland, Sdwick & Jackson LTD, London.

London Gazette, 1765, No. 10571.

Stuart Royal Proclamations. ed. by J. F. Larkin & P. L. Hughes (1973) Clarendon Press, Oxford.

The Town Book of Lewes, 1542-1701 (1945/46) ed. by L. F. Salzman, Sussex Record Society, Vol.48.

The Town Book of Lewes, 1702-1837 (1973) ed. by V. Smith, Sussex Record Society, Vol.69.

Yeoman and Colliers in Telford. (1980) ed, by B. Trinder & J. Cox, Philimore & Co, London.

（3）Contemporary Books

Barbon, N. (1690) *The Discourse of Trade*. the Lord Baltimore Press 1905 version, Baltimore. (https://oll.libertyfund.org/titles/barbon-a-discourse-of-trade) 久保芳和訳 (1966)『交易論』東大出版会。

Brown, J. (1757) *An Estimate of the Manners and Principles of the Time*. By Google.

Campbell, R. (1747) *The London Tradesman*. London.

Defoe, D. (1725) *The Complete English Tradesman* Vol. I (1969, Kelly, New York ed.).

―― (1727) *The Complete English Tradesman* Vol. II (1969, Kelly, New York ed.).

―― (1724-26) *A Tour through the Whole Ireland of Great Britain*. (reprinted, 1974, Dent and Sons, Guildford).

Hume, D. (1752) *Political Discourses*. 2nd ed. by Google. 田中秀夫訳 (2010)『政治論集』京都大学学術出版会。

Mandeville, B. (1717, original ed.) *The Fable of the Bee*. 3rd ed. (1726) by Google、泉谷 治訳 (1985)『蜂の寓話』法政大学出版局。

Smith, A. (1776) *An Inquire of the Nature and Causes of the Wealth of Nations*. (R. H. Campbell & A. S. Skinner, (eds.) Glasgow edition (1976)). 大河内一男監訳 (2020)『国富論』I. II 中公文庫

Swift, J. (1726) *Gulliver's Travels*. 平井正穂訳 (1980)『ガリバー旅行記』岩波文庫。

Secondly Sources

Adburgham, A. (1979) *Shopping in Style*. Thomas and Hudson, London

―― (1964, 2nd ed.1981) *Shops and Shopping 1800-1914*. Allen & Unwin, London.

Alexander, D. (1970) *Retailing in England during the Industrial Revolution* (London)

Ashelford, J. (1996) *The Art of Dress, Clothes and Society 1500-1914*. National Trust, London

Ashton, T. S. (1939) *An Eighteenth-Century Industrialist*, Oxford, Oxford UP.

―― (1959) *Economic Fluctuations in England 1700-1800*, Oxford, Oxford UP.

Barker, H. (2004) "Smoke Cities": Northern Industrial Towns in Late Georgian England'. *Urban History*, 31-2.

—— (2007) *The Business of Women*. Oxford UP, Oxford

—— (2019) "A Devout and Commercial People: Religion and Trade in Manchester during the Long Eighteenth Century". in E. Chalus & P. Gauci (eds.), *Revisiting the Polite & Commercial People*. Oxford, Oxford UP.

BBC London (ed.) (2002) *Real London Market*. BBC, London.

Bensley, L. (2010) *The Village Shop*. Shire Publication, Oxford.

Berg, M. (2003) "Consumption in Eighteenth and early Nineteenth Century Britain". in R. Floud (ed.), *The Cambridge Economic History of Modern Britain*. Vol. I, Cambridge UP, Cambridge.

—— (2005) *Luxury and Pleasure in Eighteenth-Century Britain*, Oxford, Oxford UP.

Berg, M. & Clifford, H. (2007) "Selling Consumption in the Eighteenth Century" *Cultural and Social History*, Vol. 4.

Berry, H. (2002) "Polite Consumption: Shopping in Eighteenth Century England" *Transactions of the Royal Historical Society*, No.12.

Black, J. (2005) *Culture in Eighteenth-Century England*. Hambledon, London

Blackman, J. (1967) "The Development of Retail Grocery Trade in the Nineteenth Century" *Business History*, Vol. 9, No.6.

Borsay, P. (1989) *The English Urban Renaissance*. Clarendon Press, Oxford.

Brent, C. (1993) *Georgian Lewes 1714-1830*. Colin Brent Books, Lewes.

—— (1995) *Historical Lewes*. Lewes Town Council, Lewes.

Breward, C. (1995) *The Culture of Fashion*. Manchester. Manchester UP.

Brewer, J. (1989) *The Sinews of Power*. Harvard UP, Cambridge Mass. 大久保桂子訳 (2002)『財政軍事国家の衝撃』名古屋大学出版会。

Briggs, A. (1983) "The Language of 'Class' in early Nineteenth Century England" in R. S. Neale (ed.) *History and Interpretation*. Blackwell, Oxford

Brown, A. (ed.) (1999) *The Rows of Chester*. London, English Heritage

Buck, A. (1979) *Dress in the Eighteenth Century England*. London, Batsford.

Burke, J. (1838) *A Genealogical Heraldick History of the Landed Gentry*. Henry Colburn, London. Digitized by Google.

Campbell, C. (1993) "Understanding Traditional and Modern Patterns of Consumption in the Eighteenth Century England" in J. Brewer and R. Porter (eds.) Consumption and the World of Goods. Routledge, London

Carter, P. (1999), "James Boswell's Manliness" in T. Hitchcock & M. Cohen (eds.) *English Masculinities, 1660-1800*. Harlow, Longman.

—— (2001) *Men and the Emergence of Polite Society*. Longman, Harlow.

Chartres, J. A. (1973) "The Marketing of Agricultural Produce in Metropolitan Western England in the late 17th and 18th Century" M. Havinden(ed.) *Husbandry and Marketing in the South-West 1500-1800*. Exeter UP, Exeter

Clapham, J. H. (1926) *Economic History of Modern Britain*. Vol. I. Cambridge UP, Cambridge.

Clark, P. (1972) "Introduction" in Clark & P. Slack (eds), *Crisis and Order in English Towns 1500-1700*. Cambridge UP, Cambridge. 酒田利夫訳 (1989)『変貌するイングランド都市』三嶺書房。

—— (1981) "Introduction" in P. Clark (ed.), *Country Towns in Pre-Industrial England*. Leicester UP, Leicester.

—— (1983) *The English Alehouse*. Longman, Harlow.

—— (2000/2008 online ed.) "Introduction" in P. Clark (ed.) Cambridge Urban History of Britain. Vol. 2. Cambridge University Press, Cambridge.

Clark, P. and Houston, R. A. (2000/2008 online ed.) "Culture and Leisure" in P. Clark (ed.) *Cambridge Urban History of Britain*. Vol. 2. Cambridge University Press, Cambridge.

Clayton, A. (2003) *London's Coffee House*. Historical Publications, London.

Clery, E. J. (2004) *The Feminization Debate in Eighteenth-Century England*. Basingstoke, Palgrave Macmillan

Cohen, M. (1999) "Manliness, Effeminacy and the French" in T. Hitchcock & M. Cohen (eds.), *English Masculinities*. Longman, Harlow

Cole, W. A. (1981) "Factor in Demand" in R. Floud & D. McCloskey (eds), *The Economic History of Modern Britain*. Vol. 1. Cambridge UP, Cambridge

Corfield, P. (1982) *The Impact of English Towns 1700-1800*. Oxford UP, Oxford. 坂巻清、松塚修三訳 (1989)『イギリス都市の衝撃』三嶺書房。

—— (1996) "The Rivals: Landed and Other Gentlemen" in N. Harte & Quinault (eds.), *Land and Society in Britain*, 1700-1914. Manchester UP, Manchester.

Colley, L. (1992) *Britons Forging the Nation 1707-1837*. Yale UP, New Heaven. 川北稔監訳 (2000)『イギリス国民の誕生』名古屋大学出版会。

Collins, J. (2013) "Jane Holt, Milliner, and Other Women in the Clothworkers' Company, 1606-1800" *Textile History* 44-1.

Cox, N. (2000) *The Complete Tradesman*. Ashgate, Aldershot.

Cox, N. & Dannehl, K. (2007) *Perceptions of Retailing in Early Modern England*. Ashgate, Aldershot.

Crossick, G. & Janmain, S. (1999) "The World of the Department Store" in G. Crossick, & S. Janmain (eds.) *Cathedrals of Consumption*. Ashgate, Aldershot.

Daunton, M. J. (1995) *Progress and Poverty*. Oxford UP, Oxford.

Davidoff, L. & Hall, C. (1987) *Family Fortunes*. Hutchinson, London. 山口みどり、梅垣千尋、長谷川貴彦訳 (2019)『家族の運命』名古屋大学出版会。

Davis, D. (1966) *A History of Shopping*. Routledge& Kegan Paul, London.

D'Cruze, S. (1994) "The Middling Sort in Eighteenth Century Colchester" in J. Barry & C. Brooks (eds.) *The Middling Sort of People*. Macmillan, London. 山本正監訳 (1998)『イギリスのミドリング・ソート』昭和堂。

Dean, P. & Cole, W. A. (1967) *British Economic Growth 1688-1959*. Cambridge UP, Cambridge,

de Vries, J. (1993) "Between Purchasing Power and the World of Goods: understanding the household economy and early modern Europe" in John Brewer & R. Porter (eds.) *Con-*

sumption and the World of Goods. Routledge, London.

Dyer, S. (2014) "Shopping and the Senses" *History Compass*, 12-9.

—— (2015) "Shopping Spectacle and Senses" *History Today*, 65-3.

Earle, P. (1989) *The Making of the English Middle Class*. Methuen, London

—— (1994) "The Middling Sort of London" in J. Barry & C. Brooks (eds.). *The Middling Sort of People*. Macmillan, London. 山本正監訳 (1998)『イギリスのミドリング・ソート』昭和堂。

Earnshaw, P. (1994) *Identification of Lace*. Shire Publications, Princes Risborough.

Edwards, C. (1996) *Eighteenth-Century Furniture*. Manchester UP, Manchester.

—— (2005) *Turning Houses into Homes*. Aldershot, Ashgate.

Ellis, J. M. (2001) *The Georgian Town 1680-1840*. Palgrave Macmillan, London. 松塚俊三、小西恵美、三時眞貴子訳 (2008)『長い 18 世紀のイギリス都市』法政大学出版局。

Entwistle, J. (2000) *The Fashioned Body*. Polity Press, Cambridge. 鈴木信雄監訳 (2005)『ファッションと身体』日本経済評論社。

Erickson, A. L. (2011) "Eleanor Mosley and Other Milliners in the City of London Companies 1700-1750" *History Workshop Journal*, 71.

Eversly, D. E. C. (1967) "The Home Market and Economic Growth in England 1750-1789" in E. L. Jones & G. E. Mingey (eds) *Land, Labour and Population in the Industrial Revolution*. Barnes & Noble, New York.

Falkus, M. (1976) "Lighting in the Dark Ages of English Economic History" D. C. Coleman & A. H. John (eds.) *Trade, Government and Economy in Pre-Industrial England*. Weidenfeld & Nicolson, London

Fifoot, C. H. S. (1932) *English Law and Its Background*. Bell & Sons, London. 伊藤正巳訳 (1952)『イギリス法』東大出版会。

Fine, B. & Leopold, E. (1990) "Consumerism and the Industrial Revolution" *Social History*, 15-2.

Finn, M. (1996) "Women, Consumption and Couverture in England" *The Historical Journal*, 39-3.

—— (2000) "Men's Things: Masculine Possession in the Consumer Revolution" *Social History*, 25-2.

—— (2007) *The Character of Credit*, Cambridge UP, Cambridge.

Foster, C. (2002) *Seven Household*. Northwich, Arley Hall Press.

Fowler, C. (1999) "Changes in Provincial Retail Practice during the Eighteenth Century", N. Alexander & G. Akehurst (eds.) *The Emergence of Modern Retailing 1750-1950*. Cass, London

French, H. R. (2009) *The Middle Sort of People in Provincial England, 1600-1750*. Oxford UP, Oxford.

Gerhold, D. (1993), *Road Transport before the Railways*. Cambridge UP, Cambridge.

Gilboy, E. W. (1938) "Demand as a Factor in the Industrial Revolution" in A. H. Cole, A. L. Dunham, N. S. B. Gras, (eds) *Facts and Factors in Economic History*. Cambridge Mass., Harvard UP.

Glennie, P. D. & Thrift, N. J. (1996) "Consumers, Identities, and Consumption Spaces in Early-modern England" *Environment and Planning A*. 28-1.

Hanbury, G. H. (1967) *English Courts of Law*. 4th ed. by D. C. M. Yardley, Oxford UP, Oxford. 小堀憲助訳 (1981)『イギリスの裁判所（改訂版)』鳳舎。

Haulman, K. (2011) *The Politics of Fashion in Eighteenth-Century America*. The University of North Carolina Press, Chapel Hill.

Heal, A. (1968) *London Tradesmen's Card of the Eighteenth Century*. Dever ed. , New York (original ed. 1925).

—— (1947) *The Signboards of Old London Shops*. B.T. Batsford, London

Hitchcock, T. & Cohen, M. (1999) "Introduction" in T. Hitchcock & M. Cohen (eds.) *English Masculinities*, 1660-1800, Harlow, Longman.

Hilton, M. (1994) "Retail History as Economic and Cultural History" in N. Alexander & G. Akehrust (eds.) *The Emergence of Modern Retailing 1750-1950*. Cass, London.

Holderen, B. A. (1989), "Price Productivity, and Output" in G. E. Mingay (ed.), *The Agrarian History of England and Wales*. Vol. VI, Cambridge UP, Cambridge.

Hoppit, J. (1987) *Risk and Failure in English Business, 1700-1800*. Cambridge UP, Cambridge.

Horwitz, H. (1998), *Chancery Equity Records and Proceedings 1600-1800*. PRO Publications, Kew.

Horrell, S., Humphries, J., & Sneath, K. (2015) "Consumption Conundrums Unravelled" *Economic History Review*, 68-3.

Hudson, P. (1992) *The Industrial Revolution*. Edward Arnold, London.

Hunt, M. (1996) *The Middling Sort*. University of California Press, Berkeley.

Hussey, D. (2008) "Guns, Horses and Stylish Waistcoats?" in D. Hussey & M. Ponsonby (eds.) *Buying for the Home*. Ashgate, Aldershot.

Jefferys, J. B. (1954) *Retail Trading in Britain 1850-1950*. Cambridge UP, Cambridge.

John, A. H. (1962) "Aspects of English Economic Growth in the First Half of the Eighteenth Century" in E. W. Carus-Wilson (ed.) Essays in Economic History, Vol. II. E. Arnold, London. (originally Economica,1961).

Kerridge, E. (1985) *Textile Manufactures in Early Modern England*. Manchester UP, Manchester.

Koditschek, T. (1990) *Class Formation and Urban Industrial Society* ― Bradford, 1750-1850. Cambridge UP, Cambridge.

Kuchta, D. (2002) *The Three-Piece Suit and Modern Masculinity*, University of California Press, Berkley

Kumar, K. (2003) *The Making of English National Identity*. Cambridge UP, Cambridge

Kowalekie-Wallace, E. (1997) *Consuming Subjects, Women, Shopping, and Business in the Eighteenth Century*. Columbia UP, New York.

Lancaster, B. (1995), *The Department Store*. Leicester UP, London.

Lane, J. (1996) *Apprenticeship in England, 1600-1914*, London, UCL Press.

Langford, P. (1989) *A Polite and Commercial People*. Clarendon Press, Oxford

—— (2002) "The Uses of Eighteenth Century Politeness" *The Transactions of Royal Historical*

Society, 12.

Laslett, P. (1965) *The World We Have Lost*. Routledge, London. 川北 稔訳 (1985) 『我ら失いし世界』三嶺書房。

Lemire, B. (1984) "Development Consumerism and the Ready Made Clothing Trade in Britain, 1750-1800", *Textile History* 15-1.

—— (1991) *Fashion's Favourite*. Oxford UP, Oxford.

—— (1997) *Dress, Culture and Commerce*. Macmillan, London.

—— (2005) *The Business of Everyday Life*. Manchester UP, Manchester.

—— (2010) "Introduction, Fashion and the Practice of History" in B. Lemire (ed.), *The Force of Fashion in Politics and Society*. Routledge, London.

—— (2011) *Cotton*. Berg, Oxford.

Leslie, K. & Short, B. (eds.) (1999), *An Historical Atlas of Sussex*, Phillimore, Chichester.

Lomax, S. (2006) "The View from the Shop", J. Benson & L. Ugolini (eds.), *Culture of Selling*. Ashgate, Aldershot.

Mckendrick, N. (1960) "Josiah Wedgwood", *Economic History Review*, 2nd ser. Vol. XII, No. 3.

—— (1982) "Commercialization and the Economy" in Mckendrick, J. Brewer and J. H.Plumb, *The Birth of a Consumer Society*. Bloomington, Indiana University Press.

Mitchel, I. (1984), "The Development of Urban Retailing 1700-1815", in P. Clark (ed.) *The Transformation of English Provincial Towns*. Hutchinson, London.

—— (2010) "Retail Innovation and Urban Markets c.1800-1850", *Journal of Historical Research in Marketing* 2-3.

—— (2014) *Tradition and Innovation in English Retailing, 1700 to 1850*. Ashgate, Fahrnham.

Morrison, K. A. (2003) *English Shops and Shopping*. Yale UP, New Heaven.

Muldrew, C. (1998) *The Economy of Obligation*. Palgrave, Baisingstoke

—— (2017) "The 'Middling Sort'" in Keith Wrightson (ed.), *A Social History of England 1500-1750*. Cambridge UP, Cambridge.

Mui, H.& L. (1989) *Shop and Shopkeeping in the Eighteenth Century*. Mcgill-Queen's UP, Kingston.

Mund, V. A. (1948) *Open Market. Harper& Brothers*, New York. 中村勝、吉田裕之訳 (1987) 『オープン・マーケット』ハーベスト社。

Newman, G. (1997) *The Rise of English Nationalism*. Macmillan, Basingstoke.

O'Brien, P. K. (1985) "Agriculture and Home Market for English Industry 1660-1820" *English Historical Review*, Vol. C, No.397.

Overton M., Whittle, J., Dean, D. & Hann, A. (2004) *Production and Consumption in English Households, 1600-1750*. Abindon, Routledge.

Peren, R. (1989) "Market and Marketing" G. E. Mingey (ed.) *The Agrarian History of England and Wales* Vol. VI Cambridge UP, Cambridge

Perkin, H. (1969) *The Origins of Modern English Society 1780-1880*. Routledge & Kegan Paul, London

Phillips, M. (1992) "Fairs, Markets, Pedlars and Small-scale Shops" in G. Shaw & J. Benson (eds.) *The Evolution of Retail System c.1800-1914*. 前田重朗他訳 (1996) 『小売システムの

331

歴史的発展』中央大学出版部。

Phillips, N. (2006) *Women in Business*. The Boydell Press, Woodbridge.

Pink, J. (1996) *The Excise Officers and their Duties in an English Market Town*. JRP, Surbiton.

Pocock, J. G. A. (1975) *The Machiavellian Moment*. Princeton UP, Princeton. 田中秀夫、奥田敬、岡村邦泰訳 (2008)『マキャベリアン・モーメント』名古屋大学出版会。

Porter, R. (1982) *English Society in the Eighteenth Century*. Penguin, London. 目羅公和訳 (1996)『イングランド18世紀の社会』法政大学出版局。

Ribeiro, A. (2002) "On Englishness in Dress" in C. Breward, B. Conekin & C. Cox, (eds.) *The Englishness of English Dress*. Berg, Oxford (2002)

Riesman, D. (1960) *The Lonely Crowd, A Study of the Changing American Character*. Yale UP, New Haven. 加藤秀俊訳 (1964)『孤独な群衆』みすず書房。

Robinson, E. (1963), "Eighteenth-century Commerce and Fashion: Mathew Boulton's Marketing Techniques" *Economic History Review*, 2nd ser. 16-1.

Rogers, N. (1979) "Money, Land and Lineage: the Big Bourgeoisie of Hanoverian London" *Social History*, 4-3

—— (1994) "The Middling Sort of People" in J. Barry & C. Brooks (eds.) *The Middling Sort of People*. Macmillan, London. 山本正監訳 (1998)『イギリスのミドリング・ソート』昭和堂。

Rule, J. (1992) *Albion's People*. Longman, London

Sanderson, E. (1986) "The Edinburgh Milliners 1720-1820" *Costume*, 20

Scola, R. (1992) *Feeding the Victorian City*. Manchester, UP, Manchester.

Shammas, C. (1990) *Pre-Industrial Consumer in England and America*. Clarendon Press, Oxford.

Shannon, B. (2006), *The Cut of the His Coat*. Ohio UP, Athens.

Sharpe, P. (2000) *Adapting to Capitalism*. Macmillan, London.

Shaw, G. (1992) "The Study of Retail Development" in G. Shaw & J. Benson (eds.) *The Evolution of Retail System c.1800-1914*. Leicester UP, Leicester. 前田重朗他訳 (1996)『小売システムの歴史的発展』中央大学出版部。

Shimbo, A. (2015) *Furniture-Makers and Consumers in England, 1754-1815*. Ashgate, Aldershot.

Simonton, D. (2015) "Milliners and Marchandes de Mode" in D, Simonton, M. Kaarinen & A. Montenach, *Luxury and Gender in European Towns, 1700-1914*. Routledge, London.

Smail, J. (1994) *The Origins of Middle Class Culture*. Cornell UP, Ithaca.

Smith, C. (2002), "The Wholesale and Retail Markets of London, 1600-1840" *Economic History Review*, 55-1.

Smith, K. (2012), "Sensing Design and Workmanship" *Journal of Design History*, 25-1.

Smith, V. (1969), "The Lewes market" *Sussex Archaeological Collection*, 107.

Spufford, M. (1984) *The Great Reclothing of Rural England*. Hambledon, Press, London.

Stobart, J. (1998) "Shopping Streets as Social Space" *Urban History*, Vol.25, Part 1.

—— (2004) "Building an Urban Identity" *Social History* 29-4.

—— (2011), "Gentlemen and Shopkeepers" *Economic History Review*, 63-3.

Stobart, J. & Bailey, L. (2018) "Retail Revolution and the Village Shop, c. 1660-1860" *Economic*

History Review, 72-2.

Stobart, J. & Hann, A. (2004) "Retailing Revolution in the Eighteenth Century?" *Business History*, 46-2.

Stobart, J., Hann, A., & Morgan, V. (2007) *Space of Consumption*. Routledge, Abingdon.

Stobart, J. & Trinder, B. (2005) "New towns of the industrial coalfields" in J. Stobart & N. Raven (eds.) *Towns, Regions and Industries*. Manchester UP, Manchester.

Styles, J. (1993) "Manufacturing, Consumption and Design in Eighteenth-century England" in J. Brewer and R. Porter (eds.), *Consumption and the World of Goods*. Routledge, London.

—— (2007), *The Dress of The People*, New Heaven, Yale UP.

Style, J. & Vickery, A. (2006) , "Introduction" in J. Style& A. Vickery (eds.), *Gender, Taste, and Material Culture in Britain and North America*, Yale UP, New Heaven.

Sweet, R. (2002), "Topographies of Politeness" *Transactions of Royal Historical Society*, 12.

—— (2003) "Local Identity and a National Parliament, c. 1688-1835", J. Hoppit (ed.) in *Parliaments, nations and identities in Britain and Ireland, 1660-1850*. Manchester, Manchester UP.

—— (2019), "Antiquarian Transformation in Historical Scholarship" in in E. Chalus & P. Gauci (eds.), *Revisiting the Polite & Commercial People*. Oxford, Oxford UP.

Thirsk, J. (1988) *Economic Policy and Projects*. Clarendon Press, Oxford

Thompson, E. P. (1971) "Moral Economy of English Crowd in the Eighteenth Century" *Past & Present*, No. 50.

—— (1978) "Eighteenth Century English Society" *Social History*, 3-2.

Turnbull, G. L. (1977) "Provincial Road Carrying in England in the Eighteenth Century" *The Journal of Transport History*, 4-1.

Vickery, A. (1993) "Women and the World of Goods: a Lancashire consumer and her possessions, 1751-81" in J. Brewer & R. Porter (eds.) *Consumption and the World of Goods*. Routledge, London.

—— (1998) *The Gentleman's Daughter*. Yale UP, New Haven.

—— (2009) *Behind Closed Doors*. Yale UP, New Haven.

Wadsworth, A. P. & Mann, J. de L. (1931), *The Cotton Trade and Industrial Lancashire 1600-1780*. Manchester UP, Manchester.

Walsh, C. (1995), "Shop Design and Display of Goods in Eighteenth-Century London", *Journal of Design History*, 8-3.

—— (1999) "The Newness of the Department Store" in Crossick & Jaumain (eds.) Cathedrals of Consumption (Aldershot)

—— (2006), "Shop, Shopping, and the Art of Decision Making in Eighteenth-Century England" J. Style & A. Vickery (eds.), *Gender, Taste, and Material Culture in Britain and North America*, New Heaven, Yale UP.

—— (2008) "Shopping at First Hand?" D. Hussey & M. Ponsonby (eds.) *Buying for the Home*. Ashgate, Aldershot.

Weatherill, L. (1987) "The Business of Middleman in the English Pottery Trade before 1780" in R. P. T. Davenport-Hines & J. Liebenau (eds.) *Business in the Age of Reason*. Frank Cass,

London.

—— (1988) *Consumer Behaviour and Material Culture, 1660-1760*. Routledge London.

—— (1991) "Consumer Behaviour, Textile and Dress in the late Seventeenth and early Eighteenth centuries" *Textile History*, 22-2.

—— (1993) "The Meaning of Consumer Behaviour in Late Seventeenth- and Early Eighteenth-Century England" in J. Brewer and R. Porter (eds.) *Consumption and the World of Goods*, Routledge, London.

White, P. L. (1956) *The Beekmans of New York*. The New York Historical Society, New York.

Willan, T. S. (1967) *The English Coasting Trade 1600-1750*. Kelly, New York,.

—— (1970) *An Eighteenth-Century Shopkeeper*. Manchester UP, Manchester

Willett, C. & Cunnington, P. (1992) *The History of Underclothes*. Dover Publications, New York.

Winstanley, M. J. (1983) *The Shopkeeper's World*. Manchester UP, Manchester

—— (1994) "Concentration and Competition in the Retail System c.1800-1990" in W. M. Kirby & M. B. Rose (eds.) *Business Enterprise in Modern Britain*. Routledge, London.

Wrightson, K. (1986) "The Social Order of Early Modern England: Three Approaches" in L. Bonfield, R. M. Smith & K. Wrightson (eds.), *The World We Have Gained*. Basil Blackwell, Oxford.

—— (2000) *Early Necessities*. Yale UP, New Haven, (2000)

Wrightson, K. & Levine, D. (1979), *Poverty and Piety in an English Village*. New York, Academic Press.

邦 語 文 献

天川潤次郎（1966）『デフォー研究』未来社。

今井 宏（1984）『イギリス革命の政治過程』未来社。

今井 宏編（1990）『イギリス史 II』山川出版社。

岩間俊彦（2008）『イギリス・ミドルクラスの世界——ハリファクス、1780-1850』ミネルヴァ書房。

梅垣千尋（2013）「書く女性たちの野望」伊藤航多，佐藤繭香，菅靖子編著『欲張りな女たち』彩流社。

大野 誠編（2009）『近代イギリスの公共圏』昭和堂。

川北 稔（1983）『工業化の歴史的前提』岩波書店。

—— （1999）「イギリス風マナーの自立」指昭博編『「イギリス」であること』刀水書房。

川名 洋（2003）「イギリス近世都市における『公式』と『非公式』」『社会経済史学』69-3。

草光俊雄（2014）「消費社会の成立と政治文化」草光俊雄，眞嶋史叙監修『欲望と消費の系譜』NTT 出版。

クロフォード，P.（岸田紀訳）（1989）「出版された女性の著作」M. プライア編著（三好洋子編訳）『結婚・受胎・労働』刀水書房。

コーフィールド，P.（坂巻清、松塚優三訳）（1997）「イギリス・ジェントルマンの論争多

き歴史」『思想』873 号。

小西恵美（2004）「長期の 18 世紀イングランドの地方都市行政とコミュニティ」イギリ
　　ス都市・農村共同体研究会他編『イギリス都市史研究』日本経済評論社。

――（2015）『長い 18 世紀イギリスの都市化』日本経済評論社。

小山貞夫（1983）『イングランド法の形成と近代的受容』創文社。

指　昭博（2019）『キリスト教と死』中公新書。

坂本達哉（1995）『ヒュームの文明社会』創文社。

鈴木康治（2012）『消費の自由と社会秩序』社会評論社。

竹田 泉（2013）『麻と綿が紡ぐイギリス産業革命』ミネルヴァ書房。

友松憲彦（1997）『近代イギリスの労働者と食品流通』晃洋書房。

角山 栄（1981）『茶の社会史』中公新書。

田中敏弘（1954）「マンデヴィルの奢侈論」『経済学論究』（関西学院大学）8-2。

――（1984）『イギリス経済思想史』御茶ノ水書房。

中野　忠（2012）「18 世紀イギリス都市論の射程」中野忠，道重一郎，唐澤達之編『18
　　世紀イギリスの都市空間を探る』刀水書房。

ハント, M.(梅津順一訳)(1999)「18 世紀初頭のロンドンにおける中産の女性達」関口尚志、
　　梅津順一、道重一郎編『中産層文化と近代』日本経済評論社。

堀　元子（1993）「ロンドン商業社会とジェントリィ」『社会経済史学』56-6。

道重一郎（1989）『イギリス流通史研究』日本経済評論社。

――（1991）「消費社会の形成」近藤晃編『近代化の構図』文献出版。

――（1993）「イギリス産業革命像の再検討」『土地制度史学』141。

――（1996）「イギリス産業革命期における地域経済と交通」『経済論集』（東洋大学）
　　22-1。

――（1998）「消費社会の形成と小売商業の役割」『経済と社会』13。

――（1999）「イギリス中産層の形成と消費文化」関口尚志、梅津順一、道重一郎編『中
　　産層文化と近代』日本経済評論社。

――（2002）「初期工業化都市の職業構造」『経済論集』（東洋大学）27-1.2。

――（2004）（2005）（2006）「18 世紀ロンドンの衣料品小売商と破産手続（正）（続）（完）」
　　『経済論集』（東洋大学）30-1、31-1、31-2。

――（2005）「近代イギリスにおける都市市場の展開と変質」『市場史研究』25。

――（2008）「18 世紀ロンドンの小売商と消費社会」『経営史学』43-1。

――（2010）「市場史にみるイギリス近代」山田雅彦編『伝統ヨーロッパとその周辺の市
　　場の歴史』清文堂。

――（2012）「消費空間としての 18 世紀イギリス都市」中野忠、道重一郎、唐澤達之編『18
　　世紀イギリスの都市空間を探る』刀水書房。

――（2013）（2014）「ロンドンの仕立商（上）（下）」『経済論集』（東洋大学）39-1、39-2。

――（2016）「18 世紀イギリス社会における消費批判とジェンダー」道重一郎編『英国を
　　知る』同学社。

――（2019a）（2019b）「18 世紀イングランド南部農村地域の店舗主（上）（下）」『経済論
　　集』（東洋大学）44-2、45-1。

――（2020a）（2020b）「18 世紀初期イングランド南部農村地域の店舗経営とロンドンの

役割（上）（下）」『経済論集』（東洋大学）45-2、46-1。

森 政稔（2020）『戦後「社会科学」の思想』NHK 出版。

山下幸夫（1968）『近代イギリスの経済思想』岩波書店。

渡辺有二（1997）「18 世紀イギリス・ジェントルマンの変容」岡本明編『支配の文化史』ミネルヴァ書房。

辞書・辞典

"Dictionary of Traded Goods and Commodities 1550-1820" in British History Online（https://www.british-history.ac.uk）.

Shorter Oxford English Dictionary on Historical Principles (SOD), sixth edition. (2007), 2 vols. Oxford UP, Oxford.

田中英夫他編 (1991)『英米法辞典』東京大学出版会。

あとがき

　本書は、序章を除き 1995 年に東洋大学に着任した以降に、様々な場で発表してきた論文をもとにして新たに編まれたものである。この間、多様な論文を執筆する機会があったが、今回は著者が最も関心を寄せ、また 1989 年に刊行した前著とのつながりも意識しながら選択した論文を整理し加筆と修正をおこなった上で、本書を刊行することにした。このため、今回もイギリスの国内市場や商品流通への関心が重要な位置を占めているが、前著では意識されなかった都市における消費文化の発展へと視点が変化している。とは言え、これまでの経済史研究においてややもすれば後景に退く傾向が強かった流通過程へ注目しようとする問題関心は今回も基本的に変わってはいない。

　一方、研究の対象時期は主に 18 世紀へと移動しており、同時に小売業者への経営史的な関心がかなり前面に出てきている。これは在外研究を通して、この時期の小売業者が残した経営文書に直接触れる機会をもてたことの反映でもある。近年の我が国における外国史研究の状況は大きく変化し、18 世紀の印刷物はインターネットで容易に入手できるようになっており、遺言書などの手稿文書もある程度手に入れることができるようになった。しかし、経営文書などの大量の史料を閲覧することは現地の文書館に赴いて、実際に手に取ってみることが不可欠となってくる。その意味で、イギリス国立公文書館や東サセックス公文書館などで史料を直接捜索し、閲覧、撮影できたことは本書の研究が成立するにあたって大きな重要性をもっている。

さて、本書は新たに書き起こした終章は別として、その他の 11 編について
は大幅な修正や加筆をおこない、さらに全体としての統一を図っているので、
もとになった論文とはかなり異なったものとなっている。もとになった論文は
下記の通りである。

序章「消費社会の形成」近藤晃編『近代化の構図』文献出版（1991 年）。
第 1 章「イギリス中産層の形成と消費文化」関口尚志、梅津順一、道重一郎編
『中産層文化と近代』日本経済評論社（1999 年）。
第 2 章「消費空間としての 18 世紀イギリス都市」中野忠、道重一郎、唐澤達
之編『18 世紀イギリスの都市空間を探る』刀水書房（2012 年）。
第 3 章「近代イギリスにおける都市市場の展開と変質」『市場史研究』25（2005
年）。
第 4 章「18 世紀イギリス社会における消費批判とジェンダー」道重一郎編『英
国を知る』同学社（2016 年）。
第 5 章「18 世紀ロンドンの衣料品小売商と破産手続き」『経済論集』（東洋大学）
30-1（2004 年）。
第 6 章「18 世紀ロンドンの小売商と消費社会」『経営史学』43-1（2008 年）。
第 7 章「ロンドンの仕立商（上）（下）」『経済論集』（東洋大学）39-1（2013 年）、
39-2（2014 年）。
第 8 章、第 9 章「18 世紀初期イングランド南部農村地域の店舗経営とロンド
ンの役割（上）（下）」『経済論集』（東洋大学）45-2（2020 年）、46-1（2020 年）。
第 10 章「18 世紀イングランド南部農村地帯の店舗主（上）（下）」『経済論集』（東
洋大学）44-2（2019 年）、45-1（2019 年）。
終章　書き下ろし。

これらの論文の内、出版刊行されたものは主に共同研究の成果でもある。第
1 章のもとになった論文は、梅津順一氏の呼びかけで始まった中産層に関する
研究会の成果で、その後、関口尚志先生も参加されて社会経済史学会大会（1997
年、東北大学）におけるパネルディスカッションでの報告をもとに刊行された
ものである。第 2 章のもとになった論文は、中野忠先生を中心とし、早稲田大

学からの助成金及び科学研究助成金（科研費）を受けたグループの研究成果で、こちらも社会経済史学会大会（2009年、東洋大学）におけるパネルディスカッションで報告され、その後刊行されたものである。また、第4章のもとになった論文は東洋大学人間科学総合研究所（人間研）の研究プロジェクトで東洋大学から研究助成を受けて実施された共同研究の一部である。

同時に本書は、2002年度と2011年度の2度にわたる長期在外研究の成果でもある。2回ともロンドン西郊のリッチモンドに居を定めて、近傍のキュウにある国立公文書館（TNA）などで史料の収集をおこない、解読に専念することができた。ことに第1回目の在外研究では、受入校であるロンドン大学ロイヤルホロウェー・カレッジで中野忠先生や菅原秀二氏などと一緒になりその後共同研究をおこなうきっかけともなった。第5章以降の史料分析は、主としてこの時期以降に収集した手稿史料にもとづいている。

また、本書が成立するには、共同研究、意見交換など様々な場での多くの方々からいただいた援助や協力がなければ不可能であった。全ての方のお名前をあげることは不可能であるが、共同研究では、すでに述べた中流層の研究会における関口尚志先生、梅津順一氏、またイギリス都市空間の研究グループおよびイギリス都市農村史研究会における中野忠先生、坂巻清先生をはじめ、菅原秀二氏、唐澤達之氏、小西恵美氏、山本千映氏、永島剛氏、大橋里美氏などの方々にお礼を申し上げたい。東洋大学人間研の共同研究では、経済学部の同僚である近藤裕子氏（現研究所長）をはじめとする経済学部から参加された方々、そして文学部史学科から参加された後藤はる美氏、他大学から参加いただいた佐藤清隆氏と赤松淳子氏にもお礼申し上げたい。この他、様々な研究会で意見をいただいたことも大きな刺激となった。なかでも岩井淳氏を中心とするイギリス革命史研究会では、山本信太郎氏をはじめとする若手の研究者と議論する場をもてたことは幸いである。このグループを母体として科学研究助成金を得た共同研究も現在進行中であるが、そこでのメンバー山本正氏をはじめとする方々にも感謝したい。また、友松憲彦氏や原田政美氏、廣田誠氏を中心とする市場史研究会では、市場を中心として日本史を含む様々な局面に関する対話の場をもつことができ、視野を広げることができたことに感謝したい。米山秀氏には、様々な機会で資料を提供していただき感謝している。

在外研究においては、まずペニー・コーフィールド教授に厚く感謝を申し上げたい。同教授には、最初の留学先であるロンドン大学ロイヤルホロウェー・カレッジの客員研究員として受け入れていただき、ロンドン大学歴史学研究所の「長期の18世紀セミナー」をはじめ、文字通りチューターとして様々な形でご指導いただいた。その後も『18世紀イギリスの都市空間を探る』へ寄稿いただくなど、公私にわたってご指導をいただいている。また、2回目のロンドン大学ユニバーシティ・カレッジへの留学に際しては、同教授からジュリアン・ホピット教授を紹介していただき、ホピット教授には客員教授としての受入の労を取っていただいた。併せてお礼を申し上げたい。ノーサムプトン大学のジョン・ストバート教授には小売業史研究者として様々な示唆をいただき、また、18世紀都市史についてはレスター大学のローズマリー・スウィート教授からご教示をいただいており、厚くお礼申し上げたい。

今回、本書の刊行にあたっては、東洋大学出版会による刊行助成を受けた。刊行の助成をいただいた同出版会、刊行に関する審査にあたっていただいた審査委員の方々にお礼を申し上げたい。ことに審査委員の方々からは貴重な意見をいただき、原稿の修正をおこなうことができた。ご意見を十分に反映していない恐れもあるが、ご寛恕いただきたい。また、勤務校である東洋大学経済学部の同僚の先生方には、二度にわたる在外研究とその他に国内研究の機会を与えていただき、感謝している。先生方の寛大な理解がなければ本書の刊行はおぼつかなかったと思われる。さらに本書の編集にあたっていただいた丸善雄松堂の方々、特に橋口祐樹氏にも感謝したい。

最後に、妻、洋子に感謝したい。彼女は筆者が執筆したほとんどの原稿に目を通してくれていたが、今回も丁寧な校閲者として的確な指摘をしてくれたおかげで、多くの初歩的な誤りを回避することができた。結婚以来これまでの協力とともに、今回の出版の実現を陰から支えてくれたことについても深く感謝したい。

前回の著作を1989年に刊行して以来、すでに30年以上が経過した。前回は学位論文に修正と加筆を加えたものであったが、30年余を経てようやく2冊目を刊行することができた。かつて指導していただいた先生方も多くの方が鬼籍に入られ、ともに学んだ先輩はもちろん同世代の研究者もつぎつぎに定年を

迎えており、著者自身も古希を目前にして歳月の過ぎる早さを感じている。本書はイギリス近代史のごく限られた一面に光をあてたものにすぎないが、本書がこれまで様々な形で学恩を被ってきた方々に、少しでも報いるものとなっていることを心から祈念している。

2022 年秋
コロナ禍のなか、速やかな終息を祈りながら、東京小金井の寓居にて、著者しるす。

追記。校正の過程で、イギリス女王エリザベス 2 世が亡くなったとの報道に接した。70 年にわたる女王の在位期間はイギリス史上最長であり、イギリス史において一つの時代の終わりを象徴するもののように思われる。最長在位の女王の死去、また新国王がチャールズ 3 世を名乗ったことなどは、イギリス史研究者としてある種の感慨を呼び起こすものである。

索　　引

地　名　・　人　名

345

【著者略歴】

道重一郎（みちしげ・いちろう）
1953 年生まれ。1985 年立教大学大学院経済学研究科博士課程後期
満期退学。1988 年経済学博士。立教女学院、敬和学園大学を経て、
1995 年東洋大学経済学部助教授。1998 年同教授（現在に至る）。
2002 年ロンドン大学ロイヤルホロウェー・カレッジ客員研究員。
2011 年ロンドン大学ユニバーシティ・カレッジ客員教授。

主要業績
1989 年『イギリス流通史研究』（日本経済新聞社）、1999 年『中産
層文化と近代』（共編著、日本経済評論社）、2000 年『イギリス社
会の形成史』（共編著、三嶺書房）、2012 年『18 世紀イギリスの都
市空間を探る』（共編著、刀水書房）、2016 年『英国を知る』（編著、
同学社）

イギリス消費社会の生成
―18 世紀の都市化とファッションの社会経済史―

	2022 年 10 月 31 日初版発行
著　者	道重　一郎　　©Ichiro Michishige, 2022
発行所	東洋大学出版会
	〒 112-8606　東京都文京区白山 5-28-20
	電話（03）3945-7224
	https://www.toyo.ac.jp/site/toyo-up/
発売所	丸善出版株式会社
	〒 101-0051　東京都千代田区神田神保町 2-17
	電話（03）3512-3256
	https://www.maruzen-publishing.co.jp
	装丁　丸善プラネット株式会社
	組版・製本　富士美術印刷株式会社／印刷　大日本印刷株式会社

ISBN 978-4-908590-09-2 C3036